Andreas Gaß
Gemeindeordnung (GO) und
Verwaltungsgemeinschaftsordnung (VGemO)
für den Freistaat Bayern

Gemeindeordnung (GO) und Verwaltungsgemeinschaftsordnung (VGemO) für den Freistaat Bayern

Vollständige Textausgabe mit Einführung, weiteren Vorschriften und Geschäftsordnungsmustern

Dr. Andreas Gaß,
Direktor, Bayerischer Städtetag, München

Begründet von
Dr. Johann Keller,
Geschäftsführendes Präsidialmitglied des Bayerischen Landkreistags a.D., München

16. Auflage 2026

Carl Link Kommunalverlag

Bibliografische Information der Deutschen Nationalbibliothek
Die Deutsche Nationalbibliothek verzeichnet diese Publikation in der Deutschen Nationalbibliografie; detaillierte bibliografische Daten sind im Internet über https://portal.dnb.de abrufbar.

ISBN 978-3-556-10052-3

www.wolterskluwer.com

Umschlagkonzeption: Martina Busch, Grafikdesign, Homburg Kirrberg
Satz: NewGen KnowledgeWorks (P) Ltd., Chennai
Druck und Weiterverarbeitung: Wydawnictwo Diecezjalne i Drukarnia w Sandomierzu, Sandomierz, Polen

Gedruckt auf säurefreiem, alterungsbeständigem und chlorfreiem Papier.

Vorwort zur 16. Auflage

Am 01.05.2026 beginnt die neue Wahlperiode für rund 34.000 Mandatsträgerinnen und Mandatsträger in den 2.056 Gemeinden, Märkten und Städten Bayerns. Zahlreiche Ratsmitglieder werden erstmals mit einer Vielzahl von Normen konfrontiert, die für die Arbeit in den Gremien essenziell sind. Erfahrenere Mandatsträger müssen zwischenzeitliche rechtliche Änderungen im Blick haben. Ungeachtet der fortschreitenden Digitalisierung: Ein gedrucktes Exemplar der wichtigsten Rechtsvorschriften für die Arbeit in den Stadt- und Gemeinderäten bietet einen guten Überblick und erleichtert das Nachschlagen der einzelnen Regelungen. Dazu will dieses kompakte Büchlein beitragen.

Die kurze Einführung soll einen erster Einblick in wichtige Begriffe, die Funktionsweise einer Gemeinde und deren Aufgaben einschließlich Finanzierung sowie in Rechte und Pflichten der Mandatsträger geben. Wegen ihrer Bedeutung in der Praxis werden auch die Verwaltungsgemeinschaft und die Möglichkeiten der kommunalen Zusammenarbeit in der gebotenen Kürze dargestellt. Die Ausführungen erheben keinen Anspruch auf Vollständigkeit. Sie sollen vielmehr Anreiz sein, sich mit vertiefender Literatur zu beschäftigen. Wenn im Einführungsteil von der »Gemeinde« die Rede ist, entspricht dies der Diktion der Bayerischen Gemeindeordnung und schließt selbstverständlich die Märkte und Städte mit ein.

Neben der Bayerischen Gemeindeordnung sind die Vorschriften zur kommunalen Zusammenarbeit und die maßgebenden haushaltsrechtlichen Bestimmungen für die kamerale Buchführung abgedruckt. Auf die KommHV-Doppik wurde wegen der weiterhin eher geringen Verbreitung der doppelten Buchführung in den Gemeinden verzichtet. Aufgenommen wurde dagegen das Kommunal-Wahlbeamten-Gesetz, das die Rechtsverhältnisse der Bürgermeisterinnen und Bürgermeister regelt. Am Ende dieses Werkes finden Sie ferner die Geschäftsordnungsmuster des Bayerischen Gemeindetags, eines für kleinere und eines für größere Gemeinden, die wichtige Grundregeln für die tägliche Arbeit im Gemeinderat enthalten. Der Unterschied zwischen diesen Geschäftsordnungsmustern liegt im Wesentlichen darin, dass das Geschäftsordnungsmuster für größere Gemeinden Regelungen zu Bildung, Zuständigkeiten und Geschäftsgang von Ausschüssen enthält und die der ersten Bürgermeisterin oder dem ersten Bürgermeister vom Gemeinderat übertragenen Aufgaben etwas weiter fasst. Vertiefende Informationen dazu bietet das Produkt »Kommunale Geschäftsordnungen Bayern«.

München, im März 2026 Dr. Andreas Gaß

Inhaltsübersicht

Einführung

I. Geschichtliche Entwicklung

Die ersten Ansätze für ein einheitliches Kommunalverfassungsrecht in Bayern gehen auf den Anfang des 19. Jahrhunderts zurück. Im Zuge des von *Montgelas* vorangetriebenen Ausbaus Bayerns zu einem modernen Staatswesen mit einheitlicher Verwaltungsgliederung sahen die Konstitution vom 01.05.1808 und die ergänzenden Edikte vor, für das ganze Staatsgebiet Gemeinden zu bilden, die den Status öffentlicher Korporationen mit Vermögensfähigkeit haben sollten. Bereits zuvor gab es die Städte und Märkte, die aufgrund besonderer Privilegien Eigenständigkeit und Rechtsfähigkeit besaßen, die örtlichen Gemeinschaften auf dem Lande, die Dörfer, hatten diesen Status jedoch nicht.

Die Neugliederung und die inneren Reformen der Gemeinden erwiesen sich aufgrund vielfältiger und tief verwurzelter geschichtlicher Bindungen als äußerst schwierig. Sie mündeten aber schließlich in die im Gemeindeedikt vom 17.05.1818 (GBl 49) niedergelegte Ordnung ein. Diese legte für alle Gemeinden, gleich welcher Größe, den Status einer rechtsfähigen öffentlichen Körperschaft fest und ordnete die Verfassung und die Verwaltung der Gemeinden nach einheitlichen Maßstäben. Für die Gemeinden mit städtischer Verfassung sah das Gemeindeedikt den Magistrat als Gemeindebehörde und das Kollegium der Gemeindebevollmächtigten als gemeindliches Vertretungsorgan vor. Dem Magistrat gehörten die Bürgermeister sowie rechtskundige und sonstige Magistratsräte an. In Landgemeinden trat an die Stelle des Magistrats ein sog. Gemeindeausschuss; gemeindliches Vertretungsorgan war die Gemeindeversammlung. Das Selbstverwaltungsrecht war allerdings noch eng begrenzt. Die Vorstellung, die Gemeinden und ihre Bürgerinnen und Bürger könnten die Angelegenheiten ihres örtlichen Wirkungsbereiches selbst besorgen, war den staatlichen Organen noch weitgehend fremd.

Auch an einer Mitwirkung der Bürgerschaft nach heutigem Verständnis fehlte es noch, wenn auch die gemeindlichen Vertretungsorgane bereits von den Bürgerinnen und Bürgern zu wählen waren.

Die Gemeindeordnung für die Gemeinden diesseits des Rheins vom 29.04.1869 (GBl 865) bedeutete insofern einen Fortschritt, als sie die Selbstverwaltung weiter ausbaute und als Prinzip allgemein anerkannte. Das bisherige System einer umfassenden Staatskuratel wurde von der nach Rechts- und Fachaufsicht aufgeteilten Aufsicht abgelöst, die sich einerseits – im eingeschränkten Maße – auf die eigentlichen Gemeindeangelegenheiten und andererseits auf die übertragenen Aufgaben – insofern umfassend – erstrecken sollte.

Mit dem Ende der Monarchie nach dem Ersten Weltkrieg setzten auch alsbald Reformen des Gemeinderechts ein. Allgemeine, gleiche, unmittelbare, freie und geheime Wahlen nach dem Verhältniswahlrecht wurden eingeführt,[1] die Staatsaufsicht wurde weiter eingeschränkt und der kommunalverfassungsrechtliche Unterschied zwischen den Städten und den Landgemeinden aufgehoben.[2]

Die Reformen fanden in der Gemeindeordnung vom 17.10.1927 (GVBl. S. 293) ihren vorläufigen Abschluss. Dieses Gesetzeswerk, dessen Grundsätze teilweise auch in die heute geltende Gemeindeordnung eingehen sollten, vereinheitlichte das Gemeinderecht für alle Gemeinden im rechtsrheinischen Bayern und in der Pfalz, bestätigte das schon durch das Selbstverwaltungsgesetz eingeführte Einkammersystem, nahm jedoch Lockerungen der Aufsicht in gewissem Umfang wieder zurück.

Die Zeit unter der Herrschaft des Nationalsozialismus veränderte auch die Lage der Gemeinden tiefgreifend. Die Wahlen für die gemeindlichen Organe wurden abgeschafft, das sog.

1 Gesetz v. 15.04.1919 (GVBl. S. 171).

2 Selbstverwaltungsgesetz v. 22.05.1919 (GVBl. S. 239).

Führerprinzip eingeführt und damit die Entscheidungsgewalt in die Hände eines ernannten Bürgermeisters gelegt. Den ernannten Gemeinderatsmitgliedern kam nur noch beratende Funktion zu. Grundlage war die im Zuge der Gleichschaltung erlassene Deutsche Gemeindeordnung vom 30.01.1935 (RGBl. S. 49), der die Bayerische Angleichungsverordnung vom 01.04.1935 (GVBl. S. 180) folgte.

Nach dem Zusammenbruch im Jahre 1945 begann alsbald der Wiederaufbau der kommunalen Selbstverwaltung, zunächst durch die Wiedereinführung demokratischer Wahlen für die Gemeinderäte, die ihre frühere maßgebliche Stellung zurückerhielten.[3]

Die Aussagen der Bayerischen Verfassung (BV), welche die Stellung der Gemeinden im Staatsgefüge und ihr Recht auf Selbstverwaltung in besonderer Weise unterstreichen (siehe Art. 9 BV), die Vorläufigkeit der Gemeindeordnung von 1945/1946 und die teilweise Weitergeltung früheren Rechts machten eine Neukodifizierung des Gemeinderechts dringend erforderlich. Sie fand in der heute noch geltenden, im Wesentlichen unverändert gebliebenen Gemeindeordnung (GO) für den Freistaat Bayern aus dem Jahre 1952 ihren Niederschlag (siehe S. 55 ff.). Das Regelungskonzept dieser GO zeichnet sich dadurch aus, dass es einen kommunalverfassungsrechtlichen Rahmen setzt und gleichzeitig ausreichend Gestaltungsspielräume für die Gemeinderäte – insbesondere durch Regelung in der jeweiligen Geschäftsordnung[4] – entsprechend den Gegebenheiten vor Ort belässt.

Auch die kommunale Gebietsreform der 1970er Jahre, welche die kommunale Landschaft Bayerns stark veränderte, ließ die GO im Wesentlichen unangetastet. Um aber den Bestand auch kleinerer Gemeinden mit geringer Verwaltungskraft zu

3 Gemeindeordnung v. 18.12.1945/28.02.1946 (GVBl. 1946 S. 225).

4 Siehe dazu die Geschäftsordnungsmuster auf S. 343 ff. sowie S. 389 ff.

erhalten, entwickelte sich eine neue Form kommunaler Zusammenarbeit, die Verwaltungsgemeinschaft. Grundlage dafür war zunächst das Erste Gesetz zur Stärkung der kommunalen Selbstverwaltung vom 27.07.1971; nunmehr findet sie sich in der Verwaltungsgemeinschaftsordnung für den Freistaat Bayern – VGemO – (siehe S. 161 ff.).

Die Gemeinden stellen nur eine Ebene der kommunalen Selbstverwaltung dar. Diejenigen kommunalen Aufgaben, die sinnvollerweise nicht mehr auf örtlicher Ebene von den (kreisangehörigen) Gemeinden wahrgenommen werden können (z.B. Kreisstraßen, Krankenhäuser, örtliche Trägerschaft für die Sozial- und Jugendhilfe), weist das Gesetz den **Landkreisen** oder den **Bezirken** (z.B. Psychiatrie, überörtliche Sozialhilfe) zu. Die Rechtsverhältnisse dieser Gebietskörperschaften regeln die Landkreisordnung (LKrO)[5] und die Bezirksordnung (BezO)[6] mit mehreren nachträglichen Änderungen.

---

5 Landkreisordnung (LKrO) i.d.F. der Bekanntmachung v. 22.08.1998 (GVBl. S. 826), zuletzt geändert durch § 2 des Gesetzes v. 23.12.2025 (GVBl. S. 637).

6 Bezirksordnung (BezO) i.d.F. der Bekanntmachung v. 22.08.1998 (GVBl. S. 850), zuletzt geändert durch § 3 des Gesetzes v. 23.12.2025 (GVBl. S. 637).

II. Gemeindeordnung

1. Wesen und Aufgaben der Gemeinde

Begriff

Die GO bezeichnet die Gemeinden als ursprüngliche Gebietskörperschaften, die das Recht haben, die örtlichen Angelegenheiten im Rahmen der Gesetze zu ordnen und zu verwalten (Art. 1).[1] Die Gemeinden sind »ursprüngliche« Körperschaften, weil sich ihre Existenz nicht vom Staat ableitet, vielmehr vom Staat als vorgegeben ausdrücklich anerkannt wird (vgl. auch Art. 11 Abs. 2 BV; Art. 28 Abs. 2 Grundgesetz – GG). Die Gemeinden sind Gebietskörperschaften, weil sich ihre Hoheitsgewalt auf ein bestimmtes Gebiet erstreckt und alle Bewohner dieses Gebietes zu der jeweiligen Gemeinde gehören.

Welchen hohen Rang die Gemeinden im gesamten Staatsgefüge einnehmen, wird dadurch unterstrichen, dass sie ausdrücklich als »Grundlagen des Staates und des demokratischen Lebens« beschrieben werden.

Name

Jede Gemeinde hat das Recht, ihren geschichtlichen Namen zu führen. Änderungen kann die dafür zuständige Rechtsaufsichtsbehörde nur aus Gründen öffentlichen Wohles verfügen. Der Gemeinderat und die beteiligten Gemeindebürger müssen vorher gehört werden. Entsprechendes gilt für die Namen von Gemeindeteilen. Eine Gemeinde kann ihrem Namen oder dem eines Gemeindeteils auch eine Bezeichnung beifügen, die auf deren Vergangenheit und dgl. hinweist. Gegebenenfalls kann auch die Bezeichnung »Bad«, »Luftkurort« usw. beigefügt werden (Art. 2), wenn eine dementsprechende Anerkennung erteilt ist.

---

1 Zitate ohne Gesetzesangabe beziehen sich auf die GO.

Städte und Märkte

Die Bezeichnung »Stadt« oder »Markt« will den Charakter einer Gemeinde im Hinblick auf Einwohnerzahl, Siedlungsform und wirtschaftliche Verhältnisse hervorheben, ohne dass daran – wie etwa im Mittelalter – besondere Rechte geknüpft wären. Für eine Stadt- oder Markterhebung ist das Bayerische Staatsministerium des Innern, für Sport und Integration zuständig (Art. 3).

Wappen

Die Gemeinden können auch ihre geschichtlichen Wappen führen oder sich ein neues Wappen zulegen. Sie führen das Wappen im Dienstsiegel (Art. 4). Wollen Dritte (z.B. Vereine) das Wappen der Gemeinde verwenden, bedarf es einer Genehmigung durch die Gemeinde.

Rechtsstellung

Man hat zwischen kreisangehörigen und kreisfreien Gemeinden zu unterscheiden (Art. 5). **Kreisangehörige** Gemeinden gehören zu einem Landkreis und unterstehen der Rechtsaufsicht des Landratsamtes als Staatsbehörde. **Kreisfreie Gemeinden** sind nicht Teil des Kreisgebietes, sie unterstehen der Rechtsaufsicht der Regierung. Kreisfrei kann eine Gemeinde werden, wenn sie mehr als 50.000 Einwohnerinnen und Einwohner zählt und weitere Voraussetzungen im Hinblick auf Bedeutung und Leistungsfähigkeit erfüllt. Darüber hinaus ist bei der Entscheidung über eine »Auskreisung« die Leistungsfähigkeit des Landkreises zu berücksichtigen.

Auch eine Rückgliederung in den Landkreis ist denkbar, wobei die Gemeinde die Bezeichnung **Große Kreisstadt** erhält (Art. 5a). Zudem können kreisangehörige Gemeinden mit mehr als 30.000 Einwohnerinnen und Einwohnern von sich aus einen Antrag stellen, zur Großen Kreisstadt erklärt zu werden. Die derzeit 29 Großen Kreisstädte erfüllen neben ihren eigentlichen gemeindlichen Aufgaben auch Aufgaben des Landratsamtes als untere staatliche Verwaltungsbehörde, soweit das durch Rechtsverordnung der Staatsregierung oder des Staatsministeriums des Innern, für Sport und Integration bestimmt ist (Art. 9 Abs. 2).[2]

Wirkungskreise, Aufgaben

Die von den Gemeinden wahrgenommenen Aufgaben sind entweder Angelegenheiten des eigenen oder Angelegenheiten des übertragenen Wirkungskreises (Art. 6 ff., Art. 57 ff.). Diese Unterscheidung ist vor allem für das Ausmaß der staatlichen Aufsicht von Bedeutung, wie später noch aufzuzeigen sein wird.

Zum **eigenen Wirkungskreis** zählen alle Angelegenheiten der örtlichen Gemeinschaft. Das sind diejenigen Bedürfnisse und Interessen, die in der örtlichen Gemeinschaft wurzeln oder auf sie einen spezifischen Bezug haben, die also – wie sich das Bundesverfassungsgericht ausgedrückt hat[3] – »den Gemeindeeinwohnern gerade als solchen gemeinsam sind, indem sie das Zusammenleben und -wohnen der Menschen in der (politischen) Gemeinde betreffen.« So etwa die Schaffung von Einrichtungen der öffentlichen Sicherheit und Ordnung, z.B. der Feuerwehr, des öffentlichen Verkehrs im örtlichen Bereich und der Straßenreinigung, sowie der Vorsorge im örtlichen Gesundheitswesen, in der Jugendbetreuung und im Bereich der Kultur und des Sports. Ob eine Gemeinde sich einer Aufgabe im Einzelfall annimmt, hängt weitgehend von ihrer eigenen Entscheidung im Rahmen ihres Selbstverwaltungsrechts ab. Bestimmten Aufgaben, den sog. **Pflichtaufgaben**, kann sie sich jedoch in den Grenzen ihrer Leistungsfähigkeit nicht entziehen. In diesem Zusammenhang sind zu nennen: die Versorgung der Bevölkerung mit Trinkwasser, die Abwasserbeseitigung, die Sicherstellung ausreichenden Brandschutzes durch die Einrichtung einer Feuerwehr, die Straßenbaulast für gemeindliche Wege und Straßen, der Unterhalt von Gewässern der dritten Ordnung, die Einrichtung und

---

2 Verordnung über die Großen Kreisstädte (Große Kreisstadtverordnung – GrKrV), abgedruckt auf S. 173 ff.

3 BVerfG, Beschl. v. 23.11.1988 – 2 BvR 1619/83, 2 BvR 1628/83, Rn. 59 (juris); vgl. auch BVerfG, Urt. v. 21.11.2017 – 2 BvR 2177/16, Rn. 69 ff. (juris).

Unterhaltung von Friedhöfen und Leichenhäusern, die Bereitstellung des Sachbedarfs insbesondere für Grund- und Mittelschulen, vor allem durch den Bau und Unterhalt von Schulhäusern usw. Nach Auffassung der Bayerischen Staatsregierung gehört auch die Bereitstellung der notwendigen Plätze in Kindertageseinrichtungen und in der Kindertagespflege zu den kommunalen Pflichtaufgaben. Bei den kreisfreien Gemeinden kommen weitere Pflichtaufgaben im sozialen Bereich (z.B. Jugendhilfe, Pflegeeinrichtungen), der Sachaufwand hinsichtlich der weiterführenden Schulen, die Errichtung und der Unterhalt von Krankenhäusern oder die Abfallbewirtschaftung hinzu.

Die Pflichtaufgaben ergeben sich zum Teil unmittelbar aus der GO, vielfach aber aus besonderen gesetzlichen Vorschriften, wie z.B. aus dem Bayerischen Feuerwehrgesetz (BayFwG), aus dem Bayerischen Schulfinanzierungsgesetz (BaySchFG), dem Bayerischen Kinderbildungs- und -betreuungsgesetz (BayKiBiG), dem Bayerischen Wassergesetz (BayWG) oder dem Bayerischen Straßen- und Wegegesetz (BayStrWG). Vgl. dazu auch Art. 57 Abs. 1 und 2.

Würde eine Gemeinde durch die Wahrnehmung einer Pflichtaufgabe finanziell überfordert oder kann eine Aufgabe durch eine Gemeinde allein nicht genügend wirtschaftlich wahrgenommen werden, so bieten sich, abgesehen von der Möglichkeit einer finanziellen Förderung durch den Staat, Lösungen zusammen mit anderen Kommunen im Rahmen kommunaler Zusammenarbeit nach dem Gesetz über die kommunale Zusammenarbeit (KommZG) an (siehe S. 177 ff.).

Handelt eine Gemeinde im eigenen Wirkungskreis, so entscheidet sie grundsätzlich nach eigenem Ermessen über das »Ob« und das »Wie.« Gesetze und Rechtsverordnungen, auch von ihr selbst gesetztes Recht, z.B. Satzungen, muss sie jedoch beachten. Da sie Teil der Verwaltung des Gesamtstaates ist, gilt für sie auch der Grundsatz der Gesetzmäßigkeit der Verwaltung (Art. 56 Abs. 1, 59 Abs. 2).

Aufgaben des Staates und anderer Körperschaften, die der Gemeinde zur Erledigung übertragen sind, werden im

übertragenen Wirkungskreis wahrgenommen. Die Aufgabenübertragung kann nur durch Gesetz vorgenommen werden, wobei den Gemeinden gleichzeitig die für den Vollzug der Aufgabe erforderlichen Mittel zur Verfügung zu stellen sind (Art. 8 Abs. 1 und 4). Inzwischen schützt auch das Konnexitätsprinzip die Kommunen davor, neue Aufgaben ohne genügenden finanziellen Ausgleich übertragen zu erhalten; gleiches gilt für kostenwirksame staatliche Anforderungen an die Erfüllung bereits bestehender eigener oder übertragener Aufgaben. Zu diesem Zweck wurde Art. 83 Abs. 3 BV mit Wirkung vom 01.01.2004 geändert.

Im Bereich des übertragenen Wirkungskreises bleibt die Sachherrschaft des eigentlichen Aufgabenträgers insofern erhalten, als dieser zu Weisungen gegenüber der Gemeinde befugt ist und die Aufsicht sich nicht lediglich auf die Rechtskontrolle beschränkt. Eingriffe in das gemeindliche Ermessen sind jedoch nur in besonderen Fällen erlaubt (Art. 109 Abs. 2). Zu den übertragenen Aufgaben gehören u.a. das Melde-, Pass- und Standesamtswesen, die Mitwirkung im Vermessungswesen durch die Feldgeschworenen, der Vollzug der Verordnungen im übertragenen Wirkungskreis, die Wahrnehmung der Aufgaben der örtlichen Straßenverkehrsbehörde und von Aufgaben auf dem Gebiet des Bauordnungsrechts.

Für die **kreisfreien Gemeinden** kommen die Aufgaben hinzu, welche die Landratsämter als untere staatliche Verwaltungsbehörden vollziehen, z.B. die Bauaufsicht einschließlich des Baugenehmigungsverfahrens, das Ausländerwesen und der Vollzug des Wasserrechts (Art. 9 Abs. 1). Auch den Großen Kreisstädten sind einzelne Aufgaben der Landratsämter als Staatsbehörden übertragen (Art. 9 Abs. 2).

Gemeindegebiet

Alle zu einer Gemeinde gehörenden Grundstücke bilden das Gemeindegebiet. Grundstücke, die keiner Gemeinde zugewiesen sind, gehören zu den sog. gemeindefreien (ausmärkischen) Gebieten.

Jede Gemeinde hat grundsätzlich ein Recht darauf, dass ihr Bestand und ihr Gebiet ungeschmälert erhalten bleiben. Eine

Gemeinde haben. Diese wahlberechtigten Personen bezeichnet die GO als **Gemeindebürgerinnen und Gemeindebürger**. Einwohnerinnen und Einwohner der Gemeinde, welche die deutsche Staatsangehörigkeit nicht besitzen, sind bei Gemeindewahlen nur wahlberechtigt, wenn sie Bürgerinnen und Bürger eines anderen Mitgliedsstaats der Europäischen Union sind (Art. 1 Abs. 1 des Gemeinde- und Landkreiswahlgesetzes – GLKrWG[5]); diesen Personen stehen auch andere Bürgerrechte zu, wie z.B. das Recht, an Abstimmungen im Rahmen von Bürgerversammlungen oder bei Bürgerentscheiden teilzunehmen.

Den Gemeindebürgerinnen und Gemeindebürgern steht ferner das Recht zu, in **Bürgerversammlungen** – die mindestens einmal im Jahr einberufen werden müssen und deren Einberufung auch von einer bestimmten Anzahl von den Bürgerinnen und Bürgern verlangt werden kann – gemeindliche Angelegenheiten mit den Gemeindeorganen zu erörtern und, wenn es die Bürgerversammlung mehrheitlich beschließt, zu verlangen, dass sich der Gemeinderat mit einer bestimmten Angelegenheit befasst (Art. 18). Teilnahmeberechtigt an Bürgerversammlungen sind alle **Gemeindeeinwohnerinnen und -einwohner**, also auch nicht Wahlberechtigte, wie z.B. Jugendliche, Staatsangehörige von Nicht-EU-Staaten usw. Stimmrecht haben aber nur die **Gemeindebürgerinnen und Gemeindebürger**, also die in der Gemeinde wahlberechtigten Personen (vgl. Art. 18 Abs. 3). Zu den weitergehenden Mitwirkungsrechten im Rahmen eines Bürgerentscheids siehe unten.

Die Einwohnerinnen und Einwohner sind auch berechtigt, die öffentlichen Einrichtungen der Gemeinde zu benutzen, also z.B. die gemeindlichen Büchereien, die Schwimmbäder usw. Die Gemeinde darf dafür Benutzungsregeln aufstellen

---

5 Gemeinde- und Landkreiswahlgesetzes (GLKrWG) i.d.F. der Bekanntmachung v. 07.11.2006 (GVBl. S. 834), zuletzt geändert durch § 1 des Gesetzes v. 24.07.2023 (GVBl. S. 385).

und auch Entgelte verlangen (Art. 21). Andererseits sind die **Gemeindebürgerinnen und Gemeindebürger** verpflichtet, unter bestimmten Voraussetzungen gemeindliche Ehrenämter zu übernehmen, z.B. das Amt eines Ortssprechers. Das Gesetz legt ihnen dafür besondere Sorgfaltspflichten auf und regelt, wie eine solche Tätigkeit von der Gemeinde zu entschädigen ist (Art. 19 ff.). Nicht zuletzt müssen die **Einwohnerinnen und Einwohner** auch die Lasten tragen, die der Gemeinde durch ihre Aufgaben entstehen. Sie können deshalb zu gemeindlichen Abgaben herangezogen werden. Das Nähere dazu ergibt sich aus dem Kommunalabgabengesetz.

Gemeindehoheit

Das Selbstverwaltungsrecht der Gemeinden bedeutet vor allem auch, im eigenen Gebiet Hoheitsgewalt, insbesondere die **Verwaltungs-** und **Finanzhoheit** ausüben zu können (Art. 22 ff.). So sind die Gemeinden berechtigt, zur Regelung ihrer Angelegenheiten örtlich geltendes Recht in Form von Satzungen zu erlassen, z.B. den Anschluss an Wasserleitung, Kanalisation und Straßenreinigung sowie an Einrichtungen der Fernwärme zu regeln.

Besondere Bedeutung kommt dem Recht zu, Pläne für die Bautätigkeit im Gemeindegebiet (Flächennutzungs- und Bebauungspläne) aufzustellen. Man spricht in diesem Zusammenhang von der dem Kern der Selbstverwaltung zuzurechnenden **Planungshoheit**, für die das Baugesetzbuch (BauGB) den rechtlichen Rahmen setzt.

Die Gemeinden regeln auch ihr Finanzwesen im Rahmen der gesetzlichen Bestimmungen selbstständig. Sie dürfen zur Deckung ihres notwendigen Finanzbedarfs nach Maßgabe der Gesetze Abgaben erheben. Da die Finanzkraft einer Gemeinde nicht immer ausreicht, um allen Aufgaben gerecht zu werden, muss der Staat weitere Mittel im Wege des Finanzausgleichs und durch sonstige Zuwendungen zur Verfügung stellen.

Die für die Wahrnehmung ihrer Aufgaben erforderlichen Verwaltungseinrichtungen und das nötige Personal beschaffen sich die Gemeinden ebenso in eigener Kompetenz. Zur Durchsetzung ihrer Maßnahmen können sie die nötigen Anordnungen treffen und gegebenenfalls auch Zwangsmittel ergreifen.

2. Verfassung und Verwaltung der Gemeinde

Allgemeines

Die Verfassung der bayerischen Gemeinden entspricht der in den süddeutschen Ländern üblichen Rats- und Bürgermeisterverfassung. Danach wird die Gemeinde grundsätzlich vom Gemeinderat und in den vom Gesetz vorgesehenen Fällen von der ersten Bürgermeisterin oder dem ersten Bürgermeister verwaltet (Art. 29, 36, 37, 38, 43 Abs. 2 und 3). Die Gemeindebürgerinnen und Gemeindebürger haben jedoch das Recht, unter bestimmten Voraussetzungen einen Bürgerentscheid herbeizuführen (siehe unten). Die erste Bürgermeisterin oder der erste Bürgermeister steht an der Spitze der Gemeindeverwaltung und führt den Vorsitz im Gemeinderat. Die durch diese, für die süddeutschen Kommunalverfassungen typische Doppelfunktion zum Ausdruck kommende Stellung wird noch durch die Volkswahl der ersten Bürgermeisterin oder des ersten Bürgermeisters unterstrichen, die sich auch in den norddeutschen und in den neuen Bundesländern immer mehr durchgesetzt hat.

Gemeinderat und Ausschüsse

Der Gemeinderat setzt sich in der Hauptsache aus ehrenamtlichen Gemeinderatsmitgliedern zusammen, die jeweils für die Dauer von sechs Jahren nach den näheren Bestimmungen des GLKrWG und der dazu ergangenen Wahlordnung (GLKrWO) von der Bürgerschaft unter Einbeziehung der in der Gemeinde lebenden ausländischen Unionsbürgerinnen und Unionsbürger gewählt werden (Art. 17). Die Anzahl der zu wählenden Gemeinderatsmitglieder bestimmt sich nach der Einwohnerzahl (Art. 31 Abs. 2). Ehegatten und nahe Verwandte dürfen inzwischen in allen Gemeinden gleich welcher Größe gleichzeitig dem Gemeinderat angehören. Das frühere Verbot der gleichzeitigen Mitgliedschaft in Gemeinden bis zu 10.000 Einwohnerinnen und Einwohnern wurde mit Wirkung vom 01.09.2006 aufgehoben. Beamtinnen und Beamte sowie Arbeitnehmerinnen und Arbeitnehmer der Gemeinde können hingegen dem Gemeinderat nicht angehören, solange sie im aktiven Dienst der Gemeinde stehen (sog. Inkompatibilität). Dass der Tarifvertrag für den öffentlichen Dienst (TVöD) den Begriff »Angestellte« (bzw. »Arbeiter«) nicht mehr kennt, hat den Gesetzgeber veranlasst, stattdessen den Begriff »Arbeitnehmer« zu verwenden. Allerdings kann nach Art. 137 GG nur die Wählbarkeit von »Angestellten des öffentlichen Dienstes« (insoweit gibt es den Begriff also weiterhin) beschränkt werden. Deshalb lässt es die GO ausdrücklich zu, dass Personen, die »überwiegend körperliche Arbeit« verrichten, dem Gemeinderat ohne Beschränkung angehören können. Auch Bedienstete anderer Körperschaften sind in bestimmten Fällen, die Art. 31 Abs. 3 aufzählt, von der Mitgliedschaft im Gemeinderat ausgeschlossen. Der Grund für solche Beschränkungen liegt in dem Umstand, dass dem Gemeinderat nicht Bedienstete der Verwaltung angehören sollen, deren Tätigkeit vom Gemeinderat zu kontrollieren ist. Ähnliche Interessenkonflikte bestehen auch bei den anderen ausgeschlossenen Personen.

Kraft Gesetzes gehört dem Gemeinderat auch die vorsitzende Person, also die erste Bürgermeisterin oder der erste Bürgermeister an (Art. 31 Abs. 1, 36 Satz 1). Hat eine Gemeinde mit mehr als 10.000 Einwohnerinnen und Einwohnern von der Möglichkeit Gebrauch gemacht, berufsmäßige Gemeinderatsmitglieder zu wählen (Art. 40, 41), so zählen auch diese zum Gemeinderat, wobei ihnen allerdings nur ein Mitberatungs- und Antragsrecht, nicht aber ein Recht zur Abstimmung, zusteht.

Der Gemeinderat führt in Städten die Bezeichnung »Stadtrat«, in Märkten »Marktgemeinderat« (Art. 30 Abs. 1).

Alle Fragen im Gemeinderat selbst zu beraten und zu entscheiden, wäre umständlich und zeitraubend. Die GO ermöglicht deshalb die Bildung von **Ausschüssen**, die man in **vorberatende** und **beschließende** Ausschüsse einteilt (Art. 32 GO). Beschließende Ausschüsse entscheiden in den ihnen übertragenen Angelegenheiten vorbehaltlich gewisser Reklamationsrechte (Art. 32 Abs. 3) endgültig. Bestimmte Aufgaben können beschließenden Ausschüssen jedoch nicht übertragen werden (Art. 32 Abs. 2 Satz 2). Für die Ferienzeit kann ein sog. **Ferienausschuss**, der gewissermaßen ein verkleinerter Gemeinderat ist, gebildet werden (Art. 32 Abs. 4). Bei der Zusammensetzung der Ausschüsse ist darauf zu achten, dass dem Stärkeverhältnis der im Gemeinderat vertretenen Parteien und Wählergruppen Rechnung getragen wird (Art. 33). Für die Berechnung des den einzelnen Parteien und Wählergruppen zustehenden Anteils an den Sitzen stehen dem Gemeinderat verschiedene Systeme zur Verfügung. Grundsätzlich zulässig sind zum Beispiel die Verfahren nach d'Hondt, Hare/Niemeyer oder St. Lague/Schepers, wobei allerdings darauf zu achten ist, dass keine sog. »Überaufrundung« eintritt, was insbesondere beim Verfahren nach d'Hondt mitunter der Fall sein kann.[6]

Den Vorsitz in den Ausschüssen führt in der Regel die erste Bürgermeisterin oder der erste Bürgermeister, einer ihrer Stellvertretungen oder ein von der ersten Bürgermeisterin oder vom ersten Bürgermeister bestimmtes ehrenamtliches Gemeinderatsmitglied (Art. 33 Abs. 2).

Ehrenamtliche Gemeinderatsmitglieder

Ehrenamtliche Gemeinderatsmitglieder stehen zwar nicht in einem berufsmäßigen Dienstverhältnis zur Gemeinde mit allen dafür typischen Bindungen, aber auch für das von ihnen bekleidete **Ehrenamt** gelten bestimmte Regeln, die im Interesse der Funktionsfähigkeit des Gemeinderats unbedingt eingehalten werden müssen.

6 Vgl. dazu die Formulierungen in § 7 des Geschäftsordnungsmusters für größere Gemeinden, abgedruckt auf S. 398 ff.

Zunächst gilt für eine ehrenamtliche Tätigkeit ganz allgemein, dass sowohl die Übernahme des Ehrenamts als auch dessen Ausübung im Einzelfall nur aus wichtigem Grund abgelehnt werden darf (Art. 19 Abs. 2). Wichtige Gründe sind beispielsweise berufliche Verpflichtungen, Rücksichten auf das Alter oder die Gesundheit usw. Entsprechendes gilt für die Niederlegung des Amts (Art. 19. Abs. 4). Mit Beginn der Wahlperiode am 01.05.2014 gilt allerdings für ehrenamtliche Gemeinderatsmitglieder eine Sonderregelung; sie können auch ohne wichtigen Grund die Annahme ihres Amtes ablehnen bzw. ihr Amt niederlegen (Art. 47 Abs. 3, Art. 48 Abs. 1 Satz 2 GLKrWG).

Im Übrigen ist das Gemeinderatsmitglied verpflichtet, zu Beginn der Amtszeit den vorgeschriebenen Eid zu leisten oder anstelle des Eids im Ausnahmefall das dafür vorgesehene Gelöbnis abzulegen (Art. 31 Abs. 4), die mit dem Amt verbundenen Obliegenheiten gewissenhaft wahrzunehmen (Art. 20 Abs. 1) sowie die notwendige Verschwiegenheit zu wahren. Sowohl die GO (Art. 20 Abs. 2, Art. 56a) als auch andere Vorschriften, z.B. die Bestimmungen in der Abgabenordnung über die Wahrung des Steuergeheimnisses, besagen dazu Näheres. Das Strafgesetzbuch (StGB) stellt die Verletzung von Geheimhaltungspflichten in bestimmten Fällen unter Strafe (vgl. z.B. §§ 353b, 355 StGB). Eine unbefugte Verwendung personenbezogener Daten kann zudem datenschutzrechtliche Sanktionen auslösen (vgl. Art. 23 Abs. 1 und 2 des Bayerischen Datenschutzgesetzes – BayDSG). Auch der Gemeinderat hat Mittel an der Hand, gegen solche und andere Pflichtverletzungen einzuschreiten (Art. 19, 20 Abs. 4 Satz 1, 53). Verletzt ein ehrenamtliches Gemeinderatsmitglied fahrlässig oder vorsätzlich seine Amtspflicht und entsteht dadurch einem Dritten ein Schaden, kann die Gemeinde schadenersatzpflichtig werden und unter Umständen, insbesondere wenn das Mitglied vorsätzlich oder grob fahrlässig gehandelt hat, Rückgriff nehmen (Art. 20 Abs. 4 Sätze 2 und 3); bei amtspflichtwidrigem Abstimmungsverhalten kann es zum Rückgriff kommen, wenn Vorsatz gegeben ist (Art. 51 Abs. 2 Satz 2).

Die Pflicht zur gewissenhaften Wahrnehmung der Obliegenheiten bedeutet u.a., dass ein Gemeinderatsmitglied an den Sitzungen des Gemeinderats und – soweit Mitglied – der Ausschüsse teilnehmen und sich auch an den Abstimmungen beteiligen muss (Art. 48).

Eine angemessene **Entschädigung** und **Ersatzleistungen** sind andererseits als Ausgleich dafür vorgesehen, dass der Mandatsträger durch seine ehrenamtliche Tätigkeit Zeit, Mühe und Kosten aufwendet und damit Einschränkungen auf sich nimmt, die ihm billigerweise ohne einen gewissen finanziellen Ausgleich nicht zugemutet werden können. Die Höhe der Entschädigung muss der Gemeinderat in einer Satzung zu Beginn der Amtszeit festlegen (Art. 20a Abs. 1).

Gemeinderatsmitglieder, die in ihrem Beruf als Arbeitnehmerinnen und Arbeitnehmer wegen der notwendigen Teilnahme an Sitzungen, Besprechungen usw. einen Verdienstausfall haben, bekommen diesen von der Gemeinde ersetzt. Den Ersatz des Verdienstausfalls freiberuflich Tätiger **kann** die Gemeinde vorsehen, ebenso Ersatzleistungen für sonstige Personen, z.B. für Tätigkeiten im häuslichen Bereich, oder den Ersatz der nachgewiesenen Kosten für die während der Amtsausübung notwendige Betreuung von im Haushalt lebenden Kindern und pflegebedürftigen Angehörigen, wenn bestimmte Voraussetzungen gegeben sind (Art. 20a Abs. 2 Nrn. 2 bis 4).

Referenten; Beauftragte

Mittlerweile auch in kleineren Gemeinden weit verbreitet ist es, dass der Gemeinderat einzelnen Ratsmitgliedern bestimmte Aufgabengebiete zur Bearbeitung und zur Vorbereitung seiner Entscheidungen zuteilt. Die Gemeindeordnung enthält hierzu keine speziellen Regelungen, die Geschäftsordnungsmuster verwenden hierfür den Begriff »Referent« oder »Referat« (z.B. Jugendreferent, Feuerwehrreferent, Seniorenreferent). Dadurch ist eine Spezialisierung einzelner Ratsmitglieder auf bestimmte Themen möglich, was die Arbeit des Gremiums insgesamt erleichtern kann. Zu beachten ist, dass diese »Referenten« ihre

Rechte vom Gemeinderat ableiten. Das bedeutet z.B., dass die erste Bürgermeisterin oder der erste Bürgermeister auch in diesen Themenbereichen weiterhin allein berechtigt ist, die Gemeinde nach außen zu vertreten.[7]

Hiervon zu unterscheiden sind weitere, von der Gemeinde bestellte ehrenamtlich tätige Personen, die im Rahmen der kommunalen Selbstverwaltung mit bestimmten Aufgaben betraut werden. Diese werden in der Praxis oftmals als »Beauftragte« bezeichnet (z.B. Integrationsbeauftragte). Nachdem diese »Beauftragten« keine Ratsmitglieder sind, haben sie auch nicht die diesen zustehenden Rechte (z.B. allgemeines Teilnahmerecht an Sitzungen, Antragsrecht).

Beiräte; Kommissionen

Die Gemeinde kann zur Unterstützung ihrer Tätigkeit auch Beiräte (z.B. Jungendbeirat, Seniorenbeirat, Integrationsbeirat) oder für einen vorübergehenden Zweck Kommissionen einrichten und in ein solches Gremium geeignet erscheinende Einwohnerinnen und Einwohner sowie Fachleute zu berufen. Sie kann auch dafür eine Wahl nach näheren Bestimmungen einer eigens dafür zu erlassenden Satzung vorsehen, wie es vor allem bei Ausländerbeiräten vorkommt. Beiräte und Kommissionen haben jedoch nur beratende Funktion.

Bürgerbegehren; Bürgerentscheid

Über die gemeindlichen Angelegenheiten entscheidet, von der Zuständigkeit der ersten Bürgermeisterin oder des ersten Bürgermeisters abgesehen, der Gemeinderat. Dieser leitet seine Entscheidungsmacht letztlich von den Gemeindebürgerinnen

7 Vgl. dazu § 3 Abs. 3 bis 5 der Geschäftsordnungsmuster, abgedruckt auf S. 348 f. sowie S. 395 f. Lesenswert dazu auch die Ausführungen des Innenministeriums in der LT-Drucks. 18/12125 v. 29.01.2021, abrufbar unter www.bayern.landtag.de/parlament/dokumente/drucksachen (aufgerufen am 01.03.2026).

und Gemeindebürgern ab, die alle sechs Jahre zur Wahl der ehrenamtlichen Gemeinderatsmitglieder aufgerufen sind. Die Gemeinden werden damit in der Regel nach den Grundsätzen der repräsentativen Demokratie verwaltet, vergleichbar den Regeln für die Landes- und Bundesebene. Kennt aber schon die Bayerische Verfassung für die Landesebene den Volksentscheid, also das Recht der Staatsbürgerinnen und Staatsbürger, unter bestimmten Voraussetzungen anstelle des Parlaments Gesetze zu beschließen, so sieht aufgrund des Volksentscheids vom 01.10.1995[8] auch die Gemeindeordnung in Art. 18a eine Ausnahme vom repräsentativen Prinzip in Form des **Bürgerbegehrens** und des **Bürgerentscheids** vor.

Zu einem Bürgerentscheid kommt es dann, wenn ein Bürgerbegehren in einer Angelegenheit des eigenen Wirkungskreises durch Erreichen einer gesetzlich festgelegten Anzahl von Unterschriften eine genügende Unterstützung gefunden hat (Art. 18a Abs. 6). Ein Bürgerentscheid ist dann erfolgreich, wenn die Mehrheit der abstimmenden Bürgerinnen und Bürger im Sinn des Bürgerbegehrens votiert und diese Mehrheit ein bestimmtes Quorum erfüllt, das von der Größe der Gemeinde abhängig ist. So müssen in Gemeinden bis zu 50.000 Einwohnerinnen und Einwohnern mindestens 20 %, in Gemeinden bis zu 100.000 Einwohnerinnen und Einwohnern mindestens 15 % und in Gemeinden mit mehr als 100.000 Einwohnerinnen und Einwohnern mindestens 10 % der Stimmberechtigten zustimmen. Dieses Quorum gilt seit 01.04.1999.

Auch der Gemeinderat kann mit Mehrheitsbeschluss einen Bürgerentscheid herbeiführen (Art. 18a Abs. 2, sog. Ratsbegehren).

Sind für Stadtbezirke Bezirksausschüsse gebildet und diese vom Gemeinderat in stadtteilsbezogenen Angelegenheiten mit Entscheidungsbefugnissen ausgestattet (siehe Art. 60 Abs. 2), so kann auf der Ebene des Stadtbezirks auch insoweit ein Bürgerentscheid durchgeführt werden (Art. 18a Abs. 11).

8 Gesetz zur Einführung des kommunalen Bürgerentscheids v. 27.10.1995 (GVBl. S. 730).

Der Bürgerentscheid tritt an die Stelle eines Gemeinderatsbeschlusses (Art. 18a Abs. 13 Satz 1). Er unterliegt bei einem Rechtsverstoß deshalb ebenso der Beanstandung durch die erste Bürgermeisterin bzw. den ersten Bürgermeister oder durch die Rechtsaufsichtsbehörde (siehe Art. 59 Abs. 2 und Art. 112 ff.). Entsprechend gilt das auch für einen Bürgerentscheid auf der Stadtbezirksebene.

Das Nähere ist den Bestimmungen in Art. 18a zu entnehmen, insbesondere zu der Frage, in welchen Angelegenheiten ein Bürgerentscheid ausgeschlossen ist (Art. 18a Abs. 3), und hinsichtlich der Sperrwirkung, die ein Bürgerbegehren und ein Bürgerentscheid für das Handeln des Gemeinderats auslösen (Art. 18a Abs. 9 und Abs. 13 Satz 2).

Die im Gesetz nicht angesprochenen näheren Fragen der Durchführung eines Bürgerbegehrens und eines Bürgerentscheids können die Gemeinden durch Satzung regeln, in der das Recht auf freies Unterschriftensammeln aber nicht eingeschränkt werden darf (Art. 18a Abs. 17).

Erste Bürgermeisterin und erster Bürgermeister

An dieses Amt werden so vielfältige Anforderungen gestellt, dass es in größeren Gemeinden nur als Beruf ausgeübt werden kann. Nur in kleineren Gemeinden kann es noch neben einem anderen Beruf als Ehrenamt wahrgenommen werden. Für die Rechtsstellung der ersten Bürgermeisterinnen und Bürgermeister gilt nach Art. 34 Abs. 2 Folgendes: In Gemeinden bis zu 2.500 Einwohnerinnen und Einwohnern ist die erste Bürgermeisterin oder der erste Bürgermeister grundsätzlich ehrenamtlich, in Gemeinden mit mehr Einwohnerinnen und Einwohnern grundsätzlich berufsmäßig tätig. Der Gemeinderat kann jedoch durch Satzung in Gemeinden bis zu 5.000 Einwohnerinnen und Einwohnern Abweichendes beschließen, und zwar in Gemeinden bis zu 2.500 Einwohnerinnen und Einwohnern berufsmäßige Bürgermeisterinnen und Bürgermeister, in Gemeinden mit mehr als 2.500 und höchstens 5.000 Einwohnerinnen und Einwohnern ehrenamtliche Bürgermeisterinnen und Bürgermeister.

Ob Ausnahmen von der allgemeinen Regel des Gesetzes festgelegt werden sollen, wird der Gemeinderat nach den örtlichen Gegebenheiten, insbesondere nach den konkreten Verwaltungsverhältnissen zu entscheiden haben. Wichtig ist, dass die Entscheidung durch Satzung rechtzeitig vor der Bürgermeisterwahl getroffen wird. Die Satzung muss am 90. Tag vor dem Wahltag erlassen, also nicht nur beschlossen, sondern auch ordnungsgemäß verkündet sein (Art. 26 Abs. 2). Soll nach der nächstfolgenden Wahl wieder die gesetzliche Regel gelten, muss die Satzung spätestens am 90. Tag vor dieser Wahl wieder aufgehoben werden (Art. 34 Abs. 4).

Die erste Bürgermeisterin oder der erste Bürgermeister tritt mit Beginn der Amtszeit in ein Beamtenverhältnis zur Gemeinde ein, also in ein öffentlich-rechtliches Dienst- und Treueverhältnis. Dessen nähere Ausgestaltung ergibt sich aus dem Gesetz über kommunale Wahlbeamte (KWBG, vgl. S. 287 ff.). Während das Beamtenverhältnis der berufsmäßigen Bürgermeisterinnen und Bürgermeister – sie sind **Beamtinnen oder Beamte auf Zeit** – in vielerlei Hinsicht, insbesondere auch im Hinblick auf Besoldung und Versorgung, den Rechtsverhältnissen der Laufbahnbeamten gleicht (vgl. Art. 45 ff. KWBG), sind die ehrenamtlichen ersten Bürgermeisterinnen und Bürgermeister sog. **Ehrenbeamtinnen oder Ehrenbeamte** ohne Verpflichtung zur Einhaltung von bestimmten Arbeitszeiten, jedoch auch ohne Anspruch auf Besoldung und Versorgung. Sie haben aber einen Anspruch auf eine angemessene Entschädigung, deren Höhe sich nach den Rahmensätzen einer Anlage zum Gesetz über kommunale Wahlbeamte bestimmen muss; unter bestimmten Voraussetzungen erhalten sie auch nach ihrem Ausscheiden einen Ehrensold (vgl. Art. 53 ff. KWBG).

In kreisfreien Gemeinden und in Großen Kreisstädten führen die ersten Bürgermeisterinnen und Bürgermeister die Bezeichnung Oberbürgermeisterin bzw. Oberbürgermeister (Art. 34 Abs. 1).

Die ersten Bürgermeisterinnen und Bürgermeister werden grundsätzlich für sechs Jahre gewählt. Die Wahlzeit der

ehrenamtlichen ersten Bürgermeisterinnen und Bürgermeister deckt sich jeweils mit der Wahlzeit des Gemeinderats. Bei vorzeitigem Ausscheiden wird die Neuwahl für den Rest der Wahlzeit des Gemeinderats durchgeführt, wenn diese mehr als zwei Jahre beträgt. Beginnt die Amtszeit innerhalb der letzten zwei Jahre der Wahlzeit des Gemeinderats, so endet sie erst mit der folgenden Wahlzeit (die Amtszeit verlängert sich also bis auf höchstens acht Jahre); dies ergibt sich aus Art. 41 Abs. 2 und Art. 43 Abs. 2 GLKrWG. Weicht die Amtszeit der **berufsmäßigen** ersten Bürgermeisterinnen oder Bürgermeister von der Wahlzeit des Gemeinderats ab, so gilt Folgendes: Beginnt die Amtszeit in den ersten beiden Jahren der Wahlzeit des Gemeinderats, dann endet sie mit dessen laufender Wahlzeit; sie verkürzt sich also auf bis zu vier Jahre. Beginnt sie in den letzten beiden Jahren der Wahlzeit des Gemeinderats, dann verlängert sie sich bis zum Ende der folgenden Wahlzeit, d.h. bis auf höchstens acht Jahre. Beginnt die Amtszeit im dritten bzw. vierten Jahr der Wahlzeit des Gemeinderats, so bleibt es bei sechs Jahren Amtszeit. Darüber hinaus kann die Bürgermeisterin oder der Bürgermeister beantragen, dass der Gemeinderat bis zu dem der allgemeinen Kommunalwahl vorausgehenden 30. September die Abkürzung der Amtszeit zum Ende der Wahlzeit des Gemeinderats beschließt. Ob der Gemeinderat dem Antrag folgen will, liegt in seinem Ermessen (Art. 42 Abs. 3 GLKrWG).

Die Wählbarkeit für das Amt einer ersten Bürgermeisterin oder eines ersten Bürgermeisters ergibt sich aus Art. 39 GLKrWG. Wählbar sind nur deutsche Staatsangehörige. Eine Höchstaltersgrenze ist nicht mehr vorgesehen.[9]

9 Die Höchstaltersgrenze für berufsmäßige erste Bürgermeisterinnen und Bürgermeister wurde mit Gesetz v. 24.07.2023 (GVBl. S. 385) aufgehoben.

Weitere Bürgermeisterinnen und Bürgermeister

Jede Gemeinde muss für die allgemeine Vertretung der ersten Bürgermeisterin oder des ersten Bürgermeisters eine weitere Bürgermeisterin oder einen weiteren Bürgermeister haben. Sie kann auch zwei weitere (einen zweiten und einen dritten) Bürgermeisterinnen oder Bürgermeister vorsehen, die dann die erste Bürgermeisterin oder den ersten Bürgermeister in ihrer Reihenfolge vertreten (Art. 35, 39 Abs. 1).

Die weiteren Bürgermeisterinnen und Bürgermeister werden aus der Mitte des Gemeinderats gewählt (Art. 35 Abs. 1), ohne jedoch aus dem Gremium auszuscheiden, sodass die gesetzlich vorgeschriebene Stärke des Gemeinderats ohne Nachrücken erhalten bleibt. Die weiteren Bürgermeisterinnen oder Bürgermeister sind Ehrenbeamtinnen oder Ehrenbeamte. Der Gemeinderat kann jedoch durch Satzung bestimmen, dass sie Beamtinnen oder Beamte auf Zeit sein sollen. Auch die Rechtsverhältnisse der weiteren Bürgermeisterinnen und Bürgermeister richten sich nach dem Gesetz über kommunale Wahlbeamte (KWBG). Für die Wählbarkeit und die Wahl ergibt sich aus Art. 35 Abs. 2 und Art. 51 Abs. 3 Näheres; Nichtdeutsche können nicht gewählt werden (Art. 35 Abs. 2). Ehrenamtliche weitere Bürgermeisterinnen und Bürgermeister erhalten keine Besoldung, sondern neben der ihnen als Gemeinderatsmitglied gewährten Entschädigung eine weitere Entschädigung »nach dem Maß ihrer besonderen Inanspruchnahme als kommunale Wahlbeamtin und kommunaler Wahlbeamter« (Art. 53 Abs. 4 KWBG).

Berufsmäßige Gemeinderatsmitglieder

Eine Sonderstellung nehmen berufsmäßige Gemeinderatsmitglieder ein. Sie können in Gemeinden mit mehr als 10.000 Einwohnerinnen und Einwohnern vom Gemeinderat gewählt werden (Art. 40, 41), müssen aber nicht aus dessen Mitte sein. Die deutsche Staatsangehörigkeit ist erforderlich (Art. 12 Abs. 2 KWBG i.V.m. Art. 39 Abs. 1 GLKrWG). Sie haben die Aufgabe, sowohl eine leitende Funktion in der Gemeindeverwaltung auszuüben als auch dem Gemeinderat mit beratender Stimme als

Mitglied anzugehören und damit die Verbindung zwischen Rat und Verwaltung zu fördern. In der Praxis greifen vorwiegend größere Städte auf dieses Amt zurück, weil vor allem dort die erste Bürgermeisterin oder der erste Bürgermeister schon aus Zeitgründen nicht allein imstande ist, alle Bereiche der Gemeindeverwaltung im Gemeinderat genügend zu repräsentieren.

Berufsmäßige Gemeinderatsmitglieder müssen für ihre Aufgaben fachlich besonders qualifiziert sein. Sie sind, da sie nur auf Zeit, nämlich für eine Wahlzeit bis zu sechs Jahren gewählt werden, Beamtinnen und Beamte auf Zeit im Sinne des Gesetzes über kommunale Wahlbeamte. Dieses Gesetz gibt auch über deren Rechtsverhältnisse und Wählbarkeit (Art. 12 ff. KWBG) nähere Auskunft.

Gemeindeverwaltung, Gemeindebedienstete

Die Gemeinden müssen im Rahmen ihrer Personalhoheit dafür sorgen, dass das zur ordnungsgemäßen Erledigung der Verwaltungsgeschäfte erforderliche Personal zur Verfügung steht (Art. 42 Abs. 1). Die vielfältigen gemeindlichen Aufgaben und Dienstleistungen, die den Bürgerinnen und Bürgern gegenüber zu erbringen sind, erfordern einen funktionstüchtigen Verwaltungsapparat, der effizientes und auch bürgernahes Arbeiten ermöglicht. Personal- und Sachkosten sind jedoch hoch und nehmen einen beachtlichen Teil der Haushaltsmittel in Anspruch. Das Bestreben, möglichst wirkungsvoll zu verwalten, muss deshalb stets mit dem Bemühen in Einklang gebracht werden, das Personal sparsam und wirtschaftlich einzusetzen.

Der Gesetzgeber schreibt den Gemeinden keine bestimmten Personalstärken vor. Die Maßstäbe müssen den allgemeinen und den eigenen Erfahrungen entnommen werden; auf den Rat der Rechtsaufsichtsbehörden und der überörtlichen kommunalen Einrichtungen kann zurückgegriffen werden.

Die GO verlangt allerdings fachlich geeignetes Personal, also Bedienstete, die nach ihrer fachlichen Ausbildung im Rahmen der verschiedenen Laufbahnen und sonstigen Bildungsgänge in der Lage sind, den jeweiligen Anforderungen gerecht zu werden.

Art. 42 Abs. 2 legt sogar bestimmte Qualifikationen fest. Allerdings wurden die Anforderungen in Abs. 2 Nr. 2 gelockert. Die kreisangehörigen Gemeinden »sollen« (nicht mehr »müssen«) danach mindestens eine Beamtin oder einen Beamten der dritten Qualifikationsebene (vormals gehobener Dienst) beschäftigen. Auch wenn »sollen« im öffentlichen Recht als grundsätzliche Pflicht zu verstehen ist, war es Absicht des Gesetzgebers, den Gemeinden mehr Spielraum zu geben, stattdessen geeignete Arbeitnehmerinnen und Arbeitnehmer einzustellen.

Das gemeindliche Personal – Beamtinnen und Beamte, Arbeitnehmerinnen und Arbeitnehmer – ist angemessen zu entlohnen. Für Beamtinnen und Beamte sind die allgemein anzuwendenden besoldungsrechtlichen Bestimmungen maßgebend. Für Arbeitnehmerinnen und Arbeitnehmer wurde die Möglichkeit eröffnet, von den Tarifverträgen im öffentlichen Dienst in gewissen Grenzen nach oben und auch nach unten abzuweichen, sofern die Gemeinde nicht individuell tarifgebunden ist. Das gemeindliche Personal untersteht der ersten Bürgermeisterin oder dem ersten Bürgermeister. Diese sind auch Dienstvorgesetzte der Beamtinnen und Beamten der Gemeinde (Art. 37 Abs. 4, 43 Abs. 3).

Aufgabenverteilung

Wenn man die in der GO angelegte Verteilung der Aufgaben auf den **Gemeinderat** und seine Ausschüsse einerseits und auf die **erste Bürgermeisterin oder** den **ersten Bürgermeister** mit der ihr oder ihm nachgeordneten Gemeindeverwaltung andererseits betrachtet, wird man feststellen, dass die Entscheidungskompetenz grundsätzlich beim Gemeinderat liegt und dass sie der ersten Bürgermeisterin oder dem ersten Bürgermeister nur in den vom Gesetz näher bestimmten Ausnahmefällen zukommt (Art. 29). Die Vermutung spricht also für die Zuständigkeit des Gemeinderats.

Von der Aufgabe abgesehen, den Vorsitz im Gemeinderat und den Ausschüssen zu führen (Art. 36, 33 Abs. 2) und die Sitzungen entsprechend vorzubereiten etc. (Art. 46 Abs. 2), sind der ersten Bürgermeisterin bzw. dem ersten Bürgermeister, wie sich aus Art. 37 Abs. 1 bis 3 ergibt, im Wesentlichen folgende **Angelegenheiten zur selbstständigen Erledigung** zugewiesen:

- Laufende Angelegenheiten, die für die Gemeinde keine grundsätzliche Bedeutung haben und keine erheblichen Verpflichtungen erwarten lassen. Es würde die Verwaltung lähmen, wenn dem Gemeinderat jede Sache, die in der täglichen Praxis zu bearbeiten ist, vorgelegt werden müsste. Routineangelegenheiten, etwa die Ausstellung von Personalausweisen, der Einkauf des Bürobedarfs usw., erledigen die erste Bürgermeisterin oder der erste Bürgermeister und das der Gemeinde zur Verfügung stehende Personal in eigener Zuständigkeit. Was eine laufende Angelegenheit ist, lässt sich allerdings nicht für alle Gemeinden gleich beantworten. Für eine große Stadt kann der Verkauf eines gemeindlichen Grundstückes z.B. durchaus eine solche Angelegenheit sein, in kleineren Gemeinden wird dies in aller Regel nicht so sein. Mit Richtlinien des Gemeinderats, wie sie Art. 37 Abs. 1 Satz 2 ausdrücklich vorsieht, kann Abgrenzungsschwierigkeiten begegnet werden.[10]
- Hoheitliche Aufgaben im Bereich der Zivilverteidigung usw., soweit es sich nicht um haushaltsrechtliche oder personalrechtliche Entscheidungen handelt.
- Angelegenheiten, die aus Sicherheitsgründen geheim zu halten sind.
- Angelegenheiten, die zwar keine laufenden Angelegenheiten sind, die der Gemeinderat aber durch die Geschäftsordnung der ersten Bürgermeisterin oder dem ersten Bürgermeister zur selbstständigen Erledigung übertragen hat (Art. 37 Abs. 2). Da die laufenden Angelegenheiten nicht immer zweifelsfrei von den sonstigen Aufgaben unterschieden werden können, und auch aus allgemeinen Gründen der

10 Vgl. § 8 Abs. 4 bzw. § 13 Abs. 4 der Geschäftsordnungsmuster, abgedruckt auf S. 357 und S. 414.

Verwaltungsvereinfachung sieht das Gesetz vor, dass der Gemeinderat Kompetenzen im eigenen wie im übertragenen Wirkungskreis an die erste Bürgermeisterin oder den ersten Bürgermeister abtreten kann.[11] Für Angelegenheiten, die der Gemeinderat wegen ihrer Bedeutung nicht einmal auf einen beschließenden Ausschuss übertragen kann (Art. 32 Abs. 2 Satz 2) und für den Erlass von Satzungen gilt dies jedoch nicht.

- Angelegenheiten, die unaufschiebbar sind. In solchen Fällen kann die erste Bürgermeisterin oder der erste Bürgermeister im Wege einer dringlichen Anordnung anstelle des Gemeinderats oder eines Ausschusses entscheiden. Sie oder er muss dem Gemeinderat oder dem Ausschuss in der nächsten Sitzung davon Kenntnis geben (Art. 37 Abs. 3). Von dieser Möglichkeit darf nur in begründeten Fällen Gebrauch gemacht werden, wenn also der Gemeinderat oder der zuständige Ausschuss nicht mehr rechtzeitig einberufen werden kann, die Sache aber im objektiven Interesse der Gemeinde oder eines beteiligten Dritten nicht aufgeschoben werden kann.

In **Personalsachen** ist die Sondervorschrift des Art. 43 zu beachten. Über die Einstellung, die Beförderung, die Höhergruppierung und die Entlassung von Bediensteten entscheidet an sich stets der Gemeinderat. Für Beamtinnen und Beamte bis zur Besoldungsgruppe A 8 sowie für Arbeitnehmerinnen und Arbeitnehmer bis zur Entgeltgruppe E 8 ist jedoch kraft Gesetzes die erste Bürgermeisterin oder der erste Bürgermeister zuständig. Für die übrigen Bediensteten kann der Gemeinderat seine Befugnisse auf einen beschließenden Ausschuss (Personalausschuss) oder – in den durch Art. 43 Abs. 1 Satz 3 festgelegten Grenzen – auf die Oberbürgermeisterin oder den Oberbürgermeister übertragen. Die Möglichkeit, in unaufschiebbaren Fällen durch dringliche Anordnung zu entscheiden (Art. 37 Abs. 3), besteht auch in Personalsachen.

11 Vgl. § 8 Abs. 4 bzw. § 13 Abs. 4 der Geschäftsordnungsmuster, abgedruckt auf S. 357 und S. 414.

Mit diesen Hinweisen ist die Aufgabenabgrenzung zwischen Gemeinderat und der ersten Bürgermeisterin oder dem ersten Bürgermeister, den beiden Hauptorganen, noch nicht genügend beschrieben: Hat der Gemeinderat eine Sache entschieden, ist damit rechtlich noch nichts bewirkt. Der Beschluss bedarf nämlich noch des Vollzugs, der Umsetzung nach außen dem Adressaten gegenüber. Der Beschluss z.B., eine Beamtin einzustellen, erlangt erst dadurch Rechtswirksamkeit, dass der Bewerberin gegenüber die Ernennung durch Aushändigung der Ernennungsurkunde ausgesprochen wird. Dies ist Aufgabe der ersten Bürgermeisterin oder des ersten Bürgermeisters. Der Beschluss über den Ankauf eines Grundstückes bedarf noch des formellen Abschlusses eines notariellen Vertrages mit dem Verkäufer durch die erste Bürgermeisterin oder den ersten Bürgermeister. Wie man sieht, trifft der Gemeinderat zwar die eigentliche Entscheidung, es müssen aber jeweils noch Vollzugshandlungen der ersten Bürgermeisterin oder des ersten Bürgermeisters hinzukommen.

Zusätzlich zu den eigenen Entscheidungskompetenzen obliegt es somit der ersten Bürgermeisterin oder dem ersten Bürgermeister, die **Beschlüsse des Gemeinderats zu vollziehen** (Art. 36). Der Vollzug eines Gemeinderatsbeschlusses kann grundsätzlich nicht verweigert werden. Eine Ausnahme gilt nur, wenn der Beschluss gegen geltendes Recht verstößt: Hält die erste Bürgermeisterin oder der erste Bürgermeister Entscheidungen des Gemeinderats oder seiner Ausschüsse für **rechtswidrig**, so muss sie oder er den Beschluss beanstanden, den Vollzug aussetzen und ggf. die Entscheidung der Rechtsaufsichtsbehörde herbeiführen (Art. 59 Abs. 2).

Das Recht, die Gemeinde nach außen zu vertreten, steht allein der ersten Bürgermeisterin oder dem ersten Bürgermeister zu (Art. 38 Abs. 1 Satz 1). Eine Stellvertretung oder Befugnisübertragung ist nach der Vorschrift des Art. 39 möglich. Allerdings ist die **Vertretungsmacht** auf die Befugnisse der ersten Bürgermeisterin oder des ersten Bürgermeisters beschränkt, die sich aus den ihr oder ihm kraft Gesetzes obliegenden Angelegenheiten oder auch den vom Gemeinderat übertragenen Kompetenzen ergeben können (Art. 38 Abs. 1 Satz 2). Diese Regelung dient dem Schutz der Gemeinde, denn Vollzugshandlungen, die außerhalb der Kompetenz der ersten Bürgermeisterin oder des ersten Bürgermeisters ohne den erforderlichen Gremienbeschluss vorgenommen werden, sind bis zur nachträglichen Genehmigung durch den Gemeinderat oder einen zuständigen beschließenden Ausschuss »schwebend unwirksam«.

Geschäftsgang

Zum Geschäftsgang des Gemeinderats (Art. 45 ff.) und zum Gang der Geschäfte in der Gemeinde allgemein (Art. 56 Abs. 2) ist Folgendes anzumerken:

Die wichtigsten Fragen des Geschäftsganges des Gemeinderats regelt die Gemeindeordnung selbst, wie die Art. 46 bis 54 zeigen. Die verbleibenden Punkte sind in einer **Geschäftsordnung** niederzulegen, die der Gemeinderat zu beschließen hat. Der Bayerische Gemeindetag veröffentlicht hierzu zu Beginn jeder Wahlperiode aktualisierte Geschäftsordnungsmuster.[12]

Zunächst ist festzuhalten, dass die Sitzungen des Gemeinderats von der ersten Bürgermeisterin oder dem ersten Bürgermeister einberufen werden. Nur sie oder er ist dazu berechtigt, aber auch unter bestimmten Voraussetzungen dazu verpflichtet (Art. 46 Abs. 2). Die erste Bürgermeisterin oder der erste Bürgermeister hat die Sitzungen vorzubereiten und dazu eine Tagesordnung aufzustellen, welche die einzelnen Punkte hinreichend konkret bezeichnen muss. Was in die Tagesordnung aufzunehmen ist, richtet sich nach den sich aus dem laufenden Geschäftsbetrieb ergebenden Notwendigkeiten. Empfehlungen einer Bürgerversammlung sind zu berücksichtigen (Art. 18 Abs. 4). Anträgen aus der Mitte des Gemeinderats auf Behandlung

12 Abgedruckt auf S. 343 ff.; ausführliche Kommentierungen zu den einzelnen Vorschriften finden sich im Online-Werk *Gaß*, Kommunale Geschäftsordnungen Bayern, https://shop.wolterskluwer-online.de.

bestimmter Punkte muss die erste Bürgermeisterin oder der erste Bürgermeister entsprechen. Ein Prüfungsrecht dahingehend, ob ein entsprechender Beschluss etwa rechtswidrig wäre, steht ihr oder ihm bei der Aufstellung der Tagesordnung nicht zu. Es ist Sache des Rates, über Sachgemäßheit, Zweckmäßigkeit und Rechtmäßigkeit zu befinden. Kommt es zu einem rechtswidrigen Beschluss, so ist die erste Bürgermeisterin oder der erste Bürgermeister allerdings zur Beanstandung verpflichtet (Art. 59 Abs. 2). Auch schon während der Beratung im Gremium sollte auf etwaige Bedenken hingewiesen werden.

Entscheidungen des Gemeinderats können nur in Sitzungen getroffen werden (Grundsatz des Sitzungszwanges), also nicht im sog. Umlaufverfahren ohne Zusammentritt des Rates (Art. 47 Abs. 1). Soweit es die Geschäftsordnung zulässt, können sich einzelne Ratsmitglieder aber virtuell zur Sitzung zuschalten (Art. 47a).

Eine Entscheidung über die Sachpunkte ist nur möglich, wenn das Gremium **beschlussfähig** ist. Dies hängt von der ordnungsgemäßen Ladung sämtlicher Mitglieder und davon ab, ob die Mehrheit der Mitglieder anwesend und stimmberechtigt ist (Art. 47 Abs. 2 und 3). Die Stimmberechtigung kann u.U. deshalb fehlen, weil die Beratung und Abstimmung einen Gegenstand betreffen, der einem Mitglied des Gemeinderats, einem Angehörigen im Sinne des Art. 20 Abs. 5 BayVwVfG oder einer von ihm kraft Gesetzes oder Vollmacht vertretenen natürlichen oder juristischen Person oder sonstigen Vereinigung einen **unmittelbaren Vorteil oder Nachteil** bringen kann (Art. 49). Wird z.B. die Vergabe eines Auftrages an einen Bauunternehmer beraten und darüber abgestimmt, darf sich ein Gemeinderatsmitglied, das zu den Bewerbern um den Auftrag gehört, nicht beteiligen.

Der Gemeinderat entscheidet grundsätzlich durch **Beschluss**, in den in der GO oder in anderen Rechtsvorschriften genannten Fällen (z.B. bei der Berufung eines weiteren Bürgermeisters) ausnahmsweise durch **Wahl**. Der wesentliche Unterschied besteht darin, dass Beschlüsse mit offener Stimmabgabe gefasst werden, Wahlen sind hingegen stets geheim (Art. 51).

Die Sitzungen des Gemeinderats sind grundsätzlich **öffentlich**, das Publikum muss in der Regel also die Möglichkeit haben, eine Sitzung mitzuverfolgen. Das bedeutet indessen nicht, dass die Sitzung etwa von der Presse aufgezeichnet oder z.B. im Internet per Live-Stream übertragen werden dürfte; dafür gibt es enge Vorgaben, insbesondere ist das Persönlichkeitsrecht der Sitzungsteilnehmer zu wahren (Art. 52 Abs. 4).[13] Die Öffentlichkeit darf ausnahmsweise nur dann ausgeschlossen werden, wenn Rücksichten auf das Wohl der Allgemeinheit oder auf berechtigte Ansprüche Einzelner entgegenstehen. Über den Ausschluss der Öffentlichkeit wird in nichtöffentlicher Sitzung beraten und entschieden (Art. 52 Abs. 2).

Die Tagesordnung ist streng einzuhalten und die Diskussionsbeiträge haben sich auf den anstehenden Punkt zu konzentrieren. Dafür zu sorgen ist Aufgabe der oder des Vorsitzenden, die oder der die Tagesordnungspunkte aufruft und das Wort erteilt. Bei Störungen durch Mitglieder und Zuhörer hat sie oder er für Ordnung zu sorgen und das Hausrecht auszuüben (Art. 53).

Damit über die Verhandlungen im Gemeinderat nachträglich keine Unklarheiten auftreten und eine Grundlage für die weitere Sachbehandlung zur Verfügung steht, ist die Anfertigung einer **Niederschrift**, die bestimmte Angaben enthalten muss, zwingend vorgeschrieben (Art. 54).

Für die Tätigkeit der beschließenden **Ausschüsse** gelten die Vorschriften der GO für den Gemeinderat (Art. 46 bis 54), für die beratenden Ausschüsse ist der Geschäftsgang in der Geschäftsordnung zu regeln (Art. 45 Abs. 2 Satz 2), wobei die Regelungen der Art. 46 bis 54 GO übernommen werden können, jedoch nicht müssen.[14]

---

13 Vgl. dazu auch § 16 Abs. 2 bzw. § 21 Abs. 2 der Geschäftsordnungsmuster, abgedruckt auf S. 363 bzw. 420.

14 Vgl. §§ 8 ff., § 36 des Geschäftsordnungsmusters für größere Gemeinden, abgedruckt auf S. 403 ff.

Die Gemeinden sind verpflichtet, den ordnungsgemäßen Gang der Geschäfte allgemein zu gewährleisten (Art. 56 Abs. 2). Dies umfasst insbesondere die Pflicht, die notwendigen Voraussetzungen dafür zu schaffen, vor allem das nötige Personal und die erforderlichen Sachmittel, z.B. Diensträume und Büroeinrichtungen, bereitzustellen und die Kosten dafür zu tragen. Der Geschäftsablauf muss auch sinnvoll organisiert sein, die Geschäfte müssen im Rahmen der Geschäftsordnung vernünftig verteilt werden; unnötiger Leerlauf, Kompetenzüberschneidungen, Doppelarbeit und andere Hemmnisse stören den Betriebsablauf. Die erste Bürgermeisterin oder der erste Bürgermeister leitet die Geschäfte, nimmt die Geschäftsverteilung vor und regelt somit weitgehend den Personaleinsatz, wobei sie oder er sich allerdings nur im Rahmen der vom Gemeinderat erlassenen Geschäftsordnung, des Stellenplans und der Personalentscheidungen gemäß Art. 43 bewegen kann, was wiederum ein enges **Zusammenwirken** mit dem Gemeinderat verlangt. Das gilt auch im Hinblick auf die Möglichkeiten, einzelne Befugnisse, z.B. die Gemeinde nach außen zu vertreten und die Unterschriftsbefugnis auszuüben, auf die weiteren Bürgermeisterinnen und Bürgermeister, ein Gemeinderatsmitglied oder in Angelegenheiten der laufenden Verwaltung auf Gemeindebedienstete zu übertragen (Art. 39 Abs. 2).

Stadtbezirke

Zur Erleichterung der Verwaltung der Städte mit mehr als 100.000 Einwohnerinnen und Einwohnern sieht die GO (Art. 60) die Bildung von Stadtbezirken vor. In diesen Bezirken können die Städte Bezirksausschüsse und Bezirksverwaltungsstellen einrichten.

In Städten mit mehr als 1 Million Einwohnerinnen und Einwohnern müssen Bezirksausschüsse gebildet werden. Die Bezirksverwaltungsstellen sind Teile der Stadtverwaltung mit örtlich begrenztem Zuständigkeitsgebiet. Die Bezirksausschüsse werden nach näherer Regelung durch eine Satzung vom Stadtrat bestellt. Sie können Anträge oder Empfehlungen an den Stadtrat oder einen beschließenden Ausschuss verabschieden, mit denen sich die Stadtratsgremien befassen müssen. Die Bezirksausschüsse können vom Stadtrat bzw. von der Oberbürgermeisterin oder dem Oberbürgermeister auch mit Entscheidungsbefugnissen ausgestattet werden, soweit sich das mit den Belangen der gesamten Stadt verträgt (Art. 60 Abs. 2 Satz 2). Die Ausschussmitglieder werden in diesem Fall durch unmittelbare Wahl der Stadtbezirksbürger bestimmt (Art. 60 Abs. 3 Satz 2).

Ortssprecherinnen und Ortssprecher

Viele Gemeinden setzen sich aus Gemeindeteilen zusammen, die früher noch selbstständige Gemeinden waren. Nicht alle Teilgebiete sind aber im Gemeinderat vertreten. Um auch der dort wohnenden Bevölkerung eine Repräsentanz im Vertretungsorgan zu geben, kann in dem betreffenden Gemeindeteil eine Ortssprecherin oder ein Ortssprecher gewählt werden, wenn ein Drittel der dort ansässigen Gemeindebürgerinnen und Gemeindebürger dies beantragt oder der Gemeinderat dies beschließt oder durch Satzung bestimmt (Art. 60a Abs. 1 und 2). Die Ortssprecherinnen und Ortssprecher können an den Sitzungen des Gemeinderats mit beratender Stimme teilnehmen und dort auch Anträge stellen (Art. 60a Abs. 3). Die Amtszeit eines Ortssprechers endet jeweils mit der Wahlzeit des Gemeinderats. Eine Ortssprecherin oder ein Ortssprecher ist ehrenamtlich tätig und hat Anspruch auf angemessene Entschädigung und gegebenenfalls auf Ersatz des Verdienstausfalls (Art. 19, 20a).

3. Gemeindewirtschaft

Haushaltswirtschaft

Ein Gemeinwesen lässt sich ohne geordnete Haushaltswirtschaft nicht verwalten. Die GO gibt deshalb den Gemeinden Bestimmungen an die Hand, nach denen sie ihre Haushalte aufzustellen und zu vollziehen haben (Art. 61 ff.). Danach müssen die Gemeinden ganz allgemein ihre Haushaltswirtschaft auf die zu erfüllenden Aufgaben ausrichten. Nur nach diesen bestimmt sich, inwieweit Mittel bereitzustellen und auszugeben sind. Das muss stets auch nach den Grundsätzen der Sparsamkeit und der Wirtschaftlichkeit geschehen, d.h., unnötige und zu hohe Ausgaben müssen vermieden werden, ebenso Ausgaben, die zu den mit ihnen verfolgten Zwecken im Missverhältnis stehen.

Unter den Aufgaben, die eine Gemeinde wahrnimmt, mag es solche geben, die durch private Dritte oder unter Beteiligung solcher Dritter mindestens ebenso gut erledigt werden können. Durch Art. 61 Abs. 2 Satz 2 werden die Gemeinden angehalten, in geeigneten Fällen entsprechende Untersuchungen anzustellen. Eine Pflicht zur Privatisierung ist damit allerdings nicht verbunden.

Die Gemeinden müssen für jedes Haushaltsjahr einen **Haushaltsplan** aufstellen und durch eine Haushaltssatzung festsetzen. Die Haushaltssatzung kann auch für zwei Haushaltsjahre, getrennt nach Jahren, erlassen werden. Der durch die Haushaltssatzung festgesetzte Haushaltsplan gliedert sich bei **kameraler Buchführung** in einen Verwaltungshaushalt und einen Vermögenshaushalt mit verschiedenen Bestandteilen, die die im Haushaltsjahr zu erwartenden Einnahmen und die voraussichtlich zu leistenden Ausgaben enthalten müssen. Vereinfacht gesagt enthält der Verwaltungshaushalt die laufenden Einnahmen (z.B. aus Steuern und Gebühren, Schlüsselzuweisungen, Mieteinnahmen, Zinsen) und Ausgaben (z.B. Personalkosten, Verwaltungskosten, Kreisumlage), der Vermögenshaushalt die vermögenswirksamen Einnahmen (z.B. Investitionszuweisungen, Kreditaufnahmen) und Ausgaben (z.B. Grundstückserwerb, Bauten).[15] Einnahmen und Ausgaben sind sorgfältig zu errechnen oder zu schätzen. Wendet die Gemeinde die Grundsätze der **doppelten kommunalen Buchführung** an, gliedert sich der Haushaltsplan in einen Ergebnishaushalt und in einen Finanzhaushalt (Art. 64 Abs. 2). Ziel ist stets ein ausgeglichener

15 Vgl. § 1 KommHV-Kameralistik, abgedruckt auf S. 228 ff.

Haushalt, also die Deckung der Ausgaben durch die Einnahmen (Art. 64 Abs. 3).

Wichtiger Bestandteil des Haushaltsplans ist der **Stellenplan** für Beamtinnen und Beamte sowie Arbeitnehmerinnen und Arbeitnehmer. In den Stellenplan dürfen grundsätzlich nur die Stellen aufgenommen werden, die im anstehenden Haushaltsjahr tatsächlich benötigt werden.

Personalentscheidungen dürfen nur auf der Grundlage eines rechtswirksamen Stellenplans getroffen werden (Art. 44).

Was die **Einnahmen** anbelangt, so stehen den Gemeinden verschiedene Möglichkeiten zur Verfügung. Sie beschaffen sich die benötigten Mittel insbesondere durch die Erhebung von Abgaben (Gebühren, Beiträge und Steuern) jeweils im Rahmen der dafür geltenden gesetzlichen Bestimmungen (z.B. nach dem Kommunalabgabengesetz); die Gemeinde kann für besondere Leistungen u.U. auch privatrechtliche Entgelte verlangen. Einnahmen aus Steuern werden nicht nur aus den echten Gemeindesteuern, wie der Grundsteuer und der Gewerbesteuer und den örtlichen Verbrauch- und Aufwandsteuern erzielt, die Gemeinden werden auch an der dem Staat zufließenden Einkommensteuer und an der Umsatzsteuer beteiligt. Die Gemeinden erhalten außerdem Mittel des Finanzausgleichs, mit denen Unterschiede in der Einnahmesituation der einzelnen Gemeinden bis zu einem gewissen Grad ausgeglichen werden, um auf der kommunalen Ebene keine zu großen Unterschiede im Leistungsangebot für die Bevölkerung auftreten zu lassen (vgl. dazu das Bayerische Finanzausgleichsgesetz – BayFAG, in seiner jeweiligen Fassung). Auch sonstige staatliche Zuwendungen zur Förderung bestimmter Maßnahmen sind möglich. Reichen all diese Einnahmen nicht aus, um die notwendigen Ausgaben zu decken, bleibt die Möglichkeit der Kreditaufnahme (Art. 62).

Der Finanzbedarf, also die erforderlichen **Ausgaben**, bestimmt sich nach den zu erfüllenden gemeindlichen Aufgaben. Das sind – wie oben unter II. 1. skizziert – die Aufgaben des eigenen und des übertragenen Wirkungskreises. Die Pflichtaufgaben haben bei der Ausgabenplanung stets den Vorrang. Bei den Gemeinden sind also – anders als in der Privatwirtschaft – die zu erfüllenden Aufgaben in erheblichem Umfang gesetzlich vorgegeben. Sie bestimmen über die Höhe der Einnahmen, die beschafft und zur Verfügung gestellt werden müssen.

Nähere Regelungen über die kommunale Haushaltswirtschaft enthält vor allem die Kommunalhaushaltsverordnung (KommHV-Kameralistik[16] bzw. die KommHV-Doppik[17]) in der jeweils geltenden Fassung.

Kreditwesen

Die Gemeinde darf einen Kredit nur aufnehmen, wenn andere Einnahmen nicht zur Verfügung stehen oder eine andere Finanzierung unwirtschaftlich wäre. Ein Kredit darf auch nur für Investitionen, für Investitionsförderungen und für Umschuldungen aufgenommen werden, also nicht für die Bestreitung allgemeiner Verwaltungsausgaben (Art. 71 Abs. 1).

Die Gesamtsumme der Kreditaufnahme, ausgenommen die Kredite für Umschuldungen, bedarf der Genehmigung der Rechtsaufsichtsbehörde (Art. 71 Abs. 2, Art. 117 Abs. 1). Die Genehmigung kann in der Regel nicht erteilt werden, wenn der Schuldendienst die Leistungsfähigkeit der Gemeinde übersteigt. Gemeinden, die durch Kreditaufnahmen bereits an der Grenze ihrer Belastbarkeit angelangt sind, können also mit einer weiteren Genehmigung nicht rechnen.

Werden im Zuge der gesamtwirtschaftlichen Entwicklung Kreditbeschränkungen erforderlich, kann durch Rechtsverordnung die Aufnahme auch schon eines einzelnen Kredits von der Genehmigung abhängig gemacht werden.

16 KommHV-Kameralistik v. 03.12.1976 (GVBl. S. 499), abgedruckt auf S. 223 ff.

17 KommHV-Doppik v. 05.10.2007 (GVBl. S. 678), zuletzt geändert durch Verordnung v. 04.01.2024 (GVBl. S. 21).

Für kreditähnliche Verpflichtungen (z.B. Bürgschaften) und für die Bestellung von Sicherheiten ist Art. 72 zu beachten.

Leichteren Voraussetzungen unterliegen sog. Kassenkredite. Das sind Kredite, die zur rechtzeitigen Leistung von Ausgaben im laufenden Haushaltsjahr benötigt werden, weil die vorgesehenen Einnahmen noch nicht vorhanden sind (Art. 73).

Vermögenswirtschaft

Der Vermögenserwerb soll für Gemeinden nicht Selbstzweck sein, sondern der Erfüllung ihrer Aufgaben dienen. Vorhandenes Vermögen muss pfleglich verwaltet werden (Art. 74). Vermögensgegenstände dürfen, wenn sie für die Erfüllung der Aufgaben nicht benötigt werden, veräußert werden. Dies darf in der Regel aber nur gegen Ersatz des vollen Werts geschehen (Art. 75 Abs. 1). Die Gemeinde darf deshalb ihr Vermögen auch nicht verschenken oder unentgeltlich überlassen. Ausnahmen sind nur gestattet, wenn die Überlassung der Erfüllung gemeindlicher Aufgaben oder herkömmlicher Anstandspflichten dient (Art. 75 Abs. 3).

Die Gemeinden müssen zur längerfristigen Sicherung ihrer Haushaltswirtschaft Rücklagen bilden (Art. 76).

Am Gemeindevermögen oder am ehemaligen Ortschaftsvermögen können keine öffentlichen Nutzungsrechte mehr begründet werden. Auch Erweiterungen oder Änderungen sind nicht mehr möglich. Die Ablösung und Aufhebung von bestehenden alten Rechten bestimmen sich nach Art. 82, 83.

Wirtschaftliche Betätigung der Gemeinde

Das Recht der wirtschaftlichen Betätigung der Gemeinden wurde in den 1990er Jahren, insbesondere durch Gesetz vom 24.07.1998 (GVBl. S. 424), neu geordnet. Die frühere Unterscheidung in wirtschaftliche und nicht wirtschaftliche Unternehmen wurde dabei aufgegeben. Art. 86 ff. unterscheiden nunmehr nur noch nach der Rechtsform. Geblieben sind allerdings die Bindung an einen öffentlichen Zweck, die Berücksichtigung der Leistungsfähigkeit der Gemeinde, die Bedarfsprüfung und der Grundsatz der Subsidiarität für Tätigkeiten außerhalb der Daseinsvorsorge (vgl. Art. 87 Abs. 1). Dabei ist zu prüfen, ob der mit dem Unternehmen verfolgte Zweck nicht ebenso gut und wirtschaftlich durch einen anderen erfüllt wird oder erfüllt werden kann.

Eine Sonderregelung besteht für die energiewirtschaftliche Betätigung gemeindlicher Unternehmen. Tätigkeiten im Bereich der Versorgung mit Strom, thermischer Energie und Gas sind nur an die Voraussetzung geknüpft, dass sie nach Art und Umfang in einem angemessenen Verhältnis zur Leistungsfähigkeit der Gemeinde stehen (Art. 87 Abs. 3).[18] Auf den örtlichen Bedarf und die erzeugte Strommenge kommt es also nicht mehr an.

Als Organisationsformen gemeindlicher Unternehmen kommen öffentlich-rechtliche und privatrechtliche Rechtsformen in Betracht (Art. 86). Öffentlich-rechtliche Organisationsformen sind

- der rechtlich unselbstständige, in die Gemeindeverwaltung integrierte **Regiebetrieb**, der von der Gemeinde nach den allgemeinen Kriterien des kommunalen Haushaltsrechts geführt wird (z.B. Bauhof, Schwimmbad, Friedhof). Zum sogenannten optimierten Regiebetrieb vgl. Art. 88 Abs. 6.
- der **Eigenbetrieb**. Auch dieser Betrieb besitzt keine eigene Rechtspersönlichkeit, hat aber eigene Unternehmensorgane (Werkleitung, Werkausschuss) und wird als Sondervermögen unter Berücksichtigung besonderer Vorschriften zur Wirtschaftsführung, Vermögensverwaltung und Rechnungslegung geführt (vgl. Art. 88 und die Eigenbetriebsverordnung – EBV[19]). Die Werkleitung erledigt die laufenden Geschäfte und vertritt den Betrieb insoweit – also anstelle

18 Eingeführt durch Gesetz v. 24.07.2023 (GVBl. S. 385).

19 Eigenbetriebsverordnung (EBV) v. 29.05.1987 (GVBl. S. 195) in der jeweils geltenden Fassung.

der ersten Bürgermeisterin oder des ersten Bürgermeisters – nach außen. Der Gemeinderat kann der Werkleitung im Rahmen der zu erlassenden Eigenbetriebssatzung mit Zustimmung der ersten Bürgermeisterin oder des ersten Bürgermeisters weitere Befugnisse übertragen, z.B. in Bezug auf Personalentscheidungen. Die Werkleitung führt auch die Dienstaufsicht in ihrem Bereich und ist Dienstvorgesetzte im Sinn des Beamtenrechts (Art. 88 Abs. 3). Die grundlegenden Entscheidungen sind gleichwohl dem Gemeinderat vorbehalten, der allerdings einen besonderen Ausschuss für die Angelegenheiten des Eigenbetriebs, den Werkausschuss, zu bestellen hat. Der Werkausschuss entscheidet kraft Gesetzes selbst, es sei denn, dass sich der Gemeinderat die Entscheidung allgemein vorbehält oder diese im Einzelfall an sich zieht. Auch in bedeutsameren, auf die Werkleitung nicht delegierbaren Personalangelegenheiten kann der Werkausschuss entscheiden, wenn der Gemeinderat ihn dazu ermächtigt (Art. 88 Abs. 4).

- das rechtlich **selbstständige Kommunalunternehmen**. Diese 1995 neu in das Kommunalrecht aufgenommene Unternehmensform bedient sich der auch im Sparkassenrecht gebräuchlichen Rechtsfigur der Anstalt des öffentlichen Rechts (vgl. Art. 89 ff. und die Kommunalunternehmensverordnung – KUV[20]). Das Kommunalunternehmen wird von einem Vorstand geleitet, der das Unternehmen nach außen vertritt und die unternehmerischen Entscheidungen trifft, soweit sie nicht kraft Gesetzes oder durch Regelungen in der Unternehmenssatzung dem Verwaltungsrat zugeordnet sind (Art. 90 Abs. 1 und 2). Den Vorsitz im Verwaltungsrat führt die erste Bürgermeisterin oder der erste Bürgermeister, die übrigen Mitglieder werden vom Gemeinderat bestellt (Art. 90 Abs. 3). Die Aufgaben des Kommunalunternehmens und die innere Organisation sind im Rahmen der

20 Kommunalunternehmensverordnung (KUV) v. 19.03.1998 (GVBl. S. 220) in der jeweils geltenden Fassung.

vom Gemeinderat zu erlassenden Unternehmenssatzung festzulegen (Art. 89). Das Kommunalunternehmen kann als öffentlich-rechtliche Rechtsform auch zum Erlass von Satzungen und Bescheiden (z.B. im Bereich Wasserversorgung, Abwasserbeseitigung) ermächtigt werden (Art. 89 Abs. 2, 91 Abs. 4). Es kann Dienstherr von Beamtinnen und Beamten sein (Art. 90 Abs. 4). Die Gemeinde haftet unbeschränkt, aber nachrangig für Verbindlichkeiten des Unternehmens (Art. 89 Abs. 4).

Träger eines Kommunalunternehmens können auch mehrere Gemeinden sein, es handelt sich dann um eine Rechtsform der kommunalen Zusammenarbeit. Für das **gemeinsame Kommunalunternehmen** enthalten die Art. 49, 50 KommZG (S. 214 ff.) spezielle Vorschriften. Private können sich allerdings nicht an einem (gemeinsamen) Kommunalunternehmen beteiligen.

Im Rahmen des **Privatrechts** kommen insbesondere die Rechtsform der **GmbH**, für größere Unternehmen eventuell auch die **Aktiengesellschaft** in Betracht. Eine Privatrechtsform darf generell nur gewählt werden, wenn die öffentliche Zweckbindung im Gesellschaftsvertrag oder der Unternehmenssatzung festgeschrieben ist, die Gemeinde sich durch entsprechende Ausgestaltung des Gesellschaftsvertrags oder der Unternehmenssatzung einen angemessenen Einfluss auf das Unternehmen sichert und die Haftung der Gemeinde begrenzt wird (Art. 92).

Grundsätzlich besteht unter den genannten rechtlichen Voraussetzungen Wahlfreiheit in Bezug auf die Rechtsform. Die **Abwägungsentscheidung** der Gemeinde über das Ob und Wie einer unternehmerischen Betätigung sollte unter Berücksichtigung aller relevanten Gesichtspunkte sorgfältig getroffen werden (z.B. kommunalrechtliche Vorgaben; Handlungsspielraum der Unternehmensorgane versus gemeindliche Einflussnahme; Ausübung von Hoheitsrechten (Erlass von Satzungen und Bescheiden); steuer-, vergabe- und personalrechtliche Aspekte; Kooperationsmöglichkeiten etc.).

Kassen- und Rechnungswesen

Der Ein- und Ausgang der Gelder ist über die **Gemeindekasse** abzuwickeln. Art. 100 Abs. 1 schreibt eine solche zentrale Kasse zwingend vor. Zahlstellen als Teile der Gemeindekassen, Handvorschüsse für die Auszahlung geringfügiger Beträge und in gewissen Fällen auch Sonderkassen sind nicht ausgeschlossen.

Für die Leitung der Kasse hat die Gemeinde einen **Kassenverwalter** und einen Stellvertreter zu bestellen, es sei denn, dass die Kassengeschäfte von einer Stelle außerhalb der Gemeindeverwaltung besorgt werden. Der Kassenverwalter wird in der Regel ein vollzeitbeschäftigter Bediensteter der Gemeinde sein. Es ist aber in kleinen Gemeinden auch die Bestellung eines ehrenamtlichen Verwalters denkbar. Der Kassenverwalter genießt insofern eine besondere Stellung, als er seine Aufgaben ohne Einflussmöglichkeiten seiner Vorgesetzten selbstständig wahrnimmt.

Über das Ergebnis der Haushaltswirtschaft ist nach Abschluss des Haushaltsjahres Rechnung zu legen. Die dafür aufzustellende Jahresrechnung ist vom Gemeinderat nach Abschluss der örtlichen Prüfung (siehe unten) festzustellen. Dem schließt sich die überörtliche Prüfung und sodann die Entscheidung über die Entlastung an (Art. 102 Abs. 1 bis 4).

Jedes Gemeinderatsmitglied hat das uneingeschränkte Recht, jederzeit die Prüfungsberichte einzusehen (Art. 102 Abs. 4).

Prüfungswesen

Die Haushaltswirtschaft der Gemeinde unterliegt einer regelmäßigen Rechnungsprüfung. Diese verfolgt den Zweck, Unstimmigkeiten, Fehler und Versäumnisse festzustellen und Abhilfen zu ermöglichen. Sie wirkt aber auch präventiv und beugt damit künftigen Unzulänglichkeiten vor. Die Prüfung kann jedoch nur dann Wirkungen haben, wenn sie institutionell und personell genügend abgesichert ist. Diesem Ziel dienen die Art. 103 ff. Sie schreiben zunächst ein in zwei Phasen gegliedertes Verfahren vor, nämlich die **örtliche Rechnungsprüfung** durch eigene

Prüfungsorgane der Gemeinde und daran anschließend die überörtliche Rechnungsprüfung durch außerhalb der Gemeinde stehende Prüfungsorgane. Die örtliche Rechnungsprüfung ist vom Gemeinderat oder von einem aus seiner Mitte zu bildenden Rechnungsprüfungsausschuss durchzuführen. Die Gremien haben ggf. Sachverständige heranzuziehen, in Gemeinden mit einem eigenen Rechnungsprüfungsamt (Art. 104 Abs. 1) ist dieses Amt als Sachverständiger zu beteiligen (Art. 103 Abs. 3). Die örtliche **Kassenprüfung** obliegt der ersten Bürgermeisterin oder dem ersten Bürgermeister (Art. 103 Abs. 5).

Die **überörtliche Rechnungsprüfung** (Art. 105) wird vom Bayerischen Kommunalen Prüfungsverband durchgeführt, wenn die Gemeinde Mitglied des Verbandes ist, im Übrigen von den staatlichen Rechnungsprüfungsämtern bei den Landratsämtern. Der Prüfungsverband ist eine Körperschaft des öffentlichen Rechts, die – wie der Bayerische Oberste Rechnungshof – bei der Wahrnehmung ihrer Aufgaben keinen Weisungen unterliegt und nur dem Gesetz unterworfen ist.[21]

Der Inhalt der Rechnungs- und Kassenprüfung der Gemeinde, Krankenhäuser und Pflegeeinrichtungen ergibt sich aus Art. 106. Davon zu unterscheiden sind die Prüfungen der Jahresabschlüsse und, soweit diese aufzustellen sind, der Lageberichte der Eigenbetriebe und Kommunalunternehmen nach Art. 107.

4. Staatliche Aufsicht und Rechtsmittel

Rechtsaufsicht und Fachaufsicht

Den Artikeln über die staatliche Aufsicht ist in Art. 108 eine wichtige Aussage vorangestellt: Den Aufsichtsbehörden wird darin aufgegeben, die Gemeinden bei der Erfüllung ihrer Aufgaben verständnisvoll zu beraten, zu fördern und zu schützen

21 Gesetz über den Bayerischen Kommunalen Prüfungsverband (PrVbG) v. 24.04.1978 (GVBl. S. 131, 139), zuletzt geändert durch Gesetz v. 24.07.2020 (GVBl. S. 350).

und die Gemeindeorgane in ihrer Entschlusskraft und Selbstverantwortung zu stärken. Den Gemeinden im Vorfeld von Entscheidungen durch Rat und Hilfe beizustehen, dort wo es gewünscht wird und angebracht ist, kann – davon geht das Gesetz aus – meist mehr bewirken als nachträgliche aufsichtliche Maßnahmen. Ein Missverständnis wäre es allerdings, das Beratungsgebot als Aufforderung zum »Hineinreden« zu verstehen. Die Fähigkeit zu eigenverantwortlichem Handeln soll nicht eingeschränkt, vielmehr gefördert werden.

Die **Rechtsaufsicht** bezweckt, dass die Gemeinden in den Angelegenheiten des **eigenen Wirkungskreises** den gesetzlich festgelegten und übernommenen öffentlich-rechtlichen Aufgaben nachkommen und dass ihre Verwaltung nur nach Recht und Gesetz verfährt. Ein Einschreiten kommt deshalb nur dann in Betracht, wenn öffentlich-rechtliche Aufgaben oder Verpflichtungen nicht oder nur unzulänglich erfüllt werden oder wenn rechtswidrige Beschlüsse oder Verfügungen erlassen werden. In das gemeindliche Ermessen kann nicht eingegriffen werden (Art. 109 Abs. 1).

Die **Fachaufsicht** bezieht sich auf die Angelegenheiten des **übertragenen Wirkungskreises** und erstreckt sich auch auf das Ermessen, sodass von den Gemeinden auch in Ermessenssachen ein bestimmtes Handeln verlangt werden kann. Ein Einschreiten ist jedoch auch insoweit auf bestimmte Fälle beschränkt (Art. 109 Abs. 2).

Den Rechtsaufsichtsbehörden (Landratsämtern und Regierungen; Art. 110) stehen zur Durchsetzung ihrer aufsichtlichen Maßnahmen das Recht zur Information (Art. 111), zur Beanstandung und Ersatzvornahme (Art. 112, 113) und die Möglichkeit zur Bestellung eines Beauftragten (Art. 114) zur Verfügung.

Die Fachaufsichtsbehörden – das sind die nach den jeweiligen besonderen Bestimmungen zuständigen Behörden; bestehen keine besonderen Bestimmungen, führen die Rechtsaufsichtsbehörden auch die Fachaufsicht – haben wie die Rechtsaufsichtsbehörden das Informationsrecht (Art. 111). Sie können den Gemeinden ferner Weisungen erteilen. Weitere Befugnisse haben sie nicht, sie müssen sich vielmehr zur Unterstützung der Rechtsaufsichtsbehörden bedienen (Art. 115, 116).

Die Fachaufsicht über die Großen Kreisstädte richtet sich hinsichtlich der ihnen nach Art. 9 Abs. 2 übertragenen Aufgaben nach den für kreisfreie Gemeinden geltenden Bestimmungen.

Rechtsbehelfe

Gegen Maßnahmen der Gemeinden stehen den Betroffenen die in den allgemeinen Bestimmungen, insbesondere in der Verwaltungsgerichtsordnung vorgesehenen Rechtsbehelfe des Widerspruchs und der Klage zum Verwaltungsgericht zu. Zu beachten ist allerdings, dass das Widerspruchsverfahren nur noch in ganz bestimmten Angelegenheiten vorgesehen ist.[22] Unter Umständen können sie auch den Bayerischen Verfassungsgerichtshof oder das Bundesverfassungsgericht anrufen. Die GO regelt lediglich, welche Behörden über einen Widerspruch gegen gemeindliche Maßnahmen zu entscheiden haben (Art. 118).

Auch die Gemeinde selbst hat die Möglichkeit, gegen sie betreffende (z.B. rechtsaufsichtliche) Maßnahmen Rechtsschutz bei den Verwaltungs- und Verfassungsgerichten zu ersuchen, wenn sie dadurch in ihrem Recht auf kommunale Selbstverwaltung oder in ihr zustehenden sonstigen Rechten verletzt sein kann.

22 Vgl. Art. 12 des Gesetzes zur Ausführung der Verwaltungsgerichtsordnung (AGVwGO) in der jeweiligen Fassung.

III. Verwaltungsgemeinschaftsordnung

Begriff der Verwaltungsgemeinschaft

Die Verwaltungsgemeinschaft ist ein Rechtsgebilde, das Anfang der 1970er Jahre im Zuge der Gemeindegebietsreform entstanden ist.[1] Ziel der Einführung dieser neuen Organisationsform war es, einerseits die vielen kleinen und kleinsten Gemeinden zu größeren, leistungsfähigen Einheiten zusammenzuführen, andererseits aber den Bestand auch kleiner Gemeinden dort zu erhalten, wo es nach den Reformzielen noch zu rechtfertigen war. Dies ließ sich dadurch erreichen, dass der Gesetzgeber mit der Verwaltungsgemeinschaft eine Einrichtung schuf, welche die Verwaltungsgeschäfte der zugehörenden Gemeinden erledigt, ohne den Bestand dieser Gemeinden und ihrer Organe einzuschränken. Derzeit gibt es in Bayern 982 Mitgliedsgemeinden in 311 Verwaltungsgemeinschaften.[2]

Die Rechtsverhältnisse der Verwaltungsgemeinschaft werden in der Verwaltungsgemeinschaftsordnung (VGemO) geregelt (abgedruckt auf S. 161 ff.). Nach Art. 1 VGemO ist die Verwaltungsgemeinschaft eine Körperschaft des öffentlichen Rechts, deren Mitglieder benachbarte kreisangehörige Gemeinden sind und die der Stärkung der Leistungskraft ihrer Mitglieder dient.

Bildung, Erweiterung und Auflösung von Verwaltungsgemeinschaften

Verwaltungsgemeinschaften können nur durch Gesetz gebildet werden, ebenso ist für die Aufnahme einer weiteren Gemeinde in eine Verwaltungsgemeinschaft ein gesetzgeberischer Akt

---

1 Erstes Gesetz zur Stärkung der kommunalen Selbstverwaltung v. 27.07.1971 (GVBl. S. 247).

2 Quelle: Verzeichnis der Gemeinden, Verwaltungsgemeinschaften und gemeindefreien Gebiete in Bayern nach dem Stand 31.01.2025, Bekanntmachung des Bayerischen Staatsministeriums des Innern, für Sport und Integration v. 15.01.2025 (AllMBl. Nr. 41, 148).

erforderlich. Soll eine Verwaltungsgemeinschaft aufgelöst oder eine Gemeinde aus der Gemeinschaft entlassen werden, so muss ebenfalls der Gesetzgeber tätig werden. Maßgeblich ist jeweils, ob die beteiligten Gemeinden einverstanden sind oder Gründe des öffentlichen Wohls vorliegen (Art. 2, 9 VGemO). Die Entlassung einer Gemeinde aus einer Verwaltungsgemeinschaft wird nur dann in Betracht kommen, wenn Gründe des öffentlichen Wohles nicht entgegenstehen, insbesondere die Leistungskraft dieser Gemeinde inzwischen so gestiegen ist, dass sie selbst eine ordnungsgemäße Verwaltung einrichten und auch tragen kann. Auch die Situation der dann verbleibenden Rest-Verwaltungsgemeinschaft darf nicht übersehen werden.[3]

Name und Sitz

Name und Sitz einer Verwaltungsgemeinschaft bestimmt die zuständige Regierung durch Rechtsverordnung, soweit dies nicht bereits durch Gesetz erfolgt ist. Änderungen sind unter gewissen Voraussetzungen nach Anhörung der Verwaltungsgemeinschaft möglich (Art. 3 VGemO).

Aufgaben

Art. 4 VGemO beschreibt die von der Verwaltungsgemeinschaft wahrzunehmenden Aufgaben. Es wird dabei zwischen den Angelegenheiten des übertragenen und des eigenen Wirkungskreises der Mitgliedsgemeinden unterschieden.

Die Aufgaben, die zu den **übertragenen Angelegenheiten** der Mitgliedsgemeinden gehören, also z.B. die Ausstellung des Personalausweises oder des Reisepasses, werden grundsätzlich ausschließlich von der Verwaltungsgemeinschaft erledigt.

3 Zu den Voraussetzungen der Aufnahme einer Gemeinde in eine Verwaltungsgemeinschaft bzw. den Austritt einer Mitgliedsgemeine aus der Verwaltungsgemeinschaft vgl. die LT-Drucks. 18/15335 v. 20.04.2021, abrufbar unter www.bayern.landtag.de/parlament/dokumente/druck sachen (aufgerufen am 01.03.2026).

Einer Beteiligung der gemeindlichen Organe bedarf es nicht. Es gibt aber folgende Ausnahmen: Der Erlass einer Satzung oder einer Verordnung im Bereich des übertragenen Wirkungskreises (z.B. nach dem Landesstraf- und Verordnungsgesetz oder der Gaststättenverordnung) fällt in die Zuständigkeit des Gemeinderats der Mitgliedsgemeinden; die Verwaltungsgemeinschaft bereitet die Beschlussfassung lediglich vor und sorgt für die Ausführung des Beschlusses. Eine weitere Ausnahme bilden die den Mitgliedsgemeinden durch die Verordnung über Aufgaben der Mitgliedsgemeinden von Verwaltungsgemeinschaften vom 30.04.1995 (GVBl. S. 259; abgedruckt auf S. 171 ff.) vorbehaltenen Aufgaben, z.B. die Aufstellung der Schöffen- und Jugendschöffenlisten oder die Entscheidung über Gastschulverhältnisse. Auch insoweit werden der Gemeinderat oder die erste Bürgermeisterin oder der erste Bürgermeister tätig, die Verwaltungsgemeinschaft leistet lediglich verwaltungsmäßige Unterstützung.

Die Aufgaben, die zu den Angelegenheiten des **eigenen Wirkungskreises** gehören, werden von den Mitgliedsgemeinden und ihren Organen erfüllt, die Verwaltungsgemeinschaft steht ihnen als ihre Behörde zur Vorbereitung und zum Vollzug zur Verfügung. Die erste Bürgermeisterin oder der erste Bürgermeister ist zu Weisungen gegenüber der Verwaltungsgemeinschaft befugt und kann sich die Vertretung der Gemeinde nach außen vorbehalten. Die lediglich dienende Funktion der Verwaltungsgemeinschaft kann dadurch unterstrichen werden, dass der Schriftverkehr in Angelegenheiten des eigenen Wirkungskreises mit dem Briefkopf und dem Dienstsiegel der jeweiligen Mitgliedsgemeinde geführt wird.

Eine Verwaltungsgemeinschaft kann aufgrund der engen Verzahnung ihrer Aufgaben mit den Belangen ihrer Mitgliedsgemeinden nur bei konstruktivem Zusammenwirken aller Beteiligten reibungslos funktionieren. Art. 5 VGemO macht deshalb den Mitgliedsgemeinden die Unterstützung der Verwaltungsgemeinschaft ausdrücklich zur Pflicht.

Organe und Bedienstete

Wie jede Körperschaft hat auch die Verwaltungsgemeinschaft ihre eigenen Organe. Es handelt sich hierbei um die **Gemeinschaftsversammlung** – bei der grundsätzlich die Kompetenz für die Verwaltung der Verwaltungsgemeinschaft liegt – und die **Gemeinschaftsvorsitzende oder** den **Gemeinschaftsvorsitzenden**, die oder der, vergleichbar der Situation bei einem Zweckverband, die Sitzungen der Gemeinschaftsversammlung vorbereitet und deren Beschlüsse mit den ihr oder ihm unterstellten Bediensteten vollzieht sowie die Vertretung nach außen wahrnimmt (Art. 6 VGemO).

Der Gemeinschaftsversammlung gehören stets die ersten Bürgermeisterinnen und Bürgermeister der Mitgliedsgemeinden und je ein Gemeinderatsmitglied an. Für jedes volle Tausend der Einwohnerinnen und Einwohner einer Mitgliedsgemeinde werden weitere Gemeinderatsmitglieder entsandt. Bei der Entscheidung über die Entsendung von Gemeinderatsmitgliedern in die Gemeinschaftsversammlung ist hinsichtlich der Berücksichtigung der im Gemeinderat vertretenen Parteien und Wählergruppen wie bei der Zusammensetzung der Ausschüsse des Gemeinderats zu verfahren (Art. 6 Abs. 2 Satz 5 VGemO). Es muss deshalb dem Stärkeverhältnis der genannten Gruppen Rechnung getragen werden.

Jede Mitgliedsgemeinde hat in der Gemeinschaftsversammlung so viele Stimmen wie Vertreter anwesend sind. Die Vertreter einer Mitgliedsgemeinde geben ihre Stimme einzeln nach eigener Überzeugung ab. Die Mitgliedsgemeinde kann sie allerdings anweisen, wie sie abzustimmen haben (Art. 10 Abs. 2 VGemO i.V.m. Art. 33 Abs. 2 Satz 4 KommZG). Bei der Wahl der oder des Gemeinschaftsvorsitzenden besteht allerdings kein Weisungsrecht der Mitgliedsgemeinde (Art. 6 Abs. 3 Satz 2 VGemO).

Die oder der Gemeinschaftsvorsitzende wird aus der Mitte der Gemeinschaftsversammlung gewählt. Wie die Vertreter der Mitgliedsgemeinden in der Gemeinschaftsversammlung bleibt auch die oder der Gemeinschaftsvorsitzende für die Wahlzeit des Gemeinderats im Amt.

Die Vertreter der Mitgliedsgemeinden in der Gemeinschaftsversammlung und die oder der Gemeinschaftsvorsitzende üben ein kommunales Ehrenamt aus. Die VGemO regelt ihre Rechte und Pflichten nicht selbst, sie verweist aber in Art. 10 Abs. 2 auf die entsprechenden Bestimmungen des KommZG; hilfsweise ist auch auf die GO zurückzugreifen. Die Tätigkeit in der Gemeinschaftsversammlung wird, wie die Arbeit im Gemeinderat, angemessen entschädigt, in der Regel durch die Zahlung eines angemessenen Sitzungsgeldes. Die ersten Bürgermeisterinnen und Bürgermeister können allerdings, da sie der Gemeinschaftsversammlung kraft ihres Amtes angehören, nur Ersatz ihrer Auslagen (z.B. der Fahrtkosten) erhalten.

Die oder der Gemeinschaftsvorsitzende übt dieses Amt neben dem Bürgermeisteramt in der Mitgliedsgemeinde aus und erhält dafür eine eigene angemessene Entschädigung, deren Höhe sich nach dem Aufwand an Zeit, Mühe und Mehrkosten zu richten hat.

Die Entschädigungen hat die Gemeinschaftsversammlung in einer Entschädigungssatzung festzulegen.

Die Verwaltungsgemeinschaft muss das erforderliche **Personal** einstellen, das für die Wahrnehmung der Aufgaben fachlich geeignet sein muss (Art. 7 VGemO). Sie soll mindestens eine Beamtin oder einen Beamten des gehobenen nichttechnischen Verwaltungsdienstes mit der Laufbahnbefähigung für die allgemeine innere Verwaltung haben. Als Leitung der Geschäftsstelle nimmt diese Beamtin oder dieser Beamte an den Sitzungen der Gemeinschaftsversammlung mit beratender Stimme teil (Art. 7 Abs. 2 VGemO).

Haushalt und Finanzbedarf

Die Verwaltungsgemeinschaft hat für ihren Finanzbedarf, der im Wesentlichen durch die Kosten ihres Personals und die Sachkosten der Geschäftsstelle bestimmt wird, eine Haushaltssatzung zu erlassen, wobei für jedes Haushaltsjahr eine **Umlage** zulasten der Mitgliedsgemeinden zu beschließen ist. Die Umlage, aus der die Verwaltungsgemeinschaft im Wesentlichen ihre Einnahmen deckt, wird in der Regel nach dem Verhältnis der Einwohnerzahlen der Mitgliedsgemeinden zueinander bemessen. Es kann aber auch Abweichendes beschlossen werden. Wenn es zur Vermeidung von Härten erforderlich ist, kann auch die Regierung einen abweichenden Bemessungssatz festlegen (Art. 8 VGemO).

IV. Kommunale Zusammenarbeit

Angesichts steigender rechtlicher und organisatorischer Anforderungen an die gemeindliche Aufgabenerfüllung, der zunehmenden Knappheit verfügbarer Ressourcen insbesondere im finanziellen und personellen Bereich, aber auch der demografischen Entwicklung in den verschiedenen Regionen kann die verstärkte kommunale Zusammenarbeit einen Lösungsansatz bieten. Die bestehenden Optionen sollen nachfolgend kurz und ohne Anspruch auf Vollständigkeit skizziert werden.

Das Gesetz über die kommunale Zusammenarbeit (KommZG; vgl. S. 177 ff.) regelt die grundlegenden **öffentlich-rechtlichen Möglichkeiten** der Zusammenarbeit von Gemeinden, Landkreisen, Bezirken, Verwaltungsgemeinschaften und sonstigen Körperschaften. Diese Kooperationen können in unterschiedlicher Form und Intensität ausgestaltet werden.

Die einfachste Form der kommunalen Zusammenarbeit ist die im Rahmen öffentlich-rechtlicher Verträge, sogenannter **Zweckvereinbarungen** (Art. 7 bis 15 KommZG). Dabei sind verschiedene Vertragsinhalte denkbar. Diese reichen von der Personalgestellung über die gemeinschaftliche Durchführung einer Aufgabe, den Bau und Betrieb gemeinschaftlicher Einrichtungen (z.B. Kläranlagen, Wassergewinnungsanlagen, Bauhof), die Mitbenutzung einer betrieblichen Einrichtung (z.B. Einleitung von Abwasser) bis hin zur Übertragung von (Teil-) Aufgaben auf eine andere Gemeinde (z.B. Betriebsführungsvereinbarungen), vgl. Art. 7 Abs. 1 bis 4 KommZG. Dabei kann sogar die vollständige Aufgabenerfüllung inklusive zugehöriger Befugnisse übertragen werden (Art. 8 KommZG). Beispiel ist eine Zweckvereinbarung zwischen benachbarten Gemeinden über die Wasserversorgung oder Abwasserbeseitigung für einen grenznah gelegenen Ortsteil, bei der auch das Satzungsrecht der übernehmenden Gemeinde nebst Bescheiderlass zur Anwendung kommt. Solche Zweckvereinbarungen mit Befugnisübertragungen sind nicht nur anzeigepflichtig, sondern bedürfen der Genehmigung (Art. 12 KommZG). Zweckvereinbarungen werden in der Regel auf eine bestimmte Zeit befristet, in jedem Fall besteht ein Recht auf außerordentliche Kündigung (Art. 14 KommZG).

Stärkere Bindungskraft entfalten die **Formen institutionalisierter Zusammenarbeit**. Auch hier sieht das KommZG unterschiedliche Formen und damit je nach Aufgabenstellung geeignete Optionen vor.

Weit verbreitet in verschiedensten Aufgabenbereichen (z.B. Wasserversorgung, Abwasserbeseitigung, Abfallbewirtschaftung, Verkehrsüberwachung, Bauhöfe, interkommunale Gewerbegebiete, Hochwasserschutz, Musikschulen etc.) sind die **Zweckverbände**. Die Vorschriften über die Bildung von Zweckverbänden, deren Verfassung, Verwaltung und Wirtschaftsführungen sind in den Art. 17 bis 48 KommZG enthalten.

Alternativ dazu kommen in vielen der genannten Aufgabenbereiche **gemeinsame Kommunalunternehmen** in Betracht, die sich im Vergleich zum Zweckverband durch eine größere Unabhängigkeit der Unternehmensorgane und eine andere Finanzierungsstruktur auszeichnen (vgl. Art. 49, 50 KommZG). Sowohl für Zweckverbände als auch für gemeinsame Kommunalunternehmen ist der Erlass einer Verbands- bzw. Unternehmenssatzung vorgeschrieben, in die Regelungen zu Name und Sitz, Mitgliedern bzw. Trägern, räumlichem Wirkungsbereich, Aufgaben und Befugnissen sowie der inneren Verfassung und gemeinschaftlichen Finanzierung aufzunehmen sind.

Im Vergleich zu Zweckverbänden und gemeinsamen Kommunalunternehmen weniger verbindlich sind Zusammenarbeiten im Rahmen von **Arbeitsgemeinschaften** (vgl. Art. 4 bis 6 KommZG). Diese werden durch einen öffentlich-rechtlichen Vertrag der beteiligten Gemeinden gebildet und dienen in der Regel der interkommunalen Abstimmung von Planungen (z.B. in den Bereichen Verkehr, Wirtschaft, Flächennutzungsplanung). In diesem Vertrag kann aber zum Beispiel auch bestimmt werden, dass die beteiligten Gemeinden an die Beschlüsse der Arbeitsgemeinschaft gebunden sind (vgl. Art. 5 KommZG).

Darüber hinaus gibt es **spezielle Vorschriften** zu öffentlich-rechtlichen Kooperationsformen, z.B. zu Verwaltungsgemeinschaften (VGemO), zu Schulverbänden (Art. 9 BaySchFG), Planungsverbänden (§ 205 BauGB), regionalen Planungsverbänden nach dem Bayerischen Landesplanungsgesetz (Art. 8 ff. BayLPlG), Sparkassenzweckverbänden, Zweckverbänden für Rettungsdienst und Feuerwehralarmierung (Art. 3 Integrierte Leitstellen-Gesetz) etc. Diese nehmen teilweise Bezug auf die Vorschriften des KommZG zu Zweckverbänden.

Neben den genannten Normen insbesondere des KommZG sind bei Kooperationen zwischen Gemeinden gegebenenfalls **weitere rechtliche Vorgaben** zu beachten, die in der Anwendungspraxis bisweilen nicht unerhebliche Auslegungsschwierigkeiten bereiten. Zu nennen sind insbesondere die einschlägigen Regelungen des Vergaberechts und des Umsatzsteuerrechts. Die Voraussetzungen für die Vergaberechtsfreiheit öffentlich-öffentlicher Zusammenarbeit sind in § 108 des Gesetzes gegen Wettbewerbsbeschränkungen (GWB) geregelt. In Bezug auf die Umsatzsteuerpflicht ist § 2b des Umsatzsteuergesetzes (UStG) zu beachten. Auch das EU-Beihilferecht kann in Einzelfällen bei der Finanzierung öffentlich-rechtlicher Kooperationsformen eine Rolle spielen.

Daneben können die Gemeinden auch in **privatrechtlicher Form** zusammenarbeiten, beispielsweise durch Abschluss zivilrechtlicher Verträge (z.B. Miet- oder Leihverträge) oder die Gründung von bzw. Beteiligung an einem Unternehmen in Privatrechtsform (z.B. einer GmbH). Insoweit gelten grundsätzlich die einschlägigen privatrechtlichen Regelungen, die allerdings durch öffentlich-rechtliche Vorgaben (vgl. etwa Art. 92 ff. GO) und Grundsätze ergänzt werden. Die Zuordnung von interkommunalen Vereinbarungen zum öffentlichen oder zum privatrechtlichen Bereich ist oftmals nur durch Auslegung möglich, kann aber Bedeutung z.B. in Bezug auf die Frage der Umsatzsteuerpflichtigkeit der Leistungen haben (vgl. § 2b Abs. 3 Nr. 2 UStG). Hilfreich kann dabei sein, dass die der Vereinbarung zugrundeliegende öffentlich-rechtliche Aufgabe und die zugehörigen Normen etwa im Rahmen einer Präambel klar benannt werden.

B

Gemeindeordnung für den Freistaat Bayern (Gemeindeordnung – GO)

In der Fassung der Bekanntmachung vom 22. August 1998
(GVBl. S. 796, BayRS 2020–1-1-I),
zuletzt geändert durch § 1 des Gesetzes vom
23. Dezember 2025 (GVBl. S. 637)

Inhaltsübersicht

ERSTER TEIL
Wesen und Aufgaben der Gemeinde

1. ABSCHNITT
Begriff, Benennung und Hoheitszeichen

2. ABSCHNITT
Rechtsstellung und Wirkungskreis

3. ABSCHNITT
Gemeindegebiet und gemeindefreies Gebiet

4. ABSCHNITT
Rechte und Pflichten der Gemeindeangehörigen

5. ABSCHNITT
Gemeindehoheit

ZWEITER TEIL
Verfassung und Verwaltung der Gemeinde

1. ABSCHNITT
Gemeindeorgane und ihre Hilfskräfte

a) Der Gemeinderat und seine Ausschüsse

b) Die ersten Bürgermeisterinnen und Bürgermeister sowie ihre Stellvertretung

c) Die berufsmäßigen Gemeinderatsmitglieder

4. ABSCHNITT
Stadtbezirke und Gemeindeteile

DRITTER TEIL
Gemeindewirtschaft

1. ABSCHNITT
Haushaltswirtschaft

2. ABSCHNITT
Kreditwesen

5. ABSCHNITT
Kassen- und Rechnungswesen

6. ABSCHNITT
Prüfungswesen

VIERTER TEIL
Staatliche Aufsicht und Rechtsmittel

1. ABSCHNITT
Rechtsaufsicht und Fachaufsicht

2. ABSCHNITT
Rechtsmittel

FÜNFTER TEIL
Übergangs- und Schlussvorschriften

ERSTER TEIL
Wesen und Aufgaben der Gemeinde

1. ABSCHNITT
Begriff, Benennung und Hoheitszeichen

Art. 1 Begriff

[1]Die Gemeinden sind ursprüngliche Gebietskörperschaften mit dem Recht, die örtlichen Angelegenheiten im Rahmen der Gesetze zu ordnen und zu verwalten. [2]Sie bilden die Grundlagen des Staates und des demokratischen Lebens.

Art. 2 Name

(1) Die Gemeinden haben ein Recht auf ihren geschichtlichen Namen.

(2) Die Rechtsaufsichtsbehörde kann nach Anhörung des Gemeinderats und der beteiligten Gemeindebürgerinnen und Gemeindebürger

1. wegen eines öffentlichen Bedürfnisses den Namen einer Gemeinde oder eines Gemeindeteils ändern oder den Namen eines Gemeindeteils aufheben;
2. einem bewohnten Gemeindeteil einen Namen geben.

(3) [1]Wird eine Gemeinde oder werden Gemeindeteile als Heilbad, Kneippheilbad oder Schrothheilbad nach Art. 7 Abs. 1 und 5 des Kommunalabgabengesetzes anerkannt, spricht die Anerkennungsbehörde auf Antrag der Gemeinde aus, dass die Bezeichnung Bad Bestandteil des Namens der Gemeinde oder eines Gemeindeteils wird. [2]Wird die Anerkennung aufgehoben, entfällt der Namensbestandteil Bad. [3]Wegen eines dringenden öffentlichen Bedürfnisses kann die Anerkennungsbehörde abweichend vom Antrag nach Satz 1 oder von Satz 2 entscheiden.

(4) Die Entscheidungen und die Änderungen nach den Absätzen 2 und 3 sind im Staatsanzeiger bekannt zu machen.

Art. 3 Städte und Märkte

(1) Städte und Märkte heißen die Gemeinden, die diese Bezeichnung nach bisherigem Recht führen oder denen sie durch das Staatsministerium des Innern, für Sport und Integration neu verliehen wird.

(2) Die Bezeichnung Stadt oder Markt darf nur an Gemeinden verliehen werden, die nach Einwohnerzahl, Siedlungsform und wirtschaftlichen Verhältnissen der Bezeichnung entsprechen.

(3) Die Stadt München führt die Bezeichnung Landeshauptstadt.

Art. 4 Wappen und Fahnen; Dienstsiegel

(1) [1]Die Gemeinden können ihre geschichtlichen Wappen und Fahnen führen. [2]Sie sind verpflichtet, sich bei der Änderung bestehender und der Annahme neuer Wappen und Fahnen von der Generaldirektion der Staatlichen Archive Bayerns beraten zu lassen und, soweit sie deren Stellungnahme nicht folgen wollen, den Entwurf der Rechtsaufsichtsbehörde vorzulegen.

(2) [1]Gemeinden mit eigenem Wappen führen dieses in ihrem Dienstsiegel. [2]Die übrigen Gemeinden führen in ihrem Dienstsiegel das kleine Staatswappen.

(3) Von Dritten dürfen Wappen und Fahnen der Gemeinde nur mit deren Genehmigung verwendet werden.

2. ABSCHNITT
Rechtsstellung und Wirkungskreis

Art. 5 Kreisangehörigkeit und Kreisfreiheit

(1) Die Gemeinden sind kreisangehörig oder kreisfrei.

(2) Kreisfrei sind die Gemeinden, die diese Eigenschaft beim Inkrafttreten dieses Gesetzes besitzen.

(3) [1]Mit Zustimmung des Landtags können Gemeinden mit mehr als 50.000 Einwohnerinnen und Einwohnern bei entsprechender Bedeutung nach Anhörung des Kreistags durch

Rechtsverordnung der Staatsregierung für kreisfrei erklärt werden. [2]Hierbei ist auf die Leistungsfähigkeit des Landkreises Rücksicht zu nehmen. [3]Die Rechtsverordnung kann finanzielle Verpflichtungen der ausscheidenden Gemeinde gegenüber dem Landkreis festlegen. [4]Im Übrigen werden die vermögensrechtlichen Verhältnisse durch Übereinkunft zwischen dem Landkreis und der ausscheidenden Gemeinde geregelt. [5]Der Übereinkunft kommt mit dem in ihr bestimmten Zeitpunkt, frühestens jedoch mit Inkrafttreten der Rechtsverordnung, unmittelbar rechtsbegründende Wirkung zu. [6]Kommt eine Übereinkunft nicht zu Stande, so entscheiden das Verwaltungsgericht und in der Berufungsinstanz der Verwaltungsgerichtshof als Schiedsgerichte.

Art. 5a Eingliederung in den Landkreis; Große Kreisstadt

(1) [1]Aus Gründen des öffentlichen Wohls können durch Rechtsverordnung der Staatsregierung mit Zustimmung des Landtags kreisfreie Gemeinden auf ihren Antrag oder von Amts wegen nach Anhörung der Gemeinde in einen Landkreis eingegliedert werden. [2]Der Landkreis ist vorher zu hören; den Gemeindebürgerinnen und Gemeindebürgern soll Gelegenheit gegeben werden, zu der Eingliederung in geheimer Abstimmung Stellung zu nehmen.

(2) [1]Der Landkreis ist auf Verlangen der eingegliederten Gemeinde verpflichtet, bisher von der Gemeinde betriebene Einrichtungen zu übernehmen, wenn deren Betrieb allgemein zu den Aufgaben eines Landkreises gehört. [2]Die Schulden aus Darlehn für diese Einrichtungen muss der Landkreis dann und insoweit nicht übernehmen, als die Übernahme nicht zumutbar ist, insbesondere, wenn für die Einrichtungen in unverhältnismäßig hohem überdurchschnittlichem Umfang Darlehn aufgenommen worden sind. [3]Die Sätze 1 und 2 gelten entsprechend für die Mitgliedschaft der eingegliederten Gemeinde in einem Zweckverband, dessen Aufgabe allgemein zu den Aufgaben eines Landkreises gehört. [4]Der Landkreis ist verpflichtet, gemeindliche Arbeitnehmerinnen und Arbeitnehmer, deren

B

Aufgabenbereich auf den Landkreis übergeht, auf deren Verlangen oder auf Verlangen der eingegliederten Gemeinde in sinngemäßer Anwendung des Art. 51 des Bayerischen Beamtengesetzes (BayBG) zu übernehmen. [5]Art. 5 Abs. 3 Sätze 4 bis 6 gelten sinngemäß.

(3) [1]Mit dem Inkrafttreten der Rechtsverordnung (Absatz 1 Satz 1) wird die bisher kreisfreie Gemeinde Große Kreisstadt. [2]Eine Gemeinde kann auf die Rechte einer Großen Kreisstadt verzichten; das Staatsministerium des Innern, für Sport und Integration bestimmt nach Anhörung des Kreistags durch Rechtsverordnung den Zeitpunkt, zu dem der Verzicht wirksam wird.

(4) Gemeinden mit mehr als 30.000 Einwohnerinnen und Einwohnern können auf ihren Antrag nach Anhörung des Kreistags durch Rechtsverordnung des Staatsministeriums des Innern, für Sport und Integration zu Großen Kreisstädten erklärt werden, wenn ihre Leistungs- und Verwaltungskraft die Gewähr dafür bietet, dass sie die Aufgaben einer Großen Kreisstadt ordnungsgemäß erfüllen können.

Art. 6 Allseitiger Wirkungskreis

(1) [1]Den Gemeinden steht in ihrem Gebiet die Erfüllung aller öffentlichen Aufgaben zu. [2]Ausnahmen bedürfen eines Gesetzes.

(2) Die Gemeindeaufgaben sind eigene oder übertragene Angelegenheiten.

Art. 7 Eigene Angelegenheiten

(1) Der eigene Wirkungskreis der Gemeinden umfasst alle Angelegenheiten der örtlichen Gemeinschaft (Art. 83 Abs. 1 der Verfassung).

(2) [1]In Angelegenheiten des eigenen Wirkungskreises handeln die Gemeinden nach eigenem Ermessen. [2]Sie sind nur an die gesetzlichen Vorschriften gebunden.

Art. 8 Übertragene Angelegenheiten

(1) Der übertragene Wirkungskreis der Gemeinden umfasst alle Angelegenheiten, die das Gesetz den Gemeinden zur Besorgung namens des Staates oder anderer Körperschaften des öffentlichen Rechts zuweist.

(2) Für die Erledigung übertragener Angelegenheiten können die zuständigen Staatsbehörden den Gemeinden Weisungen erteilen.

(3) [1]Den Gemeinden, insbesondere den kreisfreien Gemeinden, können Angelegenheiten auch zur selbstständigen Besorgung übertragen werden. [2]Art. 7 Abs. 2 ist hierbei sinngemäß anzuwenden.

(4) Bei der Zuweisung von Angelegenheiten sind gleichzeitig die notwendigen Mittel zur Verfügung zu stellen.

Art. 9 Weitere Aufgaben der kreisfreien Gemeinden und Großen Kreisstädte

(1) [1]Die kreisfreie Gemeinde erfüllt im übertragenen Wirkungskreis alle Aufgaben, die sonst vom Landratsamt als der unteren staatlichen Verwaltungsbehörde wahrzunehmen sind, sie ist insoweit Kreisverwaltungsbehörde. [2]Sie erfüllt ferner die den Landkreisen obliegenden Aufgaben des eigenen und des übertragenen Wirkungskreises.

(2) [1]Die Große Kreisstadt erfüllt im übertragenen Wirkungskreis Aufgaben, die sonst vom Landratsamt als der unteren staatlichen Verwaltungsbehörde wahrzunehmen sind in dem Umfang, der durch Rechtsverordnung der Staatsregierung allgemein bestimmt wird; sie ist insoweit Kreisverwaltungsbehörde. [2]In der Rechtsverordnung nach Art. 5a Abs. 1 oder in einer Rechtsverordnung des Staatsministeriums des Innern, für Sport und Integration können ihr weitere Aufgaben der unteren staatlichen Verwaltungsbehörde und auf Antrag mit Zustimmung des Kreistags auch einzelne Aufgaben des übertragenen Wirkungskreises der Landkreise übertragen werden.

B

3. ABSCHNITT
Gemeindegebiet und gemeindefreies Gebiet

Art. 10 Gemeindegebiet und Bestandsgarantie

(1) [1]Jeder Teil des Staatsgebiets ist grundsätzlich einer Gemeinde zugewiesen. [2]Die Gesamtheit der zu einer Gemeinde gehörenden Grundstücke bildet das Gemeindegebiet.

(2) Die Gemeinden haben ein Recht auf Erhaltung ihres Bestands und ihres Gebiets unbeschadet der Vorschrift des Art. 11.

Art. 10a Gemeindefreie Gebiete

(1) Die keiner Gemeinde zugewiesenen Teile des Staatsgebiets sind gemeindefreie (ausmärkische) Gebiete.

(2) [1]Die Aufgaben, die aus Gründen des öffentlichen Wohls erfüllt werden müssen und die in den kreisangehörigen Gemeinden zum eigenen Wirkungskreis gehören, nimmt im gemeindefreien Gebiet der Grundstückseigentümer auf seine Kosten wahr. [2]Gehören die Grundstücke verschiedenen Eigentümern, so erfüllen diese die Aufgaben gemeinsam und tragen die Kosten anteilig nach dem Verhältnis der Größe der Fläche ihrer im gemeindefreien Gebiet gelegenen Grundstücke; forstwirtschaftlich genutzte Flächen sind zu zwei Dritteln und minderwertige landwirtschaftliche Nutzflächen (insbesondere Hutungen, Streuwiesen und Ödländereien) zu einem Drittel anzurechnen. [3]Die Grundstückseigentümer können die Verteilung der Aufgaben und die Kostentragung mit Genehmigung der Aufsichtsbehörde in anderer Weise vereinbaren, wenn dadurch die Erfüllung der Aufgaben nicht gefährdet wird.

(3) [1]Wenn es zur ordnungsmäßigen Erfüllung der Aufgaben nach Absatz 2 erforderlich ist, kann die Aufsichtsbehörde den Eigentümer der größten anrechenbaren Grundstücksfläche verpflichten, die Aufgaben im ganzen gemeindefreien Gebiet zu erfüllen; die anderen Grundstückseigentümer haben sich an

den notwendigen Kosten, die hieraus entstehen, nach dem Verhältnis der anrechenbaren Größe ihrer Grundstücksflächen zu beteiligen. [2]Werden die Kosten nicht innerhalb von drei Monaten erstattet, so setzt die Aufsichtsbehörde die auf die einzelnen Grundstückseigentümer entfallenden Erstattungsbeträge fest und zieht sie für den verpflichteten Grundstückseigentümer wie Verwaltungskosten ein.

(4) [1]Bewirkt die Kostenverteilung nach dem Verhältnis der anrechenbaren Größe der Grundstücksflächen (Absatz 2 Satz 2) für einzelne Eigentümer eine besondere Härte und kommt eine Vereinbarung nach Absatz 2 Satz 3 innerhalb einer auf Antrag eines Beteiligten von der Aufsichtsbehörde zu setzenden Frist von drei Monaten nicht zu Stande, so setzt die Aufsichtsbehörde die von den einzelnen Grundstückseigentümern zu tragenden Kostenanteile fest. [2]Absatz 3 Satz 2 gilt sinngemäß.

(5) [1]Die hoheitlichen Befugnisse, die im Gemeindegebiet den kreisangehörigen Gemeinden zustehen, übt im gemeindefreien Gebiet das Landratsamt als untere staatliche Verwaltungsbehörde aus. [2]Es erledigt ferner alle Aufgaben, die zum übertragenen Wirkungskreis einer Gemeinde gehören.

(6) Die Absätze 2 bis 5 gelten nicht, soweit die Erfüllung von Aufgaben des eigenen Wirkungskreises oder die Ausübung hoheitlicher Befugnisse und die Wahrnehmung von Aufgaben des übertragenen Wirkungskreises im gemeindefreien Gebiet durch besondere Rechtsvorschriften anders geregelt sind.

(7) [1]Aufsichtsbehörde über die gemeindefreien Gebiete für die Aufgaben nach den Absätzen 2 bis 4 ist das Landratsamt als untere staatliche Verwaltungsbehörde. [2]Für die Aufsicht gelten die Art. 108, 109 Abs. 1 und Art. 111 bis 113 entsprechend.

(8) Die gemeindefreien Gebiete oder Teile hiervon werden vom Landratsamt benannt.

Art. 11 Änderungen

(1) [1]Gemeindefreie Gebiete oder Teile hiervon sind auf Antrag angrenzender Gemeinden in diese einzugliedern, wenn

B

nicht dringende Gründe des öffentlichen Wohls entgegenstehen. [2]Beantragen mehrere Gemeinden die Eingliederung, so richtet sich die Entscheidung darüber, ob und in welchem Umfang den Anträgen stattgegeben wird, nach Gründen des öffentlichen Wohls. [3]Aus den gleichen Gründen können Entscheidungen nach den Sätzen 1 und 2 auch von Amts wegen getroffen werden; dabei können auch neue Gemeinden gebildet werden. [4]Falls dringende Gründe des öffentlichen Wohls vorliegen, können auf Antrag oder von Amts wegen unbewohntes Gemeindegebiet oder Teile hiervon einem gemeindefreien Gebiet angegliedert oder zu einem neuen gemeindefreien Gebiet erklärt werden. [5]Vor der Änderung sind die beteiligten Gemeinden und Landkreise sowie die Eigentümer der gemeindefreien Grundstücke im Änderungsgebiet zu hören. [6]Für die Kreisbürgerinnen und Kreisbürger, die seit mindestens sechs Monaten im Änderungsgebiet ihren Aufenthalt haben, kann eine geheime Abstimmung angeordnet werden.

(2) [1]Änderungen im Bestand oder Gebiet von Gemeinden können unbeschadet des Absatzes 1 vorgenommen werden,

1. wenn Gründe des öffentlichen Wohls vorliegen und die beteiligten Gemeinden einverstanden sind,
2. gegen den Willen beteiligter Gemeinden, wenn dringende Gründe des öffentlichen Wohls vorliegen.

[2]Vor Maßnahmen nach Satz 1 Nr. 2 sind die beteiligten Gemeinden zu hören.

(3) Eine Gemeinde kann durch Ausgliederung aus einer bestehenden Gemeinde gebildet werden, wenn

1. Gründe des öffentlichen Wohls vorliegen,
2. die zu bildende Gemeinde mindestens 2.000 Einwohnerinnen und Einwohner hat oder Mitgliedsgemeinde einer Verwaltungsgemeinschaft wird und
3. die bestehende Gemeinde mit einer Mehrheit von zwei Dritteln der Mitglieder des Gemeinderats zustimmt.

(4) Den Gemeindebürgerinnen und Gemeindebürgern, deren gemeindliche Zugehörigkeit wechselt, soll Gelegenheit gegeben

werden, zu der Änderung, bei der Bildung einer Gemeinde auch zu deren Namen, in geheimer Abstimmung Stellung zu nehmen.

Art. 12 Zuständige Behörde; Fortgeltung des Ortsrechts

(1) [1]Die in Art. 11 genannten Änderungen werden durch Gesetz vorgenommen, wenn dadurch eine Gemeinde im Bestand geändert oder neu gebildet wird. [2]Die übrigen in Art. 11 genannten Änderungen werden durch Rechtsverordnung vorgenommen; diese erlässt das Landratsamt, wenn nur Teile des Gemeindegebiets umgemeindet werden, die von nicht mehr als 50 Einwohnerinnen und Einwohnern bewohnt werden, sonst die Regierung. [3]Die Regierung kann in der Rechtsverordnung, für deren Erlass sie zuständig ist, auch Teile von Gemeindegebieten, die von nicht mehr als 50 Einwohnerinnen und Einwohnern bewohnt werden, umgemeinden, wenn die Umgemeindung mit der anderen Änderung rechtlich oder sachlich zusammenhängt.

(2) [1]Wird eine Gemeinde durch Ausgliederung aus einer bestehenden Gemeinde gebildet, gilt das Ortsrecht in seinem bisherigen Geltungsbereich fort. [2]Bei Gebietsänderungen erstreckt sich das Ortsrecht der aufnehmenden Gemeinde auf das aufgenommene Gebiet, wenn nicht in der Vorschrift über die Gebietsänderung etwas Abweichendes bestimmt ist.

Art. 13 Weitere Folgen der Änderungen

(1) [1]Unbeschadet des Art. 9 Abs. 2 Satz 3 der Bezirksordnung und des Art. 9 Abs. 2 Satz 3 der Landkreisordnung regelt im Fall des Art. 12 Abs. 1 Satz 1 die Regierung, im Übrigen die gemäß Art. 12 Abs. 1 Sätze 2 und 3 zuständige Behörde die mit der Änderung zusammenhängenden weiteren Rechts- und Verwaltungsfragen. [2]Sie kann insbesondere eine Neuwahl oder Ergänzung der gemeindlichen Vertretungsorgane für den Rest der Wahlzeit anordnen. [3] Art. 31 Abs. 2 Satz 4 findet insoweit keine Anwendung. [4]Beträgt der Rest der Wahlzeit weniger als zwei Jahre, so kann die zuständige Behörde bestimmen, dass die

B

Wahlzeit der neu gewählten Vertretungsorgane erst mit Ablauf der folgenden Wahlzeit endet.

(2) [1]Die vermögensrechtlichen Verhältnisse werden durch Übereinkunft der beteiligten Gemeinden geregelt. [2]Der Übereinkunft kommt mit dem in ihr bestimmten Zeitpunkt, frühestens jedoch mit Rechtswirksamkeit der Änderung, unmittelbar rechtsbegründende Wirkung zu. [3]Kommt eine Übereinkunft nicht zu Stande, so entscheiden das Verwaltungsgericht und in der Berufungsinstanz der Verwaltungsgerichtshof als Schiedsgerichte.

(3) [1]Soweit der Aufenthalt Voraussetzung für Rechte und Pflichten ist, gilt in den Fällen des Art. 11 der vor der Änderung liegende Aufenthalt im Änderungsgebiet als Aufenthalt in der neuen Gemeinde.

Art. 13a

(weggefallen)

Art. 14 Bekanntmachung; Gebühren

(1) Rechtsverordnungen nach Art. 12 sind, soweit sie vom Landratsamt erlassen werden, gemäß Art. 51 Abs. 1 des Landesstraf- und Verordnungsgesetzes in Verbindung mit Art. 20 Abs. 2 der Landkreisordnung, soweit sie von der Regierung erlassen werden, im Amtsblatt der Regierung bekannt zu machen.

(2) [1]Für Änderungen nach Art. 11 und Rechtshandlungen, die aus Anlass solcher Änderungen erforderlich sind, werden Abgaben nicht erhoben, soweit eine Befreiung landesrechtlich zulässig ist. [2]Auslagen werden nicht ersetzt.

4. ABSCHNITT
Rechte und Pflichten der Gemeindeangehörigen

Art. 15 Einwohnerinnen und Einwohner; Bürgerinnen und Bürger

(1) [1]Gemeindeangehörige sind alle Gemeindeeinwohnerinnen und Gemeindeeinwohner. [2]Sie haben gegenüber der

Gemeinde die gleichen Rechte und Pflichten. [3]Ausnahmen bedürfen eines besonderen Rechtstitels.

(2) Gemeindebürgerinnen und Gemeindebürger sind die Gemeindeangehörigen, die in ihrer Gemeinde das Recht, an den Gemeindewahlen teilzunehmen, besitzen.

Art. 16 Ehrenbürgerwürde

(1) Die Gemeinden können Persönlichkeiten, die sich um sie besonders verdient gemacht haben, die Ehrenbürgerwürde verleihen.

(2) [1]Die Gemeinden können die Verleihung der Ehrenbürgerwürde wegen unwürdigen Verhaltens widerrufen. [2]Ein solcher Beschluss bedarf einer Mehrheit von zwei Dritteln der stimmberechtigten Mitglieder des Gemeinderats.

Art. 17 Wahlrecht

Die Gemeindebürgerinnen und Gemeindebürger wählen den Gemeinderat und mit der Mehrheit der abgegebenen gültigen Stimmen die erste Bürgermeisterin oder den ersten Bürgermeister.

Art. 18 Mitberatungsrecht (Bürgerversammlung)

(1) [1]In jeder Gemeinde hat die erste Bürgermeisterin oder der erste Bürgermeister mindestens einmal jährlich, auf Verlangen des Gemeinderats auch öfter, eine Bürgerversammlung zur Erörterung gemeindlicher Angelegenheiten einzuberufen. [2]In größeren Gemeinden sollen Bürgerversammlungen auf Teile des Gemeindegebiets beschränkt werden.

(2) [1]Eine Bürgerversammlung muss innerhalb von drei Monaten stattfinden, wenn das von mindestens 5 v.H., in den Gemeinden mit mehr als 10.000 Einwohnerinnen und Einwohnern von mindestens 2,5 v.H. der Gemeindebürgerinnen und Gemeindebürger unter Angabe der Tagesordnung schriftlich beantragt wird; die Bürgerversammlung kann eine Ergänzung

der Tagesordnung beschließen, wenn es spätestens eine Woche vor der Bürgerversammlung bei der Gemeinde schriftlich beantragt wird. [2]Die Tagesordnung darf nur gemeindliche Angelegenheiten zum Gegenstand haben. [3]Die Sätze 1 und 2 gelten entsprechend für Gemeindeteile, die bei Inkrafttreten dieses Gesetzes noch selbstständige Gemeinden waren, und in Städten mit mehr als 100.000 Einwohnerinnen und Einwohnern für Stadtbezirke; die Tagesordnungspunkte sollen sich vor allem auf den Gemeindeteil oder Stadtbezirk beziehen. [4]Die Einberufung einer Bürgerversammlung nach den Sätzen 1 und 3 kann nur einmal jährlich beantragt werden.

(3) [1]Das Wort können grundsätzlich nur Gemeindeangehörige erhalten. [2]Ausnahmen kann die Bürgerversammlung beschließen; die Vorsitzende oder der Vorsitzende soll einem Vertreter der Aufsichtsbehörde auf Verlangen das Wort erteilen. [3]Den Vorsitz in der Versammlung führt die erste Bürgermeisterin oder der erste Bürgermeister oder ein von ihnen bestellter Vertreter. [4]Stimmberechtigt sind ausschließlich Gemeindebürgerinnen und Gemeindebürger.

(4) [1]Die Bürgerversammlung findet in einem der Allgemeinheit zugänglichen Raum statt. [2]Ergänzend kann die Gemeinde durch Satzung oder durch Beschluss des Gemeinderats eine Echtzeitübertragung der Bürgerversammlung in Ton und Bild über das Internet zulassen. [3]Ein Redebeitrag einer teilnehmenden Person darf nur übertragen werden, wenn sie dafür eine Einwilligung erteilt hat. [4]Kameras sind so einzurichten, dass nur die Versammlungsleitung sowie die redenden Personen erfasst werden. [5]Die Gemeinde informiert bei der Einladung zur Bürgerversammlung sowie vor Beginn über eine Echtzeitübertragung nach Satz 2. [6]Die Gemeinden können durch Satzung zulassen, dass Personen nicht persönlich anwesend sein müssen, um sich nach Abs. 3 zu beteiligen, sondern sich dazu auch über das Internet zuschalten können. [7]In der Satzung ist das Nähere zu den Voraussetzungen und zur Ausübung des Äußerungs- und Stimmrechts durch die zugeschalteten Personen zu regeln.

(5) [1]Empfehlungen der Bürgerversammlungen müssen innerhalb einer Frist von drei Monaten vom Gemeinderat behandelt werden. [2]Diese Frist und die Frist nach Absatz 2 Satz 1 ruhen während der gemäß Art. 32 Abs. 4 Satz 1 bestimmten Ferienzeit.

Art. 18a Bürgerbegehren und Bürgerentscheid

(1) Die Gemeindebürgerinnen und Gemeindebürger können über Angelegenheiten des eigenen Wirkungskreises der Gemeinde einen Bürgerentscheid beantragen (Bürgerbegehren).

(2) Der Gemeinderat kann beschließen, dass über eine Angelegenheit des eigenen Wirkungskreises der Gemeinde ein Bürgerentscheid stattfindet.

(3) Ein Bürgerentscheid findet nicht statt

1. über die Rechtsstellung der künftigen ersten Bürgermeisterinnen oder der künftigen ersten Bürgermeister,
2. über Angelegenheiten, die kraft Gesetzes der ersten Bürgermeisterin oder dem ersten Bürgermeister obliegen,
3. über Fragen der inneren Organisation der Gemeindeverwaltung,
4. über die Rechtsverhältnisse der Gemeinderatsmitglieder, der Bürgermeisterinnen und Bürgermeister und der Gemeindebediensteten sowie
5. über die Haushaltssatzung.

(4) [1]Das Bürgerbegehren muss bei der Gemeinde eingereicht werden und eine mit Ja oder Nein zu entscheidende Fragestellung und eine Begründung enthalten sowie bis zu drei Personen benennen, die berechtigt sind, die Unterzeichnenden zu vertreten. [2]Für den Fall ihrer Verhinderung oder ihres Ausscheidens können auf den Unterschriftenlisten zusätzlich stellvertretende Personen benannt werden.

(5) [1]Das Bürgerbegehren kann nur von Personen unterzeichnet werden, die am Tag der Einreichung des Bürgerbegehrens Gemeindebürgerinnen oder Gemeindebürger sind. [2]Für die Feststellung der Zahl der gültigen Unterschriften ist das von

B

der Gemeinde zum Stand dieses Tages anzulegende Bürgerverzeichnis maßgebend.

(6) Ein Bürgerbegehren muss in Gemeinden

bis zu 10.000 Einwohnerinnen und Einwohnern von mindestens 10 v.H.,

bis zu 20.000 Einwohnerinnen und Einwohnern von mindestens 9 v.H.,

bis zu 30.000 Einwohnerinnen und Einwohnern von mindestens 8 v.H.,

bis zu 50.000 Einwohnerinnen und Einwohnern von mindestens 7 v.H.,

bis zu 100.000 Einwohnerinnen und Einwohnern von mindestens 6 v.H.,

bis zu 500.000 Einwohnerinnen und Einwohnern von mindestens 5 v.H.,

mit mehr als 500.000 Einwohnerinnen und Einwohnern von mindestens 3 v.H.

der Gemeindebürgerinnen und Gemeindebürger unterschrieben sein.

(7) (weggefallen)

(8) [1]Über die Zulässigkeit des Bürgerbegehrens entscheidet der Gemeinderat unverzüglich, spätestens innerhalb eines Monats nach Einreichung des Bürgerbegehrens. [2]Gegen die Entscheidung können die vertretungsberechtigten Personen des Bürgerbegehrens ohne Vorverfahren Klage erheben.

(9) Ist die Zulässigkeit des Bürgerbegehrens festgestellt, darf bis zur Durchführung des Bürgerentscheids eine dem Begehren entgegenstehende Entscheidung der Gemeindeorgane nicht mehr getroffen oder mit dem Vollzug einer derartigen Entscheidung nicht mehr begonnen werden, es sei denn, zu diesem Zeitpunkt haben rechtliche Verpflichtungen der Gemeinde hierzu bestanden.

(10) [1]Der Bürgerentscheid ist an einem Sonntag innerhalb von drei Monaten nach der Feststellung der Zulässigkeit des

Bürgerbegehrens durchzuführen; der Gemeinderat kann die Frist im Einvernehmen mit den vertretungsberechtigten Personen des Bürgerbegehrens um höchstens drei Monate verlängern. [2]Die Kosten des Bürgerentscheids trägt die Gemeinde. [3]Stimmberechtigt ist jede Gemeindebürgerin und jeder Gemeindebürger. [4]Die Möglichkeit der brieflichen Abstimmung ist zu gewährleisten. [5]Der Gemeinderat kann beschließen, dass die Abstimmungsscheine mit Briefabstimmungsunterlagen ohne vorherigen Antrag an alle abstimmungsberechtigten Personen versandt werden. [6]Dies gilt nicht für Bürgerentscheide, die am Tag der Gemeindewahl, Landkreiswahl, Bezirkswahl, Landtagswahl, Bundestagswahl, Europawahl oder eines Volksentscheids stattfinden.

(11) [1]Ist in einem Stadtbezirk ein Bezirksausschuss gebildet worden, so kann über Angelegenheiten, die diesem Bezirksausschuss zur Entscheidung übertragen sind, auch innerhalb des Stadtbezirks ein Bürgerentscheid stattfinden. [2]Stimmberechtigt sind alle im Stadtbezirk wohnhaften Gemeindebürgerinnen und Gemeindebürger. [3]Das Bürgerbegehren ist beim Bezirksausschuss zur Weiterleitung an den Stadtrat einzureichen. [4]Die Vorschriften der Absätze 2 bis 16 finden entsprechend Anwendung.

(12) [1]Bei einem Bürgerentscheid ist die gestellte Frage in dem Sinn entschieden, in dem sie von der Mehrheit der abgegebenen gültigen Stimmen beantwortet wurde, sofern diese Mehrheit in Gemeinden

bis zu	50.000	Einwohnerinnen und Einwohnern mindestens 20 v.H.
bis zu	100.000	Einwohnerinnen und Einwohnern mindestens 15 v.H.
mit mehr als	100.000	Einwohnerinnen und Einwohnern mindestens 10 v.H.

der Stimmberechtigten beträgt. [2]Bei Stimmengleichheit gilt die Frage als mit Nein beantwortet. [3]Sollen an einem Tag mehrere Bürgerentscheide stattfinden, hat der Gemeinderat eine Stichfrage für den Fall zu beschließen, dass die gleichzeitig zur

Abstimmung gestellten Fragen in einer miteinander nicht zu vereinbarenden Weise beantwortet werden (Stichentscheid). [4]Es gilt dann diejenige Entscheidung, für die sich im Stichentscheid die Mehrheit der abgegebenen gültigen Stimmen ausspricht. [5]Bei Stimmengleichheit im Stichentscheid gilt der Bürgerentscheid, dessen Frage mit der höchsten Stimmenzahl mehrheitlich beantwortet worden ist.

(13) [1]Der Bürgerentscheid hat die Wirkung eines Beschlusses des Gemeinderats. [2]Der Bürgerentscheid kann innerhalb eines Jahres nur durch einen neuen Bürgerentscheid abgeändert werden, es sei denn, dass sich die dem Bürgerentscheid zu Grunde liegende Sach- oder Rechtslage wesentlich geändert hat.

(14) [1]Der Bürgerentscheid entfällt, wenn der Gemeinderat die Durchführung der mit dem Bürgerbegehren verlangten Maßnahme beschließt. [2]Für einen Beschluss nach Satz 1 gilt die Bindungswirkung des Absatzes 13 Satz 2 entsprechend.

(15) [1]Die im Gemeinderat und die von den vertretungsberechtigten Personen des Bürgerbegehrens vertretenen Auffassungen zum Gegenstand des Bürgerentscheids dürfen in Veröffentlichungen und Veranstaltungen der Gemeinde nur in gleichem Umfang dargestellt werden. [2]Zur Information der Bürgerinnen und Bürger werden von der Gemeinde den Beteiligten die gleichen Möglichkeiten wie bei Gemeinderatswahlen eröffnet.

(16) Das Ergebnis des Bürgerentscheids ist in der Gemeinde in der ortsüblichen Weise bekannt zu machen.

(17) [1]Die Gemeinden können das Nähere durch Satzung regeln. [2]Das Recht auf freies Unterschriftensammeln darf nicht eingeschränkt werden.

(18) Art. 3a des Bayerischen Verwaltungsverfahrensgesetzes (BayVwVfG) findet keine Anwendung.

Art. 18b Bürgerantrag

(1) [1]Die Gemeindebürgerinnen und Gemeindebürger können beantragen, dass das zuständige Gemeindeorgan eine gemeindliche Angelegenheit behandelt (Bürgerantrag). [2]Ein

Bürgerantrag darf nicht Angelegenheiten zum Gegenstand haben, für die innerhalb eines Jahres vor Antragseinreichung bereits ein Bürgerantrag gestellt worden ist.

(2) [1]Der Bürgerantrag muss bei der Gemeinde eingereicht werden, eine Begründung enthalten und bis zu drei Personen benennen, die berechtigt sind, die Unterzeichnenden zu vertreten. [2]Für den Fall ihrer Verhinderung oder ihres Ausscheidens können auf den Unterschriftenlisten zusätzlich stellvertretende Personen benannt werden.

(3) [1]Der Bürgerantrag muss von mindestens 1 v.H. der Gemeindeeinwohnerinnen und Gemeindeeinwohner unterschrieben sein. [2]Unterschriftsberechtigt sind die Gemeindebürgerinnen und Gemeindebürger.

(4) Über die Zulässigkeit eines Bürgerantrags entscheidet das für die Behandlung der Angelegenheit zuständige Gemeindeorgan innerhalb eines Monats seit der Einreichung des Bürgerantrags.

(5) Ist die Zulässigkeit des Bürgerantrags festgestellt, hat ihn das zuständige Gemeindeorgan innerhalb von drei Monaten zu behandeln.

(6) [1]In Gemeinden, in denen Bezirksausschüsse gebildet sind, können in Angelegenheiten, für die die Bezirksausschüsse zuständig sind, Bürgeranträge gestellt werden. [2]Hierfür gelten die Absätze 1 bis 5 entsprechend mit der Maßgabe, dass

1. unterschriftsberechtigt nur ist, wer im Zuständigkeitsbereich des Bezirksausschusses Gemeindebürgerin oder Gemeindebürger ist,
2. sich die erforderliche Unterschriftenzahl nach der Einwohnerzahl des Stadtbezirks berechnet,
3. der Bezirksausschuss über die Zulässigkeit des Bürgerantrags und über für zulässig erklärte Bürgeranträge entscheidet.

(7) Die Fristen nach den Absätzen 4 und 5 ruhen während der gemäß Art. 32 Abs. 4 Satz 1 bestimmten Ferienzeit.

(8) Art. 3a BayVwVfG findet keine Anwendung.

Art. 19 Ehrenamtliche Tätigkeit

(1) [1]Die Gemeindebürgerinnen und Gemeindebürger sind zur Übernahme gemeindlicher Ehrenämter verpflichtet. [2]Sie können nur aus wichtigem Grund die Übernahme von Ehrenämtern ablehnen oder ein Ehrenamt niederlegen. [3]Als wichtiger Grund ist es insbesondere anzusehen, wenn die Verpflichteten die Tätigkeit nicht ordnungsgemäß ausüben können. [4]Wer ohne wichtigen Grund die Übernahme eines Ehrenamts ablehnt oder ein Ehrenamt niederlegt, kann mit Ordnungsgeld bis zu fünfhundert Euro belegt werden.

(2) [1]Ehrenamtlich tätige Personen können von der Stelle, die sie berufen hat, abberufen werden, wenn ein wichtiger Grund vorliegt. [2]Ein solcher liegt auch dann vor, wenn die ehrenamtlich tätige Person ihre Pflichten gröblich verletzt oder sich als unwürdig erwiesen hat.

(3) Die besonderen gesetzlichen Vorschriften bleiben unberührt.

Art. 20 Sorgfalts- und Verschwiegenheitspflicht

(1) Ehrenamtlich tätige Personen sind verpflichtet, ihre Obliegenheiten gewissenhaft wahrzunehmen.

(2) [1]Sie haben über die ihnen bei ihrer ehrenamtlichen Tätigkeit bekannt gewordenen Angelegenheiten Verschwiegenheit zu bewahren; das gilt nicht für Mitteilungen im amtlichen Verkehr und über Tatsachen, die offenkundig sind oder ihrer Bedeutung nach keiner Geheimhaltung bedürfen. [2]Sie dürfen die Kenntnis der nach Satz 1 geheim zu haltenden Angelegenheiten nicht unbefugt verwerten. [3]Sie haben auf Verlangen des Gemeinderats amtliche Schriftstücke, Zeichnungen, bildliche Darstellungen und Aufzeichnungen jeder Art über dienstliche Vorgänge herauszugeben, auch soweit es sich um Wiedergaben handelt. [4]Diese Verpflichtungen bestehen auch nach Beendigung des Ehrenamts fort. [5]Die Herausgabepflicht trifft auch die Hinterbliebenen und Erben.

(3) [1]Ehrenamtlich tätige Personen dürfen ohne Genehmigung über Angelegenheiten, über die sie Verschwiegenheit zu bewahren haben, weder vor Gericht noch außergerichtlich aussagen oder Erklärungen abgeben. [2]Über die Genehmigung entscheidet die erste Bürgermeisterin oder der erste Bürgermeister; im Übrigen gelten Art. 84 Abs. 3 und 4 BayVwVfG.

(4) [1]Wer den Verpflichtungen der Absätze 1, 2 oder 3 Satz 1 schuldhaft zuwiderhandelt, kann im Einzelfall mit Ordnungsgeld bis zu zweihundertfünfzig Euro, bei unbefugter Offenbarung personenbezogener Daten bis zu fünfhundert Euro, belegt werden; die Verantwortlichkeit nach anderen gesetzlichen Vorschriften bleibt unberührt. [2]Die Haftung gegenüber der Gemeinde richtet sich nach den für die erste Bürgermeisterin und den ersten Bürgermeister geltenden Vorschriften. [3]Die Gemeinde stellt die Verantwortlichen von der Haftung frei, wenn sie von Dritten unmittelbar in Anspruch genommen werden und der Schaden weder vorsätzlich noch grob fahrlässig verursacht worden ist.

(5) Für die ehrenamtlichen Bürgermeisterinnen und Bürgermeister gelten die besonderen gesetzlichen Vorschriften.

Art. 20a Entschädigung

(1) [1]Ehrenamtlich tätige Personen haben Anspruch auf angemessene Entschädigung. [2]Das Nähere wird durch Satzung bestimmt. [3]Auf die Entschädigung kann nicht verzichtet werden. [4]Der Anspruch ist nicht übertragbar.

(2) Ehrenamtlich tätige Personen erhalten ferner für die nach Maßgabe näherer Bestimmung in der Satzung zur Wahrnehmung des Ehrenamts notwendige Teilnahme an Sitzungen, Besprechungen oder anderen Veranstaltungen folgende Ersatzleistungen:

1. Arbeitnehmerinnen und Arbeitnehmern wird der ihnen entstandene nachgewiesene Verdienstausfall ersetzt.
2. [1]Selbstständig Tätige können für die ihnen entstehende Zeitversäumnis eine Verdienstausfallentschädigung erhalten.

[2]Die Entschädigung wird auf der Grundlage eines satzungsmäßig festgelegten Pauschalsatzes gewährt. [3]Wegezeiten können in angemessenem Umfang berücksichtigt werden.

3. [1]Personen, die keine Ersatzansprüche nach Nummern 1 und 2 haben, denen aber im beruflichen oder häuslichen Bereich ein Nachteil entsteht, der in der Regel nur durch das Nachholen versäumter Arbeit oder die Inanspruchnahme einer Hilfskraft ausgeglichen werden kann, können eine Entschädigung erhalten. [2]Die Entschädigung wird auf der Grundlage eines satzungsmäßig festgelegten Pauschalsatzes gewährt. [3]Der Pauschalsatz darf nicht höher sein als der Pauschalsatz nach Nummer 2. [4]Wegezeiten können in angemessenem Umfang berücksichtigt werden.
4. Nachgewiesene Kosten für eine notwendige Betreuung von im Haushalt der ehrenamtlich tätigen Person lebenden
   a) Kindern, die das zwölfte Lebensjahr noch nicht vollendet haben,
   b) Kindern mit Behinderung, die auf Hilfe angewiesen sind,
   c) Angehörigen im Sinne des Art. 20 Abs. 5 BayVwVfG mit festgestelltem Pflegegrad nach § 15 Abs. 1 Satz 1 des Elften Buches Sozialgesetzbuch

   können bis zu einem satzungsmäßig festgelegten Höchstbetrag ersetzt werden; für Personen, denen eine Entschädigung nach Nr. 3 zusteht, gilt Halbsatz 1 nur, soweit die erstattungsfähigen Betreuungskosten diese Entschädigung übersteigen.

(3) Abs. 1 und 2 gelten nicht für die erste Bürgermeisterin oder den ersten Bürgermeister und für die berufsmäßigen weiteren Bürgermeisterinnen und Bürgermeister.

(4) [1]Vergütungen für Tätigkeiten, die ehrenamtlich tätige Personen kraft Amts oder auf Vorschlag oder Veranlassung der Gemeinde in einem Aufsichtsrat, Vorstand oder sonstigen Organ oder Gremium eines privatrechtlich oder öffentlich-rechtlich organisierten Unternehmens wahrnehmen, sind an die Gemeinde abzuführen, soweit sie insgesamt einen Betrag von 6.400 Euro im Kalenderjahr übersteigen; mit einem

Vomhundertsatz benannte Änderungen des Grundgehalts der Beamtinnen und Beamten mit einer Besoldung nach Besoldungsgruppe A 13 gelten ab dem auf das Inkrafttreten der Änderung folgenden Kalenderjahr mit dem gleichen Vomhundertsatz für den in Halbsatz 1 genannten Betrag. [2]Von der Gemeinde veranlasst sind auch Tätigkeiten, die von einem Unternehmen, an dem sie unmittelbar oder mittelbar ganz oder mehrheitlich beteiligt ist, einer ehrenamtlich tätigen Person übertragen werden. [3]Der Betrag verdoppelt sich für Vorsitzende des Aufsichtsrats oder eines vergleichbaren Organs der in Satz 1 genannten Unternehmen und erhöht sich für deren Stellvertreter um 50 v.H. [4]Bei der Festsetzung des abzuführenden Betrags sind von den Vergütungen Aufwendungen abzusetzen, die im Zusammenhang mit der Tätigkeit nachweislich entstanden sind. [5]Die Ablieferungsregelungen nach dem beamtenrechtlichen Nebentätigkeitsrecht finden keine Anwendung.

Art. 21 Benutzung öffentlicher Einrichtungen; Tragung der Gemeindelasten

(1) [1]Alle Gemeindeangehörigen sind nach den bestehenden allgemeinen Vorschriften berechtigt, die öffentlichen Einrichtungen der Gemeinde zu benutzen. [2]Sie sind verpflichtet, die Gemeindelasten zu tragen.

(1a) Ein Anspruch auf die Nutzung einer öffentlichen Einrichtung besteht nicht für Veranstaltungen, bei denen

1. Inhalte, die die nationalsozialistische Gewalt- und Willkürherrschaft billigen, verherrlichen oder rechtfertigen, oder
2. antisemitische Inhalte

zu erwarten sind.

(2) [1]Mehrere technisch selbstständige Anlagen der Gemeinde, die demselben Zweck dienen, können eine Einrichtung oder einzelne rechtlich selbstständige Einrichtungen bilden. [2]Die Gemeinde entscheidet das durch Satzung; trifft sie keine Regelung, liegt nur eine Einrichtung vor.

(3) [1]Auswärts wohnende Personen haben für ihren Grundbesitz oder ihre gewerblichen Niederlassungen im Gemeindegebiet gegenüber der Gemeinde die gleichen Rechte und Pflichten wie ortsansässige Grundbesitzer und Gewerbetreibende.

(4) Die Vorschriften in den Absätzen 1 und 3 finden auf juristische Personen und Personenvereinigungen entsprechende Anwendung.

(5) [1]Die Benutzung der öffentlichen, dem Gemeingebrauch dienenden Einrichtungen steht nach Maßgabe der bestehenden Vorschriften jedermann zu. [2]Die Zulassung kann von einer vorherigen Belehrung und dem ausdrücklichen Anerkenntnis der bestehenden Vorschriften abhängig gemacht werden.

5. ABSCHNITT
Gemeindehoheit

Art. 22 Verwaltungs- und Finanzhoheit

(1) Die Hoheitsgewalt der Gemeinde umfasst das Gemeindegebiet und seine gesamte Bevölkerung (Gemeindehoheit).

(2) [1]Die Gemeinden haben das Recht, ihr Finanzwesen im Rahmen der gesetzlichen Bestimmungen selbst zu regeln. [2]Sie sind insbesondere befugt, zur Deckung des für die Erfüllung ihrer Aufgaben notwendigen Finanzbedarfs Abgaben nach Maßgabe der Gesetze zu erheben, soweit ihre sonstigen Einnahmen nicht ausreichen. [3]Zu diesem Zweck ist ihnen das Recht zur Erhebung eigener Steuern und sonstiger Abgaben im ausreichenden Maß zu gewährleisten.

(3) [1]Der Staat hat den Gemeinden zur Erfüllung ihrer Aufgaben weitere Mittel im Rahmen des Staatshaushalts zuzuweisen.

Art. 23 Ortsrecht

[1]Die Gemeinden können zur Regelung ihrer Angelegenheiten Satzungen erlassen. [2]Satzungen zur Regelung übertragener Angelegenheiten, bewehrte Satzungen (Art. 24 Abs. 2) und

Verordnungen sind nur in den gesetzlich bestimmten Fällen zulässig. [3]In solchen Satzungen und in Verordnungen soll ihre besondere Rechtsgrundlage angegeben werden.

Art. 24 Inhalt der Satzungen

(1) In den Satzungen können die Gemeinden insbesondere

1. die Benutzung ihres Eigentums und ihrer öffentlichen Einrichtungen regeln,
2. aus Gründen des öffentlichen Wohls den Anschluss an die Wasserversorgung, die Abwasserbeseitigung, die Abfallentsorgung, die Straßenreinigung und ähnliche der Gesundheit dienende Einrichtungen vorschreiben und vorbehaltlich anderweitiger gesetzlicher Vorschriften die Benutzung dieser Einrichtungen sowie der Bestattungseinrichtungen und von Schlachthöfen zur Pflicht machen,
3. für Grundstücke, die einer neuen Bebauung zugeführt werden, und in Sanierungsgebieten den Anschluss an Einrichtungen zur Versorgung mit Fernwärme und deren Benutzung zur Pflicht machen, sofern der Anschluss aus besonderen städtebaulichen Gründen oder zum Schutz vor schädlichen Umwelteinwirkungen im Sinn des Bundes-Immissionsschutzgesetzes notwendig ist; ausgenommen sind Grundstücke mit emissionsfreien Heizeinrichtungen,
4. Gemeindedienste (Hand- und Spanndienste) zur Erfüllung gemeindlicher Aufgaben unter angemessener Berücksichtigung der persönlichen Verhältnisse der Pflichtigen anordnen.

(2) [1]In den Satzungen kann die Ersatzvornahme auf Kosten säumiger Verpflichteter für zulässig erklärt werden. [2]In den Fällen des Absatzes 1 Nrn. 1 bis 3 können in der Satzung Zuwiderhandlungen als Ordnungswidrigkeiten mit Geldbuße bis zu zweitausendfünfhundert Euro bedroht werden (bewehrte Satzung). [3]In Satzungen nach Absatz 1 Nrn. 2 und 3 kann vorgeschrieben werden, dass Eigentümer das Anbringen und Verlegen örtlicher Leitungen für die Wasserversorgung, die

Abwasserbeseitigung und die Versorgung mit Fernwärme auf ihrem Grundstück zu dulden haben, wenn dieses an die Einrichtung angeschlossen oder anzuschließen ist, in wirtschaftlichem Zusammenhang mit der Einrichtung benutzt wird oder wenn die Möglichkeit der Inanspruchnahme der Einrichtung für das Grundstück sonst vorteilhaft ist; die Duldungspflicht entfällt, wenn die Inanspruchnahme des Grundstücks Eigentümer mehr als notwendig oder in unzumutbarer Weise belasten würde.

(3) In Satzungen nach Absatz 1 Nrn. 1 bis 3 und in Satzungen, die auf Grund anderer Gesetze, die auf diesen Artikel verweisen, erlassen werden, kann bestimmt werden, dass die von der Gemeinde mit dem Vollzug dieser Satzungen beauftragten Personen berechtigt sind, zur Überwachung der Pflichten, die sich nach diesen Satzungen und Gesetzen ergeben, zu angemessener Tageszeit Grundstücke, Gebäude, Anlagen, Einrichtungen, Wohnungen und Wohnräume im erforderlichen Umfang zu betreten.

(4) [1]Ist eine Gemeinde berechtigt, Wasserzähler mit elektronischer Schnittstelle mit oder ohne Einrichtung zur Fernauslesung einzusetzen und zu betreiben, dürfen Daten auch gespeichert und verarbeitet werden, um die Pfichtaufgabe der Wasserversorgung erfüllen und die Betriebssicherheit und Hygiene der Wasserversorgungseinrichtung gewährleisten zu können. [2]Die gespeicherten Daten dürfen ausgelesen und verwendet werden, soweit dies zur Abwehr von Gefahren für den ordnungsgemäßen Betrieb der Wasserversorgungseinrichtung und zur Aufklärung von Störungen im Wasserversorgungsnetz erforderlich ist.

(5) [1]Ein Benutzungszwang nach Absatz 1 Nr. 2 und Absatz 2 darf nicht zum Nachteil von Einrichtungen der Kirchen, anerkannter Religionsgemeinschaften oder solcher weltanschaulicher Gemeinschaften verfügt werden, deren Bestrebungen den allgemein geltenden Gesetzen nicht widersprechen. [2]Voraussetzung ist, dass diese Einrichtungen unmittelbar religiösen oder weltanschaulichen Zwecken dienen.

Art. 25

(weggefallen)

Art. 26 Inkrafttreten; Ausfertigung und Bekanntmachung

(1) [1]Satzungen treten eine Woche nach ihrer Bekanntmachung in Kraft. [2]In der Satzung kann ein anderer Zeitpunkt bestimmt werden, in bewehrten Satzungen und anderen Satzungen, die nicht mit rückwirkender Kraft erlassen werden dürfen, jedoch frühestens der auf die Bekanntmachung folgende Tag.

(2) [1]Satzungen sind auszufertigen und im Amtsblatt der Gemeinde amtlich bekannt zu machen; das Amtsblatt der Verwaltungsgemeinschaft gilt als Amtsblatt der Gemeinde, wenn die Gemeinde, die einer Verwaltungsgemeinschaft angehört, kein eigenes Amtsblatt unterhält. [2]Hat die Gemeinde kein Amtsblatt im Sinn des Satzes 1, so sind die Satzungen im Amtsblatt des Landkreises oder des Landratsamts, sonst in regelmäßig erscheinenden Druckwerken amtlich bekannt zu machen; die amtliche Bekanntmachung kann auch dadurch bewirkt werden, dass die Satzung in der Verwaltung der Gemeinde niedergelegt und die Niederlegung digital über das Internet, durch Anschlag oder Anzeige an den für öffentliche Bekanntmachungen allgemein bestimmten Stellen (Gemeindetafeln), auf einer öffentlichen Internetseite der Gemeinde oder durch Mitteilung in einer Tageszeitung bekannt gegeben wird.

Art. 27 Verwaltungsverfügungen; Zwangsmaßnahmen

(1) Die Gemeinden können im eigenen und im übertragenen Wirkungskreis die zur Durchführung von Gesetzen, Rechtsverordnungen und Satzungen notwendigen Verfügungen an bestimmte Personen erlassen und unter Anwendung der gesetzlichen Zwangsmittel vollziehen.

(2) [1]Verwaltungsakte, Ladungen oder sonstige Mitteilungen, die auf Grund von Rechtsvorschriften außerhalb dieses Gesetzes

amtlich, öffentlich oder ortsüblich bekannt zu machen sind, hat die Gemeinde wie ihre Satzungen bekannt zu machen. [2]Sind Pläne, Karten oder sonstige Nachweise Bestandteil einer Mitteilung nach Satz 1, so kann die Bekanntmachung unbeschadet anderer Vorschriften auch dadurch bewirkt werden, dass die Mitteilung mit den Nachweisen auf die Dauer von zwei Wochen in der Verwaltung der Gemeinde ausgelegt wird; der Gegenstand der Mitteilung sowie Ort und Zeit der Auslegung sind mindestens eine Woche vorher nach Satz 1 bekannt zu machen.

Art. 28 Geldbußen und Verwarnungsgelder

Geldbußen und Verwarnungsgelder, die auf Grund bewehrter Satzungen und Verordnungen festgesetzt werden, fließen in die Gemeindekasse.

ZWEITER TEIL
Verfassung und Verwaltung der Gemeinde

1. ABSCHNITT
Gemeindeorgane und ihre Hilfskräfte

Art. 29 Hauptorgane

Die Gemeinde wird durch den Gemeinderat verwaltet, soweit nicht die erste Bürgermeisterin oder der erste Bürgermeister selbstständig entscheidet (Art. 37).

a) Der Gemeinderat und seine Ausschüsse

Art. 30 Rechtsstellung; Aufgaben des Gemeinderats

(1) [1]Der Gemeinderat ist die Vertretung der Gemeindebürgerinnen und Gemeindebürger. [2]Er führt in Städten die Bezeichnung Stadtrat, in Märkten die Bezeichnung Marktgemeinderat.

(2) Der Gemeinderat entscheidet im Rahmen des Art. 29 über alle Angelegenheiten, für die nicht beschließende Ausschüsse (Art. 32) bestellt sind.

(3) Der Gemeinderat überwacht die gesamte Gemeindeverwaltung, insbesondere auch die Ausführung seiner Beschlüsse.

Art. 31 Zusammensetzung des Gemeinderats

(1) Der Gemeinderat besteht aus der ersten Bürgermeisterin oder dem ersten Bürgermeister und den Gemeinderatsmitgliedern.

(2) [1]Die Gemeinderatsmitglieder werden in ehrenamtlicher Eigenschaft gewählt. [2]Ihre Zahl, einschließlich weiterer Bürgermeisterinnen und Bürgermeister, beträgt in Gemeinden

mit		bis zu	1.000	Einwohnerinnen und Einwohnern	8,
mit mehr als	1.000	bis zu	2.000	Einwohnerinnen und Einwohnern	12,
mit mehr als	2.000	bis zu	3.000	Einwohnerinnen und Einwohnern	14,
mit mehr als	3.000	bis zu	5.000	Einwohnerinnen und Einwohnern	16,
mit mehr als	5.000	bis zu	10.000	Einwohnerinnen und Einwohnern	20,
mit mehr als	10.000	bis zu	20.000	Einwohnerinnen und Einwohnern	24,
mit mehr als	20.000	bis zu	30.000	Einwohnerinnen und Einwohnern	30,
mit mehr als	30.000	bis zu	50.000	Einwohnerinnen und Einwohnern	40,
mit mehr als	50.000	bis zu	100.000	Einwohnerinnen und Einwohnern	44,

B

mit mehr als	100.000	bis zu	200.000	Einwohnerinnen und Einwohnern	50,
mit mehr als	200.000	bis zu	500.000	Einwohnerinnen und Einwohnern	60.

[3]Die Zahl der ehrenamtlichen Gemeinderatsmitglieder einschließlich weiterer Bürgermeisterinnen und Bürgermeister beträgt in der Stadt Nürnberg 70 und in der Landeshauptstadt München 80. [4]Sinkt die Einwohnerzahl in einer Gemeinde unter eine der in Satz 2 genannten Einwohnergrenzen, so ist die Zahl der ehrenamtlichen Gemeinderatsmitglieder erst in der übernächsten Wahlzeit auf die gesetzlich vorgeschriebene Zahl zu verringern.

(3) [1]Ehrenamtliche Gemeinderatsmitglieder können nicht sein:

1. Beamtinnen und Beamte sowie Arbeitnehmerinnen und Arbeitnehmer dieser Gemeinde,
2. Beamtinnen und Beamte sowie Arbeitnehmerinnen und Arbeitnehmer einer Verwaltungsgemeinschaft, der die Gemeinde angehört,
3. leitende Beamtinnen und Beamte sowie leitende Arbeitnehmerinnen und Arbeitnehmer von juristischen Personen oder sonstigen Organisationen des öffentlichen oder privaten Rechts, an denen die Gemeinde mit mehr als 50 % beteiligt ist; eine Beteiligung am Stimmrecht genügt,
4. Beamtinnen und Beamte sowie Arbeitnehmerinnen und Arbeitnehmer der Rechtsaufsichtsbehörde, die unmittelbar mit Fragen der Rechtsaufsicht befasst sind, ausgenommen die gewählte Stellvertretung der Landrätin oder des Landrats,
5. ehrenamtliche Gemeinderatsmitglieder einer anderen Gemeinde,

6. die erste Bürgermeisterin oder der erste Bürgermeister der eigenen oder einer anderen Gemeinde,
7. eine Landrätin oder ein Landrat in einer kreisfreien Gemeinde,
8. eine Kreisrätin oder ein Kreisrat in einer kreisfreien Gemeinde.

[2]Als Arbeitnehmerin oder Arbeitnehmer im Sinn des Satzes 1 gilt nicht, wer überwiegend körperliche Arbeit verrichtet. [3]Satz 1 ist nicht anzuwenden, wenn die Beamtin oder der Beamte während der Dauer des Ehrenamts ohne Dienstbezüge beurlaubt ist, im Rahmen von Altersteilzeit im Blockmodell vollständig vom Dienst freigestellt ist oder wenn die Rechte und Pflichten aus dem Dienstverhältnis wegen der Wahl in eine gesetzgebende Körperschaft ruhen; dies gilt für Arbeitnehmerinnen und Arbeitnehmer entsprechend.

(4) [1]Alle Gemeinderatsmitglieder sind in der ersten nach ihrer Berufung stattfindenden öffentlichen Sitzung in feierlicher Form zu vereidigen. [2]Die Eidesformel lautet:

»Ich schwöre Treue dem Grundgesetz für die Bundesrepublik Deutschland und der Verfassung des Freistaates Bayern. Ich schwöre, den Gesetzen gehorsam zu sein und meine Amtspflichten gewissenhaft zu erfüllen. Ich schwöre, die Rechte der Selbstverwaltung zu wahren und ihren Pflichten nachzukommen, so wahr mir Gott helfe.«

[3]Der Eid kann auch ohne die Worte »so wahr mir Gott helfe« geleistet werden. [4]Erklärt ein Gemeinderatsmitglied, dass es aus Glaubens- oder Gewissensgründen keinen Eid leisten könne, so hat es an Stelle der Worte »ich schwöre« die Worte »ich gelobe« zu sprechen oder das Gelöbnis mit einer dem Bekenntnis seiner Religionsgemeinschaft oder der Überzeugung seiner Weltanschauungsgemeinschaft entsprechenden, gleichwertigen Beteuerungsformel einzuleiten. [5]Den Eid nimmt die erste Bürgermeisterin oder der erste Bürgermeister ab. [6]Die Eidesleistung entfällt für die Gemeinderatsmitglieder, die im Anschluss an ihre Amtszeit wieder zum Gemeinderatsmitglied der gleichen Gemeinde gewählt wurden.

B

Art. 32 Aufgaben der Ausschüsse

(1) Der Gemeinderat kann vorberatende Ausschüsse bilden.

(2) [1]Der Gemeinderat kann die Verwaltung bestimmter Geschäftszweige oder die Erledigung einzelner Angelegenheiten beschließenden Ausschüssen (Gemeindesenaten) übertragen. [2]Auf beschließende Ausschüsse können nicht übertragen werden

1. die Beschlussfassung über Angelegenheiten, zu deren Erledigung die Gemeinde der Genehmigung bedarf,
2. der Erlass von Satzungen und Verordnungen, ausgenommen alle Bebauungspläne und alle sonstige Satzungen nach den Vorschriften des Ersten Kapitels des Baugesetzbuchs sowie alle örtlichen Bauvorschriften im Sinn des Art. 81 BayBO, auch in den Fällen des Art. 81 Abs. 2 BayBO,
3. die Beschlussfassung über die allgemeine Regelung der Bezüge der Gemeindebediensteten und über beamten-, besoldungs-, versorgungs- und disziplinarrechtliche Angelegenheiten der Bürgermeisterinnen oder Bürgermeister und der berufsmäßigen Gemeinderatsmitglieder, soweit nicht das Kommunal-Wahlbeamten-Gesetz oder das Bayerische Disziplinargesetz etwas anderes bestimmen,
4. die Beschlussfassung über die Haushaltssatzung und über die Nachtragshaushaltssatzungen (Art. 65 und 68),
5. die Beschlussfassung über den Finanzplan (Art. 70),
6. die Feststellung der Jahresrechnung und der Jahresabschlüsse der Eigenbetriebe und der Krankenhäuser mit kaufmännischem Rechnungswesen sowie die Beschlussfassung über die Entlastung (Art. 102),
7. Entscheidungen über gemeindliche Unternehmen im Sinn von Art. 96,
8. die hinsichtlich der Eigenbetriebe dem Gemeinderat im übrigen vorbehaltenen Angelegenheiten (Art. 88),
9. die Bestellung und die Abberufung des Leiters des Rechnungsprüfungsamts sowie seines Stellvertreters,

10. die Beschlussfassung über Änderungen von bewohntem Gemeindegebiet.

(3) [1]Beschließende Ausschüsse erledigen die ihnen übertragenen Angelegenheiten an Stelle des Gemeinderats, wenn nicht die erste Bürgermeisterin oder der erste Bürgermeister oder ihre Stellvertretung im Ausschuss, ein Drittel der stimmberechtigten Ausschussmitglieder oder ein Viertel der Gemeinderatsmitglieder binnen einer Woche die Nachprüfung durch den Gemeinderat beantragt. [2]Soweit ein Beschluss eines Ausschusses die Rechte Dritter berührt, wird er erst nach Ablauf einer Frist von einer Woche wirksam.

(4) [1]Der Gemeinderat kann in der Geschäftsordnung eine Ferienzeit bis zu sechs Wochen bestimmen. [2]Für die Dauer der Ferienzeit ist ein Ferienausschuss nach den für beschließende Ausschüsse geltenden Vorschriften zu bilden, der alle Aufgaben erledigt, für die sonst der Gemeinderat oder ein beschließender Ausschuss zuständig ist; die Absätze 2 und 3 sind nicht anzuwenden. [3]Der Ferienausschuss kann jedoch keine Aufgaben erledigen, die dem Werkausschuss obliegen oder kraft Gesetzes von besonderen Ausschüssen wahrgenommen werden müssen oder nach der Geschäftsordnung nicht vom Ferienausschuss wahrgenommen werden dürfen.

(5) Der Gemeinderat kann Ausschüsse jederzeit auflösen.

Art. 33 Zusammensetzung der Ausschüsse; Vorsitz

(1) [1]Die Zusammensetzung der Ausschüsse regelt der Gemeinderat in der Geschäftsordnung (Art. 45); die Mitglieder werden vom Gemeinderat für die Dauer der Wahlzeit aus seiner Mitte bestellt. [2]Hierbei hat der Gemeinderat dem Stärkeverhältnis der in ihm vertretenen Parteien und Wählergruppen Rechnung zu tragen. [3]Haben dabei mehrere Parteien oder Wählergruppen gleichen Anspruch auf einen Sitz, so ist statt eines Losentscheids auch der Rückgriff auf die Zahl der bei der Wahl auf diese Parteien oder Wählergruppen abgegebenen Stimmen zulässig. [4]Die Bestellung anderer als der von den Parteien oder

Wählergruppen vorgeschlagenen Personen ist nicht zulässig. [5]Gemeinderatsmitglieder können sich zur Entsendung gemeinsamer Vertreter in die Ausschüsse zusammenschließen.

(2) [1]Den Vorsitz in den Ausschüssen führt die erste Bürgermeisterin oder der erste Bürgermeister, einer ihrer Stellvertretungen oder ein von der ersten Bürgermeisterin oder vom ersten Bürgermeister bestimmtes ehrenamtliches Gemeinderatsmitglied. [2]Ist dieses bereits Mitglied des Ausschusses, nimmt dessen Vertreter für die Dauer der Übertragung den Sitz im Ausschuss ein.

(3) [1]Während der Wahlzeit im Gemeinderat eintretende Änderungen des Stärkeverhältnisses der Parteien und Wählergruppen sind auszugleichen. [2]Scheidet ein Mitglied aus der von ihm vertretenen Partei oder Wählergruppe aus, so verliert es seinen Sitz im Ausschuss.

b) Die ersten Bürgermeisterinnen und Bürgermeister sowie ihre Stellvertretung

Art. 34 Rechtsstellung der ersten Bürgermeisterinnen und Bürgermeister

(1) [1]Die ersten Bürgermeisterinnen und Bürgermeister sind Beamtinnen und Beamte der jeweiligen Gemeinde. [2]In kreisfreien Gemeinden und in Großen Kreisstädten führen sie die Amtsbezeichnung Oberbürgermeisterin oder Oberbürgermeister.

(2) [1]In kreisfreien Gemeinden, in Großen Kreisstädten und in kreisangehörigen Gemeinden mit mehr als 5 000 Einwohnerinnen und Einwohnern sind die ersten Bürgermeisterinnen und Bürgermeister Beamtinnen oder Beamte auf Zeit (berufsmäßige Bürgermeisterinnen oder Bürgermeister). [2]In kreisangehörigen Gemeinden mit mehr als 2 500, höchstens aber 5 000 Einwohnerinnen und Einwohnern sind sie berufsmäßige Bürgermeisterinnen oder Bürgermeister, wenn nicht der Gemeinderat spätestens am 90. Tag vor der Bürgermeisterwahl durch Satzung bestimmt,

dass sie Ehrenbeamtinnen oder Ehrenbeamte sein sollen (ehrenamtliche Bürgermeisterinnen oder Bürgermeister). [3]In Gemeinden mit bis zu 2 500 Einwohnerinnen und Einwohnern sind sie ehrenamtliche Bürgermeisterinnen oder Bürgermeister, wenn nicht der Gemeinderat spätestens am 90. Tag vor der Bürgermeisterwahl durch Satzung bestimmt, dass sie berufsmäßige Bürgermeisterinnen oder Bürgermeister sein sollen.

(3) Entscheidend ist die letzte fortgeschriebene Einwohnerzahl, die vom Landesamt für Statistik früher als sechs Monate vor der Bürgermeisterwahl veröffentlicht wurde.

(4) Satzungen nach Abs. 2 gelten auch für künftige Amtszeiten, wenn sie nicht der Gemeinderat spätestens am 90. Tag vor einer Bürgermeisterwahl aufhebt.

(5) Erste Bürgermeisterinnen oder erste Bürgermeister können nicht sein:

1. die in Art. 31 Abs. 3 Satz 1 Nr. 1 bis 5 genannten Personen und
2. die erste Bürgermeisterin oder der erste Bürgermeister einer anderen Gemeinde.

Art. 35 Rechtsstellung der weiteren Bürgermeisterinnen und Bürgermeister

(1) [1]Der Gemeinderat wählt aus seiner Mitte für die Dauer seiner Wahlzeit eine, einen oder zwei weitere Bürgermeisterinnen oder Bürgermeister. [2]Weitere Bürgermeisterinnen oder Bürgermeister sind Ehrenbeamtinnen oder Ehrenbeamte der Gemeinde (ehrenamtliche weitere Bürgermeisterinnen oder Bürgermeister), wenn nicht der Gemeinderat durch Satzung bestimmt, dass sie Beamtinnen oder Beamte auf Zeit sein sollen (berufsmäßige weitere Bürgermeisterinnen oder Bürgermeister).

(2) Zur weiteren Bürgermeisterin oder zum weiteren Bürgermeister sind die ehrenamtlichen Gemeinderatsmitglieder wählbar, welche die Voraussetzungen für die Wahl zur ersten Bürgermeisterin oder zum ersten Bürgermeister erfüllen.

B

(3) [1]Endet das Beamtenverhältnis einer weiteren Bürgermeisterin oder eines weiteren Bürgermeisters während der Wahlzeit des Gemeinderats, so findet für den Rest der Wahlzeit innerhalb von drei Monaten eine Neuwahl statt; dasselbe gilt, wenn das Ruhen der Rechte und Pflichten aus dem Beamtenverhältnis wegen der Wahl in eine gesetzgebende Körperschaft eintritt.

Art. 36 Vollzug der Beschlüsse des Gemeinderats

[1]Die erste Bürgermeisterin oder der erste Bürgermeister führt den Vorsitz im Gemeinderat und vollzieht seine Beschlüsse. [2]Soweit sie persönlich beteiligt sind, handelt ihr Vertreter.

Art. 37 Zuständigkeit der ersten Bürgermeisterinnen und Bürgermeister

(1) [1]Die erste Bürgermeisterin oder der erste Bürgermeister erledigt in eigener Zuständigkeit

1. die laufenden Angelegenheiten, die für die Gemeinde keine grundsätzliche Bedeutung haben und keine erheblichen Verpflichtungen erwarten lassen,
2. die den Gemeinden durch ein Bundesgesetz oder auf Grund eines Bundesgesetzes übertragenen hoheitlichen Aufgaben in Angelegenheiten der Verteidigung einschließlich des Wehrersatzwesens und des Schutzes der Zivilbevölkerung, soweit nicht für haushalts- oder personalrechtliche Entscheidungen der Gemeinderat zuständig ist,
3. die Angelegenheiten, die im Interesse der Sicherheit der Bundesrepublik oder eines ihrer Länder geheim zu halten sind.

[2]Für die laufenden Angelegenheiten nach Satz 1 Nr. 1, die nicht unter Nummern 2 und 3 fallen, kann der Gemeinderat Richtlinien aufstellen.

(2) [1]Der Gemeinderat kann der ersten Bürgermeisterin oder dem ersten Bürgermeister durch die Geschäftsordnung weitere Angelegenheiten zur selbstständigen Erledigung übertragen; das gilt nicht für den Erlass von Satzungen und für

Angelegenheiten, die nach Art. 32 Abs. 2 Satz 2 nicht auf beschließende Ausschüsse übertragen werden können. [2]Der Gemeinderat kann der ersten Bürgermeisterin oder dem ersten Bürgermeister übertragene Angelegenheiten im Einzelfall nicht wieder an sich ziehen; das Recht des Gemeinderats, die Übertragung allgemein zu widerrufen, bleibt unberührt.

(3) [1]Die erste Bürgermeisterin oder der erste Bürgermeister ist befugt, an Stelle des Gemeinderats oder eines Ausschusses dringliche Anordnungen zu treffen und unaufschiebbare Geschäfte zu besorgen. [2]Hiervon haben sie dem Gemeinderat oder dem Ausschuss in der nächsten Sitzung Kenntnis zu geben.

(4) [1]Die erste Bürgermeisterin oder der erste Bürgermeister führt die Dienstaufsicht über die Beamtinnen und Beamten sowie Arbeitnehmerinnen und Arbeitnehmer der Gemeinde.

Art. 38 Verpflichtungsgeschäfte; Vertretung der Gemeinde nach außen

(1) [1]Die erste Bürgermeisterin oder der erste Bürgermeister vertritt die Gemeinde nach außen. [2]Der Umfang der Vertretungsmacht ist auf ihre Befugnisse beschränkt.

(2) [1]Erklärungen, durch welche die Gemeinde verpflichtet werden soll, bedürfen der Schriftform; das gilt nicht für ständig wiederkehrende Geschäfte des täglichen Lebens, die finanziell von unerheblicher Bedeutung sind. [2]Die Erklärungen sind durch die erste Bürgermeisterin oder den ersten Bürgermeister oder ihre Stellvertretung unter Angabe der Amtsbezeichnung zu unterzeichnen. [3]Sie können auf Grund einer den vorstehenden Erfordernissen entsprechenden Vollmacht auch von Gemeindebediensteten unterzeichnet werden. [4]Bei der Vergabe von öffentlichen Aufträgen und Konzessionen genügt die Textform, soweit eine andere Rechtsvorschrift nichts Abweichendes bestimmt.

Art. 39 Stellvertretung; Übertragung von Befugnissen

(1) [1]Die weiteren Bürgermeisterinnen oder Bürgermeister vertreten die erste Bürgermeisterin oder den ersten Bürgermeister

B

im Fall der Verhinderung in ihrer Reihenfolge. [2]Die weiteren Stellvertretungen bestimmt der Gemeinderat aus der Mitte der Gemeinderatsmitglieder, die Deutsche im Sinne des Art. 116 Abs. 1 des Grundgesetzes sind.

(2) Die erste Bürgermeisterin oder der erste Bürgermeister kann im Rahmen der Geschäftsverteilung (Art. 46) einzelne Befugnisse den weiteren Bürgermeisterinnen und Bürgermeistern, nach deren Anhörung auch einem Gemeinderatsmitglied und in Angelegenheiten der laufenden Verwaltung Gemeindebediensteten übertragen; eine darüber hinausgehende Übertragung auf Bedienstete bedarf zusätzlich der Zustimmung des Gemeinderats.

c) Die berufsmäßigen Gemeinderatsmitglieder

Art. 40 Berufung und Aufgaben

[1]In Gemeinden mit mehr als 10.000 Einwohnerinnen und Einwohnern kann der Gemeinderat berufsmäßige Gemeinderatsmitglieder wählen. [2]Sie haben in den Sitzungen des Gemeinderats und seiner Ausschüsse in Angelegenheiten ihres Aufgabengebiets beratende Stimme.

Art. 41 Rechtsstellung

[1]Die berufsmäßigen Gemeinderatsmitglieder werden auf höchstens sechs Jahre gewählt und auf Grund dieser Wahl zu Beamtinnen oder Beamten auf Zeit ernannt. [2]Wiederwahl ist zulässig.

d) Gemeindebedienstete

Art. 42 Notwendigkeit bestimmter Fachkräfte

(1) [1]Die Gemeinden müssen das fachlich geeignete Verwaltungspersonal anstellen, das erforderlich ist, um den ordnungsgemäßen Gang der Geschäfte zu gewährleisten.

(2) Unbeschadet der Verpflichtung nach Absatz 1 gilt:

1. Kreisfreie Gemeinden und Große Kreisstädte müssen mindestens eine Gemeindebeamtin oder einen Gemeindebeamten haben, die oder der in der Fachlaufbahn Verwaltung und Finanzen, fachlicher Schwerpunkt nichttechnischer Verwaltungsdienst, für ein Amt ab der Besoldungsgruppe A 14 qualifiziert ist, wenn nicht die Oberbürgermeisterin oder der Oberbürgermeister diese Qualifikation besitzt;
2. andere Gemeinden sollen mindestens eine Gemeindebeamtin oder einen Gemeindebeamten haben, die oder der in der Fachlaufbahn Verwaltung und Finanzen, fachlicher Schwerpunkt nichttechnischer Verwaltungsdienst, für ein Amt ab der Besoldungsgruppe A 10 qualifiziert ist, wenn nicht die erste Bürgermeisterin oder der erste Bürgermeister mindestens diese Qualifikation besitzt und berufsmäßig tätig ist oder die Gemeinde einer Verwaltungsgemeinschaft angehört.

Art. 43 Anstellung und Arbeitsbedingungen

(1) [1]Der Gemeinderat ist zuständig,

1. die Beamtinnen und Beamten der Gemeinde ab Besoldungsgruppe A 9 zu ernennen, zu befördern, abzuordnen oder zu versetzen, an eine Einrichtung zuzuweisen, in den Ruhestand zu versetzen und zu entlassen,
2. die Arbeitnehmerinnen und Arbeitnehmer der Gemeinde ab Entgeltgruppe 9a des Tarifvertrags für den öffentlichen Dienst oder ab einem entsprechenden Entgelt einzustellen, höherzugruppieren, abzuordnen oder zu versetzen, einem Dritten zuzuweisen, mittels Personalgestellung zu beschäftigen und zu entlassen.

[2]Befugnisse nach Satz 1 kann der Gemeinderat einem beschließenden Ausschuss (Art. 32 Abs. 2 bis 5) übertragen. [3]In kreisfreien Gemeinden kann der Gemeinderat die Befugnisse nach Satz 1 für Beamtinnen und Beamte bis zur Besoldungsgruppe A 14 und für Arbeitnehmerinnen und Arbeitnehmer bis zur Entgeltgruppe 14 des Tarifvertrags für den öffentlichen

B

Dienst oder mit einem entsprechenden Entgelt der Oberbürgermeisterin oder dem Oberbürgermeister übertragen; Art. 39 Abs. 2 findet Anwendung. [4]Ein solcher Beschluss bedarf der Mehrheit der Mitglieder des Gemeinderats; falls der Beschluss nicht mit dieser Mehrheit wieder aufgehoben wird, gilt er bis zum Ende der Wahlzeit des Gemeinderats.

(2) [1]Für Beamtinnen und Beamte der Gemeinde bis zur Besoldungsgruppe A 8 und für Arbeitnehmerinnen und Arbeitnehmer der Gemeinde bis zur Entgeltgruppe 8 des Tarifvertrags für den öffentlichen Dienst oder bis zu einem entsprechenden Entgelt obliegen die in Abs. 1 genannten personalrechtlichen Befugnisse der ersten Bürgermeisterin oder dem ersten Bürgermeister. [2]Art. 39 Abs. 2 findet Anwendung.

(3) Dienstvorgesetzte oder Dienstvorgesetzter der Gemeindebeamtinnen und Gemeindebeamten ist die erste Bürgermeisterin oder der erste Bürgermeister.

(4) Die Arbeitsbedingungen und das Entgelt der Arbeitnehmerinnen und Arbeitnehmer müssen angemessen sein.

Art. 44 Stellenplan

[1]Der Stellenplan (Art. 64 Abs. 2 Satz 2) ist einzuhalten. [2]Abweichungen sind nur im Rahmen des Art. 68 Abs. 3 Nr. 2 zulässig.

2. ABSCHNITT
Geschäftsgang

Art. 45 Geschäftsordnung und Geschäftsgang der Ausschüsse

(1) Der Gemeinderat gibt sich eine Geschäftsordnung.

(2) [1]Die Geschäftsordnung muss Bestimmungen über die Frist und Form der Einladung zu den Sitzungen sowie über den Geschäftsgang des Gemeinderats und seiner Ausschüsse enthalten. [2]Auf den Geschäftsgang der beschließenden Ausschüsse finden die Vorschriften der Art. 46 bis 54 entsprechende Anwendung.

Art. 46 Geschäftsleitung

(1) [1]Im Rahmen der Geschäftsordnung leitet und verteilt die erste Bürgermeisterin oder der erste Bürgermeister die Geschäfte. [2]Über die Verteilung der Geschäfte unter die Gemeinderatsmitglieder beschließt der Gemeinderat.

(2) [1]Die erste Bürgermeisterin oder der erste Bürgermeister bereitet die Beratungsgegenstände vor und beruft den Gemeinderat unter Angabe der Tagesordnung mit angemessener Frist ein, erstmals spätestens vier Wochen nach Beginn der Wahlzeit. [2]Der Gemeinderat ist auch einzuberufen, wenn es ein Viertel der ehrenamtlichen Gemeinderatsmitglieder schriftlich oder elektronisch unter Bezeichnung des Beratungsgegenstands verlangt. [3]In diesem Fall hat die Sitzung unverzüglich, spätestens jedoch am 14. Tag nach Eingang des Verlangens, stattzufinden.

Art. 47 Sitzungszwang; Beschlussfähigkeit

(1) Der Gemeinderat beschließt in Sitzungen.

(2) Er ist beschlussfähig, wenn sämtliche Mitglieder ordnungsgemäß geladen sind und die Mehrheit der Mitglieder anwesend und stimmberechtigt ist.

(3) [1]Wird der Gemeinderat zum zweiten Mal zur Verhandlung über denselben Gegenstand zusammengerufen, so ist er ohne Rücksicht auf die Zahl der Erschienenen beschlussfähig. [2]Bei der zweiten Einladung muss auf diese Bestimmung hingewiesen werden.

Art. 47a Sitzungsteilnahme durch Ton-Bild-Übertragung

(1) [1]Gemeinderatsmitglieder können an den Sitzungen des Gemeinderats mittels Ton-Bild-Übertragung teilnehmen, soweit der Gemeinderat dies in der Geschäftsordnung zugelassen hat. [2]Der Beschluss bedarf einer Zweidrittelmehrheit der abstimmenden Mitglieder des Gemeinderats. [3]Zugeschaltete Gemeinderatsmitglieder gelten in diesem Fall als anwesend im Sinn von Art. 47 Abs. 2. [4]Der Gemeinderat kann die Anzahl der in

B

einer Sitzung zuschaltbaren Gemeinderatsmitglieder in der Geschäftsordnung zahlen- oder quotenmäßig begrenzen. [5]Er kann die Zuschaltmöglichkeit auch von weiteren Voraussetzungen abhängig machen, insbesondere von einer Verhinderung an der Teilnahme im Sitzungssaal. [6]Bei einer Zuschaltung mittels Ton-Bild-Übertragung ist eine Teilnahme an Wahlen nicht möglich.

(2) Die Möglichkeit einer Sitzungsteilnahme mittels Ton-Bild-Übertragung ist ausgeschlossen, soweit die Sitzung als solche oder Beratungsgegenstände nach Art. 56a Abs. 1 Satz 1 geheim zu halten sind oder nach den gemäß Art. 56a Abs. 2 zu beachtenden Verwaltungsvorschriften und Richtlinien der Geheimhaltung unterliegen.

(3) [1]Die erste Bürgermeisterin oder der erste Bürgermeister und die Gemeinderatsmitglieder müssen sich in der Sitzung gegenseitig optisch und akustisch wahrnehmen können. [2]In öffentlichen Sitzungen müssen per Ton-Bild-Übertragung teilnehmende Gemeinderatsmitglieder zudem für die im Sitzungssaal anwesende Öffentlichkeit entsprechend wahrnehmbar sein. [3]Für die Zwecke der Sätze 1 und 2 ist die Übertragung von Bild und Ton der an der Sitzung teilnehmenden Personen unabhängig davon zulässig, ob sie in die Übertragung einwilligen.

(4) [1]Die Gemeinde hat dafür Sorge zu tragen, dass in ihrem Verantwortungsbereich die technischen Voraussetzungen für eine Zuschaltung mittels Ton-Bild-Übertragung während der Sitzung durchgehend bestehen. [2]Ist dies nicht der Fall oder steht nicht fest, ob eine Nichtzuschaltung in den Verantwortungsbereich der Gemeindeverwaltung oder des Gemeinderatsmitglieds fällt, darf die Sitzung nicht beginnen oder ist sie unverzüglich zu unterbrechen. [3]Ein Verstoß ist unbeachtlich, falls die zunächst nicht zugeschalteten Gemeinderatsmitglieder rügelos an der Beschlussfassung teilnehmen. [4]Kommt eine Zuschaltung aus Gründen, die nicht im Verantwortungsbereich der Gemeinde liegen, nicht zu Stande oder wird sie unterbrochen, hat dies keine Auswirkung auf die Wirksamkeit eines ohne das betroffene Gemeinderatsmitglied gefassten Beschlusses. [5]Soweit sich

eine Gemeinde darauf beschränkt, die Plattform zur audiovisuellen Zuschaltung zur Verfügung zu stellen, und entweder mindestens ein Gemeinderatsmitglied zugeschaltet ist oder ein Test bestätigt, dass eine Zuschaltmöglichkeit besteht, wird vermutet, dass der Grund für eine Nichtzuschaltung eines Gemeinderatsmitglieds nicht im Verantwortungsbereich der Gemeinde liegt. [6]Gleiches gilt, falls die Gemeinde einer insbesondere durch die Bereitstellung und Betreuung der technischen Mittel für die Gemeinderatsmitglieder erweiterten Verantwortung belegbar nachgekommen ist.

(5) [1]Lässt eine Gemeinde eine Zuschaltung mittels Ton-Bild-Übertragung bei nichtöffentlichen Sitzungen zu, haben die zugeschalteten Gemeinderatsmitglieder dafür Sorge zu tragen, dass die Übertragung in ihrem Verantwortungsbereich nur von ihnen wahrgenommen werden kann. [2]Art. 20 Abs. 4 Satz 1 gilt entsprechend.

Art. 48 Teilnahmepflicht; Ordnungsgeld gegen Säumige

(1) [1]Die Gemeinderatsmitglieder sind verpflichtet, an den Sitzungen und Abstimmungen teilzunehmen und die ihnen zugewiesenen Geschäfte zu übernehmen. [2]Kein Mitglied darf sich der Stimme enthalten.

(2) [1]Gegen Mitglieder, die sich diesen Verpflichtungen ohne genügende Entschuldigung entziehen, kann der Gemeinderat Ordnungsgeld bis zu zweihundertfünfzig Euro im Einzelfall verhängen.

(3) [1]Entzieht sich ein ehrenamtliches Gemeinderatsmitglied nach zwei wegen Versäumnis erkannten Ordnungsgeldern innerhalb von sechs Monaten weiterhin seiner Pflicht, an den Gemeinderatssitzungen teilzunehmen, so kann der Gemeinderat den Verlust des Amts aussprechen.

Art. 49 Ausschluss wegen persönlicher Beteiligung

(1) [1]Ein Mitglied kann an der Beratung und Abstimmung nicht teilnehmen, wenn der Beschluss ihm selbst, einem

B

Angehörigen (Art. 20 Abs. 5 BayVwVfG) oder einer von ihm vertretenen natürlichen oder juristischen Person oder sonstigen Vereinigung einen unmittelbaren Vorteil oder Nachteil bringen kann. [2]Gleiches gilt, wenn ein Mitglied in anderer als öffentlicher Eigenschaft ein Gutachten abgegeben hat.

(2) Absatz 1 gilt nicht

1. für Wahlen,
2. für Beschlüsse, mit denen der Gemeinderat eine Person zum Mitglied eines Ausschusses bestellt oder sie zur Wahrnehmung von Interessen der Gemeinde in eine andere Einrichtung entsendet, dafür vorschlägt oder daraus abberuft.

(3) Ob die Voraussetzungen des Absatzes 1 vorliegen, entscheidet der Gemeinderat ohne Mitwirkung des persönlich Beteiligten.

(4) Die Mitwirkung eines wegen persönlicher Beteiligung ausgeschlossenen Mitglieds hat die Ungültigkeit des Beschlusses nur zur Folge, wenn sie für das Abstimmungsergebnis entscheidend war.

Art. 50 Einschränkung des Vertretungsrechts

Gemeinderatsmitglieder dürfen Ansprüche Dritter gegen die Gemeinde nur als gesetzliche Vertreter geltend machen.

Art. 51 Form der Beschlussfassung; Wahlen

(1) [1]Beschlüsse des Gemeinderats werden in offener Abstimmung mit Mehrheit der Abstimmenden gefasst. [2]Bei Stimmengleichheit ist der Antrag abgelehnt.

(2) [1]Kein Mitglied des Gemeinderats darf zu irgendeiner Zeit wegen seiner Abstimmung gerichtlich oder dienstlich verfolgt oder sonst außerhalb des Gemeinderats zur Verantwortung gezogen werden. [2]Die Haftung gegenüber der Gemeinde ist nicht ausgeschlossen, wenn das Abstimmungsverhalten eine vorsätzliche Pflichtverletzung darstellt. [3]Die Verantwortlichkeit nach bundesrechtlichen Vorschriften bleibt unberührt.

(3) [1]Wahlen werden in geheimer Abstimmung vorgenommen. [2]Sie sind nur gültig, wenn sämtliche Mitglieder unter Angabe des Gegenstands geladen sind und die Mehrheit von ihnen anwesend und stimmberechtigt ist. [3]Gewählt ist, wer mehr als die Hälfte der abgegebenen gültigen Stimmen erhält. [4]Neinstimmen und leere Stimmzettel sind ungültig. [5]Ist mindestens die Hälfte der abgegebenen Stimmen ungültig, ist die Wahl zu wiederholen. [6]Ist die Mehrheit der abgegebenen Stimmen gültig und erhält weder eine Bewerberin noch ein Bewerber mehr als die Hälfte der abgegebenen gültigen Stimmen, so tritt Stichwahl unter den beiden Personen mit den höchsten Stimmenzahlen ein. [7]Bei Stimmengleichheit in der Stichwahl entscheidet das Los.

(4) [1]Absatz 3 gilt für alle Entscheidungen des Gemeinderats, die in diesem Gesetz oder in anderen Rechtsvorschriften als Wahlen bezeichnet werden.

Art. 52 Öffentlichkeit

(1) [1]Zeitpunkt und Ort der öffentlichen Sitzungen des Gemeinderats sind unter Angabe der Tagesordnung, spätestens am dritten Tag vor der Sitzung, ortsüblich bekannt zu machen. [2]Ausnahmen bedürfen der Genehmigung des Gemeinderats.

(2) [1]Die Sitzungen sind öffentlich, soweit nicht Rücksichten auf das Wohl der Allgemeinheit oder auf berechtigte Ansprüche Einzelner entgegenstehen. [2]Über den Ausschluss der Öffentlichkeit wird in nicht öffentlicher Sitzung beraten und entschieden.

(3) Die in nicht öffentlicher Sitzung gefassten Beschlüsse sind der Öffentlichkeit bekannt zu geben, sobald die Gründe für die Geheimhaltung weggefallen sind.

(4) [1]Die Sitzungen haben in einem der Allgemeinheit zugänglichen Raum stattzufinden. [2]Ergänzend kann die Gemeinde eine Echtzeitübertragung der öffentlichen Sitzungen des Gemeinderats in Ton und Bild über das Internet zulassen und die

B

Aufzeichnungen in einer Sammlung audiovisueller Medien für die Dauer von sechs Wochen zum Abruf für jedermann bereitstellen. [3]Findet die nächste Sitzung nicht innerhalb von sechs Wochen statt, können die Aufzeichnungen bis zum Ende der nächsten Sitzung zum Abruf für jedermann bereitgestellt werden. [4]Danach sind die Aufzeichnungen jeweils zu löschen. [5]Die Beschlüsse nach Satz 2 bedürfen jeweils einer Zweidrittelmehrheit der abstimmenden Mitglieder des Gemeinderats. [6]Mit Ausnahme der oder des Vorsitzenden dürfen Ton und Bild von an der Sitzung teilnehmenden Personen nur mit deren Einwilligung übertragen, aufgezeichnet und gespeichert werden. [7]Eine Übertragung, Aufzeichnung und Speicherung des Bildes einer unbeteiligten Person ist nur im Rahmen von Übersichts- oder Hintergrundaufnahmen zulässig und dies auch nur, falls die räumlichen Verhältnisse Aufnahmen ohne unbeteiligte Personen nicht zulassen.

Art. 53 Handhabung der Ordnung

(1) [1]Die oder der Vorsitzende handhabt die Ordnung und übt das Hausrecht aus. [2]Sie oder er ist berechtigt, Zuhörer, welche die Ordnung stören, entfernen zu lassen. [3]Sie oder er kann Mitglieder, welche die Ordnung fortgesetzt erheblich stören, mit Zustimmung des Gemeinderats von der Sitzung ausschließen.

(2) [1]Wird durch ein bereits von einer früheren Sitzung ausgeschlossenes Mitglied die Ordnung innerhalb von zwei Monaten neuerdings erheblich gestört, so kann ihm der Gemeinderat für zwei weitere Sitzungen die Teilnahme untersagen.

(3) [1]Der Gemeinderat kann in seiner Geschäftsordnung regeln, dass die oder der Vorsitzende gegen Mitglieder, welche im Rahmen einer Sitzung die Ordnung erheblich stören, mit Zustimmung des Gemeinderats ein Ordnungsgeld bis zu 500 €, im Wiederholungsfall bis zu 1.000 €, festsetzen kann. [2]Ein Wiederholungsfall im Sinn von Satz 1 liegt vor, wenn gegenüber dem Mitglied innerhalb derselben Sitzung bereits ein Ordnungsgeld festgesetzt wurde.

Art. 54 Niederschrift

(1) [1]Die Verhandlungen des Gemeinderats sind niederzuschreiben. [2]Die Niederschrift muss Tag und Ort der Sitzung, die anwesenden Gemeinderatsmitglieder, die behandelten Gegenstände, die Beschlüsse und das Abstimmungsergebnis ersehen lassen. [3]Jedes Mitglied kann verlangen, dass in der Niederschrift festgehalten wird, wie es abgestimmt hat.

(2) Die Niederschrift ist von der oder dem Vorsitzenden und von der Schriftführerin oder dem Schriftführer zu unterschreiben und vom Gemeinderat zu genehmigen.

(3) [1]Die Gemeinderatsmitglieder können jederzeit die Niederschriften der öffentlichen sowie der nichtöffentlichen Sitzungen des Gemeinderats einsehen und sich unentgeltlich Kopien der Niederschriften der öffentlichen Sitzungen erteilen lassen. [2]Die Gemeindebürgerinnen und Gemeindebürger können Einsicht in die Niederschriften der öffentlichen Sitzungen des Gemeinderats nehmen und sich Kopien erteilen lassen. [3]Für die Fertigung der Kopien nach Satz 2 können die Gemeinden Kosten nach Maßgabe des Kostengesetzes erheben. [4]Die Sätze 2 und 3 gelten für auswärts wohnende Personen hinsichtlich ihres Grundbesitzes oder ihrer gewerblichen Niederlassungen im Gemeindegebiet entsprechend.

Art. 55

(weggefallen)

3. ABSCHNITT
Verwaltungsgrundsätze und Verwaltungsaufgaben

Art. 56 Gesetzmäßigkeit; Geschäftsgang

(1) [1]Die gemeindliche Verwaltungstätigkeit muss mit der Verfassung und den Gesetzen im Einklang stehen. [2]Sie darf nur von sachlichen Gesichtspunkten geleitet sein.

(2) Die Gemeinden sind verpflichtet, für den ordnungsgemäßen Gang der Geschäfte zu sorgen und die dafür erforderlichen Einrichtungen zu schaffen.

(3) Jede Gemeindeeinwohnerin und jeder Gemeindeeinwohner kann sich mit Eingaben und Beschwerden an den Gemeinderat wenden.

(4) [1]Für Gemeinden gelten § 12 Abs. 1 Satz 1 und Abs. 4 sowie die §§ 13 bis 18 des Hinweisgeberschutzgesetzes (HinSchG) entsprechend. [2]Ausgenommen von Satz 1 sind Gemeinden mit weniger als 10.000 Einwohnerinnen und Einwohnern oder in der Regel weniger als 50 Beschäftigten. [3]Die Gemeinden können eine geeignete staatliche interne Meldestelle im Geschäftsbereich des Staatsministeriums des Innern, für Sport und Integration als Dritten im Sinne des § 14 Abs. 1 Satz 1 HinSchG mit den Aufgaben der internen Meldestelle betrauen.

Art. 56a Geheimhaltung

(1) [1]Alle Angelegenheiten, die im Interesse der Sicherheit oder anderer wichtiger Belange der Bundesrepublik oder eines ihrer Länder Unbefugten nicht bekannt werden dürfen, sind von den Gemeinden geheim zu halten. [2]Die in anderen Rechtsvorschriften geregelte Verpflichtung zur Verschwiegenheit bleibt unberührt.

(2) [1]Zur Geheimhaltung der in Absatz 1 Satz 1 bezeichneten Angelegenheiten haben die Gemeinden die notwendigen Vorkehrungen zu treffen. [2]Sie haben insoweit auch die für die Behörden des Freistaates Bayern geltenden Verwaltungsvorschriften zu beachten. [3]Das Staatsministerium des Innern, für Sport und Integration kann hierzu Richtlinien aufstellen und Weisungen erteilen, die nicht der Einschränkung nach Art. 109 Abs. 2 Satz 2 unterliegen.

(3) [1]Die erste Bürgermeisterin oder der erste Bürgermeister ist zu Beginn ihrer oder seiner Amtszeit durch die Rechtsaufsichtsbehörde schriftlich besonders zu verpflichten, die in Absatz 1 Satz 1 genannten Angelegenheiten geheim zu halten und die hierfür geltenden Vorschriften zu beachten. [2]In gleicher Weise hat die erste Bürgermeisterin oder der erste Bürgermeister ihre oder seine Stellvertretung zu verpflichten. [3]Gemeinderatsmitglieder und Gemeindebedienstete sind zu verpflichten,

bevor sie mit den in Absatz 1 Satz 1 genannten Angelegenheiten befasst werden. [4]Art. 3a BayVwVfG findet keine Anwendung.

Art. 57 Aufgaben des eigenen Wirkungskreises

(1) [1]Im eigenen Wirkungskreis sollen die Gemeinden in den Grenzen ihrer Leistungsfähigkeit die öffentlichen Einrichtungen schaffen und erhalten, die nach den örtlichen Verhältnissen für das wirtschaftliche, soziale und kulturelle Wohl und die Förderung des Gemeinschaftslebens ihrer Einwohnerinnen und Einwohner erforderlich sind, insbesondere Einrichtungen zur Aufrechterhaltung der öffentlichen Sicherheit und Ordnung, der Feuersicherheit, der öffentlichen Reinlichkeit, des öffentlichen Verkehrs, der Gesundheit, der öffentlichen Wohlfahrtspflege einschließlich der Jugendhilfe, des öffentlichen Unterrichts und der Erwachsenenbildung, der Jugendertüchtigung, des Breitensports und der Kultur- und Archivpflege; hierbei sind die Belange des Natur- und Umweltschutzes zu berücksichtigen. [2]Die Verpflichtung, diese Aufgaben zu erfüllen, bestimmt sich nach den besonderen gesetzlichen Vorschriften.

(2) [1]Die Gemeinden sind unbeschadet bestehender Verbindlichkeiten Dritter in den Grenzen ihrer Leistungsfähigkeit verpflichtet, die aus Gründen des öffentlichen Wohls erforderlichen Einrichtungen zur Versorgung mit Trinkwasser herzustellen und zu unterhalten. [2]Sonstige gesetzlich festgelegte Verpflichtungen der Gemeinden bleiben unberührt.

(3) Übersteigt eine Pflichtaufgabe die Leistungsfähigkeit einer Gemeinde, so ist die Aufgabe in kommunaler Zusammenarbeit zu erfüllen.

Art. 58 Aufgaben des übertragenen Wirkungskreises

(1) [1]Im übertragenen Wirkungskreis obliegt den Gemeinden die Erfüllung der örtlichen Aufgaben der inneren Verwaltung, soweit hierfür nicht besondere Behörden bestellt sind, und die gesetzlich vorgesehene Mitwirkung in der sonstigen öffentlichen Verwaltung.

B

(2) Die Gemeinden sind in den Grenzen ihrer Verwaltungskraft den Gemeindeangehörigen bei der Einleitung von Verwaltungsverfahren behilflich, auch wenn für deren Durchführung eine andere Behörde zuständig ist.

(3) Vordrucke für Anträge, Anzeigen und Meldungen, die ihnen von anderen Behörden überlassen werden, haben die Gemeinden bereitzuhalten.

(4) [1]Soweit Anträge bei der Regierung, dem Bezirk oder dem Landratsamt einzureichen sind, haben auch die Gemeinden die Anträge entgegenzunehmen und unverzüglich an die betreffende Behörde weiterzuleiten. [2]Die Staatsregierung kann durch Rechtsverordnung Anträge, die bei anderen Behörden zu stellen sind, in diese Regelung einbeziehen. [3]Die Antragstellung bei der Gemeinde gilt als Antragstellung bei der zuständigen Behörde, soweit sich nicht aus Bundesrecht etwas anderes ergibt.

Art. 59 Zuständigkeit für den Gesetzesvollzug

(1) Der Vollzug der gesetzlichen Vorschriften im eigenen und im übertragenen Wirkungskreis und die Durchführung der gesetzmäßigen Anordnungen und Weisungen der Staatsbehörden obliegen dem Gemeinderat, in den Fällen des Art. 37 der ersten Bürgermeisterin oder dem ersten Bürgermeister.

(2) Hält die erste Bürgermeisterin oder der erste Bürgermeister Entscheidungen des Gemeinderats oder seiner Ausschüsse für rechtswidrig, so hat sie oder er die Entscheidungen zu beanstanden, ihren Vollzug auszusetzen und, soweit erforderlich, die Entscheidung der Rechtsaufsichtsbehörde (Art. 110) herbeizuführen.

4. ABSCHNITT
Stadtbezirke und Gemeindeteile

Art. 60 Einteilung in Stadtbezirke

(1) [1]Das Gebiet der Städte mit mehr als 100.000 Einwohnerinnen und Einwohnern ist in Stadtbezirke einzuteilen. [2]Dabei sind die geschichtlichen Zusammenhänge und Namen sowie die

Besonderheiten der Bevölkerungs- und Wirtschaftsverhältnisse zu beachten.

(2) [1]In den Stadtbezirken können für bestimmte auf ihren Bereich entfallende Verwaltungsaufgaben vom Stadtrat Bezirksverwaltungsstellen und Bezirksausschüsse gebildet werden. [2]Der Stadtrat und in Angelegenheiten nach Art. 37 Abs. 1 Satz 1 Nr. 1 die erste Bürgermeisterin oder der erste Bürgermeister können dabei den Bezirksausschüssen die Vorberatung oder die Entscheidung unter Beachtung der Belange der gesamten Stadt übertragen. [3]In Städten mit mehr als einer Million Einwohnerinnen und Einwohnern sind Bezirksausschüsse zu bilden.

(3) [1]Werden Bezirksausschüsse gebildet, so hat deren Zusammensetzung entsprechend dem Wahlergebnis der Stadtratswahlen im jeweiligen Stadtbezirk zu erfolgen. [2]Sind den Bezirksausschüssen eigene Entscheidungsrechte übertragen, werden die Mitglieder der Bezirksausschüsse von den im Stadtbezirk wohnenden Gemeindebürgerinnen und Gemeindebürgern gleichzeitig mit den Stadtratsmitgliedern für die Wahlzeit des Stadtrats gewählt. [3]Geschieht die Übertragung eigener Entscheidungsrechte innerhalb der Wahlzeit des Stadtrats, erfolgt die Wahl der Mitglieder der Bezirksausschüsse zum Zeitpunkt der Übertragung der Entscheidungsrechte. [4]Für die Wahl gelten die Vorschriften über die Wahl der Gemeinderatsmitglieder mit Ausnahme des Art. 31 Abs. 3 sinngemäß mit der Maßgabe, dass die Wahlorgane für die Wahl der Stadtratsmitglieder auch für die Wahl der Mitglieder der Bezirksausschüsse zuständig sind und dass das Ergebnis dieser Wahl erst nach der Feststellung des Ergebnisses der Stadtratswahl zu ermitteln und festzustellen ist.

(4) [1]Empfehlungen und Anträge der Bezirksausschüsse, für die der Stadtrat zuständig ist, sind von diesem oder einem beschließenden Ausschuss innerhalb einer Frist von drei Monaten zu behandeln.

(5) [1]Das Nähere regelt eine Gemeindesatzung. [2]Den Bezirksverwaltungsstellen kann die erste Bürgermeisterin oder der erste Bürgermeister in Angelegenheiten der laufenden Verwaltung

auch einzelne ihrer Befugnisse übertragen (Art. 39 Abs. 2 Halbsatz 1).

Art. 60a Ortssprecherinnen und Ortssprecher

(1) [1]In Gemeindeteilen, die am 18. Januar 1952 noch selbständige Gemeinden waren und die im Gemeinderat nicht vertreten sind, hat auf Antrag eines Drittels der dort ansässigen Gemeindebürgerinnen und Gemeindebürger die erste Bürgermeisterin oder der erste Bürgermeister eine Ortsversammlung einzuberufen, die aus ihrer Mitte in geheimer Wahl eine Ortssprecherin oder einen Ortssprecher wählt. [2]Ein Antrag ist nicht erforderlich, falls der Gemeinderat die Wahl einer Ortssprecherin oder eines Ortssprechers beschließt oder durch Satzung bestimmt. [3]Art. 51 Abs. 3 Satz 3 bis 7 gilt entsprechend. [4]Die Amtszeit der Ortssprecherin oder des Ortssprechers endet mit der Wahlzeit des Gemeinderats. [5]Die Amtszeit endet nicht deshalb, weil der Gemeindeteil im Gemeinderat vertreten wird.

(2) [1]Abweichend von Abs. 1 Satz 1 kann die erste Bürgermeisterin oder der erste Bürgermeister entscheiden, die Ortssprecherwahl durch briefliche Abstimmung durchzuführen. [2]In diesem Fall hat die erste Bürgermeisterin oder der erste Bürgermeister bekannt zu machen, dass eine Ortssprecherwahl stattfindet. [3]In der Bekanntmachung ist darauf hinzuweisen, dass alle Wahlberechtigten die Briefwahlunterlagen von Amts wegen ohne Antrag erhalten, bis wann die wahlberechtigten Gemeindebürgerinnen und Gemeindebürger Wahlvorschläge bei der Gemeinde einreichen können und bis wann die Wahlbriefe spätestens bei der Gemeinde eingehen müssen. [4]Ferner sind Ort und Zeit der Auszählung bekanntzugeben. [5]Vor Versand der Briefwahlunterlagen hat die Gemeinde zu prüfen, ob die vorgeschlagenen Personen wählbar sind und sich zur Wahl stellen. [6]Die Wahl findet ohne Bindung an die Wahlvorschläge statt.

(3) [1]Ortssprecherinnen und Ortssprecher können an allen Sitzungen des Gemeinderats mit beratender Stimme teilnehmen und Anträge stellen. [2]Der Gemeinderat kann diese Rechte durch

die Geschäftsordnung auf die Wahrnehmung örtlicher Angelegenheiten beschränken.

(4) Die Abs. 1 bis 3 sind nicht anzuwenden, wenn für den Gemeindeteil ein Bezirksausschuss nach Art. 60 Abs. 2 besteht.

DRITTER TEIL Gemeindewirtschaft

1. ABSCHNITT Haushaltswirtschaft

Art. 61 Allgemeine Haushaltsgrundsätze

(1) [1]Die Gemeinde hat ihre Haushaltswirtschaft so zu planen und zu führen, dass die stetige Erfüllung ihrer Aufgaben gesichert ist. [2]Die dauernde Leistungsfähigkeit der Gemeinde ist sicherzustellen, eine Überschuldung ist zu vermeiden. [3]Dabei ist § 51 des Haushaltsgrundsätzegesetzes Rechnung zu tragen.

(2) [1]Die Haushaltswirtschaft ist sparsam und wirtschaftlich zu planen und zu führen. [2]Aufgaben sollen in geeigneten Fällen daraufhin untersucht werden, ob und in welchem Umfang sie durch nichtkommunale Stellen, insbesondere durch private Dritte oder unter Heranziehung Dritter, mindestens ebenso gut erledigt werden können.

(3) [1]Bei der Führung der Haushaltswirtschaft hat die Gemeinde finanzielle Risiken zu minimieren. [2]Ein erhöhtes Risiko liegt vor, wenn besondere Umstände, vor allem ein grobes Missverhältnis bei der Risikoverteilung zu Lasten der Gemeinde, die Gefahr eines erheblichen Vermögensschadens begründen.

(4) Die Haushaltswirtschaft ist nach den Grundsätzen der doppelten kommunalen Buchführung oder nach den Grundsätzen der Kameralistik zu führen.

B

Art. 62 Grundsätze der Einnahmebeschaffung

(1) Die Gemeinde erhebt Abgaben nach den gesetzlichen Vorschriften.

(2) Sie hat die zur Erfüllung ihrer Aufgaben erforderlichen Einnahmen

1. soweit vertretbar und geboten aus besonderen Entgelten für die von ihr erbrachten Leistungen,
2. im Übrigen aus Steuern

zu beschaffen, soweit die sonstigen Einnahmen nicht ausreichen.

(3) Die Gemeinde darf Kredite nur aufnehmen, wenn eine andere Finanzierung nicht möglich ist oder wirtschaftlich unzweckmäßig wäre.

Art. 63 Haushaltssatzung

(1) [1]Die Gemeinde hat für jedes Haushaltsjahr eine Haushaltssatzung zu erlassen. [2]Die Haushaltssatzung kann Festsetzungen für zwei Haushaltsjahre, nach Jahren getrennt, enthalten.

(2) [1]Die Haushaltssatzung enthält die Festsetzung

1. des Haushaltsplans unter Angabe
   a) des Gesamtbetrags der Erträge und Aufwendungen des Haushaltsjahres sowie des sich daraus ergebenden Saldos des Ergebnishaushalts, des Gesamtbetrags der Einzahlungen und Auszahlungen aus laufender Verwaltungstätigkeit, aus der Investitionstätigkeit und aus der Finanzierungstätigkeit des Haushaltsjahres sowie des sich daraus ergebenden Saldos des Finanzhaushalts bei Haushaltswirtschaft nach den Grundsätzen der doppelten kommunalen Buchführung,
   b) des Gesamtbetrags der Einnahmen und Ausgaben des Haushaltsjahres bei Haushaltswirtschaft nach den Grundsätzen der Kameralistik,

2. des Gesamtbetrags der vorgesehenen Kreditaufnahmen für Investitionen und Investitionsförderungsmaßnahmen (Kreditermächtigungen),
3. des Gesamtbetrags der vorgesehenen Ermächtigungen zum Eingehen von Verpflichtungen, die künftige Haushaltsjahre mit Auszahlungen beziehungsweise Ausgaben für Investitionen und Investitionsförderungsmaßnahmen belasten (Verpflichtungsermächtigungen),
4. der Abgabesätze, die für jedes Haushaltsjahr neu festzusetzen sind,
5. des Höchstbetrags der Kassenkredite.

[2]Die Angaben nach Satz 1 Nrn. 2, 3 und 5 sind getrennt für das Haushaltswesen der Gemeinde und die Wirtschaftsführung von Eigenbetrieben zu machen. [3]Die Haushaltssatzung kann weitere Vorschriften enthalten, die sich auf die Erträge und Einzahlungen sowie Aufwendungen und Auszahlungen beziehungsweise auf die Einnahmen und Ausgaben und den Stellenplan des Haushaltsjahres beziehen.

(3) Die Haushaltssatzung tritt mit Beginn des Haushaltsjahres in Kraft und gilt für das Haushaltsjahr.

(4) Haushaltsjahr ist das Kalenderjahr, soweit für einzelne Bereiche durch Gesetz oder Rechtsverordnung nichts anderes bestimmt ist.

Art. 64 Haushaltsplan

(1) [1]Der Haushaltsplan enthält alle im Haushaltsjahr für die Erfüllung der Aufgaben der Gemeinde voraussichtlich

1. anfallenden Erträge, eingehenden Einzahlungen, entstehenden Aufwendungen sowie zu leistenden Auszahlungen bei Haushaltswirtschaft nach den Grundsätzen der doppelten kommunalen Buchführung,
2. zu erwartenden Einnahmen und zu leistenden Ausgaben bei Haushaltswirtschaft nach den Grundsätzen der Kameralistik,
3. benötigten Verpflichtungsermächtigungen.

B [2]Die Vorschriften über die Einzahlungen und Auszahlungen sowie Erträge und Aufwendungen beziehungsweise Einnahmen, Ausgaben und Verpflichtungsermächtigungen der Eigenbetriebe der Gemeinde bleiben unberührt.

(2) [1]Der Haushaltsplan ist bei Haushaltswirtschaft nach den Grundsätzen der doppelten kommunalen Buchführung in einen Ergebnishaushalt und einen Finanzhaushalt, bei Haushaltswirtschaft nach den Grundsätzen der Kameralistik in einen Verwaltungshaushalt und einen Vermögenshaushalt zu gliedern. [2]Der Stellenplan für die Beamtinnen und Beamten sowie Arbeitnehmerinnen und Arbeitnehmer der Gemeinde ist Teil des Haushaltsplans. [3]Die bei der Sparkasse beschäftigten Beamtinnen und Beamten sowie Arbeitnehmerinnen und Arbeitnehmer sind in diesem Stellenplan nicht auszuweisen, wenn und soweit nach Sparkassenrecht ein verbindlicher Stellenplan aufzustellen ist.

(3) [1]Der Haushaltsplan muss ausgeglichen sein. [2]Er ist Grundlage für die Haushaltswirtschaft der Gemeinde und nach Maßgabe dieses Gesetzes und der auf Grund dieses Gesetzes erlassenen Vorschriften für die Haushaltsführung verbindlich. [3]Ansprüche und Verbindlichkeiten Dritter werden durch ihn weder begründet noch aufgehoben.

Art. 65 Erlass der Haushaltssatzung

(1) Der Gemeinderat beschließt über die Haushaltssatzung samt ihren Anlagen in öffentlicher Sitzung.

(2) Die Haushaltssatzung ist mit ihren Anlagen spätestens einen Monat vor Beginn des Haushaltsjahres der Rechtsaufsichtsbehörde vorzulegen.

(3) [1]Haushaltssatzungen mit genehmigungspflichtigen Bestandteilen sind sogleich nach der Genehmigung amtlich bekannt zu machen. [2]Haushaltssatzungen ohne solche Bestandteile sind frühestens einen Monat nach der Vorlage an die Rechtsaufsichtsbehörde amtlich bekannt zu machen, sofern nicht die Rechtsaufsichtsbehörde die Satzung beanstandet. [3]Gleichzeitig ist die Haushaltssatzung samt ihren Anlagen bis zur nächsten amtlichen

Bekanntmachung einer Haushaltssatzung öffentlich zugänglich zu machen; darauf ist in der amtlichen Bekanntmachung der Haushaltssatzung hinzuweisen.

Art. 66 Planabweichungen

(1) [1]Überplanmäßige und außerplanmäßige Aufwendungen und Auszahlungen beziehungsweise Ausgaben sind nur zulässig, wenn sie unabweisbar sind und die Deckung gewährleistet ist. [2]Sind sie erheblich, sind sie vom Gemeinderat zu beschließen.

(2) Absatz 1 findet entsprechende Anwendung auf Maßnahmen, durch die im Haushaltsplan nicht vorgesehene Verpflichtungen zu Leistungen der Gemeinde entstehen können.

(3) Art. 68 Abs. 2 bleibt unberührt.

(4) [1]Für Investitionen, die im folgenden Jahr fortgesetzt werden, sind überplanmäßige Aufwendungen und Auszahlungen beziehungsweise Ausgaben in nicht erheblichem Umfang auch dann zulässig, wenn ihre Deckung im laufenden Jahr nur durch Erlass einer Nachtragshaushaltssatzung möglich wäre, die Deckung aber im folgenden Jahr gewährleistet ist. [2]Hierüber entscheidet der Gemeinderat.

(5) [1]Der Gemeinderat kann Richtlinien über die Abgrenzungen aufstellen.

Art. 67 Verpflichtungsermächtigungen

(1) Verpflichtungen zur Leistung von Auszahlungen beziehungsweise Ausgaben für Investitionen und Investitionsförderungsmaßnahmen in künftigen Jahren dürfen unbeschadet des Abs. 5 nur eingegangen werden, wenn der Haushaltsplan hierzu ermächtigt.

(2) Die Verpflichtungsermächtigungen dürfen in der Regel zu Lasten der dem Haushaltsjahr folgenden drei Jahre vorgesehen werden, in Ausnahmefällen bis zum Abschluss einer

Maßnahme; sie sind nur zulässig, wenn durch sie der Ausgleich künftiger Haushalte nicht gefährdet wird.

(3) Die Verpflichtungsermächtigungen gelten bis zum Ende des Haushaltsjahres und, wenn die Haushaltssatzung für das folgende Haushaltsjahr nicht rechtzeitig amtlich bekannt gemacht wird, bis zum Erlass dieser Haushaltssatzung.

(4) Der Gesamtbetrag der Verpflichtungsermächtigungen bedarf im Rahmen der Haushaltssatzung der Genehmigung, wenn in den Jahren, zu deren Lasten sie vorgesehen sind, Kreditaufnahmen geplant sind.

(5) [1]Verpflichtungen im Sinn des Abs. 1 dürfen überplanmäßig oder außerplanmäßig eingegangen werden, wenn ein dringendes Bedürfnis besteht und der in der Haushaltssatzung festgesetzte Gesamtbetrag der Verpflichtungsermächtigungen nicht überschritten wird. [2]Art. 66 Abs. 1 Satz 2 gilt entsprechend.

Art. 68 Nachtragshaushaltssatzungen

(1) [1]Die Haushaltssatzung kann nur bis zum Ablauf des Haushaltsjahres durch Nachtragshaushaltssatzung geändert werden. [2]Für die Nachtragshaushaltssatzung gelten die Vorschriften für die Haushaltssatzung entsprechend.

(2) Die Gemeinde hat unverzüglich eine Nachtragshaushaltssatzung zu erlassen, wenn

1. sich zeigt, dass trotz Ausnutzung jeder Sparmöglichkeit ein Fehlbetrag entstehen wird und der Haushaltsausgleich nur durch eine Änderung der Haushaltssatzung erreicht werden kann,
2. bisher nicht veranschlagte oder zusätzliche einzelne Aufwendungen und Auszahlungen beziehungsweise Ausgaben in einem im Verhältnis zu den Gesamtaufwendungen und -auszahlungen beziehungsweise Gesamtausgaben des Haushaltsplans erheblichen Umfang geleistet werden müssen,
3. Auszahlungen des Finanzhaushalts beziehungsweise Ausgaben des Vermögenshaushalts für bisher nicht veranschlagte

Investitionen oder Investitionsförderungsmaßnahmen geleistet werden sollen,

4. Beamtinnen und Beamte oder Arbeitnehmerinnen und Arbeitnehmer eingestellt, befördert oder in eine höhere Entgeltgruppe eingestuft werden sollen und der Stellenplan die entsprechenden Stellen nicht enthält.

(3) Absatz 2 Nrn. 2 bis 4 finden keine Anwendung auf

1. Investitionen und Investitionsförderungsmaßnahmen, soweit die Auszahlungen beziehungsweise Ausgaben nicht erheblich und unabweisbar sind,
2. Abweichungen vom Stellenplan und die Leistung höherer Personalausgaben, die auf Grund des Beamten- oder Tarifrechts oder für die Erfüllung neuer Aufgaben notwendig werden.

Art. 69 Vorläufige Haushaltsführung

(1) Ist die Haushaltssatzung bei Beginn des Haushaltsjahres noch nicht bekannt gemacht, so darf die Gemeinde

1. finanzielle Leistungen erbringen, zu denen sie rechtlich verpflichtet ist oder die für die Weiterführung notwendiger Aufgaben unaufschiebbar sind; sie darf insbesondere Bauten, Beschaffungen und sonstige Leistungen des Finanzhaushalts beziehungsweise des Vermögenshaushalts, für die im Haushaltsplan eines Vorjahres Beträge vorgesehen waren, fortsetzen,
2. die in der Haushaltssatzung jährlich festzusetzenden Abgaben nach den Sätzen des Vorjahres erheben,
3. Kredite umschulden,
4. Kassenkredite bis zu dem zuletzt in einer Haushaltssatzung festgesetzten Höchstbetrag oder, wenn besondere Umstände im Einzelfall eine Erhöhung rechtfertigen, auch darüber hinaus aufnehmen.

B

(2) [1]Reichen die Deckungsmittel für die Fortsetzung der Bauten, der Beschaffungen und der sonstigen Leistungen nach Absatz 1 Nr. 1 nicht aus, darf die Gemeinde Kredite für Investitionen und Investitionsförderungsmaßnahmen bis zu einem Viertel des durchschnittlichen Betrags der für die vier Vorjahre festgesetzten Kredite aufnehmen. [2]Eine angemessene Erhöhung dieser Kreditaufnahme ist zulässig, wenn besondere Umstände im Einzelfall die Erhöhung rechtfertigen.

(3) Der Stellenplan des Vorjahres gilt weiter, bis die Haushaltssatzung für das neue Jahr erlassen ist.

(4) [1]Maßnahmen nach Abs. 1 Nr. 4 Halbsatz 2 und Abs. 2 bedürfen der Genehmigung. [2]Die Gemeinde hat im Antrag darzulegen, wie und bis wann sie den Erlass einer Haushaltssatzung sicherstellen kann. [3]Die Genehmigung darf den Zielen der Wiederherstellung einer geordneten Haushaltswirtschaft und der dauernden Leistungsfähigkeit nicht widersprechen; sie kann unter Bedingungen und Auflagen erteilt werden.

Art. 70 Mittelfristige Finanzplanung

(1) [1]Die Gemeinde hat ihrer Haushaltswirtschaft eine fünfjährige Finanzplanung zu Grunde zu legen. [2]Das erste Planungsjahr der Finanzplanung ist das laufende Haushaltsjahr.

(2) Als Unterlage für die Finanzplanung ist ein Investitionsprogramm aufzustellen.

(3) Im Finanzplan sind Umfang und Zusammensetzung der voraussichtlichen Aufwendungen und Auszahlungen beziehungsweise Ausgaben und die Deckungsmöglichkeiten darzustellen.

(4) Der Finanzplan ist dem Gemeinderat spätestens mit dem Entwurf der Haushaltssatzung vorzulegen.

(5) Der Finanzplan und das Investitionsprogramm sind jährlich der Entwicklung anzupassen und fortzuführen.

2. ABSCHNITT
Kreditwesen

Art. 71 Kredite

(1) Kredite dürfen unter der Voraussetzung des Art. 62 Abs. 3 nur im Finanzhaushalt beziehungsweise im Vermögenshaushalt und nur für Investitionen, für Investitionsförderungsmaßnahmen und zur Umschuldung aufgenommen werden.

(2) [1]Der Gesamtbetrag der vorgesehenen Kreditaufnahmen für Investitionen und Investitionsförderungsmaßnahmen bedarf im Rahmen der Haushaltssatzung der Genehmigung (Gesamtgenehmigung). [2]Die Genehmigung soll unter dem Gesichtspunkt einer geordneten Haushaltswirtschaft erteilt oder versagt werden; sie kann unter Bedingungen und Auflagen erteilt werden. [3]Sie ist in der Regel zu versagen, wenn die Kreditverpflichtungen mit der dauernden Leistungsfähigkeit der Gemeinde nicht im Einklang stehen.

(3) Die Kreditermächtigung gilt bis zum Ende des bei ihrem Inkrafttreten laufenden Finanzplanungszeitraums gemäß Art. 70 Abs. 1 und, wenn die Haushaltssatzung für das erste Jahr nach Ende des Finanzplanungszeitraums nicht rechtzeitig amtlich bekannt gemacht wird, bis zum Erlass dieser Haushaltssatzung.

(4) [1]Die Aufnahme der einzelnen Kredite bedarf der Genehmigung (Einzelgenehmigung), sobald die Kreditaufnahmen für die Gemeinden nach § 19 des Gesetzes zur Förderung der Stabilität und des Wachstums der Wirtschaft beschränkt worden sind. [2]Die Einzelgenehmigung kann nach Maßgabe der Kreditbeschränkungen versagt werden.

(5) [1]Das Staatsministerium des Innern, für Sport und Integration kann im Einvernehmen mit dem Staatsministerium der Finanzen und für Heimat und dem Staatsministerium für Wirtschaft, Landesentwicklung und Energie durch Rechtsverordnung die Aufnahme von Krediten von der Genehmigung (Einzelgenehmigung) abhängig machen, wenn der

B Konjunkturrat für die öffentliche Hand nach § 18 Abs. 2 des Gesetzes zur Förderung der Stabilität und des Wachstums der Wirtschaft eine Beschränkung der Kreditaufnahme durch die Gemeinden und Gemeindeverbände empfohlen hat. [2]Die Genehmigung ist zu versagen, wenn dies zur Abwehr einer Störung des gesamtwirtschaftlichen Gleichgewichts geboten ist oder wenn die Kreditbedingungen wirtschaftlich nicht vertretbar sind. [3]Solche Rechtsverordnungen sind auf längstens ein Jahr zu befristen.

(6) [1]Die Gemeinde darf zur Sicherung des Kredits keine Sicherheiten bestellen. [2]Die Rechtsaufsichtsbehörde kann Ausnahmen zulassen, wenn die Bestellung von Sicherheiten der Verkehrsübung entspricht.

Art. 72 Kreditähnliche Verpflichtungen; Sicherheiten

(1) Der Abschluss von Rechtsgeschäften, die der Kreditaufnahme wirtschaftlich gleichkommen, bedarf der Genehmigung.

(2) [1]Die Gemeinde darf Bürgschaften, Gewährverträge und Verpflichtungen aus verwandten Rechtsgeschäften, die ein Einstehen für fremde Schuld oder für den Eintritt oder Nichteintritt bestimmter Umstände zum Gegenstand haben, nur zur Erfüllung ihrer Aufgaben übernehmen. [2]Die Rechtsgeschäfte bedürfen der Genehmigung, wenn sie nicht im Rahmen der laufenden Verwaltung abgeschlossen werden.

(3) Die Gemeinde bedarf zur Bestellung von Sicherheiten zu Gunsten Dritter der Genehmigung.

(4) [1]Für die Genehmigung gelten Art. 71 Abs. 2 Sätze 2 und 3, im Fall der vorläufigen Haushaltsführung Art. 69 Abs. 4 Sätze 2 und 3 entsprechend. [2]Die Genehmigung ist zu versagen, wenn das Rechtsgeschäft nicht eine Investition zum Gegenstand hat, sondern auf die Erzielung wirtschaftlicher Vorteile dadurch gerichtet ist, dass die Gemeinde einem Dritten inländische steuerliche Vorteile verschafft.

(5) Das Staatsministerium des Innern, für Sport und Integration kann im Einvernehmen mit dem Staatsministerium der

Finanzen und für Heimat durch Rechtsverordnung Rechtsgeschäfte von der Genehmigung freistellen,

1. die die Gemeinden zur Erfüllung bestimmter Aufgaben eingehen oder
2. die für die Gemeinden keine besondere Belastung bedeuten oder
3. die ihrer Natur nach regelmäßig wiederkehren.

Art. 73 Kassenkredite

(1) Zur rechtzeitigen Leistung ihrer Auszahlungen beziehungsweise Ausgaben kann die Gemeinde Kassenkredite bis zu dem in der Haushaltssatzung festgesetzten Höchstbetrag aufnehmen, soweit für die Kasse keine anderen Mittel zur Verfügung stehen.

(2) Der in der Haushaltssatzung festgesetzte Höchstbetrag soll für die Haushaltswirtschaft ein Fünftel der im Finanzhaushalt veranschlagten Einzahlungen aus der laufenden Verwaltungstätigkeit beziehungsweise ein Sechstel der im Verwaltungshaushalt veranschlagten Einnahmen und für den Eigenbetrieb ein Sechstel der im Erfolgsplan vorgesehenen Erträge nicht übersteigen.

3. ABSCHNITT
Vermögenswirtschaft

a) Allgemeines

Art. 74 Erwerb und Verwaltung von Vermögen, Wertansätze

(1) Die Gemeinde soll Vermögensgegenstände nur erwerben, wenn das zur Erfüllung ihrer Aufgaben erforderlich ist.

(2) [1]Die Vermögensgegenstände sind pfleglich und wirtschaftlich zu verwalten und ordnungsgemäß nachzuweisen. [2]Bei Geldanlagen ist auf eine ausreichende Sicherheit zu achten; sie sollen einen angemessenen Ertrag bringen.

B

(3) Für die Bewirtschaftung eines Gemeindewaldes gelten neben den Vorschriften dieses Gesetzes die Vorschriften des Waldgesetzes für Bayern.

(4) [1]Vermögensgegenstände sind mit den Anschaffungs- oder Herstellungskosten, vermindert um Abschreibungen, anzusetzen. [2]Verbindlichkeiten sind zu ihrem Rückzahlungsbetrag und Rückstellungen nur in Höhe des Betrags anzusetzen, der nach sachgerechter Beurteilung notwendig ist.

Art. 75 Veräußerung von Vermögen

(1) [1]Die Gemeinde darf Vermögensgegenstände, die sie zur Erfüllung ihrer Aufgaben nicht braucht, veräußern. [2]Vermögensgegenstände dürfen in der Regel nur zu ihrem vollen Wert veräußert werden.

(2) [1]Für die Überlassung der Nutzung eines Vermögensgegenstands gilt Absatz 1 entsprechend. [2]Ausnahmen sind insbesondere zulässig bei der Vermietung kommunaler Gebäude zur Sicherung preiswerten Wohnens und zur Sicherung der Existenz kleiner und ertragsschwacher Gewerbebetriebe.

(3) [1]Die Verschenkung und die unentgeltliche Überlassung von Gemeindevermögen sind unzulässig (Art. 12 Abs. 2 Satz 2 der Verfassung). [2]Die Veräußerung oder Überlassung von Gemeindevermögen in Erfüllung von Gemeindeaufgaben oder herkömmlicher Anstandspflichten fällt nicht unter dieses Verbot.

(4) Gemeindevermögen darf nur im Rahmen der Aufgabenerfüllung der Gemeinde und nur dann in Stiftungsvermögen eingebracht werden, wenn der mit der Stiftung verfolgte Zweck auf andere Weise nicht erreicht werden kann.

Art. 76 Rücklagen, Rückstellungen

(1) [1]Bei Haushaltswirtschaft nach den Grundsätzen der doppelten kommunalen Buchführung hat die Gemeinde ihre stetige Zahlungsfähigkeit sicherzustellen. [2]Überschüsse der Ergebnisrechnung sind den Rücklagen zuzuführen, soweit nicht Fehlbeträge aus Vorjahren auszugleichen sind.

(2) Bei Haushaltswirtschaft nach den Grundsätzen der doppelten kommunalen Buchführung sind für ungewisse Verbindlichkeiten und unterlassene Aufwendungen für Instandhaltung Rückstellungen zu bilden.

(3) [1]Bei Haushaltswirtschaft nach den Grundsätzen der Kameralistik hat die Gemeinde für Zwecke des Vermögenshaushalts und zur Sicherung der Haushaltswirtschaft Rücklagen in angemessener Höhe zu bilden. [2]Rücklagen für andere Zwecke sind zulässig.

Art. 77 Insolvenzverfahren

Über das Vermögen der Gemeinde findet ein Insolvenzverfahren nicht statt.

Art. 78

(weggefallen)

Art. 79

(weggefallen)

b) Öffentliche Nutzungsrechte

Art. 80 Verbot der Neubegründung; Übertragungsbeschränkungen

(1) Öffentliche Rechte Einzelner auf Nutzungen am Gemeindevermögen oder an ehemaligem Ortschaftsvermögen (Nutzungsrechte) können nicht neu begründet, erweitert oder in der Nutzungsart geändert oder aufgeteilt werden.

(2) [1]Nutzungsrechte sind nur begründet, wenn ein besonderer Rechtstitel vorhanden ist oder wenn das Recht mindestens seit dem 18. Januar 1922 ununterbrochen kraft Rechtsüberzeugung ausgeübt wird. [2]Unschädlich sind

B

1. Unterbrechungen, die die Berechtigten nicht zu vertreten haben,
2. Unterbrechungen bei der Ausübung eines ausschließlich landwirtschaftlichen Nutzungsrechts, die nicht länger als drei Jahre dauern und durch die Umstrukturierung des landwirtschaftlichen Betriebs verursacht sind.

[3]Nutzungsrechte, die nicht ausschließlich landwirtschaftlichen Zwecken dienen, erlöschen nicht durch die Einstellung des landwirtschaftlichen Betriebs.

(3) [1]Die Übertragung eines Nutzungsrechts, das auf einem Anwesen ruht, auf ein anderes Anwesen, die Häufung von mehr als einem vollen Nutzungsrecht auf ein Anwesen oder die Zerstückelung eines Nutzungsrechts sind nur aus wichtigem Grund, nur innerhalb derselben Gemeinde und nur dann zulässig, wenn das Anwesen, auf welches das Nutzungsrecht übertragen werden soll, das Haus- und Hofgrundstück eines ausübenden Land- oder Forstwirts ist. [2]Sie bedürfen der Genehmigung der Gemeinde. [3]Die Übertragung eines Nutzungsrechts auf eine juristische Person des privaten Rechts oder eine Gesellschaft des Handelsrechts ist unzulässig.

Art. 81 Lasten und Ausgaben

(1) [1]Wer Nutzungen bezieht, hat die auf dem Gegenstand des Nutzungsrechts ruhenden Lasten zu tragen und die zur Gewinnung der Nutzungen und zur Erhaltung oder zur Erhöhung der Ertragsfähigkeit erforderlichen Ausgaben zu bestreiten. [2]Wird Gemeindevermögen teilweise von der Gemeinde, teilweise von Berechtigten genutzt, so sind diese Lasten und Ausgaben entsprechend zu teilen.

(2) [1]Die Berechtigten sind verpflichtet, für die Nutzungen Gegenleistungen an die Gemeinde zu entrichten, soweit dies bisher der Fall war. [2]Die Höhe der Gegenleistungen bemisst sich nach dem Wertverhältnis zwischen Nutzungen und Gegenleistungen am 1. Januar 1938.

Art. 82 Ablösung und Aufhebung

(1) [1]Nutzungsrechte können durch Vereinbarung zwischen den Berechtigten und der Gemeinde abgelöst werden. [2]Mit Zustimmung der Mehrheit der Berechtigten können sämtliche Nutzungsrechte von der Gemeinde abgelöst werden; dabei richtet sich das Stimmrecht nach den Anteilen am Gesamtnutzungsrecht. [3]Werden einzelne Nutzungsrechte abgelöst, so gehen sie auf die Gemeinde über; sie kann die Rechte nicht auf Dritte übertragen. [4]Werden sämtliche Nutzungsrechte abgelöst, so gehen sie unter.

(2) Nutzungsrechte können auf Antrag der Gemeinde durch die Rechtsaufsichtsbehörde aufgehoben werden, wenn die Gemeinde belastete Grundstücke ganz oder teilweise aus Gründen des Gemeinwohls zur Erfüllung öffentlicher Aufgaben benötigt.

(3) Werden Nutzungsrechte von der Gemeinde abgelöst oder von der Rechtsaufsichtsbehörde aufgehoben, so sind die Berechtigten von der Gemeinde angemessen zu entschädigen.

Art. 83 Art und Umfang der Entschädigung

(1) [1]Die Entschädigung ist in Geld durch Zahlung eines einmaligen Betrags zu leisten. [2]Die Berechtigten können verlangen, in Grundstücken entschädigt zu werden, wenn

1. sie zur Sicherung ihrer Berufs- und Erwerbstätigkeit darauf angewiesen sind,
2. das der Gemeinde zugemutet werden kann und
3. andere Vorschriften einer Entschädigung in Grundstücken nicht entgegenstehen.

[3]Ein Anspruch auf Zuteilung bestimmter Grundstücke besteht nicht.

(2) [1]Als Grundlage einer angemessenen Entschädigung gilt im Allgemeinen der Wert des Fünfundzwanzigfachen des durchschnittlichen jährlichen Reinertrags der Nutzungen, die

in den der Ablösung oder Aufhebung unmittelbar vorhergehenden 15 Jahren gezogen worden sind oder bei ungehinderter rechtmäßiger Ausübung des Rechts hätten gezogen werden können. [2]Für die vereinbarte Ablösung gilt Entsprechendes.

(3) Über die Höhe der Entschädigung entscheiden im Streitfall die ordentlichen Gerichte.

(4) [1]Waldgenossenschaften, die im Zusammenhang mit der Ablösung oder Aufhebung von Nutzungsrechten als Körperschaften des öffentlichen Rechts gebildet wurden, können aufgelöst werden, wenn andere Vorschriften nicht entgegenstehen. [2]Die Rechtsverhältnisse bestehender Waldgenossenschaften, insbesondere ihre Aufgaben, die Rechte und Pflichten ihrer Mitglieder, ihre Auflösung und die Aufsicht werden durch Rechtsverordnung des Staatsministeriums des Innern, für Sport und Integration geregelt.

c) Von der Gemeinde verwaltete nichtrechtsfähige (fiduziarische) Stiftungen

Art. 84 Begriff; Verwaltung

(1) Vermögenswerte, die die Gemeinde von Dritten unter der Auflage entgegennimmt, sie zu einem bestimmten öffentlichen Zweck zu verwenden, ohne dass eine rechtsfähige Stiftung entsteht, sind ihrer Zweckbestimmung gemäß nach den für das Gemeindevermögen geltenden Vorschriften zu verwalten.

(2) [1]Die Vermögenswerte sind in ihrem Bestand ungeschmälert zu erhalten. [2]Sie sind vom übrigen Gemeindevermögen getrennt zu verwalten und so anzulegen, dass sie für ihren Verwendungszweck verfügbar sind.

(3) [1]Der Ertrag darf nur für den Stiftungszweck verwendet werden. [2]Ist eine Minderung eingetreten, so sollen die Vermögensgegenstände aus dem Ertrag wieder ergänzt werden.

Art. 85 Änderung des Verwendungszwecks; Aufhebung der Zweckbestimmung

[1]Soweit eine Änderung des Verwendungszwecks oder die Aufhebung der Zweckbestimmung zulässig ist, beschließt hierüber der Gemeinderat. [2]Der Beschluss bedarf der Genehmigung.

4. ABSCHNITT
Gemeindliche Unternehmen

Art. 86 Rechtsformen

Die Gemeinde kann Unternehmen außerhalb ihrer allgemeinen Verwaltung in folgenden Rechtsformen betreiben:

1. als Eigenbetrieb,
2. als selbstständiges Kommunalunternehmen des öffentlichen Rechts,
3. in den Rechtsformen des Privatrechts.

Art. 87 Allgemeine Zulässigkeit von Unternehmen und Beteiligungen

(1) [1]Die Gemeinde darf ein Unternehmen im Sinn von Art. 86 nur errichten, übernehmen oder wesentlich erweitern, wenn

1. ein öffentlicher Zweck das Unternehmen erfordert, insbesondere wenn die Gemeinde mit ihm gesetzliche Verpflichtungen oder ihre Aufgaben gemäß Art. 83 Abs. 1 der Verfassung und Art. 57 erfüllen will,
2. das Unternehmen nach Art und Umfang in einem angemessenen Verhältnis zur Leistungsfähigkeit der Gemeinde und zum voraussichtlichen Bedarf steht,
3. die dem Unternehmen zu übertragenden Aufgaben für die Wahrnehmung außerhalb der allgemeinen Verwaltung geeignet sind,

4. bei einem Tätigwerden außerhalb der kommunalen Daseinsvorsorge der Zweck nicht ebenso gut und wirtschaftlich durch einen anderen erfüllt wird oder erfüllt werden kann.

[2]Alle Tätigkeiten oder Tätigkeitsbereiche, mit denen die Gemeinde oder ihre Unternehmen an dem vom Wettbewerb beherrschten Wirtschaftsleben teilnehmen, um Gewinn zu erzielen, entsprechen keinem öffentlichen Zweck. [3]Soweit Unternehmen entgegen Satz 2 vor dem 1. September 1998 errichtet oder übernommen wurden, dürfen sie weitergeführt, jedoch nicht erweitert werden.

(2) [1]Die Gemeinde darf mit ihren Unternehmen außerhalb des Gemeindegebiets nur tätig werden, wenn dafür die Voraussetzungen des Abs. 1 oder des Abs. 3 Satz 1 bis 5 vorliegen und die berechtigten Interessen der betroffenen kommunalen Gebietskörperschaften gewahrt sind. [2]Bei der Versorgung mit Strom, thermischer Energie und Gas gelten nur die Interessen als berechtigt, die nach den Vorschriften des Energiewirtschaftsgesetzes eine Einschränkung des Wettbewerbs zulassen.

(3) [1]Tätigkeiten eines Unternehmens zur Versorgung mit Strom, thermischer Energie und Gas dienen einem öffentlichen Zweck. [2]Sie sind zulässig, wenn sie nach Art und Umfang in einem angemessenen Verhältnis zur Leistungsfähigkeit der Gemeinde stehen. [3]Tätigkeiten, die im Wettbewerb üblicherweise zusammen mit der Versorgung mit Strom, thermischer Energie und Gas erbracht werden (verbundene Tätigkeiten), sind zulässig, wenn sie im Verhältnis zum Hauptzweck eine untergeordnete Bedeutung einnehmen und diesen fördern. [4]Verbundene Tätigkeiten fördern den Hauptzweck insbesondere, wenn die Leistungen erforderlich sind, um Anlagen zur Versorgung mit Strom, thermischer Energie und Gas einschließlich der Nutzung für Zwecke der Elektromobilität zu errichten, zu warten oder instand zu setzen. [5]Die Gemeinde stellt sicher, dass bei verbundenen Tätigkeiten die berechtigten Interessen kleinerer Unternehmen, insbesondere des Handwerks, berücksichtigt werden. [6]Die Sätze 3 bis 5 gelten für Tätigkeiten, die

üblicherweise zusammen mit der Versorgung mit Trinkwasser erbracht werden, entsprechend.

(4) [1]Für die Beteiligung der Gemeinde an einem Unternehmen gilt Abs. 1 oder Abs. 3 entsprechend. [2]Absatz 2 gilt entsprechend, wenn sich die Gemeinde an einem auch außerhalb ihres Gebiets tätigen Unternehmen in einem Ausmaß beteiligt, das den auf das Gemeindegebiet entfallenden Anteil an den Leistungen des Unternehmens erheblich übersteigt.

(5) [1]Bankunternehmen darf die Gemeinde weder errichten noch sich an ihnen beteiligen. [2]Für das öffentliche Sparkassenwesen verbleibt es bei den besonderen Vorschriften. [3]Die Gemeinde kann einen einzelnen Geschäftsanteil an einer eingetragenen Kreditgenossenschaft erwerben, wenn eine Nachschusspflicht ausgeschlossen oder die Haftsumme auf einen bestimmten Betrag beschränkt ist.

Art. 88 Eigenbetriebe

(1) Eigenbetriebe sind gemeindliche Unternehmen, die außerhalb der allgemeinen Verwaltung als Sondervermögen ohne eigene Rechtspersönlichkeit geführt werden.

(2) Für Eigenbetriebe bestellt der Gemeinderat eine Werkleitung und einen Werkausschuss.

(3) [1]Die Werkleitung führt die laufenden Geschäfte des Eigenbetriebs. [2]Sie ist insoweit zur Vertretung nach außen befugt; der Gemeinderat kann ihr mit Zustimmung der ersten Bürgermeisterin oder des ersten Bürgermeisters weitere Vertretungsbefugnisse übertragen. [3]Die Werkleitung ist Dienstvorgesetzter der Beamtinnen und Beamten im Eigenbetrieb und führt die Dienstaufsicht über sie und die im Eigenbetrieb tätigen Arbeitnehmerinnen und Arbeitnehmer. [4]Der Gemeinderat kann mit Zustimmung der ersten Bürgermeisterin oder des ersten Bürgermeisters der Werkleitung für Beamtinnen und Beamte sowie Arbeitnehmerinnen und Arbeitnehmer im Eigenbetrieb die personalrechtlichen Befugnisse in entsprechender Anwendung von Art. 43 Abs. 1 Satz 3 Halbsatz 1 und Abs. 2 Satz 1 übertragen.

(4) [1]Im übrigen beschließt über die Angelegenheiten des Eigenbetriebs der Werkausschuss, soweit nicht der Gemeinderat sich die Entscheidung allgemein vorbehält oder im Einzelfall an sich zieht. [2]Der Werkausschuss ist ein beschließender Ausschuss im Sinn der Art. 32 und 45 Abs. 2 Satz 2. [3]Im Fall des Art. 43 Abs. 1 Satz 2 sollen Befugnisse gegenüber Beamtinnen und Beamten sowie gegenüber Arbeitnehmerinnen und Arbeitnehmern im Eigenbetrieb auf den Werkausschuss übertragen werden.

(5) [1]Die Art. 61 Abs. 1 bis 3, Art. 62, 67, 69 bis 72, 73 Abs. 1, Art. 74 Abs. 1 bis 3, Art. 75, 77, 100 Abs. 4 und Art. 101 gelten entsprechend. [2]Im Rahmen der gesetzlichen Vorschriften werden die Angelegenheiten des Eigenbetriebs durch eine Betriebssatzung geregelt.

(6) [1]Die Gemeinde kann Einrichtungen innerhalb der allgemeinen Verwaltung (Regiebetriebe) ganz oder teilweise nach den Vorschriften über die Wirtschaftsführung der Eigenbetriebe führen, wenn die Abweichung von den allgemeinen kommunalwirtschaftlichen Vorschriften nach Art und Umfang der Einrichtung zweckmäßig ist. [2]Hierbei können auch Regelungen getroffen werden, die von einzelnen für Eigenbetriebe geltenden Vorschriften abweichen.

Art. 89 Selbstständige Kommunalunternehmen des öffentlichen Rechts

(1) [1]Die Gemeinde kann selbstständige Unternehmen in der Rechtsform einer Anstalt des öffentlichen Rechts (Kommunalunternehmen) errichten oder bestehende Regie- und Eigenbetriebe im Weg der Gesamtrechtsnachfolge in Kommunalunternehmen umwandeln. [2]Das Kommunalunternehmen kann sich nach Maßgabe der Unternehmenssatzung und in entsprechender Anwendung der für die Gemeinde geltenden Vorschriften an anderen Unternehmen beteiligen, wenn das dem Unternehmenszweck dient.

(2) [1]Die Gemeinde kann dem Kommunalunternehmen einzelne oder alle mit einem bestimmten Zweck

zusammenhängende Aufgaben ganz oder teilweise übertragen. [2]Sie kann nach Maßgabe des Art. 24 durch gesonderte Satzung einen Anschluss- und Benutzungszwang zu Gunsten des Kommunalunternehmens festlegen und das Unternehmen zur Durchsetzung entsprechend Art. 27 ermächtigen. [3]Sie kann ihm auch das Recht einräumen, an ihrer Stelle Satzungen und, soweit Landesrecht zu deren Erlass ermächtigt, auch Verordnungen für das übertragene Aufgabengebiet zu erlassen; Art. 26 gilt sinngemäß.

(2a) [1]Ein Unternehmen in der Rechtsform einer Kapitalgesellschaft, an dem ausschließlich die Gemeinde beteiligt ist, kann durch Formwechsel in ein Kommunalunternehmen umgewandelt werden. [2]Die Umwandlung ist nur zulässig, wenn keine Sonderrechte im Sinn des § 23 des Umwandlungsgesetzes (UmwG) und keine Rechte Dritter an den Anteilen der Gemeinde bestehen. [3]Der Formwechsel setzt den Erlass der Unternehmenssatzung durch die Gemeinde und einen sich darauf beziehenden Formwechselbeschluss der formwechselnden Gesellschaft voraus. [4]Die §§ 193 bis 195, 197 bis 199, 200 Abs. 1 und § 201 UmwG sind entsprechend anzuwenden. [5]Die Anmeldung zum Handelsregister entsprechend § 198 UmwG erfolgt durch das vertretungsberechtigte Organ der Kapitalgesellschaft. [6]Abweichend von Abs. 3 Satz 4 wird die Umwandlung einer Kapitalgesellschaft in ein Kommunalunternehmen mit dessen Eintragung oder, wenn es nicht eingetragen wird, mit der Eintragung der Umwandlung in das Handelsregister wirksam; § 202 Abs. 1 und 3 UmwG ist entsprechend anzuwenden. [7]Ist bei der Kapitalgesellschaft ein Betriebsrat eingerichtet, bleibt dieser nach dem Wirksamwerden der Umwandlung als Personalrat des Kommunalunternehmens bis zu den nächsten regelmäßigen Personalratswahlen bestehen.

(2b) [1]Ein Unternehmen in der Rechtsform einer Kapitalgesellschaft, an dem ausschließlich ein Kommunalunternehmen beteiligt ist, kann unter Auflösung ohne Abwicklung sein Vermögen als Ganzes auf das Kommunalunternehmen im Weg der Vollübertragung übertragen. [2]§ 176 UmwG ist mit der Maßgabe entsprechend anzuwenden, dass keine Gegenleistung für die

Übertragung zu gewähren ist. [3]Bei der entsprechenden Anwendung des § 13 Abs. 1 UmwG muss auf Seiten des Kommunalunternehmens die Gemeinde dem Übertragungsvertrag zustimmen.

(3) [1]Die Gemeinde regelt die Rechtsverhältnisse des Kommunalunternehmens durch eine Unternehmenssatzung. [2]Die Unternehmenssatzung muss Bestimmungen über den Namen und die Aufgaben des Unternehmens, die Anzahl der Mitglieder des Vorstands und des Verwaltungsrats und die Höhe des Stammkapitals enthalten. [3]Die Gemeinde hat die Unternehmenssatzung und deren Änderungen gemäß Art. 26 Abs. 2 bekannt zu machen. [4]Das Kommunalunternehmen entsteht am Tag nach der Bekanntmachung, wenn nicht in der Unternehmenssatzung ein späterer Zeitpunkt bestimmt ist.

(4) Die Gemeinde haftet für die Verbindlichkeiten des Kommunalunternehmens unbeschränkt, soweit nicht Befriedigung aus dessen Vermögen zu erlangen ist (Gewährträgerschaft).

Art. 90 Organe des Kommunalunternehmens; Personal

(1) [1]Das Kommunalunternehmen wird von einem Vorstand in eigener Verantwortung geleitet, soweit nicht gesetzlich oder durch die Unternehmenssatzung etwas anderes bestimmt ist. [2]Der Vorstand vertritt das Kommunalunternehmen nach außen. [3]Die Gemeinde hat darauf hinzuwirken, dass jedes Vorstandsmitglied vertraglich verpflichtet wird, die ihm im Geschäftsjahr jeweils gewährten Bezüge im Sinn von § 285 Nr. 9 Buchst. a des Handelsgesetzbuchs der Gemeinde jährlich zur Veröffentlichung mitzuteilen.

(2) [1]Die Geschäftsführung des Vorstands wird von einem Verwaltungsrat überwacht. [2]Der Verwaltungsrat bestellt den Vorstand auf höchstens fünf Jahre; eine erneute Bestellung ist zulässig. [3]Er entscheidet außerdem über

1. den Erlass, die Änderung oder die Aufhebung von Satzungen und Verordnungen gemäß Art. 89 Abs. 2 Satz 3,
2. die Feststellung des Wirtschaftsplans und des Jahresabschlusses,

3. die Festsetzung allgemein geltender Tarife und Entgelte für die Leistungsnehmer,
4. die Beteiligung des Kommunalunternehmens an anderen Unternehmen,
5. die Bestellung des Abschlussprüfers,
6. die Ergebnisverwendung.

[4]Im Fall des Satzes 3 Nr. 1 unterliegen die Mitglieder des Verwaltungsrats den Weisungen des Gemeinderats. [5]Die Unternehmenssatzung kann vorsehen, dass der Gemeinderat den Mitgliedern des Verwaltungsrats auch in bestimmten anderen Fällen Weisungen erteilen kann. [6]Die Abstimmung entgegen der Weisung berührt die Gültigkeit des Beschlusses des Verwaltungsrats nicht. [7]Für den Ausschluss wegen persönlicher Beteiligung gilt Art. 49 entsprechend.

(3) [1]Der Verwaltungsrat besteht aus dem vorsitzenden Mitglied und den übrigen Mitgliedern. [2]Den Vorsitz führt die erste Bürgermeisterin oder der erste Bürgermeister; mit ihrer oder seiner Zustimmung kann der Gemeinderat eine andere Person zum vorsitzenden Mitglied bestellen. [3]Das vorsitzende Mitglied nach Satz 2 Halbsatz 2 und die übrigen Mitglieder des Verwaltungsrats werden vom Gemeinderat für sechs Jahre bestellt. [4]Die Amtszeit von Mitgliedern des Verwaltungsrats, die dem Gemeinderat angehören, endet mit dem Ende der Wahlzeit oder dem vorzeitigen Ausscheiden aus dem Gemeinderat oder bei berufsmäßigen Gemeinderatsmitgliedern mit dem Ausscheiden aus dem Beamtenverhältnis. [5]Die Mitglieder des Verwaltungsrats üben ihr Amt bis zum Amtsantritt der neuen Mitglieder weiter aus. [6]Mitglieder des Verwaltungsrats können nicht sein:

1. Beamtinnen und Beamte sowie Arbeitnehmerinnen und Arbeitnehmer des Kommunalunternehmens,
2. leitende Beamtinnen und Beamte sowie leitende Arbeitnehmerinnen und Arbeitnehmer von juristischen Personen oder sonstigen Organisationen des öffentlichen oder privaten Rechts, an denen das Kommunalunternehmen mit mehr als 50 % beteiligt ist; eine Beteiligung am Stimmrecht genügt,

3. Beamtinnen und Beamte sowie Arbeitnehmerinnen und Arbeitnehmer der Rechtsaufsichtsbehörde, die unmittelbar mit Aufgaben der Aufsicht über das Kommunalunternehmen befasst sind.

[7]Art. 31 Abs. 3 Sätze 2 und 3 gelten entsprechend.

(4) [1]Die Unternehmenssatzung kann vorsehen, dass aus dem Kreis der Mitglieder des Verwaltungsrats ein oder mehrere Ausschüsse für bestimmte Angelegenheiten gebildet werden. [2]Ein Ausschuss des Verwaltungsrats erledigt die ihm übertragenen Angelegenheiten an Stelle des Verwaltungsrats (beschließender Ausschuss), soweit die Unternehmenssatzung nichts anderes bestimmt. [3]Entscheidungen nach Abs. 2 Satz 2 und 3 können nicht auf einen beschließenden Ausschuss des Verwaltungsrats übertragen werden. [4]Die Anzahl der Mitglieder eines Ausschusses des Verwaltungsrats richtet sich nach der Unternehmenssatzung. [5]Für die Mitglieder eines Ausschusses des Verwaltungsrats und dessen Vorsitz gelten Abs. 2 Satz 5 bis 7 und Abs. 3 entsprechend.

(5) [1]Das Kommunalunternehmen hat das Recht, Dienstherr von Beamtinnen und Beamten zu sein, wenn es auf Grund einer Aufgabenübertragung nach Art. 89 Abs. 2 hoheitliche Befugnisse ausübt. [2]Wird es aufgelöst, hat die Gemeinde die Beamtinnen und Beamten sowie die Versorgungsempfängerinnen und Versorgungsempfänger zu übernehmen. [3]Wird das Unternehmensvermögen ganz oder teilweise auf andere juristische Personen des öffentlichen Rechts mit Dienstherrnfähigkeit übertragen, so gelten für die Übernahme und die Rechtsstellung der Beamtinnen und Beamten sowie der Versorgungsempfängerinnen und Versorgungsempfänger des Kommunalunternehmens Art. 51 bis 54 und 69 BayBG, bei länderübergreifendem Vermögensübergang §§ 16 bis 19 des Beamtenstatusgesetzes.

Art. 91 Sonstige Vorschriften für Kommunalunternehmen

(1) [1]Der Jahresabschluss und der Lagebericht von Kommunalunternehmen werden in entsprechender Anwendung der

Vorschriften des Dritten Buches des Handelsgesetzbuchs aufgestellt und geprüft, sofern nicht weitergehende gesetzliche Vorschriften gelten oder andere gesetzliche Vorschriften oder weitergehende Bestimmungen der Unternehmenssatzung entgegenstehen. [2]Die Erweiterung des Lageberichts um einen Nachhaltigkeitsbericht und die Prüfung des Nachhaltigkeitsberichts richten sich allein nach der Unternehmenssatzung.

(2) Die Organe der Rechnungsprüfung der Gemeinde haben das Recht, sich zur Klärung von Fragen, die bei der Prüfung nach Art. 106 Abs. 4 Sätze 2 und 3 auftreten, unmittelbar zu unterrichten und zu diesem Zweck den Betrieb, die Bücher und Schriften des Kommunalunternehmens einzusehen.

(3) Die Art. 4 Abs. 2, Art. 61 Abs. 1 bis 3, Art. 62, 69, 70, 74 Abs. 1 bis 3, Art. 75, 77 und 101 und die Vorschriften des Vierten Teils über die staatliche Aufsicht und die Rechtsmittel sind auf das Kommunalunternehmen sinngemäß anzuwenden.

(4) Das Unternehmen ist zur Vollstreckung von Verwaltungsakten in demselben Umfang berechtigt wie die Gemeinde, wenn es auf Grund einer Aufgabenübertragung nach Art. 89 Abs. 2 hoheitliche Befugnisse ausübt und bei der Aufgabenübertragung nichts Abweichendes geregelt wird.

Art. 92 Unternehmen in Privatrechtsform

(1) [1]Gemeindliche Unternehmen in Privatrechtsform und gemeindliche Beteiligungen an Unternehmen in Privatrechtsform sind nur zulässig, wenn

1. im Gesellschaftsvertrag oder in der Satzung sichergestellt ist, dass das Unternehmen den öffentlichen Zweck gemäß Art. 87 Abs. 1 Satz 1 Nr. 1 erfüllt,
2. die Gemeinde angemessenen Einfluss im Aufsichtsrat oder in einem entsprechenden Gremium erhält,
3. die Haftung der Gemeinde auf einen bestimmten, ihrer Leistungsfähigkeit angemessenen Betrag begrenzt wird; die Rechtsaufsichtsbehörde kann von der Haftungsbegrenzung befreien.

[2]Zur Sicherstellung des öffentlichen Zwecks von Gesellschaften mit beschränkter Haftung soll im Gesellschaftsvertrag oder in der Satzung bestimmt werden, dass die Gesellschafterversammlung auch über den Erwerb und die Veräußerung von Unternehmen und Beteiligungen und über den Abschluss und die Änderung von Unternehmensverträgen beschließt. [3]In der Satzung von Aktiengesellschaften soll bestimmt werden, dass zum Erwerb und zur Veräußerung von Unternehmen und Beteiligungen die Zustimmung des Aufsichtsrats notwendig ist.

(2) Die Gemeinde darf dem Erwerb von Unternehmen und Beteiligungen durch Unternehmen in Privatrechtsform, an denen sie unmittelbar oder mittelbar beteiligt ist, nur unter entsprechender Anwendung der für sie selbst geltenden Vorschriften zustimmen.

Art. 93 Vertretung der Gemeinde in Unternehmen in Privatrechtsform

(1) [1]Die erste Bürgermeisterin oder der erste Bürgermeister vertritt die Gemeinde in der Gesellschafterversammlung oder einem entsprechenden Organ. [2]Mit Zustimmung der ersten Bürgermeisterin oder des ersten Bürgermeisters und der weiteren Bürgermeisterinnen oder Bürgermeister kann der Gemeinderat eine andere Person zur Vertretung widerruflich bestellen.

(2) [1]Die Gemeinde soll bei der Ausgestaltung des Gesellschaftsvertrags oder der Satzung darauf hinwirken, dass ihr das Recht eingeräumt wird, Mitglieder in einen Aufsichtsrat oder ein entsprechendes Gremium zu entsenden, soweit das zur Sicherung eines angemessenen Einflusses notwendig ist. [2]Vorbehaltlich entgegenstehender gesetzlicher Vorschriften haben Personen, die von der Gemeinde entsandt oder auf ihre Veranlassung gewählt wurden, die Gemeinde über alle wichtigen Angelegenheiten möglichst frühzeitig zu unterrichten und ihr auf Verlangen Auskunft zu erteilen. [3]Soweit zulässig, soll sich die Gemeinde ihnen gegenüber Weisungsrechte im Gesellschaftsvertrag oder der Satzung vorbehalten.

(3) [1]Wird die Person, die die Gemeinde vertritt oder werden die in Absatz 2 genannten Personen aus ihrer Tätigkeit haftbar gemacht, stellt die Gemeinde sie von der Haftung frei. [2]Bei Vorsatz oder grober Fahrlässigkeit kann die Gemeinde Rückgriff nehmen, es sei denn, das schädigende Verhalten beruhte auf ihrer Weisung. [3]Die Sätze 1 und 2 gelten entsprechend für Personen, die auf Veranlassung der Gemeinde als nebenamtliche Mitglieder des geschäftsführenden Unternehmensorgans bestellt sind.

Art. 94 Sonstige Vorschriften für Unternehmen in Privatrechtsform

(1) [1]Gehören der Gemeinde Anteile an einem Unternehmen in dem in § 53 des Haushaltsgrundsätzegesetzes (HGrG) bezeichneten Umfang, so hat sie

1. darauf hinzuwirken, dass in sinngemäßer Anwendung der für Eigenbetriebe geltenden Vorschriften für jedes Wirtschaftsjahr ein Wirtschaftsplan aufgestellt und der Wirtschaftsführung eine fünfjährige Finanzplanung zu Grunde gelegt wird,
2. die Rechte nach § 53 Abs. 1 HGrG auszuüben,
3. darauf hinzuwirken, dass ihr und dem für sie zuständigen überörtlichen Prüfungsorgan die in § 54 HGrG vorgesehenen Befugnisse eingeräumt werden,
4. darauf hinzuwirken, dass jedes Mitglied des geschäftsführenden Unternehmensorgans vertraglich verpflichtet wird, die ihm im Geschäftsjahr jeweils gewährten Bezüge im Sinn von § 285 Nr. 9 Buchst. a des Handelsgesetzbuchs der Gemeinde jährlich zur Veröffentlichung entsprechend Absatz 3 Satz 2 mitzuteilen.

[2]Die Rechtsaufsichtsbehörde kann Ausnahmen zulassen.

(2) [1]Ist eine Beteiligung der Gemeinde an einem Unternehmen keine Mehrheitsbeteiligung im Sinn des § 53 HGrG, so soll die Gemeinde, soweit ihr Interesse das erfordert, darauf hinwirken, dass in der Satzung oder im Gesellschaftsvertrag der

B

Gemeinde die Rechte nach § 53 Abs. 1 HGrG und der Gemeinde und dem für sie zuständigen überörtlichen Prüfungsorgan die Befugnisse nach § 54 HGrG eingeräumt werden. [2]Bei mittelbaren Beteiligungen gilt das nur, wenn die Beteiligung den vierten Teil der Anteile übersteigt und einer Gesellschaft zusteht, an der die Gemeinde allein oder zusammen mit anderen Gebietskörperschaften oder deren Zusammenschlüssen mit Mehrheit im Sinn des § 53 HGrG beteiligt ist.

(3) [1]Die Gemeinde hat jährlich einen Bericht über ihre Beteiligungen an Unternehmen in einer Rechtsform des Privatrechts zu erstellen, wenn ihr mindestens der zwanzigste Teil der Anteile eines Unternehmens gehört. [2]Der Beteiligungsbericht soll insbesondere Angaben über die Erfüllung des öffentlichen Zwecks, die Beteiligungsverhältnisse; die Zusammensetzung der Organe der Gesellschaft, die Bezüge der einzelnen Mitglieder des geschäftsführenden Unternehmensorgans gemäß Absatz 1 Nr. 5, die Ertragslage und die Kreditaufnahme enthalten. [3]Haben die Mitglieder des geschäftsführenden Unternehmensorgans ihr Einverständnis mit der Veröffentlichung ihrer Einzelbezüge nicht erklärt, sind ihre Gesamtbezüge so zu veröffentlichen, wie sie von der Gesellschaft nach den Vorschriften des Handelsgesetzbuchs in den Anhang zum Jahresabschluss aufgenommen werden. [4]Der Bericht ist dem Gemeinderat vorzulegen. [5]Die Gemeinde weist ortsüblich darauf hin, dass jeder Einsicht in den Bericht nehmen kann.

Art. 95 Grundsätze für die Führung gemeindlicher Unternehmen

(1) [1]Eigenbetriebe und Kommunalunternehmen sind unter Beachtung betriebswirtschaftlicher Grundsätze und des Grundsatzes der Sparsamkeit und Wirtschaftlichkeit so zu führen, dass der öffentliche Zweck erfüllt wird. [2]Entsprechendes gilt für die Steuerung und Überwachung von Unternehmen in Privatrechtsform, an denen die Gemeinde mit mehr als 50 v.H. beteiligt ist; bei einer geringeren Beteiligung soll die Gemeinde darauf hinwirken.

(2) Gemeindliche Unternehmen dürfen keine wesentliche Schädigung und keine Aufsaugung selbstständiger Betriebe in Landwirtschaft, Handwerk, Handel, Gewerbe und Industrie bewirken.

Art. 96 Anzeigepflichten

(1) [1]Entscheidungen der Gemeinde über

1. die Errichtung, Übernahme und wesentliche Erweiterung sowie die Änderung der Rechtsform oder der Auf gaben gemeindlicher Unternehmen,
2. die unmittelbare oder mittelbare Beteiligung der Gemeinde an Unternehmen,
3. die gänzliche oder teilweise Veräußerung gemeindlicher Unternehmen oder Beteiligungen,
4. die Auflösung von Kommunalunternehmen

sind der Rechtsaufsichtsbehörde rechtzeitig, mindestens aber sechs Wochen vor ihrem Vollzug, vorzulegen. [2]In den Fällen des Satzes 1 Nrn. 2 und 3 besteht keine Anzeigepflicht, wenn die Entscheidung weniger als den zwanzigsten Teil der Anteile des Unternehmens betrifft. [3]Aus der Vorlage muss zu ersehen sein, ob die gesetzlichen Voraussetzungen erfüllt sind. [4]Die Unternehmenssatzung von Kommunalunternehmen ist der Rechtsaufsichtsbehörde stets vorzulegen.

(2) [1]Abs. 1 Satz 1 Nrn. 1 bis 3 und die Sätze 2 und 3 gelten entsprechend für Entscheidungen des Verwaltungsrats eines Kommunalunternehmens.

Art. 97 Pflicht zur Einrichtung interner Meldestellen

[1]Für Beschäftigungsgeber, die im Eigentum oder unter der Kontrolle einer Gemeinde stehen, gelten § 12 Abs. 1 Satz 1 und Abs. 4 sowie die §§ 13 bis 18 HinSchG entsprechend. [2]Ausgenommen von Satz 1 sind Beschäftigungsgeber mit in der Regel weniger als 50 Beschäftigten. [3] Art. 56 Abs. 4 Satz 3 gilt entsprechend.

Art. 98

(weggefallen)

Art. 99

(weggefallen)

5. ABSCHNITT
Kassen- und Rechnungswesen

Art. 100 Gemeindekasse

(1) Die Gemeindekasse erledigt alle Kassengeschäfte der Gemeinde.

(2) [1]Die Gemeinde hat einen Kassenverwalter und einen Stellvertreter zu bestellen. [2]Diese Verpflichtung entfällt, wenn sie ihre Kassengeschäfte ganz durch eine Stelle außerhalb der Gemeindeverwaltung besorgen lässt. [3]Die Anordnungsbefugten der Gemeindeverwaltung, der Leiter und die Prüfer des Rechnungsprüfungsamts und Bedienstete, denen örtliche Kassenprüfungen übertragen sind, können nicht gleichzeitig die Aufgaben eines Kassenverwalters oder seines Stellvertreters wahrnehmen.

(3) Der Kassenverwalter und sein Stellvertreter dürfen weder miteinander noch mit den Anordnungsbefugten der Gemeindeverwaltung, dem Leiter und den Prüfern des Rechnungsprüfungsamts und den Bediensteten, denen örtliche Kassenprüfungen übertragen sind, durch ein Angehörigenverhältnis im Sinn des Art. 20 Abs. 5 BayVwVfG verbunden sein.

(4) [1]Sonderkassen sollen mit der Gemeindekasse verbunden werden. [2]Ist eine Sonderkasse nicht mit der Gemeindekasse verbunden, gelten für den Verwalter der Sonderkasse und dessen Stellvertreter die Absätze 2 und 3 entsprechend.

Art. 101 Übertragung von Kassen- und Rechnungsgeschäften

Die Gemeinde kann das Ermitteln von Ansprüchen und von Zahlungsverpflichtungen, das Vorbereiten der entsprechenden Kassenanordnungen, die Kassengeschäfte und das Rechnungswesen ganz oder zum Teil von einer Stelle außerhalb der Gemeindeverwaltung besorgen lassen, wenn die ordnungsgemäße und sichere Erledigung und die Prüfung nach den für die Gemeinde geltenden Vorschriften gewährleistet sind.

Art. 102 Rechnungslegung, Jahresabschluss

(1) [1]Im Jahresabschluss beziehungsweise in der Jahresrechnung ist das Ergebnis der Haushaltswirtschaft einschließlich des Stands des Vermögens und der Verbindlichkeiten zu Beginn und am Ende des Haushaltsjahres nachzuweisen. [2]Bei Haushaltswirtschaft nach den Grundsätzen der doppelten kommunalen Buchführung besteht der Jahresabschluss aus der Ergebnisrechnung, der Finanzrechnung, der Vermögensrechnung (Bilanz) und dem Anhang. [3]Bei Haushaltswirtschaft hach den Grundsätzen der Kameralistik besteht die Jahresrechnung aus dem kassenmäßigen Abschluss und der Haushaltsrechnung. [4]Der Jahresabschluss beziehungsweise die Jahresrechnung ist durch einen Rechenschaftsbericht zu erläutern.

(2) Der Jahresabschluss beziehungsweise die Jahresrechnung ist innerhalb von sechs Monaten, der konsolidierte Jahresabschluss (Art. 102a) innerhalb von zehn Monaten nach Abschluss des Haushaltsjahres aufzustellen und sodann dem Gemeinderat vorzulegen.

(3) [1]Nach Durchführung der örtlichen Prüfung der Jahresrechnung und der Jahresabschlüsse (Art. 103) und Aufklärung etwaiger Unstimmigkeiten stellt der Gemeinderat alsbald, jedoch in der Regel bis zum 30. Juni des auf das Haushaltsjahr folgenden übernächsten Jahres den Jahresabschluss beziehungsweise die Jahresrechnung in öffentlicher Sitzung fest und beschließt über die Entlastung. [2]Ist ein konsolidierter

Jahresabschluss aufzustellen (Art. 102a), tritt an die Stelle des 30. Juni der 31. Dezember des auf das Haushaltsjahr folgenden übernächsten Jahres. [3]Verweigert der Gemeinderat die Entlastung oder spricht er sie mit Einschränkungen aus, hat er die dafür maßgebenden Gründe anzugeben.

(4) Die Gemeinderatsmitglieder können jederzeit die Berichte über die Prüfungen einsehen.

Art. 102a Konsolidierter Jahresabschluss

(1) [1]Mit dem Jahresabschluss der Gemeinde sind die Jahresabschlüsse

1. der außerhalb der allgemeinen Verwaltung geführten Sondervermögen ohne eigene Rechtspersönlichkeit,
2. der rechtlich selbstständigen Organisationseinheiten und Vermögensmassen mit Nennkapital oder variablen Kapitalanteilen,
3. der Zweckverbände und Verwaltungsgemeinschaften mit kaufmännischer Rechnungslegung und der gemeinsamen Kommunalunternehmen und
4. der von der Gemeinde verwalteten kommunalen Stiftungen mit kaufmännischem Rechnungswesen

zu konsolidieren. [2]Das gilt nicht für die Jahresabschlüsse der Sparkassen.

(2) [1]Aufgabenträger nach Abs. 1 sind entsprechend den §§ 300 bis 309 des Handelsgesetzbuchs zu konsolidieren (Vollkonsolidierung), wenn bei der Gemeinde die dem § 290 Abs. 1 und 2 des Handelsgesetzbuchs entsprechenden Voraussetzungen vorliegen. [2]Andere Aufgabenträger als nach Satz 1 sind entsprechend den §§ 311 und 312 des Handelsgesetzbuchs zu konsolidieren, es sei denn, sie sind für die Vermittlung eines den tatsächlichen Verhältnissen entsprechenden Bildes der Vermögens-, Finanz- und Ertragslage von untergeordneter Bedeutung. [3]Aufgabenträger nach Abs. 1 Nr. 3 können auch entsprechend § 310 des Handelsgesetzbuchs anteilsmäßig konsolidiert

werden. [4]Für den Anteil an einem Zweckverband oder einer Verwaltungsgemeinschaft ist der Umlageschlüssel maßgebend.

(3) Der konsolidierte Jahresabschluss ist durch eine Kapitalflussrechnung zu ergänzen und durch einen Konsolidierungsbericht zu erläutern.

(4) Die Gemeinde hat bei den in Abs. 1 Satz 1 genannten Aufgabenträgern, Organisationseinheiten und Vermögensmassen darauf hinzuwirken, dass ihr das Recht eingeräumt wird, von diesen alle Informationen und Unterlagen zu erhalten, die sie für die Konsolidierung der Jahresabschlüsse für erforderlich hält.

6. ABSCHNITT
Prüfungswesen

Art. 103 Örtliche Prüfungen

(1) [1]Der Jahresabschluss und der konsolidierte Jahresabschluss beziehungsweise die Jahresrechnung sowie die Jahresabschlüsse der Eigenbetriebe, der Krankenhäuser und der Pflegeeinrichtungen mit kaufmännischem Rechnungswesen werden entweder vom Gemeinderat oder von einem Rechnungsprüfungsausschuss geprüft (örtliche Rechnungsprüfung). [2]Über die Beratungen sind Niederschriften aufzunehmen.

(2) In Gemeinden mit mehr als 5.000 Einwohnerinnen und Einwohnern bildet der Gemeinderat aus seiner Mitte einen Rechnungsprüfungsausschuss mit mindestens drei und höchstens sieben Mitgliedern und bestimmt ein Ausschussmitglied zur oder zum Vorsitzenden; Art. 33 Abs. 2 findet keine Anwendung.

(3) [1]Zur Prüfung der Jahresabschlüsse und des konsolidierten Jahresabschlusses sowie der Jahresrechnung können Sachverständige zugezogen werden. [2]In Gemeinden, in denen ein Rechnungsprüfungsamt eingerichtet ist (Art. 104), ist das Rechnungsprüfungsamt umfassend als Sachverständiger heranzuziehen.

B

(4) Die örtliche Prüfung der Jahresrechnung und der Jahresabschlüsse ist innerhalb von zwölf Monaten, die des konsolidierten Jahresabschlusses innerhalb von 18 Monaten nach Abschluss des Haushaltsjahres durchzuführen.

(5) [1]Die örtliche Kassenprüfung obliegt der ersten Bürgermeisterin oder dem ersten Bürgermeister. [2]Sie oder er bedient sich in Gemeinden, in denen ein Rechnungsprüfungsamt eingerichtet ist, dieses Amts.

Art. 104 Rechnungsprüfungsamt

(1) [1]Kreisfreie Gemeinden müssen ein Rechnungsprüfungsamt einrichten. [2]Kreisangehörige Gemeinden können ein Rechnungsprüfungsamt einrichten, wenn ein Bedürfnis dafür besteht und die Kosten in angemessenem Verhältnis zum Umfang der Verwaltung stehen.

(2) [1]Das Rechnungsprüfungsamt ist bei der örtlichen Rechnungsprüfung dem Gemeinderat und bei den örtlichen Kassenprüfungen der ersten Bürgermeisterin oder dem ersten Bürgermeister unmittelbar verantwortlich. [2]Der Gemeinderat und die erste Bürgermeisterin oder der erste Bürgermeister können besondere Aufträge zur Prüfung der Verwaltung erteilen. [3]Das Rechnungsprüfungsamt ist bei der Wahrnehmung seiner Aufgaben unabhängig und nur dem Gesetz unterworfen. [4]Im Übrigen bleiben die Befugnisse der ersten Bürgermeisterin oder des ersten Bürgermeisters unberührt, der oder dem das Rechnungsprüfungsamt unmittelbar untersteht.

(3) [1]Der Gemeinderat bestellt den Leiter, seinen Stellvertreter und die Prüfer des Rechnungsprüfungsamts und beruft sie ab. [2]Der Gemeinderat kann den Leiter des Rechnungsprüfungsamts und seinen Stellvertreter gegen ihren Willen nur mit einer Mehrheit von zwei Dritteln der gesetzlichen Zahl der Mitglieder des Gemeinderats abberufen, wenn sie ihre Aufgabe nicht ordnungsgemäß erfüllen. [3]Die Abberufung von Prüfern des Rechnungsprüfungsamts gegen ihren Willen bedarf einer Mehrheit von zwei Dritteln der stimmberechtigten Gemeinderatsmitglieder.

(4) [1]Der Leiter des Rechnungsprüfungsamts muss Beamtin oder Beamter auf Lebenszeit sein. [2]Sie oder er muss in der Fachlaufbahn Verwaltung und Finanzen, fachlicher Schwerpunkt nichttechnischer Verwaltungsdienst, für ein Amt ab der Besoldungsgruppe A 10 qualifiziert sein sowie die für das Amt erforderliche Erfahrung und Eignung besitzen.

(5) [1]Der Leiter, sein Stellvertreter und die Prüfer des Rechnungsprüfungsamts dürfen eine andere Stellung in der Gemeinde nur innehaben, wenn das mit ihren Prüfungsaufgaben vereinbar ist. [2]Sie dürfen Zahlungen für die Gemeinde weder anordnen noch ausführen. [3]Für den Leiter des Rechnungsprüfungsamts und seinen Stellvertreter gilt außerdem Art. 100 Abs. 3 entsprechend.

Art. 105 Überörtliche Prüfungen

(1) Die überörtlichen Rechnungs- und Kassenprüfungen werden bei den Mitgliedern des Bayerischen Kommunalen Prüfungsverbands durch diesen Verband, bei den übrigen Gemeinden durch die staatlichen Rechnungsprüfungsstellen der Landratsämter durchgeführt (überörtliche Prüfungsorgane).

(2) Die überörtliche Rechnungsprüfung findet alsbald nach der Feststellung des Jahresabschlusses und des konsolidierten Jahresabschlusses beziehungsweise der Jahresrechnung sowie der Jahresabschlüsse der Eigenbetriebe, der Krankenhäuser und der Pflegeeinrichtungen mit kaufmännischem Rechnungswesen statt.

Art. 106 Inhalt der Rechnungs- und Kassenprüfungen

(1) Die Rechnungsprüfung erstreckt sich auf die Einhaltung der für die Wirtschaftsführung geltenden Vorschriften und Grundsätze, insbesondere darauf, ob

1. die Haushaltssatzung und der Haushaltsplan eingehalten worden sind,
2. die Einzahlungen und Auszahlungen sowie Erträge und Aufwendung beziehungsweise die Einnahmen und Ausgaben

begründet und belegt sind sowie der Jahresabschluss und der konsolidierte Jahresabschluss beziehungsweise die Jahresrechnung sowie die Vermögensnachweise ordnungsgemäß aufgestellt sind,
3. wirtschaftlich und sparsam verfahren wird,
4. die Aufgaben mit geringerem Personal- oder Sachaufwand oder auf andere Weise wirksamer erfüllt werden können.

(2) [1]Die Wirtschaftsführung der Krankenhäuser und der Pflegeeinrichtungen einschließlich der Jahresabschlüsse unterliegen der Rechnungsprüfung. [2]Absatz 1 gilt entsprechend.

(3) [1]Die Rechnungsprüfung umfasst auch die Wirtschaftsführung der Eigenbetriebe unter entsprechender Anwendung des Absatzes 1. [2]Dabei ist auf das Ergebnis der Abschlussprüfung (Art. 107) mit abzustellen.

(4) [1]Im Rahmen der Rechnungsprüfung wird die Betätigung der Gemeinde bei Unternehmen in einer Rechtsform des privaten Rechts, an denen die Gemeinde unmittelbar oder mittelbar beteiligt ist, unter Beachtung kaufmännischer Grundsätze mitgeprüft. [2]Entsprechendes gilt bei Erwerbs- und Wirtschaftsgenossenschaften, in denen die Gemeinde Mitglied ist, sowie bei Kommunalunternehmen. [3]Die Rechnungsprüfung umfasst ferner die Buch-, Betriebs- und sonstigen Prüfungen, die sich die Gemeinde bei der Hingabe eines Darlehns oder sonst vorbehalten hat.

(5) Durch Kassenprüfungen werden die ordnungsmäßige Erledigung der Kassengeschäfte, die ordnungsmäßige Einrichtung der Kassen und das Zusammenwirken mit der Verwaltung geprüft.

(6) [1]Die Organe der Rechnungsprüfung der Gemeinde und das für sie zuständige überörtliche Prüfungsorgan können verlangen, dass ihnen oder ihren beauftragten Prüfern Unterlagen, die sie zur Erfüllung ihrer Aufgaben für erforderlich halten, vorgelegt oder ihnen innerhalb einer bestimmten Frist übersandt werden. [2]Auskünfte sind ihnen oder ihren beauftragten Prüfern zu erteilen. [3]Die Auskunftspflicht nach den Sätzen 1

und 2 besteht auch, soweit hierfür in anderen Bestimmungen eine besondere Rechtsvorschrift gefordert wird, und umfasst auch elektronisch gespeicherte Daten sowie deren automatisierten Abruf.

Art. 107 Abschlussprüfung bei Eigenbetrieben und Kommunalunternehmen

(1) Bei Eigenbetrieben und Kommunalunternehmen sollen der Jahresabschluss und der Lagebericht, soweit dieser aufzustellen ist, spätestens innerhalb von neun Monaten nach Schluss des Wirtschaftsjahres durch einen sachverständigen Prüfer (Abschlussprüfer) in entsprechender Anwendung der Vorschriften des Dritten Buches des Handelsgesetzbuchs geprüft sein.

(2) Die Abschlussprüfung wird vom Bayerischen Kommunalen Prüfungsverband oder von einem Wirtschaftsprüfer oder von einer Wirtschaftsprüfungsgesellschaft durchgeführt.

(3) [1]Die Abschlussprüfung erstreckt sich auf die Vollständigkeit und Ordnungsmäßigkeit des Jahresabschlusses unter Einbeziehung der Buchführung und des Lageberichts, soweit dieser aufzustellen ist. [2]Dabei werden auch geprüft

1. die Ordnungsmäßigkeit der Geschäftsführung,
2. die Entwicklung der Vermögens- und Ertragslage sowie die Liquidität und Rentabilität,
3. die verlustbringenden Geschäfte und die Ursachen der Verluste, wenn diese Geschäfte und die Ursachen für die Vermögens- und Ertragslage von Bedeutung waren,
4. die Ursachen eines in der Gewinn- und Verlustrechnung ausgewiesenen Jahresfehlbetrags.

B

VIERTER TEIL
Staatliche Aufsicht und Rechtsmittel

1. ABSCHNITT
Rechtsaufsicht und Fachaufsicht

Art. 108 Sinn der staatlichen Aufsicht

Die Aufsichtsbehörden sollen die Gemeinden bei der Erfüllung ihrer Aufgaben verständnisvoll beraten, fördern und schützen sowie die Entschlusskraft und die Selbstverantwortung der Gemeindeorgane stärken.

Art. 109 Inhalt und Grenzen der Aufsicht

(1) In den Angelegenheiten des eigenen Wirkungskreises (Art. 7) beschränkt sich die staatliche Aufsicht darauf, die Erfüllung der gesetzlich festgelegten und übernommenen öffentlich-rechtlichen Aufgaben und Verpflichtungen der Gemeinden und die Gesetzmäßigkeit ihrer Verwaltungstätigkeit zu überwachen (Rechtsaufsicht).

(2) [1]In den Angelegenheiten des übertragenen Wirkungskreises (Art. 8) erstreckt sich die staatliche Aufsicht auch auf die Handhabung des gemeindlichen Verwaltungsermessens (Fachaufsicht). [2]Eingriffe in das Verwaltungsermessen sind auf die Fälle zu beschränken, in denen

1. das Gemeinwohl oder öffentlich-rechtliche Ansprüche Einzelner eine Weisung oder Entscheidung erfordern oder
2. die Bundesregierung nach Art. 84 Abs. 5 oder Art. 85 Abs. 3 des Grundgesetzes eine Weisung erteilt.

Art. 110 Rechtsaufsichtsbehörden

[1]Die Rechtsaufsicht über die kreisangehörigen Gemeinden obliegt dem Landratsamt als staatliche Verwaltungsaufgabe. [2]Die Rechtsaufsicht über die kreisfreien Gemeinden obliegt der Regierung. [3]Diese ist auch obere Rechtsaufsichtsbehörde für

die kreisangehörigen Gemeinden. [4]Das Staatsministerium des Innern, für Sport und Integration ist obere Rechtsaufsichtsbehörde für die kreisfreien Gemeinden. [5]Soweit Große Kreisstädte Aufgaben wahrnehmen, die ihnen nach Art. 9 Abs. 2 übertragen sind, richtet sich die Rechtsaufsicht nach den für kreisfreie Gemeinden geltenden Vorschriften.

Art. 111 Informationsrecht

[1]Die Rechtsaufsichtsbehörde ist befugt, sich über alle Angelegenheiten der Gemeinde zu unterrichten. [2]Sie kann insbesondere Anstalten und Einrichtungen der Gemeinde besichtigen, die Geschäfts- und Kassenführung prüfen sowie Berichte und Akten einfordern.

Art. 112 Beanstandungsrecht

[1]Die Rechtsaufsichtsbehörde kann rechtswidrige Beschlüsse und Verfügungen der Gemeinde beanstanden und ihre Aufhebung oder Änderung verlangen. [2]Bei Nichterfüllung öffentlich-rechtlicher Aufgaben oder Verpflichtungen kann die Rechtsaufsichtsbehörde die Gemeinde zur Durchführung der notwendigen Maßnahmen auffordern.

Art. 113 Recht der Ersatzvornahme

[1]Kommt die Gemeinde binnen einer ihr gesetzten angemessenen Frist den Anordnungen der Rechtsaufsichtsbehörde nicht nach, kann diese die notwendigen Maßnahmen an Stelle der Gemeinde verfügen und vollziehen. [2]Die Kosten trägt die Gemeinde.

Art. 114 Bestellung eines Beauftragten

(1) Ist der geordnete Gang der Verwaltung durch Beschlussunfähigkeit des Gemeinderats oder durch seine Weigerung, gesetzmäßige Anordnungen der Rechtsaufsichtsbehörde

auszuführen, ernstlich behindert, so kann die Rechtsaufsichtsbehörde die erste Bürgermeisterin oder den ersten Bürgermeister ermächtigen, bis zur Behebung des gesetzwidrigen Zustands für die Gemeinde zu handeln.

(2) [1]Weigert sich die erste Bürgermeisterin oder der erste Bürgermeister oder ist sie oder er aus tatsächlichen oder rechtlichen Gründen verhindert, die Aufgaben nach Absatz 1 wahrzunehmen, so beauftragt die Rechtsaufsichtsbehörde die weiteren Bürgermeisterinnen oder Bürgermeister in ihrer Reihenfolge, für die Gemeinde zu handeln, solange es erforderlich ist. [2]Sind keine weiteren Bürgermeisterinnen oder Bürgermeister vorhanden oder sind auch sie verhindert oder nicht handlungswillig, so handelt die Rechtsaufsichtsbehörde für die Gemeinde.

(3) Die Staatsregierung kann ferner, wenn sich der gesetzwidrige Zustand anders nicht beheben lässt, den Gemeinderat auflösen und dessen Neuwahl anordnen.

Art. 115 Fachaufsichtsbehörden

(1) [1]Die Zuständigkeit zur Führung der Fachaufsicht auf den einzelnen Gebieten des übertragenen Wirkungskreises bestimmt sich nach den hierfür geltenden besonderen Vorschriften. [2]Soweit solche besonderen Vorschriften nicht bestehen, obliegt den Rechtsaufsichtsbehörden auch die Führung der Fachaufsicht.

(2) Soweit Große Kreisstädte Aufgaben wahrnehmen, die ihnen nach Art. 9 Abs. 2 übertragen sind, richtet sich die Fachaufsicht nach den für kreisfreie Gemeinden geltenden Vorschriften.

Art. 116 Befugnisse der Fachaufsicht

(1) [1]Die Fachaufsichtsbehörden können sich über Angelegenheiten des übertragenen Wirkungskreises in gleicher Weise wie die Rechtsaufsichtsbehörden unterrichten (Art. 111). [2]Sie können ferner der Gemeinde für die Behandlung übertragener

Angelegenheiten unter Beachtung des Art. 109 Abs. 2 Satz 2 Weisungen erteilen. [3]Zu weitergehenden Eingriffen in die Gemeindeverwaltung sind die Fachaufsichtsbehörden unbeschadet der Entscheidung über Widersprüche (Art. 118 Nr. 2) nicht befugt.

(2) [1]Die Rechtsaufsichtsbehörden sind verpflichtet, die Fachaufsichtsbehörden bei der Durchführung ihrer gesetzlichen Aufgaben nötigenfalls unter Anwendung der in den Art. 113 und 114 festgelegten Befugnisse zu unterstützen. [2]Bei der Ersatzvornahme tritt die Weisung der Fachaufsichtsbehörde an die Stelle der Anordnung der Rechtsaufsichtsbehörde.

Art. 117 Genehmigungsbehörde

(1) Die in diesem Gesetz vorgeschriebenen Genehmigungen erteilt, soweit nichts anderes bestimmt ist, die Rechtsaufsichtsbehörde (Art. 110).

(2) Gemeindliche Beschlüsse sowie Geschäfte des bürgerlichen Rechts erlangen Rechtswirksamkeit erst mit der Erteilung der nach diesem Gesetz erforderlichen Genehmigung.

(3) Die Anträge auf Erteilung der Genehmigungen sind ohne schuldhafte Verzögerung zu verbescheiden.

Art. 117a Ausnahmegenehmigungen

[1]Das Staatsministerium des Innern, für Sport und Integration kann im Interesse der Weiterentwicklung der kommunalen Selbstverwaltung zur Erprobung neuer Modelle der Steuerung und des Haushalts- und Rechnungswesens, der Verfahrensvereinfachung und der Verwaltungsführung auf Antrag im Einzelfall Ausnahmen von Regelungen dieses Gesetzes und der nach Art. 120 erlassenen Vorschriften genehmigen. [2]Die Genehmigung ist zu befristen. [3]Bedingungen und Auflagen sind insbesondere zulässig, um die Vergleichbarkeit des Kommunalrechtsvollzugs auch im Rahmen einer Erprobung möglichst zu wahren und die Ergebnisse der Erprobung für andere Gemeinden, für Landkreise und für Bezirke nutzbar zu machen.

2. ABSCHNITT
Rechtsmittel

Art. 118 Erlass des Widerspruchsbescheids (§ 73 der Verwaltungsgerichtsordnung – VwGO)

Den Widerspruchsbescheid erlässt

1. in Angelegenheiten des eigenen Wirkungskreises die Rechtsaufsichtsbehörde, die dabei auf die Prüfung der Rechtmäßigkeit beschränkt ist; zuvor hat die Selbstverwaltungsbehörde nach § 72 VwGO auch die Zweckmäßigkeit zu überprüfen,
2. in Angelegenheiten des übertragenen Wirkungskreises die Fachaufsichtsbehörde; ist Fachaufsichtsbehörde eine oberste Landesbehörde, so entscheidet die Behörde, die den Verwaltungsakt erlassen hat; Art. 109 Abs. 2 Satz 2 findet keine Anwendung.

FÜNFTER TEIL
Übergangs- und Schlussvorschriften

Art. 119 Einwohnerzahl

[1]Soweit nach diesem Gesetz oder einer auf Grund dieses Gesetzes erlassenen Rechtsverordnung die Einwohnerzahl von rechtlicher Bedeutung ist, ist die Einwohnerzahl maßgebend, die bei der letzten Wahl der Gemeinderatsmitglieder zu Grunde gelegt wurde. [2] Art. 34 Abs. 3 bleibt unberührt.

Art. 120 Rechtsverordnungen

(1) [1]Das Staatsministerium des Innern, für Sport und Integration wird ermächtigt, durch Rechtsverordnung zu regeln:

1. das Nähere zu kommunalen Namen, Hoheitszeichen sowie Bestands- und Gebietsänderungen nach den Art. 2 bis 4 und 11,

2. das Nähere zu amtlichen Bekanntmachungen nach Art. 26 Abs. 2.

[2]Das Staatsministerium des Innern, für Sport und Integration wird weiter ermächtigt, im Einvernehmen mit dem Staatsministerium der Finanzen und für Heimat durch Rechtsverordnungen zu regeln:

1. den Inhalt und die Gestaltung des Haushaltsplans einschließlich des Stellenplans, der mittelfristigen Finanzplanung und des Investitionsprogramms sowie der Dokumentation der im Finanzplanungszeitraum gültigen Kreditermächtigungen aus den Vorjahren und deren Inanspruchnahmen, ferner die Veranschlagung von Einzahlungen, Auszahlungen, Erträgen und Aufwendungen beziehungsweise Einnahmen, Ausgaben und Verpflichtungsermächtigungen für einen vom Haushaltsjahr abweichenden Wirtschaftszeitraum,
2. die Ausführung des Haushaltsplans, die Anordnung von Zahlungen, die Haushaltsüberwachung, die Stundung, die Niederschlagung und den Erlass von Ansprüchen und die Behandlung von Kleinbeträgen,
3. die Ausschreibung von Lieferungen und Leistungen und die Vergabe von Aufträgen,
4. die Bildung, vorübergehende Inanspruchnahme und Verwendung von Rücklagen und deren Mindesthöhe,
5. die Bildung und Auflösung von Rückstellungen,
6. die Geldanlagen und ihre Sicherung,
7. die Erfassung, den Nachweis, die Bewertung und die Abschreibung der Vermögensgegenstände; dabei kann die Bewertung und Abschreibung auf einzelne Bereiche beschränkt werden,
8. die Aufstellung der Eröffnungsbilanz auch unter Abweichung von Art. 74 Abs. 4 und der folgenden Bilanzen,
9. die Kassenanordnungen, die Aufgaben und die Organisation der Gemeindekasse und der Sonderkassen, den Zahlungsverkehr, die Verwaltung der Kassenmittel, der Wertgegenstände und anderer Gegenstände, die

Buchführung sowie die Möglichkeit, dass die Buchführung und die Verwahrung von Wertgegenständen von den Kassengeschäften abgetrennt werden können,

10. den Inhalt und die Gestaltung der Jahresrechnung und die Abwicklung der Vorjahresergebnisse,
11. den Inhalt und die Gestaltung des Jahresabschlusses und des konsolidierten Jahresabschlusses; dabei können auch Ausnahmen von der und Übergangsfristen für die Konsolidierungspflicht vorgesehen werden,
12. den Inhalt und die Gestaltung des Rechenschaftsberichts zur Jahresrechnung beziehungsweise zum Jahresabschluss, des Anhangs zum Jahresabschluss sowie des Konsolidierungsberichts zum konsolidierten Jahresabschluss,
13. den Aufbau und die Verwaltung, die Wirtschaftsführung, das Rechnungswesen und die Prüfung der Eigenbetriebe,
14. die Prüfung der Jahresrechnungen, der Jahresabschlüsse und der konsolidierten Jahresabschlüsse, die Prüfung der Gemeindekasse und der Sonderkassen, die Abschlussprüfung und die Freistellung von der Abschlussprüfung, die Prüfung von Verfahren der automatisierten Datenverarbeitung im Bereich des Finanzwesens der Gemeinden, die Rechte und Pflichten der Prüfer, die über Prüfungen zu erstellenden Berichte und deren weitere Behandlung sowie die Organisation der staatlichen Rechnungsprüfungsstellen der Landratsämter,
15. das Verfahren bei der Errichtung der Kommunalunternehmen sowie bei der Umwandlung von Kapitalgesellschaften in Kommunalunternehmen und den Aufbau, die Verwaltung, die Wirtschaftsführung sowie das Rechnungs- und Prüfungswesen der Kommunalunternehmen.

[3]Das Staatsministerium des Innern, für Sport und Integration wird weiter ermächtigt, im Einvernehmen mit dem Staatsministerium für Gesundheit, Pflege und Prävention und mit dem Staatsministerium der Finanzen und für Heimat die Wirtschaftsführung der Krankenhäuser und der Pflegeeinrichtungen der Gemeinden durch Rechtsverordnung zu regeln.

(2) [1]Das Staatsministerium des Innern, für Sport und Integration erlässt die erforderlichen Verwaltungsvorschriften und gibt Muster, insbesondere für

1. die Haushaltssatzung und die Nachtragshaushaltssatzung,
2. die Darstellung des Haushaltsplans und des mittelfristigen Finanzplans insbesondere
   a) die Konten und Produkte bei Haushaltswirtschaft nach den Grundsätzen der doppelten kommunalen Buchführung,
   b) die Gliederung und die Gruppierung bei Haushaltswirtschaft nach den Grundsätzen der Kameralistik,
3. die Form des Haushaltsplans und seiner Anlagen, des mittelfristigen Finanzplans und des Investitionsprogramms sowie der Dokumentation der im Finanzplanungszeitraum gültigen Kreditermächtigungen aus den Vorjahren und deren Inanspruchnahmen,
4. die Gliederung und die Form des Jahresabschlusses und des konsolidierten Jahresabschlusses,
5. die Darstellung und die Form der Vermögensnachweise,
6. die Kassenanordnungen, die Buchführung, die Jahresrechnung und ihre Anlagen,
7. die Gliederung und die Form des Wirtschaftsplans und seiner Anlagen, des mittelfristigen Finanzplans und des Investitionsprogramms, des Jahresabschlusses, der Anlagenachweise und der Erfolgsübersicht für Eigenbetriebe und für Krankenhäuser mit kaufmännischem Rechnungswesen,

im Bayerischen Ministerialblatt bekannt. [2]Es kann solche Muster für verbindlich erklären. [3]Die Zuordnung der einzelnen Geschäftsvorfälle zu den Darstellungen gemäß Satz 1 Nrn. 2 bis 5 kann durch Verwaltungsvorschrift in gleicher Weise verbindlich festgelegt werden. [4]Die Verwaltungsvorschriften zur Darstellung des Haushaltsplans und des mittelfristigen Finanzplans sind im Einvernehmen mit dem Staatsministerium der Finanzen und für Heimat zu erlassen.

Art. 120a Gemeindewirtschaftliche Erleichterungen anlässlich der Corona-Pandemie

Die in den Haushaltsjahren 2020 und 2021 angelegten und betätigten Abweichungen von gemeindewirtschaftlichen Bestimmungen dürfen sich auf nachfolgende Haushaltsjahre auswirken, längstens jedoch auf das Haushaltsjahr 2032.

Art. 120b Übergangsregelung

(1) [1]Die Rechtsstellung der vor dem 1. Januar 2024 gewählten ersten Bürgermeisterinnen und Bürgermeister bleibt bis zum Ende ihrer laufenden Amtszeit unberührt. [2]Für zwischen dem 1. Januar 2024 und dem 30. Juni 2024 gewählte erste Bürgermeisterinnen und Bürgermeister ist Art. 34 in der bis zum Ablauf des 31. Dezember 2023 geltenden Fassung anzuwenden.

(2) [1]Für vor dem 1. Januar 2024 gewählte erste Bürgermeisterinnen und Bürgermeister und für Gemeinderatsmitglieder, die ihr Amt am 31. Dezember 2023 ausüben, ist Art. 31 Abs. 3 bis zum Ende ihrer laufenden Amtszeit in seiner bis zum Ablauf des 31. Dezember 2023 geltenden Fassung anzuwenden. [2]Darüber hinaus ist für ehrenamtliche erste Bürgermeisterinnen und Bürgermeister, die ihr Amt am 31. Dezember 2023 ausüben, bei deren jeweils unmittelbar anschließender Wiederwahl Art. 31 Abs. 3 in seiner bis zum Ablauf des 31. Dezember 2023 geltenden Fassung bis zum Ende der letzten Amtszeit anwendbar.

(3) Für Mitglieder des Verwaltungsrats von Kommunalunternehmen, die ihr Amt am 31. Dezember 2023 ausüben, ist Art. 90 Abs. 3 Satz 6 bis zum Ende ihrer laufenden Amtszeit in seiner bis zum Ablauf des 31. Dezember 2023 geltenden Fassung anzuwenden.

(4) Soweit nach dem Einführungsgesetz zum Handelsgesetzbuch die Vorschriften des Dritten Buches des Handelsgesetzbuchs erst ab einem bestimmten Zeitpunkt anzuwenden sind, gilt dies entsprechend auch bei der Anwendung des Art. 91 Abs. 1 Satz 1 und des Art. 107 Abs. 1.

Art. 121 Einschränkung von Grundrechten

Auf Grund dieses Gesetzes können die Grundrechte auf Freiheit der Person (Art. 2 Abs. 2 des Grundgesetzes, Art. 102 der Verfassung) und der Unverletzlichkeit der Wohnung (Art. 13 des Grundgesetzes, Art. 106 Abs. 3 der Verfassung) eingeschränkt werden.

Art. 122 Inkrafttreten, Außerkrafttreten

(1) [1]Dieses Gesetz ist dringlich. [2]Es tritt am 18. Januar 1952 in Kraft.[1]

(2) Art. 120a Satz 3 tritt mit Ablauf des 31. Dezember 2032 außer Kraft.

Art. 123

(weggefallen)

Art. 124

(weggefallen)

1 Diese Vorschrift betrifft das Inkrafttreten des Gesetzes in der ursprünglichen Fassung vom 25. Januar 1952 (GVBl. S. 19). Der Zeitpunkt des Inkrafttretens der späteren Änderungen ergibt sich aus den jeweiligen Änderungsgesetzen.

Verwaltungsgemeinschaftsordnung für den Freistaat Bayern (Verwaltungsgemeinschaftsordnung – VGemO)

Vom 26. Oktober 1982 (BayRS 2020-2-1-I), zuletzt geändert durch § 9 des Gesetzes vom 24. Juli 2023 (GVBl. S. 385)

Inhaltsübersicht

1. TEIL
Die Verwaltungsgemeinschaft

2. TEIL
Übergangs- und Schlussvorschriften

C

1. TEIL
Die Verwaltungsgemeinschaft

Art. 1 Wesen und Rechtsform

(1) Die Verwaltungsgemeinschaft ist ein Zusammenschluss benachbarter kreisangehöriger Gemeinden unter Aufrechterhaltung des Bestands der beteiligten Gemeinden. Sie erfüllt öffentliche Aufgaben nach Maßgabe der folgenden Bestimmungen und dient der Stärkung der Leistungs- und Verwaltungskraft ihrer Mitglieder.

(2) Die Verwaltungsgemeinschaft ist eine Körperschaft des öffentlichen Rechts. Sie kann Dienstherr von Beamtinnen und Beamten sein.

Art. 2 Bildung und Erweiterung von Verwaltungsgemeinschaften

(1) Verwaltungsgemeinschaften können gebildet werden,

1. wenn die beteiligten Gemeinden einverstanden sind,
2. gegen den Willen beteiligter Gemeinden, wenn Gründe des öffentlichen Wohls vorliegen; die beteiligten Gemeinden sind vorher zu hören.

(2) Eine Gemeinde kann in eine bestehende Verwaltungsgemeinschaft aufgenommen werden,

1. wenn die Gemeinde, die Verwaltungsgemeinschaft und deren Mitgliedsgemeinden einverstanden sind,
2. gegen den Willen der Gemeinde, der Verwaltungsgemeinschaft oder einer Mitgliedsgemeinde, wenn Gründe des öffentlichen Wohls vorliegen; die Gemeinde, die Verwaltungsgemeinschaft und deren Mitgliedsgemeinden sind vorher zu hören.

(3) Verwaltungsgemeinschaften werden durch Gesetz gebildet oder erweitert.

(4) Die mit der Bildung oder Erweiterung von Verwaltungsgemeinschaften zusammenhängenden Rechts- und Verwaltungsfragen regelt die Regierung.

(5) Im Fall der Bildung einer Verwaltungsgemeinschaft dürfen bis zur Bekanntmachung ihrer ersten Haushaltssatzung ausgabenwirksame Maßnahmen nur getroffen werden, wenn und soweit sie für eine ordnungsgemäße Aufgabenerfüllung unerlässlich sind; insoweit dürfen Ausgaben geleistet werden. Bis zum gleichen Zeitpunkt kann die Verwaltungsgemeinschaft nach Maßgabe des Art. 8 Abs. 1 Sätze 1 und 2 eine vorläufige Umlage erheben. Sie kann ferner einen vorläufigen Höchstbetrag für Kassenkredite festsetzen. Der Stellenplan gilt insoweit als festgesetzt, als Beamtinnen und Beamte sowie Arbeitnehmerinnen und Arbeitnehmer von Mitgliedsgemeinden übernommen werden.

Art. 3 Bestimmung von Name und Sitz

(1) Name und Sitz einer neuen Verwaltungsgemeinschaft werden durch Rechtsverordnung der Regierung bestimmt, sofern das nach Art. 2 Abs. 3 erlassene Gesetz dazu nichts bestimmt.

(2) Die Regierung kann durch Rechtsverordnung nach Anhörung der Verwaltungsgemeinschaft deren Namen und Sitz ändern. Die Namensänderung setzt ein öffentliches Bedürfnis, die Sitzänderung ein dringendes öffentliches Bedürfnis voraus.

Art. 4 Aufgaben

(1) Die Verwaltungsgemeinschaft nimmt alle Angelegenheiten des übertragenen Wirkungskreises ihrer Mitgliedsgemeinden wahr, ausgenommen den Erlass von Satzungen und Verordnungen. Die Mitgliedsgemeinden sind über die sie betreffenden Vorgänge im übertragenen Wirkungskreis zu informieren. Das Staatsministerium des Innern, für Sport und Integration kann durch Rechtsverordnung allgemein bestimmen, dass einzelne Aufgaben des übertragenen Wirkungskreises bei den Mitgliedsgemeinden verbleiben.

(2) Die Mitgliedsgemeinden der Verwaltungsgemeinschaft erfüllen die Aufgaben des eigenen Wirkungskreises. Die

Verwaltungsgemeinschaft führt dabei die Aufgaben nach den folgenden Sätzen 3 und 4 als Behörde der jeweiligen Mitgliedsgemeinde nach deren Weisung aus; die erste Bürgermeisterin oder der erste Bürgermeister kann die Mitgliedsgemeinde auch insoweit vertreten. Der Verwaltungsgemeinschaft obliegen die verwaltungsmäßige Vorbereitung und der verwaltungsmäßige Vollzug der Beschlüsse der Mitgliedsgemeinden sowie die Besorgung der laufenden Verwaltungsangelegenheiten, die für die Mitgliedsgemeinden keine grundsätzliche Bedeutung haben und keine erheblichen Verpflichtungen erwarten lassen. Das Gleiche gilt für die Aufgaben, die nach Absatz 1 bei den Mitgliedsgemeinden verbleiben.

(3) Die Mitgliedsgemeinden können durch Zweckvereinbarung einzelne Aufgaben und Befugnisse des eigenen Wirkungskreises auf die Verwaltungsgemeinschaft übertragen.

(4) Mit dem Inkrafttreten des Gesetzes (Art. 2 Abs. 3) tritt die Verwaltungsgemeinschaft an die Stelle von Zweckverbänden, die aus denselben Mitgliedern wie die Verwaltungsgemeinschaft bestehen; solche Zweckverbände können nicht neu gebildet werden. Andere Zweckverbände können ihre Verwaltungsaufgaben (Absatz 2) durch Zweckvereinbarung auf die Verwaltungsgemeinschaft übertragen. Die Aufgaben und Befugnisse von Verbänden, die nicht auf Grund des Gesetzes über die kommunale Zusammenarbeit, sondern auf Grund anderer Rechtsvorschriften gebildet sind, können nach Maßgabe der für sie geltenden Vorschriften auf die Verwaltungsgemeinschaft übertragen werden.

(5) Die Verwaltungsgemeinschaft soll ihre Mitgliedsgemeinden bei der Erfüllung der übrigen gemeindlichen Aufgaben beraten.

Art. 5 Mitwirkung der Gemeinden

Die Mitgliedsgemeinden sind verpflichtet, die Verwaltungsgemeinschaft bei der Durchführung ihrer Aufgaben zu unterstützen.

Art. 6 Organe der Verwaltungsgemeinschaft

(1) Die Verwaltungsgemeinschaft wird durch die Gemeinschaftsversammlung verwaltet, soweit nicht die oder der Gemeinschaftsvorsitzende zuständig ist.

(2) Die Gemeinschaftsversammlung besteht aus den Vertretern der Mitgliedsgemeinden. Vertreter sind die ersten Bürgermeisterinnen und Bürgermeister und je ein Gemeinderatsmitglied; für jedes volle Tausend ihrer Einwohnerinnen und Einwohner entsenden die Mitgliedsgemeinden ein weiteres Gemeinderatsmitglied. Die ersten Bürgermeisterinnen und Bürgermeister werden im Fall der Verhinderung durch ihre Stellvertretung vertreten. Für jedes der übrigen Mitglieder der Gemeinschaftsversammlung ist für den Fall, dass es verhindert ist oder die erste Bürgermeisterin oder den ersten Bürgermeister nach Satz 3 vertritt, eine stellvertretende Person aus der Mitte des Gemeinderats zu bestellen. Bei der Bestellung der übrigen Mitglieder und ihrer Stellvertretung gelten Art. 33 Abs. 1 Sätze 2 bis 5 der Gemeindeordnung (GO) entsprechend. Jede Mitgliedsgemeinde hat so viele einzeln abzugebende Stimmen, als Vertreter von ihr anwesend sind.

(3) Die Gemeinschaftsversammlung wählt aus ihrer Mitte eine Person aus dem Kreis der ersten Bürgermeisterinnen und ersten Bürgermeister zur oder zum Gemeinschaftsvorsitzenden sowie eine oder zwei Stellvertretungen, und zwar je auf die Dauer ihres gemeindlichen Amts. Die Vertreter der Mitgliedsgemeinden sind insoweit an Weisungen nicht gebunden

(4) Für die Aufgaben und Befugnisse der oder des Gemeinschaftsvorsitzenden gelten die Vorschriften über die Zuständigkeit der oder des Verbandsvorsitzenden eines Zweckverbands entsprechend. Sie oder er führt die Dienstaufsicht über die Dienstkräfte der Verwaltungsgemeinschaft und ist Dienstvorgesetzte oder Dienstvorgesetzter ihrer Beamtinnen und Beamten.

Art. 7 Bedienstete der Verwaltungsgemeinschaft

(1) Die Verwaltungsgemeinschaft stellt das fachlich geeignete Verwaltungspersonal an, das erforderlich ist, um den

C

ordnungsmäßigen Gang der Geschäfte zu gewährleisten. Unbeschadet der Verpflichtung nach Satz 1 soll die Verwaltungsgemeinschaft mindestens eine Beamtin oder einen Beamten haben, die oder der in der Fachlaufbahn Verwaltung und Finanzen, fachlicher Schwerpunkt nichttechnischer Verwaltungsdienst, für ein Amt ab der Besoldungsgruppe A 10 qualifiziert ist.

(2) Die oder der Gemeinschaftsvorsitzende kann dem Leiter der Geschäftsstelle laufende Angelegenheiten zur selbstständigen Erledigung übertragen. Der Leiter der Geschäftsstelle nimmt an den Sitzungen der Gemeinschaftsversammlung beratend teil.

Art. 8 Deckung des Finanzbedarfs

(1) Die Verwaltungsgemeinschaft erhebt von ihren Mitgliedsgemeinden eine Umlage, soweit ihre sonstigen Einnahmen nicht ausreichen, um ihren Finanzbedarf zu decken. Die Umlage wird für die Aufgaben nach Art. 4 Abs. 1 und 2 nach dem Verhältnis der Einwohnerzahl der Mitgliedsgemeinden bemessen; maßgebend ist die auf der Grundlage der letzten Volkszählung fortgeschriebene Einwohnerzahl nach dem Stand vom 30. Juni des vorausgegangenen Jahres. Durch einstimmigen Beschluss der Gemeinschaftsversammlung kann eine andere Regelung getroffen werden. Die Regierung soll für die Bemessung der Umlage ein anderes Verhältnis festlegen oder die Umlage für eine oder mehrere Mitgliedsgemeinden abweichend von Satz 2 festsetzen, wenn das erforderlich ist, um eine unbillige Härte zu vermeiden. Der Kostenersatz für die Wahrnehmung der Aufgaben nach Art. 4 Abs. 3 und 4 Satz 2 bleibt der besonderen Regelung in der Zweckvereinbarung vorbehalten. In den Fällen des Art. 4 Abs. 4 Sätze 1 und 3 verbleibt es bei der bisherigen Kostenregelung, sowie sie nicht durch Beschluss der Gemeinschaftsversammlung mit den Stimmenzahlen der Mitglieder des früheren Verbands aufgehoben wird.

(2) Die Verwaltungsgemeinschaft ist verpflichtet, eine Haushaltssatzung zu erlassen. Die Höhe der Umlage ist für jedes

Rechnungsjahr durch Beschluss der Gemeinschaftsversammlung in der Haushaltssatzung festzusetzen.

Art. 9 Auflösung und Entlassung

(1) Aus Gründen des öffentlichen Wohls kann

1. eine Verwaltungsgemeinschaft aufgelöst werden,
2. eine Mitgliedsgemeinde aus einer Verwaltungsgemeinschaft entlassen werden.

(2) Maßnahmen nach Absatz 1 werden durch Gesetz vorgenommen. Die Verwaltungsgemeinschaft und die Mitgliedsgemeinden sind vorher zu hören.

(3) Die mit der Auflösung oder Entlassung zusammenhängenden Rechts- und Verwaltungsfragen regelt die Regierung.

(4) Im Fall der Auflösung der Verwaltungsgemeinschaft bestimmt die Regierung eine Gemeinde oder eine neu entstehende Verwaltungsgemeinschaft zur Gesamtrechtsnachfolgerin, die im Bereich der bisherigen Verwaltungsgemeinschaft deren Geschäfte einschließlich der Rechnungslegung abwickelt. Über das Ergebnis der Haushaltswirtschaft und das Vermögen setzen sich die bisherigen Mitgliedsgemeinden durch Übereinkunft auseinander. Im Fall der Entlassung einer Mitgliedsgemeinde findet eine Auseinandersetzung zwischen der Verwaltungsgemeinschaft und der entlassenen Gemeinde statt. Der Übereinkunft kommt mit dem in ihr bestimmten Zeitpunkt, frühestens jedoch mit Rechtswirksamkeit der Auflösung oder Entlassung, unmittelbar rechtsbegründende Wirkung zu. Kommt eine Übereinkunft nicht zu Stande, so entscheiden das Verwaltungsgericht und in der Berufungsinstanz der Verwaltungsgerichtshof als Schiedsgerichte.

Art. 10 Bekanntmachung, Anwendung des Gesetzes über die kommunale Zusammenarbeit

(1) Rechtsvorschriften der Verwaltungsgemeinschaft sind im Amtsblatt der Verwaltungsgemeinschaft amtlich bekannt

zu machen. Unterhält die Verwaltungsgemeinschaft kein Amtsblatt, so sind die Rechtsvorschriften im Amtsblatt des Landkreises oder des Landratsamts, sonst in regelmäßig erscheinenden Druckwerken amtlich bekannt zu machen. Die amtliche Bekanntmachung kann auch dadurch bewirkt werden, dass die Rechtsvorschrift in der Geschäftsstelle der Verwaltungsgemeinschaft niedergelegt und die Niederlegung digital über das Internet, durch Anschlag oder Anzeige an den für öffentliche Bekanntmachungen allgemein bestimmten Stellen, auf einer öffentlichen Internetseite der Verwaltungsgemeinschaft oder durch Mitteilung in einer Tageszeitung bekanntgegeben wird; diese Form der Bekanntmachung ist nur zulässig, wenn sämtliche Mitgliedsgemeinden dieselbe Art der Bekanntmachung gewählt haben. Für die öffentliche Bekanntmachung von Verwaltungsakten, Ladungen und sonstigen Mitteilungen gilt Art. 27 Abs. 2 GO entsprechend.

(2) Soweit nichts anderes bestimmt ist, gelten für die Verwaltungsgemeinschaft die Bestimmungen des Gesetzes über die kommunale Zusammenarbeit entsprechend.

2. TEIL
Übergangs- und Schlussvorschriften

Art. 11 Übergangsvorschriften

(1) Für Rechtsgeschäfte, die aus Anlass der Bildung, Erweiterung oder Auflösung einer Verwaltungsgemeinschaft oder der Entlassung von Mitgliedsgemeinden aus einer Verwaltungsgemeinschaft erforderlich werden, werden Abgaben nicht erhoben, soweit eine Befreiung landesrechtlich zulässig ist. Auslagen werden nicht ersetzt.

(2) Die Behandlung der Verwaltungsgemeinschaften im Finanzausgleich bleibt besonderer gesetzlicher Regelung vorbehalten; die Bildung von Verwaltungsgemeinschaften ist dabei finanziell zu fördern.

Art. 12 Inkrafttreten[1]

(1) Art. 4 dieses Gesetzes tritt am 1. Januar 1976, Art. 17 am 1. Januar 1970 in Kraft.

(2) Im übrigen tritt das Gesetz am 1. August 1971 in Kraft.

1 Betrifft die ursprüngliche Fassung – Erstes Gesetz zur Stärkung der kommunalen Selbstverwaltung – vom 27. Juli 1971 (GVBl. S. 247).

Verordnung über Aufgaben der Mitgliedsgemeinden von Verwaltungsgemeinschaften

Vom 30. April 1995 (GVBl. S. 259, BayRS 2020–2-1–1-I), zuletzt geändert durch § 1 Abs. 7 der Verordnung vom 4. Juni 2024 (GVBl. S. 98)

§ 1

Bei den Mitgliedsgemeinden von Verwaltungsgemeinschaften verbleiben folgende Aufgaben des übertragenen Wirkungskreises:

1. die Aufgaben der unteren Bauaufsichtsbehörden nach Art. 53 Abs. 2, die Erklärung nach Art. 58 Abs. 1 Nr. 5, Entscheidungen nach Art. 63 Abs. 3, die Stellungnahme nach Art. 64 Abs. 1 Satz 2, das Widersprechen nach Art. 73 Abs. 1 Satz 3 und die Äußerung bei der Anhörung nach Art. 73 Abs. 2 Satz 4 der Bayerischen Bauordnung,
2. die Wahrnehmung der Aufgaben der Katastrophenschutzbehörde bei fehlender Verbindung zur Kreisverwaltungsbehörde nach Art. 2 Abs. 1 Satz 2 des Bayerischen Katastrophenschutzgesetzes,
3. die Unterstützung benachbarter Gemeinden bei unaufschiebbaren Vorkehrungen zur Abwendung von Wasser- und Eisgefahr nach Art. 66 Abs. 1 des Bayerischen Wassergesetzes,
4. die Aufstellung der Vorschlagslisten für Schöffen nach § 36 des Gerichtsverfassungsgesetzes,
5. die Wahrnehmung der Aufgaben der örtlichen Straßenverkehrsbehörde nach Art. 2 Nr. 1, Art. 3 des Gesetzes über Zuständigkeiten im Verkehrswesen,

6. die Vornahme des Sühneversuchs in Privatklageverfahren nach Art. 49 des Gesetzes zur Ausführung des Gerichtsverfassungsgesetzes und von Verfahrensgesetzen des Bundes,
7. die Durchführung des Zertifizierungsverfahrens sowie des Kontrollverfahrens für Hopfen und Hopfenerzeugnisse, die nicht der Zertifizierung unterliegen, und die amtliche Aufsicht in den Zertifizierungsstellen außerhalb der gemeindlichen Siegelhallen nach § 5 Nr. 3 der Verordnung über Zuständigkeiten zur Ausführung von Verordnungen der Europäischen Gemeinschaften im Geschäftsbereich des Bayerischen Staatsministeriums für Ernährung, Landwirtschaft, Forsten und Tourismus,
8. der Vollzug von Satzungen und Verordnungen des übertragenen Wirkungskreises,
9. die Entscheidung über Gastschulverhältnisse nach Art. 43 Abs. 1 des Bayerischen Gesetzes über das Erziehungs- und Unterrichtswesen,
10. die Anordnung von Ausnahmen von der Sperrzeit für einzelne Betriebe nach § 11 der Gaststättenverordnung.

§ 2

Diese Verordnung tritt am 1. Juni 1995 in Kraft. Gleichzeitig tritt die Verordnung über Aufgaben der Mitgliedsgemeinden von Verwaltungsgemeinschaften vom 25. September 1979 (BayRS 2020–2-1–1-I), zuletzt geändert durch Verordnung vom 24. August 1993 (GVBl S. 641), außer Kraft.

Verordnung über die Großen Kreisstädte (Große Kreisstädteverordnung – GrKrV)

In der Fassung der Bekanntmachung vom 25. März 1991
(GVBl. S. 123, BayRS 2020–1-1–3-I),
zuletzt geändert durch Verordnung vom 18. Februar 2025
(GVBl. S. 47)

§ 1 Große Kreisstädte

Es bestehen folgende Große Kreisstädte:

1. Bad Kissingen,
2. Bad Reichenhall,
3. Dachau,
4. Deggendorf,
5. Dillingen a.d.Donau,
6. Dinkelsbühl,
7. Donauwörth,
8. Eichstätt,
9. Erding,
10. Forchheim,
11. Freising,
12. Fürstenfeldbruck,
13. Germering,
14. Günzburg,
15. Kitzingen,
16. Kulmbach,
17. Landsberg am Lech,
18. Lindau (Bodensee),
19. Marktredwitz,

20. Neuburg a.d.Donau,
21. Neumarkt i.d.OPf.,
22. Neustadt b.Coburg,
23. Neu-Ulm,
24. Nördlingen,
25. Rothenburg ob der Tauber,
26. Schwandorf,
27. Selb,
28. Traunstein,
29. Weißenburg i.Bay.

§ 2 Aufgaben

Die Großen Kreisstädte erfüllen im übertragenen Wirkungskreis die sonst von den Landratsämtern wahrgenommenen Aufgaben

1. der unteren Bauaufsichtsbehörde,
2. der unteren Straßenverkehrsbehörde,
3. zum Vollzug
   a) des Gaststättengesetzes und der Bayerischen Gaststättenverordnung,
   b) der §§ 33a und 33i der Gewerbeordnung (GewO) sowie des § 15 Abs. 2 Satz 1 GewO, soweit sich diese Vorschrift auf Gewerbebetriebe bezieht, die den Vorschriften der §§ 33a und 33i GewO unterliegen,
   c) des Bestattungsgesetzes und der Bestattungsverordnung,
   d) des Art. 19 Abs. 3 und 5 des Landesstraf- und Verordnungsgesetzes,
   e) des Prostituiertenschutzgesetzes,

4. nach Art. 63 des Bayerischen Wassergesetzes (BayWG) in Verfahren
   a) über eine Erlaubnis nach § 10 in Verbindung mit § 15 des Wasserhaushaltsgesetzes (WHG) sowie den Art. 15 und 70 BayWG für das Einleiten von Abwasser aus Kleinkläranlagen mit einem Anfall häuslicher Abwässer bis zu 8 m^3 je Tag und von Niederschlagswasser, soweit die Einleitung nicht nach § 7 Abs. 1 in Verbindung mit § 10 Abs. 1 Nr. 4 des Abwasserabgabengesetzes abgabepfichtig ist,
   b) nach § 78 Abs. 5 WHG,
   c) nach den §§ 100 und 101 WHG sowie den Art. 58 und 61 BayWG in den Fällen der Buchst. a und b,
5. nach § 1 Abs. 3 Nr. 2 der Durchführungsverordnung Wohnungsrecht.

§ 3 Inkrafttreten

Diese Verordnung tritt am 1. Juli 1972 in Kraft.[1]

1 Diese Vorschrift betrifft das Inkrafttreten der Verordnung in der ursprünglichen Fassung vom 15. Juni 1972 (GVBl. S. 202). Der Zeitpunkt des Inkrafttretens der späteren Änderungen ergibt sich aus den jeweiligen Änderungsverordnungen.

Gesetz über die kommunale Zusammenarbeit (KommZG)

In der Fassung der Bekanntmachung vom 20. Juni 1994 (GVBl. S. 555, 1995 S. 98, BayRS 2020–6-1-I), zuletzt geändert durch § 4 des Gesetzes vom 23. Dezember 2025 (GVBl. S. 637)

Inhaltsübersicht

VIERTER TEIL
Zweckverbände

1. ABSCHNITT
Bildung und grundsätzliche Bestimmungen

2. ABSCHNITT
Verfassung und Verwaltung

F

3. ABSCHNITT
Verbandswirtschaft

4. ABSCHNITT
Änderung der Verbandssatzung und Auflösung

FÜNFTER TEIL
Gemeinsame Kommunalunternehmen

SECHSTER TEIL
Aufsicht und Rechtsbehelfe

1. ABSCHNITT
Aufsicht

F

ERSTER TEIL
Allgemeine Vorschriften

Art. 1 Anwendungsbereich

(1) Dieses Gesetz regelt die kommunale Zusammenarbeit von Gemeinden, Landkreisen und Bezirken. Verwaltungsgemeinschaften stehen für ihren Aufgabenbereich Gemeinden gleich; das gilt auch für die Eigentümer gemeindefreier Grundstücke, soweit sie öffentliche Aufgaben zu erfüllen haben, die im Gemeindegebiet der Gemeinde obliegen. Andere Körperschaften, Anstalten und Stiftungen des öffentlichen Rechts, ferner natürliche Personen und juristische Personen des Privatrechts können sich nur nach den Vorschriften dieses Gesetzes an der Zusammenarbeit beteiligen.

(2) Für die Beteiligung von Zweckverbänden an der kommunalen Zusammenarbeit gelten die gleichen Vorschriften wie für die ihnen angehörenden Gemeinden, Landkreise oder Bezirke. Für die Beteiligung selbstständiger Kommunalunternehmen des öffentlichen Rechts sind die für ihre Gewährträger geltenden Vorschriften maßgebend.

(3) Vorschriften anderer Gesetze über die kommunale Zusammenarbeit oder die gemeinsame Wahrnehmung von Aufgaben in privatrechtlicher Form bleiben unberührt. Auf Planungsverbände nach § 205 des Baugesetzbuchs sind unbeschadet des

§ 205 Abs. 2 bis 5 des Baugesetzbuchs die für die Zweckverbände geltenden Vorschriften dieses Gesetzes einschließlich des Art. 20 entsprechend anzuwenden.

(4) Dieses Gesetz ist nicht anzuwenden, wenn es gesetzlich ausgeschlossen ist, Aufgaben oder Befugnisse gemeinsam wahrzunehmen. Das Recht, Steuern zu erheben und eine eigene Polizei zu errichten, kann nicht übertragen werden.

Art. 2 Rechtsformen der kommunalen Zusammenarbeit

(1) Für die kommunale Zusammenarbeit können kommunale Arbeitsgemeinschaften gegründet, Zweckvereinbarungen geschlossen und Zweckverbände sowie gemeinsame Kommunalunternehmen gebildet werden.

(2) Durch kommunale Arbeitsgemeinschaften und Zweckvereinbarungen entstehen keine neuen Rechtspersönlichkeiten.

(3) Die Zweckverbände sind Körperschaften des öffentlichen Rechts. Sie verwalten ihre Angelegenheiten im Rahmen der Gesetze unter eigener Verantwortung.

(4) Gemeinsame Kommunalunternehmen sind selbstständige Unternehmen in der Rechtsform einer Anstalt des öffentlichen Rechts, die von mehreren kommunalen Gebietskörperschaften getragen werden.

Art. 3 Voraussetzungen der kommunalen Zusammenarbeit

(1) Gemeinden, Landkreise und Bezirke können nach den Vorschriften dieses Gesetzes zusammenarbeiten, um Aufgaben, zu deren Wahrnehmung sie berechtigt oder verpflichtet sind, gemeinsam zu erfüllen. Das gilt nicht für Gemeinden, die der gleichen Verwaltungsgemeinschaft angehören, wenn die Verwaltungsgemeinschaft die Aufgabe ebenso wirkungsvoll und wirtschaftlich erfüllen kann.

(2) Sieht dieses Gesetz eine Verpflichtung zur Zusammenarbeit vor (Art. 16 und 28), so kann sie nur zwischen

Gebietskörperschaften gleicher Art angeordnet werden, ferner zwischen kreisfreien und kreisangehörigen Gemeinden und zwischen Landkreisen und kreisfreien Gemeinden, wenn diese Gebietskörperschaften gleiche Pflichtaufgaben zu erfüllen haben.

ZWEITER TEIL
Kommunale Arbeitsgemeinschaften

F

Art. 4 Einfache Arbeitsgemeinschaften

(1) Gemeinden, Landkreise und Bezirke können durch öffentlich-rechtlichen Vertrag eine Arbeitsgemeinschaft bilden. An ihr können sich auch sonstige Körperschaften, Anstalten und Stiftungen des öffentlichen Rechts, ferner natürliche Personen und juristische Personen des Privatrechts beteiligen.

(2) Die Arbeitsgemeinschaft befasst sich mit Angelegenheiten, welche die an ihr Beteiligten gemeinsam berühren. Sie dient insbesondere dazu, Planungen der einzelnen Beteiligten und das Tätigwerden von Einrichtungen aufeinander abzustimmen, gemeinsame Flächennutzungspläne vorzubereiten und die gemeinsame wirtschaftliche und zweckmäßige Erfüllung der Aufgaben in einem größeren nachbarlichen Gebiet sicherzustellen.

(3) Durch die Beteiligung an einer Arbeitsgemeinschaft werden die Rechte und Pflichten der Beteiligten als Träger von Aufgaben und Befugnissen gegenüber Dritten nicht berührt.

(4) In dem öffentlich-rechtlichen Vertrag sind die Aufgaben der Arbeitsgemeinschaft und, soweit das erforderlich ist, die Geschäftsordnung und die Deckung des Finanzbedarfs zu regeln. Der Vertrag wird wirksam, sobald er von allen Beteiligten beschlossen und unterschrieben ist. In dem Vertrag kann ein anderer Zeitpunkt für sein Wirksamwerden bestimmt werden.

Art. 5 Besondere Arbeitsgemeinschaften

(1) Es kann vereinbart werden, dass die Beteiligten an Beschlüsse der Arbeitsgemeinschaft gebunden sind, wenn die zuständigen Organe aller Beteiligten diesen Beschlüssen zugestimmt haben. Ferner kann vereinbart werden, dass die Beteiligten an Beschlüsse über Angelegenheiten der Geschäftsführung und des Finanzbedarfs, Verfahrensfragen und den Erlass von Richtlinien für die Planung und Durchführung einzelner Aufgaben gebunden sind, wenn die Mehrheit der zuständigen Organe der beteiligten Gebietskörperschaften diesen Beschlüssen zugestimmt hat.

(2) Es kann vereinbart werden, dass die zuständigen Organe der Beteiligten verpflichtet sind, binnen drei Monaten über Anregungen der Arbeitsgemeinschaft zu beschließen; in der Vereinbarung kann eine andere Frist festgelegt werden.

Art. 6 Aufhebung und Kündigung besonderer Arbeitsgemeinschaften

(1) Wird eine besondere Arbeitsgemeinschaft aufgehoben, so hat eine Auseinandersetzung stattzufinden, soweit das erforderlich ist. Der Vertrag soll hierüber das Nähere bestimmen.

(2) Wird eine besondere Arbeitsgemeinschaft auf unbestimmte Zeit oder auf mehr als 20 Jahre gebildet, so ist in der Vereinbarung über ihre Bildung zu bestimmen, unter welchen Voraussetzungen, innerhalb welcher Frist und in welcher Form sie von den Beteiligten gekündigt werden kann (ordentliche Kündigung). Eine besondere Arbeitsgemeinschaft kann auch aus wichtigem Grund gekündigt werden (außerordentliche Kündigung).

DRITTER TEIL
Zweckvereinbarungen

Art. 7 Beteiligte und Aufgaben

(1) Gemeinden, Landkreise und Bezirke können durch öffentlich-rechtlichen Vertrag eine Zweckvereinbarung schließen.

(2) Auf Grund einer Zweckvereinbarung können die beteiligten Gebietskörperschaften einer von ihnen einzelne oder alle mit einem bestimmten Zweck zusammenhängenden Aufgaben übertragen; eine Gebietskörperschaft kann dabei insbesondere gestatten, dass die Übrigen eine von ihr betriebene Einrichtung mitbenutzen. Der Umfang der übertragenen Aufgaben soll im Verhältnis zum Umfang der entsprechenden eigenen Aufgaben der übernehmenden Gebietskörperschaft nachrangig sein.

F

(3) Auf Grund einer Zweckvereinbarung können die beteiligten Gebietskörperschaften einzelne oder alle mit einem bestimmten Zweck zusammenhängenden Aufgaben gemeinschaftlich durchführen und hierzu gemeinschaftliche Einrichtungen schaffen oder betreiben.

(4) In einer Zweckvereinbarung kann auch geregelt werden, dass eine Gebietskörperschaft den beteiligten anderen Gebietskörperschaften Dienstkräfte zur Erfüllung ihrer Aufgaben zeitanteilig zur Verfügung stellt.

(5) Ein Zweckverband kann eine Zweckvereinbarung abschließen, soweit das der Erfüllung der ihm von seinen Mitgliedern übertragenen Aufgaben dient. Darüber hinaus kann er mit Zustimmung einer Mehrheit von zwei Dritteln der satzungsmäßigen Stimmenzahl in der Verbandsversammlung durch eine Zweckvereinbarung Aufgaben anderer Gebietskörperschaften übernehmen, wenn

1. diese Aufgaben seinen Aufgaben gleichartig sind,
2. der Umfang der Aufgaben im Verhältnis zum Umfang der dem Zweckverband von seinen Mitgliedern übertragenen Aufgaben nachrangig ist,

3. die anderen Gebietskörperschaften sich in der Zweckvereinbarung das Recht zur Steuerung der Aufgabenerfüllung vorbehalten,
4. in der Zweckvereinbarung ein angemessener Kostenersatz vereinbart wird und
5. die Übernahme der Aufgaben dem öffentlichen Wohl entspricht, z.B. der Verwaltungsvereinfachung oder Kostensenkung im Rahmen nachbarschaftlicher Zusammenarbeit dient.

Art. 8 Übergang der Befugnisse

(1) Wird einer Gebietskörperschaft durch Zweckvereinbarung eine Aufgabe übertragen (Art. 7 Abs. 2), so gehen auch die zur Erfüllung dieser Aufgabe notwendigen Befugnisse auf sie über, es sei denn, dass in der Zweckvereinbarung ausdrücklich etwas anderes bestimmt wird.

(2) Die übrigen Beteiligten werden durch die Zweckvereinbarung von ihrer gesetzlichen Pflicht insoweit befreit, als gesetzliche Aufgaben auf eine andere Gebietskörperschaft übertragen werden oder Befugnisse auf sie übergehen.

(3) Im Fall des Art. 7 Abs. 3 verbleiben die Befugnisse bei den Beteiligten; sie können nicht gemeinschaftlich ausgeübt werden.

(4) Gebietskörperschaften, denen gemäß Art. 7 Abs. 4 Dienstkräfte zur Verfügung gestellt werden, können ihnen wie eigenen Bediensteten Befugnisse übertragen.

Art. 9

(aufgehoben)

Art. 10 Inhalt

(1) Die Zweckvereinbarung muss die Aufgaben aufführen, die einer der beteiligten Gebietskörperschaften übertragen oder die gemeinschaftlich durchgeführt werden sollen.

(2) Werden Aufgaben übertragen, so kann den übrigen Beteiligten durch die Zweckvereinbarung das Recht auf Anhörung oder Zustimmung in bestimmten Angelegenheiten eingeräumt werden.

(3) In der Zweckvereinbarung kann ein angemessener Kostenersatz für die Erfüllung der übertragenen Aufgaben vorgesehen werden; er darf höchstens so bemessen sein, dass der nach den Grundsätzen einer ordnungsgemäßen Wirtschaftsführung berechnete Aufwand gedeckt wird.

(4) Werden Aufgaben gemeinschaftlich durchgeführt, so muss die Zweckvereinbarung bestimmen, nach welchem Maßstab der Aufwand unter die Beteiligten verteilt wird.

Art. 11 Satzungs- und Verordnungsrecht

(1) Durch die Zweckvereinbarung kann der Gebietskörperschaft, auf die Aufgaben übergehen, das Recht übertragen werden, zur Erfüllung dieser Aufgaben Satzungen und Verordnungen auch für das Gebiet der übrigen Beteiligten zu erlassen. Bereits geltende Satzungen und Verordnungen der Gebietskörperschaft können auch durch die Zweckvereinbarung auf dieses Gebiet erstreckt werden, sie sind in der Zweckvereinbarung unter Angabe ihrer Fundstelle genau zu bezeichnen. Die übrigen Beteiligten haben in der für die Bekanntmachung ihrer Satzungen vorgesehenen Form auf die Veröffentlichung der Satzungen oder Verordnungen hinzuweisen.

(2) In den Fällen des Absatzes 1 kann in der Zweckvereinbarung bestimmt werden, dass die Gebietskörperschaft im Geltungsbereich der von ihr erlassenen Satzungen oder Verordnungen alle zu deren Durchführung erforderlichen Maßnahmen wie im eigenen Gebiet treffen kann.

Art. 12 Anzeige und Genehmigung

(1) Eine Zweckvereinbarung, nach der nur Aufgaben übertragen oder gemeinschaftlich durchgeführt werden, ist der Aufsichtsbehörde anzuzeigen.

(2) Eine Zweckvereinbarung, durch die eine beteiligte Gebietskörperschaft auch Befugnisse erhält, bedarf der Genehmigung der Aufsichtsbehörde. Die Genehmigung kann nur versagt werden, wenn dem Abschluss der Zweckvereinbarung Gründe des öffentlichen Wohls entgegenstehen, der Abschluss der Vereinbarung nicht zulässig ist oder die Vereinbarung den gesetzlichen Vorschriften nicht entspricht. Sollen durch die Zweckvereinbarung Angelegenheiten des übertragenen Wirkungskreises wahrgenommen werden, so entscheidet die Aufsichtsbehörde nach Anhörung der Fachaufsichtsbehörde über die Genehmigung nach pflichtgemäßem Ermessen. Äußert sich die Fachaufsichtsbehörde nicht binnen eines Monats nach Eingang der Anfrage, kann die Aufsichtsbehörde davon ausgehen, dass die von der Fachaufsichtsbehörde zu vertretenden Belange von der Zweckvereinbarung nicht berührt werden.

(3) Ist für die Durchführung einer Angelegenheit, zu deren Erfüllung eine Zweckvereinbarung abgeschlossen werden soll, eine besondere Genehmigung erforderlich, so kann die Vereinbarung nicht genehmigt werden, wenn zu erwarten ist, dass die besondere Genehmigung versagt wird.

Art. 13 Amtliche Bekanntmachung und Wirksamwerden

(1) Die Aufsichtsbehörde hat eine genehmigungspflichtige Zweckvereinbarung und ihre Genehmigung in ihrem Amtsblatt amtlich bekannt zu machen. Die Zweckvereinbarung wird am Tag nach der amtlichen Bekanntmachung wirksam.

(2) Teile einer genehmigungspflichtigen Zweckvereinbarung, die nur das Verhältnis der Beteiligten untereinander betreffen, ohne dass Rechte oder Pflichten Dritter berührt werden, brauchen nicht amtlich bekannt gemacht zu werden.

(3) Eine anzeigepflichtige Zweckvereinbarung wird ohne amtliche Bekanntmachung wirksam, sobald sie von allen Beteiligten beschlossen und unterschrieben ist.

(4) In der Zweckvereinbarung kann ein Zeitpunkt für ihr Wirksamwerden abweichend von Absatz 1 Satz 2 und Absatz 3 bestimmt werden.

Art. 14 Änderung, Aufhebung und Kündigung

(1) War die Zweckvereinbarung anzeigepflichtig, so ist auch ihre Änderung oder Aufhebung der Aufsichtsbehörde anzuzeigen.

(2) War die Zweckvereinbarung genehmigungspflichtig, so bedarf auch ihre Änderung oder Aufhebung der Genehmigung. Die Vorschriften des Art. 12 über die Genehmigung einer Zweckvereinbarung gelten entsprechend. Der Genehmigung zur Aufhebung oder zur Änderung auf Grund einer Kündigung können Gründe des öffentlichen Wohls nur entgegenstehen, wenn die Voraussetzungen für eine Pflichtvereinbarung vorliegen.

(3) Ist die Zweckvereinbarung nicht befristet oder auf mehr als 20 Jahre geschlossen, so muss sie bestimmen, unter welchen Voraussetzungen, innerhalb welcher Frist und in welcher Form sie von einem Beteiligten gekündigt werden kann (ordentliche Kündigung). Jede Zweckvereinbarung kann auch aus wichtigem Grund gekündigt werden (außerordentliche Kündigung).

(4) Wird eine Zweckvereinbarung aufgehoben, so hat eine Auseinandersetzung stattzufinden, soweit das erforderlich ist. Die Zweckvereinbarung soll hierüber das Nähere bestimmen.

(5) Wird die Zweckvereinbarung geändert oder aufgehoben, so gilt Art. 13 entsprechend.

Art. 15 Wegfall von Beteiligten

(1) Wird eine Gebietskörperschaft, die an einer Zweckvereinbarung beteiligt ist, in eine andere Gebietskörperschaft eingegliedert oder mit einer anderen zusammengeschlossen, so tritt die Gebietskörperschaft, in welche die an der Zweckvereinbarung beteiligte Körperschaft eingegliedert oder zu der sie zusammengeschlossen wird, an die Stelle der früheren. Das

Gleiche gilt, wenn eine Gebietskörperschaft auf mehrere andere aufgeteilt wird oder wenn ihre Aufgaben oder Befugnisse, die Gegenstand der Zweckvereinbarung sind, auf eine oder mehrere andere Gebietskörperschaften übergehen.

(2) Wenn Gründe des öffentlichen Wohls nicht entgegenstehen, kann jeder Beteiligte die Zweckvereinbarung bis zum Ablauf von drei Monaten nach dem Eintritt der neuen Körperschaft kündigen. Die Art. 13 und 14 Abs. 1 und 2 gelten entsprechend.

Art. 16 Pflichtvereinbarung

(1) Ist der Abschluss einer Zweckvereinbarung zur Erfüllung von Pflichtaufgaben einer Gebietskörperschaft aus zwingenden Gründen des öffentlichen Wohls geboten, so kann die Aufsichtsbehörde den beteiligten Gebietskörperschaften eine angemessene Frist setzen, die Zweckvereinbarung zu schließen.

(2) Kommt innerhalb der Frist die Zweckvereinbarung nicht zu Stande, so trifft die Aufsichtsbehörde eine Regelung, die wie eine Vereinbarung zwischen den Beteiligten gilt (Pflichtvereinbarung). Ehe die Aufsichtsbehörde hierüber entscheidet, muss sie den beteiligten Gebietskörperschaften Gelegenheit geben, ihre Auffassung darzulegen. Die Erörterung kann in einer gemeinsamen Besprechung nach Art. 9 Abs. 2 Satz 2 stattfinden.

(3) Die Art. 8, 10, 11 und 13 bis 15 gelten entsprechend. Die Pflichtvereinbarung kann jedoch von den Beteiligten nur mit Genehmigung der Aufsichtsbehörde geändert werden. Für die Genehmigung gelten Art. 12 Abs. 2 Sätze 2 und 3 und Abs. 3 entsprechend.

(4) Die Beteiligten können eine Pflichtvereinbarung nicht von sich aus aufheben. Sind die Gründe für eine Pflichtvereinbarung weggefallen, so hat die Aufsichtsbehörde das den Beteiligten mitzuteilen. Die Pflichtvereinbarung gilt in diesem Fall als einfache Zweckvereinbarung weiter; sie kann von jedem Beteiligten innerhalb einer Frist von sechs Monaten seit dem Zugang der Mitteilung gekündigt werden.

VIERTER TEIL
Zweckverbände

1. ABSCHNITT
Bildung und grundsätzliche Bestimmungen

Art. 17 Beteiligte und Aufgaben

F

(1) Gemeinden, Landkreise und Bezirke können sich zu einem Zweckverband (Freiverband) zusammenschließen und ihm einzelne Aufgaben oder alle mit einem bestimmten Zweck zusammenhängenden Aufgaben übertragen.

(2) Neben einer der in Absatz 1 genannten Gebietskörperschaften können auch andere Körperschaften, Anstalten und Stiftungen des öffentlichen Rechts Mitglieder eines Zweckverbands sein, wenn nicht die für sie geltenden besonderen Vorschriften die Beteiligung ausschließen. Ebenso können natürliche Personen und juristische Personen des Privatrechts Mitglieder eines Zweckverbands sein, wenn die Erfüllung der Verbandsaufgaben dadurch gefördert wird und Gründe des öffentlichen Wohls nicht entgegenstehen.

(3) Die Mitgliedschaft einer Gemeinde oder eines Gemeindeverbands außerhalb des Freistaates Bayern oder einer sonstigen nicht der Aufsicht des Freistaates Bayern unterstehenden Körperschaft, Anstalt oder Stiftung des öffentlichen Rechts in einem Zweckverband, der innerhalb des Freistaates Bayern seinen Sitz hat, bedarf der Genehmigung des Staatsministeriums des Innern, für Sport und Integration. Das Gleiche gilt, wenn eine Gemeinde, ein Landkreis, ein Bezirk oder eine sonstige der Aufsicht des Freistaates Bayern unterstehende Körperschaft, Anstalt oder Stiftung des öffentlichen Rechts in einem Zweckverband Mitglied werden will, der seinen Sitz außerhalb des Freistaates Bayern hat.

Art. 18 Bildung des Zweckverbands

Die Rechtsverhältnisse des Zweckverbands werden im Rahmen dieses Gesetzes durch eine von den Beteiligten zu vereinbarende Verbandssatzung geregelt.

Art. 19 Inhalt der Verbandssatzung

(1) Die Verbandssatzung muss enthalten

1. den Namen und den Sitz des Zweckverbands,
2. die Verbandsmitglieder und den räumlichen Wirkungsbereich des Zweckverbands,
3. die Aufgaben des Zweckverbands,
4. die Sitz- und Stimmenverteilung in der Verbandsversammlung,
5. den Maßstab, nach dem die Verbandsmitglieder zur Deckung des Finanzbedarfs des Zweckverbands beizutragen haben (Umlegungsschlüssel).

(2) Die Verbandssatzung kann darüber hinaus weitere Vorschriften enthalten über

1. die Verfassung und Verwaltung,
2. die Verbandswirtschaft,
3. die Abwicklung im Fall der Auflösung des Zweckverbands,
4. die Schlichtung von Streitigkeiten durch ein besonderes Schiedsverfahren,
5. sonstige Rechtsverhältnisse des Zweckverbands, soweit dieses Gesetz keine Vorschriften enthält oder die Regelung in der Verbandssatzung zulässt.

Art. 20 Genehmigung der Verbandssatzung

(1) Die Verbandssatzung bedarf der Genehmigung der Aufsichtsbehörde. Die Genehmigung kann nur versagt werden, wenn der Bildung des Zweckverbands Gründe des öffentlichen Wohls entgegenstehen, die Bildung des Verbands unzulässig ist oder die Satzung den gesetzlichen Vorschriften nicht entspricht.

Sollen durch den Zweckverband Aufgaben des übertragenen Wirkungskreises wahrgenommen werden, so entscheidet die Aufsichtsbehörde nach Anhörung der Fachaufsichtsbehörde über die Genehmigung nach pflichtgemäßem Ermessen. Äußert sich die Fachaufsichtsbehörde nicht binnen eines Monats nach Eingang der Anfrage, kann die Aufsichtsbehörde davon ausgehen, dass die von der Fachaufsichtsbehörde zu vertretenden Belange von der Bildung des Zweckverbands nicht berührt werden.

(2) Ist für die Übernahme oder Durchführung einer Aufgabe, für die der Zweckverband gebildet werden soll, eine besondere Genehmigung erforderlich, so kann die Verbandssatzung nicht genehmigt werden, wenn zu erwarten ist, dass die besondere Genehmigung versagt wird.

Art. 21 Amtliche Bekanntmachung der Verbandssatzung, Zeitpunkt des Entstehens des Zweckverbands

(1) Die Aufsichtsbehörde hat die Verbandssatzung und ihre Genehmigung in ihrem Amtsblatt amtlich bekannt zu machen. Der Zweckverband entsteht am Tag nach dieser Bekanntmachung, wenn nicht in der Verbandssatzung ein späterer Zeitpunkt bestimmt ist. Nach der ordnungsgemäßen Bekanntmachung können Rechtsverstöße bei der Gründung des Zweckverbands nur mit Wirkung für die Zukunft geltend gemacht werden.

(2) Verbandsmitglieder, die Gebietskörperschaften sind, sollen in der für die Bekanntmachung ihrer Satzungen vorgesehenen Form auf die Veröffentlichung nach Absatz 1 Satz 1 hinweisen.

Art. 22 Übergang von Aufgaben und Befugnissen, Satzungs- und Verordnungsrecht

(1) Das Recht und die Pflicht der Verbandsmitglieder, die dem Zweckverband übertragenen Aufgaben zu erfüllen und

die dazu notwendigen Befugnisse auszuüben, gehen auf den Zweckverband über.

(2) Der Zweckverband kann an Stelle der Verbandsmitglieder Satzungen und Verordnungen für das übertragene Aufgabengebiet erlassen.

(3) Die Verbandssatzung kann den Übergang einzelner Befugnisse und das Recht, Satzungen und Verordnungen zu erlassen, ausschließen; das gilt nicht, wenn der Übergang nach der Natur der übertragenen Aufgaben zwingend erforderlich ist.

(4) Hat der Zweckverband nach den ihm in der Verbandssatzung übertragenen Aufgaben an Stelle der Verbandsmitglieder deren Beteiligung an Unternehmen oder deren Mitgliedschaft an Verbänden zu übernehmen, so sind die einzelnen Verbandsmitglieder zu den entsprechenden Rechtsgeschäften und Verwaltungsmaßnahmen verpflichtet.

Art. 23 Dienstherrneigenschaft

(1) Den Zweckverbänden steht das Recht zu, Dienstherr von Beamtinnen und Beamten zu sein, wenn ihnen nur Körperschaften, Anstalten und Stiftungen des öffentlichen Rechts angehören, die selbst Dienstherrneigenschaft besitzen. Anderen Zweckverbänden kann das Recht, Dienstherr von Beamtinnen und Beamten zu sein, mit Genehmigung der Aufsichtsbehörde durch die Verbandssatzung verliehen werden.

(2) Gehen Aufgaben eines Zweckverbands wegen Auflösung oder aus anderen Gründen ganz oder teilweise auf andere juristische Personen des öffentlichen Rechts mit Dienstherrnfähigkeit über, so gelten für die Übernahme und die Rechtsstellung der Beamtinnen und Beamten sowie Versorgungsempfängerinnen und Versorgungsempfänger des Zweckverbands Art. 51 bis 54 und 69 des Bayerischen Beamtengesetzes, bei länderübergreifendem Aufgabenübergang §§ 16 bis 19 des Beamtenstatusgesetzes. Die Verbandssatzung eines Zweckverbands, der Dienstherr von Beamtinnen und Beamten werden soll, muss Bestimmungen darüber enthalten, wer die Beamtinnen und Beamten sowie

Versorgungsempfängerinnen und Versorgungsempfänger zu übernehmen hat, wenn der Zweckverband aufgelöst wird, ohne dass seine bisherigen Aufgaben auf andere juristische Personen des öffentlichen Rechts mit Dienstherrnfähigkeit übergehen.

Art. 24 Amtliche Bekanntmachung von Satzungen und Verordnungen des Zweckverbands

F

(1) Der Zweckverband macht seine Satzungen und Verordnungen in seinem Amtsblatt amtlich bekannt. Unterhält er kein eigenes Amtsblatt, werden die Satzungen und Verordnungen im Amtsblatt des Landratsamts oder des Landkreises oder den Amtsblättern aller Beteiligten, wenn sich der räumliche Wirkungskreis des Zweckverbands über den Landkreis hinaus erstreckt, im Amtsblatt der Aufsichtsbehörde oder den Amtsblättern aller Beteiligten bekannt gemacht.

(2) Verbandsmitglieder, die Gebietskörperschaften sind, sollen in der für die Bekanntmachung ihrer Satzungen vorgesehenen Form auf die Veröffentlichung nach Absatz 1 hinweisen.

Art. 25 Wappenführung

Der Zweckverband führt weder Fahne noch eigenes Wappen. Mit Zustimmung eines Verbandsmitglieds kann er dessen Wappen führen. Die Führung des kleinen Staatswappens regelt sich nach den hierfür geltenden besonderen Vorschriften.

Art. 26 Anzuwendende Vorschriften

(1) Soweit nicht dieses Gesetz oder in seinem Rahmen die Verbandssatzung besondere Vorschriften enthalten, sind auf den Zweckverband die für Gemeinden geltenden Vorschriften entsprechend anzuwenden. Gehören einem Zweckverband als kommunale Gebietskörperschaft nur Landkreise oder nur Landkreise und Bezirke an, so sind die für Landkreise, gehören ihm nur Bezirke an, so sind die für Bezirke geltenden Vorschriften entsprechend anzuwenden. Die Verbandssatzung kann mit

Genehmigung der Aufsichtsbehörde vorschreiben, dass abweichend von den Sätzen 1 und 2 die Vorschriften entsprechend anzuwenden sind, die für andere dem Zweckverband angehörende Gebietskörperschaften gelten.

(2) In Satzungen des Zweckverbands können Zuwiderhandlungen als Ordnungswidrigkeiten mit Geldbuße bedroht werden, soweit das nach den Vorschriften, die gemäß Absatz 1 entsprechend anwendbar sind, zulässig ist (bewehrte Satzungen).

(3) Für die Voraussetzungen und das Verfahren zum Erlass von Verordnungen, deren Übertretung mit Strafe oder als Ordnungswidrigkeit mit Geldbuße bedroht ist, gelten die Vorschriften des Landesstraf- und Verordnungsgesetzes entsprechend; Art. 24 bleibt unberührt.

(4) Verordnungen, zu deren Erlass die Zweckverbände ermächtigt sind, werden von der Verbandsversammlung, dringliche Verordnungen vom Verbandsvorsitzenden, als Verbandsverordnung erlassen.

Art. 27 Ausgleich

(1) Neben der Verbandssatzung können die Beteiligten Abmachungen über den Ausgleich von Vorteilen und Nachteilen treffen, die sich aus der Bildung des Zweckverbands ergeben. Entsprechendes gilt für den Ausgleich von Vor- und Nachteilen aus der Tätigkeit des Zweckverbands, wenn eine Regelung in der Verbandssatzung oder durch die Festsetzung der Verbandsumlage nicht möglich oder nicht zweckmäßig ist. Die Abmachungen sind der Aufsichtsbehörde anzuzeigen.

(2) Auf Antrag sämtlicher Beteiligter, für die ein Ausgleich in Betracht kommt, regelt die Aufsichtsbehörde diesen Ausgleich. Für einen Pflichtverband kann die Aufsichtsbehörde den Ausgleich auch dann regeln, wenn sie einen solchen für erforderlich hält und die betroffenen Beteiligten sich nicht innerhalb einer von der Aufsichtsbehörde gesetzten angemessenen Frist einigen.

Art. 28 Pflichtverband

(1) Ist die Bildung eines Zweckverbands zur Erfüllung von Pflichtaufgaben einer Gebietskörperschaft aus zwingenden Gründen des öffentlichen Wohls geboten, so kann die Aufsichtsbehörde den Beteiligten eine angemessene Frist setzen, den Zweckverband zu bilden.

(2) Kommt innerhalb der Frist der Zweckverband nicht zu Stande, so bildet ihn die Aufsichtsbehörde dadurch, dass sie die Verbandssatzung erlässt (Pflichtverband). Ehe die Aufsichtsbehörde hierüber entscheidet, muss sie den beteiligten Gebietskörperschaften Gelegenheit geben, ihre Auffassung zur Bildung des Zweckverbands und zur Verbandssatzung darzulegen; die Erörterung kann in einer gemeinsamen Besprechung nach Art. 18 Abs. 3 Satz 2 stattfinden. Art. 21 gilt entsprechend.

(3) Die Absätze 1 und 2 gelten entsprechend, wenn aus den in Absatz 1 genannten Gründen eine weitere Gebietskörperschaft an einen bestehenden Zweckverband angeschlossen werden muss.

(4) Die Vorschriften über den Inhalt der Verbandssatzung (Art. 19) gelten auch für Pflichtverbände. Soweit erforderlich, muss die Verbandssatzung die Ausstattung des Zweckverbands mit Dienstkräften regeln.

2. ABSCHNITT
Verfassung und Verwaltung

Art. 29 Organe

Notwendige Organe des Zweckverbands sind die Verbandsversammlung und die Person, die den Verbandsvorsitz führt (Verbandsvorsitzende oder Verbandsvorsitzender). Die Verbandssatzung kann regeln, ob und wie ein Verbandsausschuss, weitere beschließende Ausschüsse und ein Ferienausschuss gebildet werden.

Art. 30 Rechtsstellung der Verbandsvorsitzenden sowie der übrigen Verbandsrätinnen und Verbandsräte

(1) Die oder der Verbandsvorsitzende, ihre Stellvertretung und die übrigen Mitglieder der Verbandsversammlung (Verbandsrätinnen und Verbandsräte) sind ehrenamtlich tätig.

(2) Der Zweckverband entschädigt die Verbandsrätinnen und Verbandsräte entsprechend den Vorschriften der Gemeindeordnung (GO) über die Entschädigung ehrenamtlich tätiger Gemeindebürgerinnen und Gemeindebürger. Verbandsrätinnen und Verbandsräte gemäß Art. 31 Abs. 2 Satz 1 haben, soweit sie nicht Verbandsvorsitzende, Ausschussvorsitzende oder deren Stellvertreter sind, nur Anspruch auf Ersatz ihrer Auslagen. Art. 20a Abs. 4 der GO gilt entsprechend; er gilt nicht für Verbandsrätinnen und Verbandsräte kraft Amts, die kommunale Wahlbeamtinnen oder kommunale Wahlbeamte auf Zeit sind; für sie gelten die Ablieferungsregelungen nach dem beamtenrechtlichen Nebentätigkeitsrecht.

(3) Die wählbaren Bürgerinnen und Bürger jener Gemeinden, Landkreise und Bezirke, die Verbandsmitglieder sind, können die Übernahme oder die weitere Ausübung des Amts einer Verbandsrätin oder eines Verbandsrats nur aus wichtigen Gründen ablehnen. Als wichtiger Grund ist es insbesondere anzusehen, wenn die Verpfichteten durch ihr Alter, ihre Berufs- oder Familienverhältnisse, ihren Gesundheitszustand oder sonstige in ihrer Person liegende Umstände an der Übernahme oder weiteren Ausübung des Amts verhindert sind. Ob ein wichtiger Grund vorliegt, entscheidet die Gebietskörperschaft, die die Verbandsrätin oder den Verbandsrat bestellt.

(4) [1]Verbandsrätinnen und Verbandsräte können nicht sein:

1. Beamtinnen und Beamte sowie Arbeitnehmerinnen und Arbeitnehmer des Zweckverbands,

---

1 Red. Anm.: Zur Anwendung beachte § 8 Abs. 4 des Gesetzes vom 16. Februar 2012 (GVBl. S. 30).

F

2. leitende Beamtinnen und Beamte sowie leitende Arbeitnehmerinnen und Arbeitnehmer von juristischen Personen oder sonstigen Organisationen des öffentlichen oder privaten Rechts, an denen der Zweckverband mit mehr als 50 % beteiligt ist; eine Beteiligung am Stimmrecht genügt,
3. Beamtinnen und Beamte sowie Arbeitnehmerinnen und Arbeitnehmer der Aufsichtsbehörde, die unmittelbar mit Aufgaben der Aufsicht über Zweckverbände befasst sind, ausgenommen die für die Stellvertretung der Landrätin oder des Landrats gewählte Person.

Als Arbeitnehmerin oder Arbeitnehmer im Sinn des Satzes 1 gilt nicht, wer überwiegend körperliche Arbeit verrichtet. Satz 1 ist nicht anzuwenden, wenn Beamtinnen oder Beamte während der Dauer des Ehrenamts ohne Dienstbezüge beurlaubt sind, im Rahmen von Altersteilzeit im Blockmodell vollständig vom Dienst freigestellt sind oder wenn ihre Rechte und Pflichten aus dem Dienstverhältnis wegen der Wahl in eine gesetzgebende Körperschaft ruhen; das gilt für Arbeitnehmerinnen und Arbeitnehmer entsprechend.

Art. 31 Zusammensetzung der Verbandsversammlung

(1) Die Verbandsversammlung besteht aus der oder dem Verbandsvorsitzenden sowie den übrigen Verbandsrätinnen und Verbandsräten. Jedes Verbandsmitglied entsendet mindestens eine Verbandsrätin oder einen Verbandsrat in die Verbandsversammlung. Die Verbandssatzung kann bestimmen, dass einzelne oder alle Verbandsmitglieder mehrere Vertreter in die Verbandsversammlung entsenden oder dass die Vertreter einzelner Verbandsmitglieder ein mehrfaches Stimmrecht haben; außerdem kann bestimmt werden, dass die Stimmen mehrerer Vertreter eines Verbandsmitglieds nur einheitlich abgegeben werden können. Sind natürliche Personen oder juristische Personen des Privatrechts Verbandsmitglieder, so dürfen ihre Stimmen insgesamt zwei Fünftel der in der Verbandssatzung festgelegten Stimmenzahl nicht erreichen; dies gilt nicht für juristische Personen

des Privatrechts, deren Kapital sich ganz oder überwiegend in öffentlicher Hand befindet. Die Vertretung einer kommunalen Gebietskörperschaft in der Verbandsversammlung soll in einem angemessenen Verhältnis zu ihrem Anteil an der gemeinsamen Erfüllung der Aufgaben stehen.

(2) Eine Gemeinde wird in der Verbandsversammlung durch die erste Bürgermeisterin oder den ersten Bürgermeister, ein Landkreis durch die Landrätin oder den Landrat, ein Bezirk durch die Bezirkstagspräsidentin oder den Bezirkstagspräsidenten kraft Amts vertreten. Mit Zustimmung der in Satz 1 Genannten und ihrer gewählten Stellvertretung kann eine beteiligte Gebietskörperschaft andere Personen als ihre Vertreter bestellen. Die weiteren Vertreter einer Gebietskörperschaft in der Verbandsversammlung werden durch die Beschlussorgane der Gebietskörperschaften bestellt.

(3) Die Verbandsrätinnen und Verbandsräte kraft Amts werden im Fall ihrer Verhinderung durch ihre Stellvertretungen vertreten; mit deren Zustimmung können die Gebietskörperschaften auch andere Vertreter bestellen. Für die anderen Verbandsrätinnen und Verbandsräte bestellen die entsendenden Verbandsmitglieder jeweils Stellvertretungen. Verbandsrätinnen und Verbandsräte können sich nicht untereinander vertreten.

(4) Die Amtszeit der bestellten Verbandsrätinnen und Verbandsräte sowie Stellvertretungen dauert sechs Jahre. Abweichend hiervon endet sie

1. bei Mitgliedern der Vertretungskörperschaft eines Verbandsmitglieds mit dem Ende der Wahlzeit oder dem vorzeitigen Ausscheiden aus der Vertretungskörperschaft,
2. bei berufsmäßigen Gemeinderatsmitgliedern mit der Beendigung des Beamtenverhältnisses.

Die Verbandsrätinnen und Verbandsräte sowie ihre Stellvertretungen üben ihr Amt bis zum Amtsantritt der neuen Verbandsrätinnen und Verbandsräte weiter aus.

Art. 32 Einberufung der Verbandsversammlung, Öffentlichkeit

(1) Die Verbandsversammlung wird durch die Verbandsvorsitzende oder den Verbandsvorsitzenden schriftlich oder elektronisch einberufen. Ist noch keine Verbandsvorsitzende oder kein Verbandsvorsitzender gewählt oder durch die Verbandssatzung bestimmt und enthält die Verbandssatzung keine Regelung über die Einberufung in diesem Fall, beruft die Aufsichtsbehörde die Verbandsversammlung schriftlich oder elektronisch ein. Die Einladung muss Tagungszeit und -ort und die Beratungsgegenstände angeben und den Verbandsrätinnen und Verbandsräten spätestens eine Woche vor der Sitzung zugehen. In dringenden Fällen kann die oder der Verbandsvorsitzende die Frist bis auf 24 Stunden abkürzen.

F

(2) Die Verbandsversammlung ist jährlich mindestens einmal einzuberufen. Sie muss außerdem einberufen werden, wenn es ein Drittel der Verbandsrätinnen und Verbandsräte unter Angabe der Beratungsgegenstände beantragt. Die Verbandssatzung kann den Antrag einer anderen Zahl von Verbandsrätinnen und Verbandsräten oder weitere Antragsberechtigte vorsehen.

(3) Die Vertreter der Aufsichtsbehörden haben das Recht, an der Verbandsversammlung teilzunehmen. Auf Antrag ist ihnen das Wort zu erteilen.

(4) Die Vorschriften der Gemeindeordnung über die Öffentlichkeit gelten entsprechend, soweit nicht nach Maßgabe von Art. 26 Abs. 1 Sätze 2 und 3 die Vorschriften für die Landkreise oder die Bezirke anzuwenden sind.

Art. 33 Beschlüsse und Wahlen in der Verbandsversammlung

(1) Die Verbandsversammlung ist beschlussfähig, wenn sämtliche Verbandsrätinnen und Verbandsräte ordnungsgemäß geladen sind und die anwesenden stimmberechtigten Verbandsrätinnen und Verbandsräte die Mehrheit der von der Verbandssatzung vorgesehenen Stimmenzahl erreichen. Dabei dürfen die

Stimmen von Verbandsmitgliedern gemäß Art. 31 Abs. 1 Satz 4 nicht überwiegen. Wird die Verbandsversammlung wegen Beschlussunfähigkeit, die nicht auf der persönlichen Beteiligung der Mehrheit der Verbandsrätinnen und Verbandsräte beruht, innerhalb von vier Wochen zum zweiten Mal zur Verhandlung über denselben Gegenstand einberufen, so ist sie, unbeschadet des Satzes 2, ohne Rücksicht auf die Zahl der Erschienenen beschlussfähig; auf diese Folge ist in der zweiten Einladung ausdrücklich hinzuweisen.

(2) Beschlüsse werden mit einfacher Stimmenmehrheit gefasst, soweit das Gesetz oder die Verbandssatzung nicht etwas anderes vorschreibt. Bei Stimmengleichheit ist der Antrag abgelehnt. Es wird offen abgestimmt. Die Verbandsmitglieder können ihre Verbandsrätinnen und Verbandsräte anweisen, wie sie in der Verbandsversammlung abzustimmen haben. Die Abstimmung entgegen der Weisung berührt die Gültigkeit des Beschlusses der Verbandsversammlung nicht.

(3) Für Wahlen gilt Absatz 1 entsprechend. Es wird geheim abgestimmt. Gewählt ist, wer mehr als die Hälfte der abgegebenen gültigen Stimmen erhält. Wird die Mehrheit im ersten Wahlgang nicht erreicht, so findet Stichwahl unter den beiden Personen mit den höchsten Stimmenzahlen statt. Bei Stimmengleichheit in der Stichwahl entscheidet das Los. Haben im ersten Wahlgang drei oder mehr sich bewerbende Personen die gleiche Anzahl von Stimmen erhalten, so entscheidet das Los, welche Bewerberinnen oder Bewerber in die Stichwahl kommen. Hat eine Bewerberin oder ein Bewerber die höchste, zwei oder mehr sich bewerbende Personen die gleiche nächsthöhere Stimmenzahl erhalten, so entscheidet das Los, wer von diesen in die Stichwahl mit der Person mit der höchsten Stimmenzahl kommt.

(4) Die Vorschriften der Gemeindeordnung über den Ausschluss wegen persönlicher Beteiligung sind entsprechend anzuwenden. Sie gelten nicht für die Teilnahme von Verbandsrätinnen und Verbandsräten an der Beratung und Abstimmung bei Beschlüssen, die einem Verbandsmitglied einen unmittelbaren Vor- oder Nachteil bringen können.

Art. 33a Sitzungsteilnahme durch Ton-Bild-Übertragung

(1) Verbandsrätinnen und Verbandsräte können an den Sitzungen der Verbandsversammlung mittels Ton-Bild-Übertragung teilnehmen, soweit dies in der Verbandssatzung zugelassen wird. Der Beschluss bedarf einer Zweidrittelmehrheit der abgegebenen Stimmen. Zugeschaltete Verbandsrätinnen und Verbandsräte gelten in diesem Fall als anwesend im Sinn von Art. 33 Abs. 1 Satz 1. In der Verbandssatzung kann die Anzahl der in einer Sitzung zuschaltbaren Verbandsrätinnen und Verbandsräte zahlen- oder quotenmäßig begrenzt werden. Sie kann die Zuschaltmöglichkeit auch von weiteren Voraussetzungen abhängig machen, insbesondere von einer Verhinderung der Teilnahme im Sitzungssaal. Bei einer Zuschaltung mittels Ton-Bild-Übertragung ist eine Teilnahme an Wahlen nicht möglich.

(2) Die Möglichkeit einer Sitzungsteilnahme mittels Ton-Bild-Übertragung ist ausgeschlossen, soweit die Sitzung als solche oder Beratungsgegenstände geheim zu halten sind oder nach den zu beachtenden Verwaltungsvorschriften und Richtlinien der Geheimhaltung unterliegen. Art. 56a Abs. 1 Satz 1 und Abs. 2 GO gilt entsprechend.

(3) Die oder der Verbandsvorsitzende und die Verbandsrätinnen und Verbandsräte müssen sich in der Sitzung gegenseitig optisch und akustisch wahrnehmen können. In öffentlichen Sitzungen müssen per Ton-Bild-Übertragung teilnehmende Verbandsrätinnen und Verbandsräte zudem für die im Sitzungssaal anwesende Öffentlichkeit entsprechend wahrnehmbar sein. Für die Zwecke der Sätze 1 und 2 ist die Übertragung von Bild und Ton der an der Sitzung teilnehmenden Personen unabhängig davon zulässig, ob sie in die Übertragung einwilligen.

(4) Der Zweckverband hat dafür Sorge zu tragen, dass in seinem Verantwortungsbereich die technischen Voraussetzungen für eine Zuschaltung mittels Ton-Bild-Übertragung während der Sitzung durchgehend bestehen. Ist dies nicht der Fall oder steht nicht fest, ob eine Nichtzuschaltung in den Verantwortungsbereich des Zweckverbands oder einer Verbandsrätin oder eines Verbandsrats fällt, darf die Sitzung nicht beginnen oder ist sie

unverzüglich zu unterbrechen. Ein Verstoß ist unbeachtlich, falls die zunächst nicht zugeschalteten Verbandsrätinnen und Verbandsräte rügelos an der Beschlussfassung teilnehmen. Kommt eine Zuschaltung aus Gründen, die nicht im Verantwortungsbereich des Zweckverbands liegen, nicht zu Stande oder wird sie unterbrochen, hat dies keine Auswirkung auf die Wirksamkeit eines ohne die betroffenen Verbandsrätinnen und Verbandsräte gefassten Beschlusses. Soweit sich ein Zweckverband darauf beschränkt, die Plattform zur audiovisuellen Zuschaltung zur Verfügung zu stellen, und entweder mindestens eine Verbandsrätin oder ein Verbandsrat zugeschaltet ist oder ein Test bestätigt, dass eine Zuschaltmöglichkeit besteht, wird vermutet, dass der Grund für eine Nichtzuschaltung einer Verbandsrätin oder eines Verbandsrats nicht im Verantwortungsbereich des Zweckverbands liegt. Gleiches gilt, falls der Zweckverband einer insbesondere durch die Bereitstellung und Betreuung der technischen Mittel für die Verbandsrätinnen und Verbandsräte erweiterten Verantwortung belegbar nachgekommen ist.

(5) Lässt die Zweckverbandssatzung eine Zuschaltung mittels Ton-Bild-Übertragung bei nichtöffentlichen Sitzungen zu, haben die zugeschalteten Verbandsrätinnen und Verbandsräte dafür Sorge zu tragen, dass die Übertragung in ihrem Verantwortungsbereich nur von ihnen wahrgenommen werden kann. Art. 20 Abs. 4 Satz 1 GO gilt entsprechend.

Art. 34 Zuständigkeit der Verbandsversammlung

(1) Die Aufgaben des Zweckverbands werden von der Verbandsversammlung wahrgenommen, soweit nicht nach diesem Gesetz, der Verbandssatzung oder besonderen Beschlüssen der Verbandsversammlung die oder der Verbandsvorsitzende, der Verbandsausschuss, ein anderer beschließender Ausschuss, ein Ferienausschuss oder ein Geschäftsleiter selbstständig entscheidet.

(2) Folgende Angelegenheiten können nicht auf die Verbandsvorsitzende oder den Verbandsvorsitzenden, den

Verbandsausschuss, einen anderen beschließenden Ausschuss oder einen Geschäftsleiter übertragen werden:

1. die Entscheidung über die Errichtung und die wesentliche Erweiterung der den Verbandsaufgaben dienenden Einrichtungen,
2. die Beschlussfassung über den Erlass, die Änderung oder die Aufhebung von Satzungen und Verordnungen,
3. die Beschlussfassung über die Haushaltssatzung, die Nachtragshaushaltssatzungen und die Aufnahme von zusätzlichen Krediten während der vorläufigen Haushaltsführung,
4. die Beschlussfassung über den Finanzplan,
5. die Feststellung der Jahresrechnung oder des Jahresabschlusses und die Entlastung,
6. die Wahl der oder des Verbandsvorsitzenden und ihrer Stellvertretung, die Bestellung der Mitglieder des Verbandsausschusses und die Festsetzung von Entschädigungen,
7. die Bildung, Besetzung und Auflösung weiterer Ausschüsse,
8. der Erlass, die Änderung oder die Aufhebung der Geschäftsordnung für die Verbandsversammlung,
9. der Erlass, die Änderung oder die Aufhebung der Betriebssatzung für einen Eigenbetrieb oder der Unternehmenssatzung für ein Kommunalunternehmen des Zweckverbands,
10. die Entscheidung über die unmittelbare oder mittelbare Beteiligung sowie die Veräußerung einer solchen Beteiligung eines Zweckverbands an einem Unternehmen in Privatrechtsform,
11. die Beschlussfassung über die Änderung der Verbandssatzung, die Auflösung des Zweckverbands und die Bestellung von Abwicklern.

(3) Soweit in der Verbandssatzung nichts anderes geregelt ist, gilt für die Bildung von Ferienausschüssen Art. 32 Abs. 4 GO entsprechend. Art. 29 Satz 2 bleibt unberührt.

Art. 34a

(aufgehoben)

Art. 35 Wahl der Verbandsvorsitzenden

(1) Die oder der Verbandsvorsitzende und ihre Stellvertretung werden von der Verbandsversammlung aus ihrer Mitte nach Art. 33 Abs. 3 gewählt; die Verbandsversammlung kann eine weitere Stellvertretung wählen. Die oder der Verbandsvorsitzende soll gesetzlicher Vertreter einer Gemeinde oder eines Landkreises oder Bezirkstagspräsidentin oder Bezirkstagspräsident eines Bezirks sein, die dem Zweckverband angehören.

(2) Die oder der Verbandsvorsitzende und ihre Stellvertretung werden auf die Dauer von sechs Jahren, sind sie Inhaber eines kommunalen Wahlamts eines Verbandsmitglieds, auf die Dauer dieses Amts gewählt. Sie üben ihr Amt nach Ablauf der Zeit, für die sie gewählt sind, bis zum Amtsantritt der oder des neugewählten Verbandsvorsitzenden weiter aus.

(3) Die Verbandssatzung kann von den Vorschriften der Absätze 1 und 2 abweichen.

Art. 36 Zuständigkeit der Verbandsvorsitzenden

(1) Die oder der Verbandsvorsitzende vertritt den Zweckverband nach außen. Der Umfang der Vertretungsmacht ist auf ihre Befugnisse beschränkt. Sie oder er bereitet die Beratungsgegenstände der Verbandsversammlung vor und führt in ihr den Vorsitz.

(2) Die oder der Verbandsvorsitzende vollzieht ferner die Beschlüsse der Verbandsversammlung und erledigt in eigener Zuständigkeit alle Angelegenheiten, die nach der Gemeindeordnung kraft Gesetzes der ersten Bürgermeisterin oder dem ersten Bürgermeister zukommen.

(3) Durch besonderen Beschluss der Verbandsversammlung können der oder dem Verbandsvorsitzenden unbeschadet des Art. 34 Abs. 2 weitere Angelegenheiten zur selbstständigen Erledigung übertragen werden.

(4) Die oder der Verbandsvorsitzende kann einzelne Befugnisse den Stellvertretern und in Angelegenheiten der laufenden Verwaltung Dienstkräften des Zweckverbands oder mit Zustimmung des Verbandsmitglieds dessen vertretungsberechtigtem Organ oder dessen Dienstkräften übertragen.

Art. 37 Form der Vertretung nach außen

Erklärungen, durch welche der Zweckverband verpflichtet werden soll, bedürfen der Schriftform; das gilt nicht für ständig wiederkehrende Geschäfte des täglichen Lebens, die finanziell von unerheblicher Bedeutung sind. Die Erklärungen sind durch die Verbandsvorsitzende oder den Verbandsvorsitzenden oder ihre Stellvertretung unter Angabe der Amtsbezeichnung zu unterzeichnen. Sie können auf Grund einer den vorstehenden Erfordernissen entsprechenden Vollmacht auch von Bediensteten des Zweckverbands unterzeichnet werden. Bei der Vergabe von öffentlichen Aufträgen und Konzessionen genügt die Textform, soweit eine andere Rechtsvorschrift nichts Abweichendes bestimmt.

Art. 38 Dienstkräfte

(1) Die Verbandsversammlung ist zuständig,

1. die Beamtinnen und Beamten des Zweckverbands ab Besoldungsgruppe A 9 zu ernennen, zu befördern, abzuordnen oder zu versetzen, an eine Einrichtung zuzuweisen, in den Ruhestand zu versetzen und zu entlassen,
2. die Arbeitnehmerinnen und Arbeitnehmer des Zweckverbands ab Entgeltgruppe 9a des Tarifvertrags für den öffentlichen Dienst oder ab einem entsprechenden Entgelt einzustellen, höherzugruppieren, abzuordnen oder zu versetzen, einem Dritten zuzuweisen, mittels Personalgestellung zu beschäftigen und zu entlassen.

Befugnisse nach Satz 1 kann die Verbandsversammlung dem Verbandsausschuss oder einem anderen beschließenden Ausschuss übertragen. In Zweckverbänden, bei denen der Stellenplan mehr als 400 Planstellen ausweist, kann die Verbandsversammlung die Befugnisse nach Satz 1 für Beamtinnen und Beamte bis zur Besoldungsgruppe A 14 sowie für Arbeitnehmerinnen und für Arbeitnehmer bis zur Entgeltgruppe 14 des Tarifvertrags für den öffentlichen Dienst oder mit einem entsprechenden Entgelt der oder dem Verbandsvorsitzenden übertragen; Art. 36 Abs. 4 findet Anwendung.

(2) Für Beamtinnen und Beamte des Zweckverbands bis zur Besoldungsgruppe A 8 sowie für Arbeitnehmerinnen und für Arbeitnehmer des Zweckverbands bis zur Entgeltgruppe 8 des Tarifvertrags für den öffentlichen Dienst oder bis zu einem entsprechenden Entgelt obliegen die in Abs. 1 genannten personalrechtlichen Befugnisse der oder dem Verbandsvorsitzenden. Art. 36 Abs. 4 findet Anwendung.

(3) Die oder der Verbandsvorsitzende führt die Dienstaufsicht über die Dienstkräfte des Zweckverbands. Sie oder er ist Dienstvorgesetzte oder Dienstvorgesetzter der Beamtinnen und Beamten.

Art. 39 Geschäftsstelle und Geschäftsleiter

(1) Der Zweckverband muss eine Geschäftsstelle unterhalten, wenn das für den ordnungsgemäßen Gang der Geschäfte erforderlich ist. Die Geschäftsstelle unterstützt die Verbandsvorsitzende oder den Verbandsvorsitzenden nach ihren Weisungen bei den Angelegenheiten der laufenden Verwaltung.

(2) Die Geschäftsstelle wird durch eine leitende Person geführt (Geschäftsleiter); wird kein Geschäftsleiter bestellt, durch die Verbandsvorsitzende oder den Verbandsvorsitzenden. Die Verbandsversammlung kann dem Geschäftsleiter durch Beschluss mit Zustimmung der oder des Verbandsvorsitzenden

1. Zuständigkeiten der oder des Verbandsvorsitzenden nach Art. 36 Abs. 2,
2. weitere Angelegenheiten unbeschadet der oder des Art. 34 Abs. 2

zur selbstständigen Erledigung übertragen. Soweit die Verbandsversammlung dem Geschäftsleiter Aufgaben übertragen hat, ist er zur Vertretung des Zweckverbands nach außen berechtigt. Der Geschäftsleiter nimmt an den Sitzungen der Verbandsversammlung beratend teil.

(3) Unterhält der Zweckverband selbst keine Geschäftsstelle, können die Aufgaben der Geschäftsstelle nur auf eine juristische Person des öffentlichen Rechts übertragen werden.

3. ABSCHNITT
Verbandswirtschaft

Art. 40 Anzuwendende Vorschriften

F

(1) Soweit nicht dieses Gesetz etwas anderes vorschreibt, gelten für die Verbandswirtschaft die Vorschriften über die Gemeindewirtschaft oder nach Art. 26 Abs. 1 Satz 2 oder Satz 3 die Vorschriften über die Landkreiswirtschaft oder die Bezirkswirtschaft entsprechend. Die Verbandssatzung kann vorschreiben, dass die Aufgaben eines Werkausschusses von der Verbandsversammlung und die Aufgaben einer Werkleitung von der oder dem Verbandsvorsitzenden oder vom Geschäftsleiter wahrgenommen werden.

(2) Ist Hauptaufgabe des Zweckverbands der Betrieb eines Unternehmens, das nach den Vorschriften der Eigenbetriebsverordnung geführt wird, kann die Verbandssatzung vorschreiben, dass diese Vorschriften auch auf die Haushaltswirtschaft, die Vermögenswirtschaft sowie das Kassen- und Rechnungswesen des Zweckverbands selbst anzuwenden sind. In diesem Fall ist durch die Haushaltssatzung der Wirtschaftsplan an Stelle des Haushaltsplans festzusetzen.

(3) Ist Hauptaufgabe eines Zweckverbands der Betrieb eines Krankenhauses, das nach den Vorschriften der Krankenhaus-Buchführungsverordnung sowie der Verordnung über die Wirtschaftsführung der kommunalen Krankenhäuser zu führen ist, kann die Verbandssatzung vorschreiben, dass für die Verbandswirtschaft diese Vorschriften entsprechend gelten. Absatz 2 Satz 2 findet Anwendung.

Art. 41 Haushaltssatzung

(1) Die oder der Verbandsvorsitzende gibt den Entwurf der Haushaltssatzung rechtzeitig, jedoch mindestens einen Monat vor dem Beschluss über die Haushaltssatzung, den Verbandsmitgliedern bekannt.

(2) Die Verbandsversammlung kann beschließen, dass eine Finanzplanung nicht erstellt wird.

Art. 42 Deckung des Finanzbedarfs

(1) Der Zweckverband erhebt von den Verbandsmitgliedern eine Umlage, soweit seine Einnahmen aus besonderen Entgelten für die von ihm erbrachten Leistungen und seine sonstigen Einnahmen nicht ausreichen, um seinen Finanzbedarf zu decken. Die Umlagepflicht einzelner Verbandsmitglieder kann durch die Verbandssatzung auf einen Höchstbetrag beschränkt oder ausgeschlossen werden.

(2) Die Umlage soll nach dem Verhältnis des Nutzens bemessen werden, den die einzelnen Verbandsmitglieder aus der Erfüllung der Aufgaben des Zweckverbands haben und die Leistungskraft der einzelnen Verbandsmitglieder berücksichtigen. Ein anderer Maßstab (z.B. Größe, Einwohnerzahl, Umlagegrundlagen, Aufwand für die einzelnen Verbandsmitglieder) kann zugrundegelegt werden, wenn das angemessen ist. Wird die Umlage nach den Umlagegrundlagen bemessen, so gelten die Vorschriften über die Kreisumlage, für Zweckverbände, denen als Gebietskörperschaften nur Bezirke angehören, die Vorschriften über die Bezirksumlage entsprechend.

(3) Die Höhe der Umlage ist in der Haushaltssatzung für jedes Haushaltsjahr festzusetzen. Art. 19 des Gesetzes über den Finanzausgleich zwischen Staat, Gemeinden und Gemeindeverbänden ist entsprechend anzuwenden; im Umlagebescheid kann die Fälligkeit abweichend von dieser Vorschrift bestimmt werden.

(4) Auf die Erhebung von Kommunalabgaben sind die Vorschriften des Kommunalabgabenrechts entsprechend anzuwenden; Art. 1 Abs. 4 Satz 2 bleibt unberührt.

Art. 43 Prüfungswesen

(1) Die Verbandssatzung kann vorschreiben, dass das Rechnungsprüfungsamt eines Verbandsmitglieds als Sachverständiger zur Prüfung der Jahresrechnung oder des Jahresabschlusses umfassend heranzuziehen ist.

(2) Überörtliche Rechnungs- und Kassenprüfungen werden bei den Mitgliedern des Bayerischen Kommunalen Prüfungsverbands durch diesen Verband, bei den übrigen Zweckverbänden durch die staatlichen Rechnungsprüfungsstellen der Landratsämter durchgeführt (überörtliche Prüfungsorgane).

4. ABSCHNITT
Änderung der Verbandssatzung und Auflösung

Art. 44 Änderung der Verbandssatzung, Kündigung aus wichtigem Grund

(1) Die Änderung der Verbandsaufgabe, der Austritt von Verbandsmitgliedern und deren Ausschluss bedürfen einer Mehrheit von zwei Dritteln, sonstige Änderungen der Verbandssatzung der einfachen Mehrheit der satzungsmäßigen Stimmenzahl in der Verbandsversammlung. Die Verbandssatzung kann größere Mehrheiten oder die Notwendigkeit der Zustimmung bestimmter oder aller Verbandsmitglieder vorschreiben.

(2) Der Beschluss über eine Übernahme weiterer Aufgaben oder über eine Änderung der Verbandssatzung im Fall des Art. 23 Abs. 2 Satz 2 setzt das Einverständnis der betroffenen Verbandsmitglieder voraus. Der Beschluss über einen Beitritt oder Austritt setzt einen Antrag des Beteiligten voraus. Ein Ausschluss ist nur aus wichtigem Grund zulässig.

(3) Ohne Rücksicht auf Absatz 1 kann jedes Verbandsmitglied seine Mitgliedschaft aus wichtigem Grund kündigen.

Art. 45 Wegfall von Verbandsmitgliedern

(1) Wird eine Körperschaft des öffentlichen Rechts, die Verbandsmitglied ist, in eine andere Körperschaft eingegliedert oder mit einer anderen zusammengeschlossen, so tritt die Körperschaft des öffentlichen Rechts, in die das Verbandsmitglied eingegliedert oder zu der es zusammengeschlossen wird, an die Stelle des früheren Verbandsmitglieds. Das Gleiche gilt, wenn eine Körperschaft auf mehrere andere Körperschaften aufgeteilt wird oder wenn ihre Aufgaben und Befugnisse auf eine oder mehrere andere Körperschaften übergehen.

(2) Der Zweckverband kann bis zum Ablauf von drei Monaten nach dem Wirksamwerden der Änderung die neue Körperschaft mit einfacher Mehrheit der satzungsmäßigen Stimmenzahl ausschließen. Im gleichen Zeitraum kann die Körperschaft ihren Austritt aus dem Zweckverband einseitig erklären.

(3) Die Absätze 1 und 2 gelten für andere Verbandsmitglieder entsprechend.

Art. 46 Auflösung

(1) Die Auflösung des Zweckverbands bedarf einer Mehrheit von zwei Dritteln der satzungsmäßigen Stimmenzahl in der Verbandsversammlung. Art. 44 Abs. 1 Satz 2 gilt entsprechend.

(2) Die Beteiligten können einen Pflichtverband nicht von sich aus auflösen. Sind die Gründe für seine zwangsweise Bildung weggefallen, so hat das die Aufsichtsbehörde dem Pflichtverband mitzuteilen. Der Fortbestand des Zweckverbands als Freiverband wird dadurch nicht berührt. Der Zweckverband hat die Mitteilung den Verbandsmitgliedern in einer alsbald einzuberufenden Verbandsversammlung bekannt zu geben. Innerhalb

von sechs Monaten vom Zeitpunkt der Verbandsversammlung ab kann jedes Verbandsmitglied seinen Austritt erklären.

(3) Der Zweckverband ist aufgelöst, wenn seine Aufgaben durch ein Gesetz oder auf Grund einer besonderen gesetzlichen Regelung vollständig auf andere juristische Personen des öffentlichen Rechts übergehen. Er ist auch aufgelöst, wenn er nur noch aus einem Mitglied besteht; in diesem Fall tritt das Mitglied an die Stelle des Zweckverbands.

Art. 47 Abwicklung

(1) Wird der Zweckverband aufgelöst, so hat er seine Geschäfte abzuwickeln. Das gilt auch, wenn er nach Art. 46 Abs. 3 Satz 1 aufgelöst ist, aber eine Gesamtrechtsnachfolge nicht eingetreten ist. Der Zweckverband gilt bis zum Ende der Abwicklung als fortbestehend, soweit es der Zweck der Abwicklung erfordert.

(2) Abwickler ist die oder der Verbandsvorsitzende, wenn nicht die Verbandsversammlung etwas anderes beschließt.

(3) Der Abwickler beendigt die laufenden Geschäfte und zieht die Forderungen ein. Um schwebende Geschäfte zu beenden, kann er auch neue Geschäfte eingehen. Er fordert die bekannten Gläubiger besonders, andere Gläubiger durch öffentliche Bekanntmachung auf, ihre Ansprüche anzumelden.

(4) Der Abwickler befriedigt die Ansprüche der Gläubiger. Im Übrigen ist das Verbandsvermögen nach dem Umlegungsschlüssel im Zeitpunkt der Auflösung auf die Verbandsmitglieder zu verteilen.

(5) Die Verbandssatzung kann für die Abwicklung etwas anderes vorschreiben. Die Abwicklung eines Zweckverbands mit überwiegend wirtschaftlichen Aufgaben soll die Verbandssatzung dem Handelsrecht anpassen.

(6) Scheidet ein Verbandsmitglied aus dem Zweckverband aus, so findet keine Abwicklung statt. Die Verbandssatzung kam vorschreiben, dass mit dem ausscheidenden Verbandsmitglied eine Auseinandersetzung stattzufinden hat; die

Verbandssatzung eines Pflichtverbands muss Bestimmungen über die Auseinandersetzung enthalten.

Art. 48 Genehmigung, Anzeige und Bekanntmachung

(1) Der Genehmigung der Aufsichtsbehörde bedürfen

1. die Änderung der Verbandsaufgabe, der Beitritt und der Ausschluss von Verbandsmitgliedern und deren Austritt in den Fällen der Art. 44 Abs. 1 und Art. 45 Abs. 2 Satz 2,
2. die Kündigung aus wichtigem Grund,
3. die Auflösung des Zweckverbands gemäß Art. 46 Abs. 1,
4. jede Änderung der Satzung eines Pflichtverbands.

Für die Genehmigung gilt Art. 20 entsprechend. Der Genehmigung des Ausschlusses, des Austritts, der Kündigung aus wichtigem Grund und der Auflösung können Gründe des öffentlichen Wohls nur entgegenstehen, wenn die Voraussetzungen für einen Pflichtverband vorliegen.

(2) In Absatz 1 Satz 1 Nr. 1 nicht genannte Änderungen der Verbandssatzung und der Austritt im Fall des Art. 46 Abs. 2 Satz 5 sind der Aufsichtsbehörde anzuzeigen.

(3) Die Aufsichtsbehörde hat die genehmigungs- und anzeigepflichtigen Maßnahmen einschließlich erforderlicher Genehmigungen in ihrem Amtsblatt amtlich bekannt zu machen. Die Maßnahmen werden am Tag nach der Bekanntmachung wirksam, wenn nicht in der Verbandssatzung oder im Auflösungsbeschluss ein anderer Zeitpunkt bestimmt ist. Bei einer Auflösung des Zweckverbands gemäß Art. 46 Abs. 3 hat die Aufsichtsbehörde in ihrem Amtsblatt auf die Auflösung und den Übergang der Aufgaben hinzuweisen. Verbandsmitglieder, die Gebietskörperschaften sind, sollen in der für die Bekanntmachung ihrer Satzungen vorgesehenen Form auf die Veröffentlichungen der Aufsichtsbehörde hinweisen.

FÜNFTER TEIL
Gemeinsame Kommunalunternehmen

Art. 49 Entstehung

F

(1) Gemeinden, Landkreise und Bezirke können ein gemeinsames Kommunalunternehmen durch Vereinbarung einer Unternehmenssatzung errichten. Sie können auch einem bestehenden Kommunalunternehmen oder einem bestehenden gemeinsamen Kommunalunternehmen beitreten; der Beitritt erfolgt durch die zwischen den Beteiligten zu vereinbarende Änderung der Unternehmenssatzung. Die Zulässigkeit der Errichtung oder des Beitritts richtet sich nach den allgemeinen Vorschriften des kommunalen Unternehmensrechts. Die Beteiligten können bestehende Regie und Eigenbetriebe auf das gemeinsame Kommunalunternehmen im Weg der Gesamtrechtsnachfolge ausgliedern. Die Vereinbarung über die Ausgliederung ist in die Unternehmenssatzung aufzunehmen.

(2) Ein Kommunalunternehmen kann mit einem anderen durch Vereinbarung einer entsprechenden Änderung der Unternehmenssatzung des aufnehmenden Unternehmens im Weg der Gesamtrechtsnachfolge zu einem gemeinsamen Kommunalunternehmen verschmolzen werden. Satz 1 gilt auch für die Verschmelzung eines Kommunalunternehmens oder eines gemeinsamen Kommunalunternehmens mit einem anderen gemeinsamen Kommunalunternehmen.

(3) Das Kommunalunternehmen eines Zweckverbands, dem nur kommunale Körperschaften angehören, kann als gemeinsames Kommunalunternehmen der Verbandsmitglieder fortgeführt werden, wenn diese die Verschmelzung des Zweckverbands mit dem Kommunalunternehmen im Weg der Gesamtrechtsnachfolge zu einem gemeinsamen Kommunalunternehmen und eine entsprechende Änderung der Unternehmenssatzung vereinbaren. Ein Zweckverband im Sinn des Satzes 1, der Träger eines Eigenbetriebs oder Regiebetriebs ist, kann im Weg der Gesamtrechtsnachfolge in ein gemeinsames

Kommunalunternehmen umgewandelt werden, wenn seine Mitglieder die Umwandlung und die Unternehmenssatzung vereinbaren. Entscheidungen nach den Sätzen 1 und 2 sind der für den Zweckverband zuständigen Aufsichtsbehörde anzuzeigen; soweit sie Pflichtverbände betreffen, bedürfen sie der Genehmigung.

(4) Ein Unternehmen in der Rechtsform einer Kapitalgesellschaft, an dem ausschließlich mehrere kommunale Körperschaften des öffentlichen Rechts beteiligt sind, kann durch Formwechsel in ein gemeinsames Kommunalunternehmen umgewandelt werden. Die Umwandlung ist nur zulässig, wenn keine Sonderrechte im Sinn des § 23 des Umwandlungsgesetzes (UmwG) und keine Rechte Dritter an den Anteilen der formwechselnden Rechtsträger bestehen. Der Formwechsel setzt voraus:

1. die Vereinbarung der Unternehmenssatzung des gemeinsamen Kommunalunternehmens durch die beteiligten kommunalen Körperschaften,
2. einen sich darauf beziehenden einstimmigen Formwechselbeschluss der Anteilsinhaber der formwechselnden Gesellschaft.

Die §§ 193 bis 195, 197 bis 199, 200 Abs. 1 und 201 UmwG sind entsprechend anzuwenden. Die Anmeldung zum Handelsregister entsprechend § 198 UmwG erfolgt durch das vertretungsberechtigte Organ der Kapitalgesellschaft. Ist bei der Kapitalgesellschaft ein Betriebsrat eingerichtet, bleibt dieser nach dem Wirksamwerden der Umwandlung als Personalrat des gemeinsamen Kommunalunternehmens bis zu den nächsten regelmäßigen Personalratswahlen bestehen.

(5) Ein Unternehmen in der Rechtsform einer Kapitalgesellschaft, an dem ausschließlich ein gemeinsames Kommunalunternehmen beteiligt ist, kann unter Auflösung ohne Abwicklung sein Vermögen als Ganzes auf das gemeinsame Kommunalunternehmen im Weg der Vollübertragung übertragen. § 176 UmwG ist mit der Maßgabe entsprechend anzuwenden, dass keine Gegenleistung für die Übertragung zu gewähren

ist. Bei der entsprechenden Anwendung des § 13 Abs. 1 UmwG müssen dem Übertragungsvertrag auf Seiten des gemeinsamen Kommunalunternehmens dessen sämtliche Träger zustimmen.

(6) Die in den Abs. 1 bis 3 genannten Entscheidungen werden am Tag nach der Bekanntmachung der Unternehmenssatzung oder ihrer Änderung wirksam, wenn nicht in der Unternehmenssatzung ein späterer Zeitpunkt bestimmt ist. Art. 21 Abs. 1 Satz 3 gilt entsprechend. Die Umwandlung einer Kapitalgesellschaft in ein gemeinsames Kommunalunternehmen nach Abs. 4 wird mit dessen Eintragung oder, wenn es nicht eingetragen wird, mit der Eintragung der Umwandlung in das Handelsregister wirksam; § 202 Abs. 1 und Abs. 3 UmwG ist entsprechend anzuwenden.

Art. 50 Vorschriften für gemeinsame Kommunalunternehmen

(1) Soweit nachstehend nichts Abweichendes geregelt ist, sind die für Kommunalunternehmen von Gemeinden, Landkreisen und Bezirken geltenden Vorschriften nach Maßgabe des Art. 26 Abs. 1 entsprechend anzuwenden.

(2) Die Unternehmenssatzung eines gemeinsamen Kommunalunternehmens muss auch Angaben enthalten über

1. die Träger des Unternehmens (Beteiligte),
2. den Sitz des Unternehmens,
3. den Betrag der von jedem Beteiligten auf das Stammkapital zu leistenden Einlage (Stammeinlage),
4. den räumlichen Wirkungsbereich, wenn dem Unternehmen hoheitliche Befugnisse oder das Recht, Satzungen und Verordnungen zu erlassen, übertragen werden,
5. die Sitz- und Stimmenverteilung im Verwaltungsrat.

Art. 23 Abs. 2 Satz 2 gilt für die Unternehmenssatzung eines gemeinsamen Kommunalunternehmens entsprechend. Sollen Sacheinlagen geleistet werden, müssen der Gegenstand der Sacheinlage und der Betrag der Stammeinlage, auf die sich die

Sacheinlage bezieht, in der Unternehmenssatzung festgesetzt werden.

(3) Die Unternehmenssatzung ist im Amtsblatt der Aufsichtsbehördeamtlich bekannt zu machen. Für die amtliche Bekanntmachung von Satzungen und Verordnungen des gemeinsamen Kommunalunternehmens gilt Art. 24 Abs. 1 entsprechend.

(4) Für die Vertretung der Träger des gemeinsamen Kommunalunternehmens im Verwaltungsrat gelten Art. 31 Abs. 1 Sätze 2, 3 und 5 und Abs. 2 entsprechend. Das vorsitzende Mitglied des Verwaltungsrats wird von diesem gewählt; Art. 35 Abs. 1 und Abs. 3 gilt entsprechend. Für den Ausschluss wegen persönlicher Beteiligung gilt Art. 33 Abs. 4 entsprechend. Für die Einberufung zur Verwaltungsratssitzung gelten Art. 32 Abs. 1 Sätze 1 und 2 entsprechend.

(5) Soweit die Träger für die Verbindlichkeiten des gemeinsamen Kommunalunternehmens einzutreten haben, haften sie als Gesamtschuldner. Der Ausgleich im Innenverhältnis richtet sich vorbehaltlich einer abweichenden Regelung in der Unternehmenssatzung nach dem Verhältnis der Stammeinlagen zueinander.

(6) Über Änderungen der Unternehmenssatzung und die Auflösung des gemeinsamen Kommunalunternehmens beschließt der Verwaltungsrat. Die Änderung der Unternehmensaufgabe, der Beitritt zur Trägerschaft und der Austritt, die Erhöhung des Stammkapitals, die Verschmelzung und die Auflösung bedürfen der Zustimmung aller Träger. Art. 44 Abs. 2 Sätze 1 und 2, Abs. 3 und Art. 45 sind entsprechend anzuwenden. Die Abwicklung des gemeinsamen Kommunalunternehmens besorgen die Vorstandsmitglieder als Abwickler; im Übrigen gilt Art. 47 entsprechend.

(7) Soweit nach der Unternehmenssatzung die Bildung eines oder mehrerer Ausschüsse des Verwaltungsrats vorgesehen ist, sind die gemäß Art. 26 Abs. 1 anwendbaren Vorschriften mit der Maßgabe entsprechend anzuwenden, dass sich die Zusammensetzung und der Vorsitz eines Ausschusses nach der

Unternehmenssatzung richten. Die Vorschrift des Art. 31 Abs. 1 Satz 5 gilt insoweit entsprechend. Abs. 6 bleibt unberührt.

(8) Art. 25 gilt entsprechend.

(9) Das Staatsministerium des Innern, für Sport und Integration wird ermächtigt, durch Rechtsverordnung zu regeln

1. das Verfahren bei der Errichtung eines gemeinsamen Kommunalunternehmens und in den in Art. 49 Abs. 3 und 4 genannten Fällen,
2. den Aufbau und die Verwaltung des gemeinsamen Kommunalunternehmens.

SECHSTER TEIL
Aufsicht und Rechtsbehelfe

1. ABSCHNITT
Aufsicht

Art. 51 Grundsatz

(1) Die Zweckverbände und die gemeinsamen Kommunalunternehmen unterstehen staatlicher Aufsicht. Soweit sie Angelegenheiten des eigenen Wirkungskreises erfüllen, unterstehen sie der Rechtsaufsicht, soweit sie Angelegenheiten des übertragenen Wirkungskreises erfüllen, auch der Fachaufsicht. Art. 26 Abs. 1 findet Anwendung; Vorschriften durch die Verbandssatzung oder die Unternehmenssatzung sind ausgeschlossen.

(2) Die Aufsicht über Gebietskörperschaften erstreckt sich auch auf die ihnen durch Zweckvereinbarungen übertragenen Aufgaben und Befugnisse. Absatz Satz 2 gilt entsprechend.

Art. 52 Aufsichtsbehörden

(1) Aufsichtsbehörde ist

1. das Staatsministerium des Innern, für Sport und Integration,
   a) wenn ein Bezirk oder der Freistaat Bayern beteiligt ist,
   b) wenn ein anderes Land, eine Gemeinde oder ein Gemeindeverband eines anderen Landes oder der Bund beteiligt ist;
2. die Regierung, wenn ein Landkreis oder eine kreisfreie Gemeinde beteiligt ist;
3. im Übrigen die Kreisverwaltungsbehörde.

Gehören die Beteiligten im Fall der Nr. 2 mehreren Regierungsbezirken oder im Fall der Nr. 3 mehreren Landkreisen an, so ist die Aufsichtsbehörde zuständig, in deren Bereich der Zweckverband oder das gemeinsame Kommunalunternehmen seinen Sitz hat oder die Körperschaft liegt, der durch Zweckvereinbarung die Aufgabe übertragen ist.

(2) Wenn eine Gemeinde, ein Landkreis, ein Bezirk oder eine sonstige der Aufsicht des Freistaates Bayern unterstehende Körperschaft, Anstalt oder Stiftung des öffentlichen Rechts in einem Zweckverband Mitglied wird, der seinen Sitz außerhalb des Freistaates Bayern hat, so kann das Staatsministerium des Innern, für Sport und Integration durch Vereinbarung mit der für den Sitz des Zweckverbands zuständigen obersten Aufsichtsbehörde die zuständige Aufsichtsbehörde bestimmen. Für die Beteiligung einer Gemeinde, eines Landkreises oder eines Bezirks an einem gemeinsamen Kommunalunternehmen mit Sitz außerhalb des Freistaates Bayern gilt Entsprechendes.

(3) Wenn das Staatsministerium des Innern, für Sport und Integration oder die Regierung Aufsichtsbehörden sind, können sie eine unmittelbar nachgeordnete Behörde zur Aufsichtsbehörde bestimmen. Die Bestimmung kann sich auch auf einzelne aufsichtliche Maßnahmen beschränken. Die Bestimmung einer

anderen Behörde zur Aufsichtsbehörde und der Umfang der Bestimmung ist den Beteiligten mitzuteilen.

(4) Die Zuständigkeit der Fachaufsichtsbehörden bleibt unberührt.

2. ABSCHNITT
Schlichtung von Streitigkeiten, Rechtsbehelfe

Art. 53 Schlichtung von Streitigkeiten

F

Bei Streitigkeiten

1. über Rechte und Pflichten der Beteiligten aus einer Zweckvereinbarung,
2. zwischen einem Zweckverband und seinen Verbandsmitgliedern, wenn sie sich gleichgeordnet gegenüberstehen,
3. der Mitglieder eines Zweckverbands untereinander aus dem Verbandsverhältnis,
4. der Träger eines gemeinsamen Kommunalunternehmens untereinander aus der Beteiligung an der Trägerschaft.

soll die Aufsichtsbehörde zur Schlichtung angerufen werden, wenn nicht die Beteiligten in der Zweckvereinbarung oder in der Verbandssatzung oder in der Unternehmenssatzung ein besonderes Schiedsverfahren vorgesehen haben.

Art. 54 Erlass des Widerspruchsbescheids (§ 73 der Verwaltungsgerichtsordnung – VwGO)

Wird gegen den Verwaltungsakt eines Zweckverbands Widerspruch erhoben, so erlässt den Widerspruchsbescheid

1. in Angelegenheiten des eigenen Wirkungskreises die Aufsichtsbehörde, die dabei auf die Prüfung der Rechtmäßigkeit beschränkt ist; zuvor hat der Zweckverband nach § 72 VwGO auch die Zweckmäßigkeit zu überprüfen; ist die Aufsichtsbehörde das Staatsministerium des Innern, für Sport und Integration, so erlässt den Widerspruchsbescheid der Zweckverband;

2. in Angelegenheiten des übertragenen Wirkungskreises die Fachaufsichtsbehörde; ist Fachaufsichtsbehörde eine oberste Landesbehörde, so entscheidet der Zweckverband.

SIEBTER TEIL
Übergangs- und Schlussvorschriften

Art. 55 Inkrafttreten; Übergangsregelung

(1) Dieses Gesetz ist dringlich. Es tritt am 1. Juli 1966 in Kraft.[2]

(2) Für Verbandsrätinnen und Verbandsräte, die ihr Amt am 31. Dezember 2023 ausüben, ist Art. 30 Abs. 4 Satz 1 bis zum Ende ihrer laufenden Amtszeit in seiner bis zum Ablauf des 31. Dezember 2023 geltenden Fassung anzuwenden.

2 Diese Vorschrift betrifft das Inkrafttreten des Gesetzes in der ursprünglichen Fassung vom 12. Juli 1966 (GVBl. S. 218, ber. S. 314). Der Zeitpunkt des Inkrafttretens der späteren Änderungen ergibt sich aus den jeweiligen Änderungsgesetzen.

Verordnung über das Haushalts-, Kassen- und Rechnungswesen der Gemeinden, der Landkreise und der Bezirke nach den Grundsätzen der Kameralistik (Kommunalhaushaltsverordnung – Kameralistik – KommHV-Kameralistik)

Vom 3. Dezember 1976 (BayRS 2023–1-I),
zuletzt geändert durch § 1 der Verordnung
vom 4. Januar 2024 (GVBl. S. 21)

G

Auf Grund von Art. 123 Abs. 1 der Gemeindeordnung (GO), Art. 109 Abs. 1 der Landkreisordnung (LKrO) und Art. 103 Abs. 1 der Bezirksordnung (BezO) erlässt das Bayerische Staatsministerium des Innern im Einvernehmen mit dem Bayerischen Staatsministerium der Finanzen folgende Verordnung:

Inhaltsübersicht

DRITTER UNTERABSCHNITT
Tagesabschluss, Zwischenabschlüsse und Jahresabschluss

14. ABSCHNITT
Nachweise über das Vermögen

G

15. ABSCHNITT
Jahresrechnung

16. ABSCHNITT
Sonderkassen, gesonderte Kassen

17. ABSCHNITT
Begriffsbestimmungen, Übergangs- und Schlussvorschriften

Anlage

1. ABSCHNITT
Haushaltsplan

§ 1 Inhalt des Haushaltsplans

(1) Der Vermögenshaushalt umfasst

auf der Einnahmenseite

G

1. die Zuführung vom Verwaltungshaushalt,
2. Einnahmen aus der Veränderung des Anlagevermögens,
3. Entnahmen aus Rücklagen,
4. Zuweisungen und Zuschüsse für Investitionen und für die Förderung von Investitionen Dritter, Beiträge für Investitionen und ähnliche Entgelte,
5. Einnahmen aus Krediten und inneren Darlehn,

auf der Ausgabenseite

6. die Tilgung von Krediten, die Rückzahlung innerer Darlehn, die Kreditbeschaffungskosten sowie die Ablösung von Dauerlasten,
7. Ausgaben für die Veränderung des Anlagevermögens, Zuweisungen und Zuschüsse für Investitionen Dritter sowie Verpflichtungsermächtigungen,
8. Zuführungen zu Rücklagen und die Deckung von Fehlbeträgen aus Vorjahren,
9. die Zuführung zum Verwaltungshaushalt.

(2) Der Verwaltungshaushalt umfasst die nicht unter Absatz 1 fallenden Einnahmen und Ausgaben.

§ 2 Bestandteile des Haushaltsplans, Anlagen

(1) Der Haushaltsplan besteht aus

1. dem Gesamtplan,
2. den Einzelplänen des Verwaltungshaushalts und des Vermögenshaushalts,
3. den Sammelnachweisen,
4. dem Stellenplan für die Beamten und Arbeitnehmer.

(2) Dem Haushaltsplan sind beizufügen

1. der Vorbericht,
2. eine Übersicht über die aus Verpflichtungsermächtigungen in den einzelnen Jahren voraussichtlich fällig werdenden Ausgaben; werden Ausgaben in den Jahren fällig, auf die sich der Finanzplan noch nicht erstreckt, so ist die voraussichtliche Deckung des Ausgabenbedarfs dieser Jahre besonders darzustellen,
3. eine Übersicht über den voraussichtlichen Stand der Schulden – ohne Kassenkredite – und der Rücklagen zu Beginn des Haushaltsjahres,
4. die Wirtschaftspläne und neuesten Jahresabschlüsse der Sondervermögen, für die Sonderrechnungen geführt werden; das Gleiche gilt für die Unternehmen mit einer über 50 v.H. liegenden eigenen Beteiligung; an die Stelle der Jahresabschlüsse und Wirtschaftspläne kann eine kurz gefasste Übersicht über die Wirtschaftslage und die voraussichtliche Entwicklung der Betriebe treten,
5. der Finanzplan mit dem ihm zu Grunde liegenden Investitionsprogramm sowie eine Übersicht über die im Finanzplanungszeitraum gültigen Kreditermächtigungen aus den Vorjahren und deren Inanspruchnahmen,
6. eine Übersicht über die Budgets mit einer Benennung der den einzelnen Budgets zugeordneten Abschnitte und Unterabschnitte.

§ 3 Vorbericht

Der Vorbericht gibt einen Überblick über den Stand und die Entwicklung der Haushaltswirtschaft. Insbesondere soll dargestellt werden

1. wie sich die wichtigsten Einnahme- und Ausgabearten, das Vermögen und die Schulden in den dem Haushaltsjahr vorangehenden beiden Haushaltsjahren entwickelt haben und im Haushaltsjahr entwickeln werden,
2. inwieweit die im Haushaltsplan vorgesehene Zuführung vom Verwaltungshaushalt § 22 Abs. 1 entspricht und wie sie sich voraussichtlich in den folgenden drei Jahren entwickeln wird,
3. welche Investitionen und Investitionsförderungsmaßnahmen im Haushaltsjahr geplant sind und welche finanziellen Auswirkungen hieraus sich für die folgenden Jahre ergeben,
4. wie sich die Rücklagen im Haushaltsjahr und in den folgenden drei Jahren entwickeln werden,
5. wie sich die Kassenlage im Vorjahr entwickelt hat und in welchem Umfang Kassenkredite in Anspruch genommen worden sind,
6. wie sich die Wirtschaftslage der Eigenbetriebe, der Kommunalunternehmen und der Unternehmen mit einer über 50 v.H. liegenden eigenen Beteiligung in den dem Haushaltsjahr vorangehenden beiden Haushaltsjahren entwickelt hat und im Haushaltsjahr voraussichtlich entwickeln wird; entsprechendes gilt hinsichtlich der Finanzlage der Krankenhäuser und Alten- und Pflegeheime mit kaufmännischem Rechnungswesen sowie der Regiebetriebe, die ganz oder teilweisenach den Vorschriften über die Wirtschaftsführung der Eigenbetriebe geführt werden (Art. 88 Abs. 6 der Gemeindeordnung – GO, Art. 76 Abs. 6 der Landkreisordnung – LKrO, Art. 74 Abs. 6 der Bezirksordnung – BezO).

§ 4 Gesamtplan

Der Gesamtplan enthält

1. eine Zusammenfassung der Einnahmen, Ausgaben und Verpflichtungsermächtigungen der Einzelpläne, getrennt nach Verwaltungshaushalt und Vermögenshaushalt,
2. eine Übersicht über die Einnahmen, Ausgaben und Verpflichtungsermächtigungen, geordnet nach Aufgabenbereichen und Arten (Haushaltsquerschnitt),
3. eine Übersicht über die Einnahmen und Ausgaben, geordnet nach Arten (Gruppierungsübersicht),
4. eine Übersicht zur Beurteilung der dauernden Leistungsfähigkeit.

§ 5 Einzelpläne

(1) Der Verwaltungshaushalt und der Vermögenshaushalt sind nach Aufgabenbereichen in Einzelpläne, Abschnitte und Unterabschnitte zu gliedern. Für jeden Einzelplan, Abschnitt oder Unterabschnitt ist ein Teilabschluss zu bilden.

(2) Innerhalb der Abschnitte und Unterabschnitte sind die Einnahmen und Ausgaben nach ihren Arten in Hauptgruppen, Gruppen und Untergruppen zu ordnen.

(3) Gliederung und Gruppierung richten sich nach dem vom Staatsministerium des Innern, für Sport und Integration im Einvernehmen mit dem Staatsministerium der Finanzen und für Heimat erlassenen Gliederungs- und Gruppierungsplan.

(4) Zu den Ansätzen für das Haushaltsjahr sind die Einnahme- und Ausgabeansätze für das Vorjahr und die Ergebnisse des diesem vorangehenden Jahres anzugeben, zu den einzelnen Investitionen und Investitionsförderungsmaßnahmen außerdem der gesamte Ausgabebedarf (§ 10 Abs. 1 Satz 1) und die bisher bereitgestellten Ausgabemittel.

§ 6 Stellenplan

(1) Der Stellenplan hat die im Haushaltsjahr erforderlichen Stellen der Beamten und der nicht nur vorübergehend beschäftigten Arbeitnehmer nach Art und Besoldungs- und Entgeltgruppen auszuweisen. Soweit erforderlich, sind in ihm die Amtsbezeichnungen für Beamte festzusetzen. Stellen von Beamten und nicht nur vorübergehend beschäftigten Arbeitnehmern in Einrichtungen von Sondervermögen, für die Sonderrechnungen geführt werden, sind gesondert auszuweisen. Die Aufteilung der Stellen auf Abschnitte und Unterabschnitte ist darzustellen.

(2) Im Stellenplan ist ferner für jede Besoldungs- und Entgeltgruppe die Gesamtzahl der Stellen für das Vorjahr sowie der am 30. Juni des Vorjahres besetzten Stellen anzugeben. Wesentliche Abweichungen vom Stellenplan des Vorjahres sind zu erläutern.

(3) Im Stellenplan sind Stellen als künftig wegfallend (kw) zu bezeichnen, soweit sie in den folgenden Haushaltsjahren voraussichtlich nicht mehr benötigt werden. Stellen sind als künftig umzuwandeln zu bezeichnen (ku), soweit sie in den folgenden Haushaltsjahren voraussichtlich in Stellen einer niedrigeren Besoldungs- oder Entgeltgruppe oder in Stellen anderer Art umgewandelt werden können.

(4) Einem Beamten darf ein Amt nur zusammen mit der Einweisung in eine besetzbare Planstelle verliehen werden. Planstellen dürfen nur mit Beamten gleicher oder niedrigerer Besoldungsgruppen und mit Arbeitnehmern vergleichbarer oder niedrigerer Entgeltgruppen besetzt werden; Planstellen im Eingangsamt entsprechend der jeweiligen Qualifikationsebene dürfen mit entsprechenden Beamten auf Widerruf im Vorbereitungsdienst besetzt werden. Arbeitnehmerstellen dürfen nur mit Arbeitnehmern gleicher oder niedrigerer Entgeltgruppen besetzt werden.

(5) Beamtenstellen dürfen mit mehreren teilzeitbeschäftigten Beamten und Arbeitnehmerstellen mit mehreren teilzeitbeschäftigten Arbeitnehmern entsprechend dem Umfang ihrer Teilzeitbeschäftigung besetzt werden.

(6) Dem Stellenplan sind

1. eine Übersicht über die vorgesehene Aufteilung der Stellen auf die Abschnitte und Unterabschnitte, soweit diese nicht dort ausgewiesen sind, und
2. eine Übersicht über die vorgesehene Zahl der Beamten im Vorbereitungsdienst, der Auszubildenden und der Praktikanten

beizufügen.

2. ABSCHNITT
Grundsätze für die Veranschlagung

§ 7 Allgemeine Grundsätze

(1) Die Einnahmen und Ausgaben sind in Höhe der im Haushaltsjahr zu erwartenden oder voraussichtlich zu leistenden Beträge zu veranschlagen; sie sind sorgfältig zu schätzen, soweit sie nicht errechenbar sind.

(2) Die Einnahmen und Ausgaben sind in voller Höhe und getrennt voneinander zu veranschlagen, soweit in dieser Verordnung nichts anderes bestimmt ist.

(3) Die Einnahmen sind einzeln nach ihrem Entstehungsgrund, die Ausgaben nach Einzelzwecken zu veranschlagen. Die Zwecke müssen hinreichend bestimmt sein. Im Verwaltungshaushalt dürfen geringfügige Beträge für verschiedene Zwecke als vermischte Einnahmen oder vermischte Ausgaben zusammengefasst, Verfügungsmittel und Deckungsreserve ohne nähere Angabe des Verwendungszwecks veranschlagt werden. Im Vermögenshaushalt sind die einzelnen Investitionen und Investitionsförderungsmaßnahmen getrennt zu veranschlagen.

(4) Für denselben Zweck sollen Ausgaben nicht an verschiedenen Stellen im Haushaltsplan veranschlagt werden. Wird ausnahmsweise anders verfahren, ist auf die Ansätze gegenseitig zu verweisen.

§ 8 Sammelnachweise

Im Verwaltungshaushalt können Einnahmen und Ausgaben, die zu gleichen Gruppen gehören oder die sachlich eng zusammenhängen, in Sammelnachweisen veranschlagt werden; sie sind zusammengefasst oder einzeln in die Abschnitte und Unterabschnitte zu übernehmen. Die Aufteilung nach wirklichkeitsnahen Maßstäben ist zulässig. § 14 Abs. 4 Satz 3 bleibt unberührt.

§ 9 Verpflichtungsermächtigungen

(1) Die Verpflichtungsermächtigungen sind bei den einzelnen Haushaltsstellen zu veranschlagen. Dabei ist anzugeben, wie sich die Belastungen voraussichtlich auf die künftigen Jahre verteilen werden.

(2) Es kann erklärt werden, dass innerhalb eines Abschnitts einzelne Verpflichtungsermächtigungen auch für andere Investitionen oder Investitionsförderungsmaßnahmen in Anspruch genommen werden können, wenn deren voraussichtliche Folgekosten (§ 10 Abs. 3 Nr. 3) nicht höher sind und der Haushaltsausgleich künftiger Jahre nicht gefährdet ist. Der in der Haushaltssatzung festgesetzte Gesamtbetrag der Verpflichtungsermächtigungen darf nicht überschritten werden.

§ 10 Investitionen

(1) Bei Investitionen und Investitionsförderungsmaßnahmen, die sich über mehrere Jahre erstrecken, sind neben dem veranschlagten Jahresbedarf die Ausgaben für die gesamte Maßnahme anzugeben. Die in den folgenden Jahren noch erforderlichen Ausgaben sind bei der Finanzplanung zu berücksichtigen.

(2) Bevor Investitionen von erheblicher finanzieller Bedeutung beschlossen werden, soll unter mehreren in Betracht kommenden Möglichkeiten durch Vergleich der Anschaffungs- oder Herstellungskosten und der Folgekosten die wirtschaftlichste Lösung ermittelt werden.

(3) Ausgaben und Verpflichtungsermächtigungen für Baumaßnahmen dürfen erst veranschlagt werden, wenn Bauunterlagen vorliegen, aus denen die Art der Ausführung, die Kosten der Maßnahme, des Grunderwerbs und der Einrichtung im Einzelnen ersichtlich sind. Den Unterlagen sind

1. Angaben über die Kostenbeteiligung Dritter,
2. ein Terminplan mit Angaben der voraussichtlichen Jahresraten und
3. eine Schätzung der nach Fertigstellung der Maßnahme entstehenden jährlichen Haushaltsbelastungen (Folgekosten)

beizufügen.

(4) Ausnahmen von Absatz 3 sind zulässig, wenn es im Einzelfall nicht möglich ist, die in Absatz 3 geforderten Unterlagen rechtzeitig fertig zu stellen, und aus einer späteren Veranschlagung ein Nachteil erwachsen würde. Die Notwendigkeit einer Ausnahme ist in den Erläuterungen zu begründen. Eine Kostenberechnung muss stets vorliegen. Die in Absatz 3 geforderten Unterlagen sind spätestens vor Beginn der Baumaßnahme oder vor dem Eingehen der Verpflichtungen dem Gemeinderat, Kreistag oder Bezirkstag zur Beschlussfassung vorzulegen.

(5) Ausnahmen von Absatz 3 sind ferner bei Baumaßnahmen von geringer finanzieller Bedeutung oder bei dringenden Instandsetzungen zulässig. Die Notwendigkeit einer Ausnahme ist in den Erläuterungen zu begründen. Eine Kostenberechnung muss stets vorliegen.

§ 11 Verfügungsmittel, Deckungsreserve

Im Verwaltungshaushalt können in angemessener Höhe

1. Verfügungsmittel,
2. Mittel als Deckungsreserve

veranschlagt werden. Die Ansätze dürfen nicht überschritten werden; die Mittel sind nicht übertragbar.

§ 11a Kosten- und Leistungsrechnung

Zur Unterstützung der Verwaltungssteuerung und für die Beurteilung der Wirtschaftlichkeit und Leistungsfähigkeit bei der Aufgabenerfüllung für alle Verwaltungsbereiche soll eine Kosten- und Leistungsrechnung geführt werden. Die Ausgestaltung ist nach den örtlichen Bedürfnissen durch Dienstanweisung zu regeln. Die Kosten sind aus der Buchführung nachprüfbar herzuleiten.

§ 12 Kalkulatorische Kosten, kostenrechnende Einrichtungen

(1) Für Einrichtungen, die in der Regel aus Entgelten finanziert werden (kostenrechnende Einrichtungen), sind im Verwaltungshaushalt auch

1. angemessene Abschreibungen,
2. eine angemessene Verzinsung des Anlagekapitals,
3. Zuführungen zu zulässig gebildeten Sonderrücklagen

zu veranschlagen. Abschreibungen und Zinsen sind zugleich als Einnahmen zu veranschlagen. Für Einrichtungen, die nur in geringem Umfang aus Entgelten finanziert werden, kann abweichend von Satz 1 auf die Veranschlagung verzichtet werden.

(2) Bei der Verzinsung des Anlagekapitals bleibt der aus Beiträgen und ähnlichen Entgelten sowie aus Zuweisungen und Zuschüssen aufgebrachte Kapitalanteil außer Betracht.

§ 13 Durchlaufende Gelder, fremde Mittel

Im Haushaltsplan werden nicht veranschlagt

1. durchlaufende Gelder,
2. Beträge, die auf Grund eines Gesetzes unmittelbar in den Haushalt eines anderen öffentlichen Aufgabenträgers zu buchen sind, einschließlich der zur Selbstbewirtschaftung zugewiesenen Mittel,

3. Beträge, die die Kasse des endgültigen Kostenträgers oder eine andere Kasse, die unmittelbar mit dem endgültigen Kostenträger abrechnet, vereinnahmt oder ausgibt.

§ 14 Weitere Vorschriften für einzelne Einnahmen und Ausgaben

(1) Einnahmen aus Krediten sind in Höhe der Rückzahlungsverpflichtung zu veranschlagen.

(2) Abgaben, abgabeähnliche Entgelte und allgemeine Zuweisungen, die zurückzuzahlen oder zu mindern sind, sind bei den Einnahmen abzusetzen, auch wenn sie sich auf Einnahmen der Vorjahre beziehen; diese Bestimmung gilt bei Rückzahlung geleisteter Ausgaben der vorgenannten Art sinngemäß.

(3) Die Erstattung von Verwaltungskosten und sonstigen Gemeinkosten zwischen Einzelplänen, Abschnitten und Unterabschnitten soll veranschlagt werden, soweit es für eine Kostenrechnung erforderlich ist.

(4) Die Veranschlagung von Personalausgaben richtet sich nach den im Haushaltsjahr voraussichtlich besetzten Stellen. Die für den ersten Monat des Haushaltsjahres vor dessen Beginn zu zahlenden Beträge sind in die Veranschlagung einzubeziehen. Der Versorgungsaufwand ist auf die Einzelpläne, Abschnitte und Unterabschnitte grundsätzlich nach der Höhe der dort veranschlagten Dienstbezüge aufzuteilen.

§ 15 Erläuterungen

(1) Es sind zu erläutern

1. die größeren Einnahmen- und Ausgabenansätze des Verwaltungshaushalts, die von den bisherigen Ansätzen erheblich abweichen,
2. neue Maßnahmen des Vermögenshaushalts; erstrecken sie sich über mehrere Jahre, ist bei jeder folgenden Veranschlagung die bisherige Abwicklung darzulegen,

3. Notwendigkeit, Höhe und Deckungsfähigkeit der Verpflichtungsermächtigungen,
4. Ausgabenansätze zur Erfüllung von Verträgen, die über ein Jahr hinaus zu erheblichen Zahlungen verpflichten,
5. die von den Bediensteten aus Nebentätigkeiten abzuführenden Beträge,
6. besondere Bestimmungen im Haushaltsplan, z.B. Sperrvermerke, Zweckbindung von Einnahmen,
7. Ausnahmen nach § 10 Abs. 4 und 5.

(2) Die übrigen veranschlagten Einnahmen und Ausgaben sind, soweit erforderlich, zu erläutern.

(3) Die Erläuterungen können auch in einem Beiheft zum Haushaltsplan zusammengestellt werden. Im Haushaltsplan ist sodann bei den einzelnen Haushaltsstellen auf das Beiheft zu verweisen.

3. ABSCHNITT
Deckungsgrundsätze

§ 16 Grundsatz der Gesamtdeckung, Bildung von Budgets

(1) Soweit in dieser Verordnung nichts anderes bestimmt ist, dienen

1. die Einnahmen des Verwaltungshaushalts insgesamt zur Deckung der Ausgaben des Verwaltungshaushalts,
2. die Einnahmen des Vermögenshaushalts insgesamt zur Deckung der Ausgaben des Vermögenshaushalts.

(2) Einnahmen und Ausgaben des Verwaltungshaushalts können entsprechend der Bewirtschaftung in Organisationseinheiten durch Haushaltsvermerk oder im Fall des Satzes 3 durch Plandarstellung zu Budgets verbunden werden. Entsprechendes gilt für Einnahmen und Ausgaben des Vermögenshaushalts. Werden alle Einnahmen und Ausgaben Budgets zugeordnet,

kann die Gliederung und der Teilabschluss im Haushaltsplan abweichend von § 2 Abs. 1 Nr. 2 und Abs. 2 Nr. 6, § 4 Nr. 1 und § 5 Abs. 1 bis 3 nach Budgets dargestellt werden. Die finanzstatistischen Meldungen sind entsprechend der kommunalen Haushaltssystematik nach den Vorschriften über die kommunale Haushaltssystematik nach den Grundsätzen der Kameralistik (VVKommHSyst-Kameralistik) abzugeben.

§ 17 Zweckbindung von Einnahmen

(1) Einnahmen des Verwaltungshaushalts sind auf die Verwendung für bestimmte Ausgaben zu beschränken, wenn sich dies aus rechtlicher Verpflichtung ergibt. Sie können auf die Verwendung für bestimmte Ausgaben beschränkt werden,

1. wenn die Beschränkung sich aus der Herkunft oder Natur der Einnahmen ergibt oder
2. wenn ein sachlicher Zusammenhang dies erfordert und durch die Zweckbindung die Bewirtschaftung der Mittel erleichtert wird.

Zweckgebundene Mehreinnahmen dürfen für entsprechende Mehrausgaben verwendet werden.

(2) Im Haushaltsplan kann bestimmt werden, dass bestimmte Mehreinnahmen des Verwaltungshaushalts bestimmte Ausgabenansätze erhöhen oder bestimmte Mindereinnahmen bestimmte Ausgabenansätze vermindern. Ausgenommen hiervon sind Einnahmen aus Steuern, allgemeinen Zuweisungen und Umlagen.

(3) Mehrausgaben nach den Absätzen 1 und 2 gelten nicht als überplanmäßige Ausgaben.

(4) Absätze 1 und 3 gelten für den Vermögenshaushalt entsprechend.

§ 18 Deckungsfähigkeit

(1) Wenn im Haushaltsplan nichts anderes bestimmt ist, sind die Ausgaben im Verwaltungshaushalt, die zu einem Budget gehören, gegenseitig deckungsfähig. Entsprechendes gilt für die

Personalausgaben und für die Ausgaben in den einzelnen Sammelnachweisen, wenn sie nicht zu einem Budget gehören.

(2) Ausgaben im Verwaltungshaushalt, die nicht nach Absatz 1 deckungsfähig sind, können für gegenseitig oder einseitig deckungsfähig erklärt werden, wenn sie sachlich eng zusammenhängen.

(3) Verfügungsmittel und vermischte Ausgaben dürfen nicht für deckungsfähig erklärt werden.

(4) Absatz 1 Satz 1 und Absatz 2 gelten für Ausgaben im Vermögenshaushalt und Verpflichtungsermächtigungen entsprechend.

G

(5) Ausgaben eine Budgets im Vermögenshaushalt können zugunsten von Ausgaben des Budgets im Vermögenshaushalt für einseitig deckungsfähig erklärt werden.

(6) Bei Deckungsfähigkeit können die deckungsberechtigten Ausgabenansätze zu Lasten der deckungspflichtigen Ansätze erhöht werden.

§ 19 Übertragbarkeit

(1) Die Ausgabenansätze im Vermögenshaushalt bleiben bis zur Fälligkeit der letzten Zahlung für ihren Zweck verfügbar, bei Baumaßnahmen und Beschaffungen längstens jedoch zwei Jahre nach Schluss des Haushaltsjahres, in dem der Gegenstand oder der Bau in seinen wesentlichen Teilen in Benutzung genommen werden kann.

(2) Im Verwaltungshaushalt können Ausgabenansätze für übertragbar erklärt werden, wenn die Übertragbarkeit eine wirtschaftliche Aufgabenerfüllung fördert. Die Ausgabenansätze bleiben bis zum Ende des folgenden Jahres verfügbar. Ausgabenansätze eines Budgets können ganz oder teilweise für übertragbar erklärt werden.

4. ABSCHNITT
Rücklagen

§ 20 Allgemeine Rücklage und Sonderrücklagen

(1) Rücklagen sind die allgemeine Rücklage und die Sonderrücklagen.

(2) Die allgemeine Rücklage soll die rechtzeitige Leistung von Ausgaben sichern (Betriebsmittel der Kasse). Zu diesem Zweck muss ein Betrag vorhanden sein, der sich in der Regel auf mindestens eins v.H. der Ausgaben des Verwaltungshaushalts nach dem Durchschnitt der drei dem Haushaltsjahr vorangehenden Jahre beläuft.

(3) In der allgemeinen Rücklage sollen ferner Mittel zur Deckung des Ausgabenbedarfs im Vermögenshaushalt künftiger Jahre angesammelt werden. Der allgemeinen Rücklage sind rechtzeitig Mittel zuzuführen, wenn

1. die Tilgung von Krediten, die mit dem Gesamtbetrag fällig werden, die voraussichtliche Höhe der Zuführung des Verwaltungshaushalts an den Vermögenshaushalt übersteigt und nicht anders gedeckt werden kann,
2. die Inanspruchnahme aus Bürgschaften, Gewährverträgen und Verpflichtungen aus verwandten Rechtsgeschäften die laufende Aufgabenerfüllung erheblich beeinträchtigen würde,
3. sonst für die im Investitionsprogramm der künftigen Jahre vorgesehenen Investitionen und Investitionsförderungsmaßnahmen ein unvertretbar hoher Kreditbedarf entstehen würde.

Im Übrigen sollen Zuführungen und Entnahmen nach dem Finanzplan ausgerichtet werden.

(4) Sonderrücklagen dürfen weder für die in den Absätzen 2 und 3 genannten Zwecke noch zum Haushaltsausgleich, noch für die Erneuerung von Vermögensgegenständen gebildet werden; Satz 4 bleibt unberührt. Soweit sich bei der Gebührenbemessung

kostenrechnender Einrichtungen eine Kostenüberdeckung ergibt, sind die Mehreinnahmen jeweils einer Sonderrücklage zuzuführen und zur Deckung von Fehlbeträgen aus Gebührenmindereinnahmen der jeweiligen Einrichtung zu verwenden. Einnahmen zur Rekultivierung und Nachsorge von Abfallbeseitigungsanlagen (Art. 7 Abs. 5 Nr. 2 BayAbfG) sind ebenfalls in eine eigene Sonderrücklage einzustellen. Mehrerlöse, die sich aus einer Abschreibung von Wiederbeschaffungszeitwerten gegenüber einer Abschreibung von Anschaffungs- und Herstellungskosten oder dadurch ergeben, dass Zuwendungen nicht in Abzug gebracht werden, sind jeweils einer eigens für die kostenrechnende Einrichtung zu bildenden Sonderrücklage zuzuführen und dürfen nur zur Deckung von Ausgaben der jeweiligen Einrichtung verwendet werden; § 21 Abs. 1 Satz 4 bleibt unberührt. Sonderrücklagen für nichtrechtsfähige, kommunal verwaltete Stiftungen sind möglich.

G

§ 21 Anlegung von Rücklagen

(1) Die Mittel der Rücklagen müssen für ihren Zweck rechtzeitig verfügbar sein. Sie sind, soweit sie nicht als Betriebsmittel der Kasse benötigt werden, sicher und ertragbringend anzulegen (Art. 74 Abs. 2 Satz 2 GO, Art. 68 Abs. 2 Satz 2 LKrO, Art. 66 Abs. 2 Satz 2 BezO); die Sicherheitsanforderungen, die Verwaltung der Geldanlagen und regelmäßige Berichtspflichten sind durch Dienstanweisung zu regeln. Erträge aus Sonderrücklagen sind den jeweiligen Sonderrücklagen zuzuführen. Solange Sonderrücklagen für ihren Zweck nicht benötigt werden, können sie als innere Darlehn im Vermögenshaushalt in Anspruch genommen werden.

(2) Sonderrücklagen sind aufzulösen, wenn und soweit ihr Verwendungszweck entfällt.

5. ABSCHNITT
Ausgleich des Haushalts

§ 22 Haushaltsausgleich

(1) Die im Verwaltungshaushalt zur Deckung der Ausgaben nicht benötigten Einnahmen sind dem Vermögenshaushalt zuzuführen. Die Zuführung zum Vermögenshaushalt muss mindestens so hoch sein, dass damit die ordentliche Tilgung von Krediten gedeckt werden kann, soweit dafür keine Einnahmen nach § 1 Abs. 1 Nrn. 2 bis 4 zur Verfügung stehen. Die Zuführung soll ferner die Ansammlung von Rücklagen, soweit sie nach § 20 erforderlich ist, ermöglichen und insgesamt mindestens so hoch sein wie die aus speziellen Entgelten gedeckten Abschreibungen.

(2) Soweit Einnahmen des Vermögenshaushalts im Haushaltsjahr nicht für die in § 1 Abs. 1 Nrn. 6, 7 und 9 genannten Ausgaben, zur Ansammlung von Sonderrücklagen oder zur Deckung von Fehlbeträgen benötigt werden, sind sie der allgemeinen Rücklage zuzuführen.

(3) Mittel der allgemeinen Rücklage dürfen zum Ausgleich des Verwaltungshaushalts verwendet werden, wenn

1. sonst der Ausgleich trotz Ausschöpfung aller Einnahmemöglichkeiten und Ausnutzung jeder Sparmöglichkeit nicht erreicht werden kann,
2. die Mittel nicht für die unabweisbare Fortführung bereits begonnener Maßnahmen benötigt werden und
3. die Kassenliquidität unter Berücksichtigung möglicher Kassenkredite nicht beeinträchtigt wird.

Unter den in Satz 1 genannten Voraussetzungen können auch die in § 1 Abs. 1 Nr. 2 genannten Einnahmen zum Ausgleich des Verwaltungshaushalts verwendet werden; dabei dürfen die in § 20 Abs. 3 genannten Zwecke nicht gefährdet werden.

§ 23 Deckung von Fehlbeträgen

Ein Fehlbetrag soll unverzüglich gedeckt werden; er ist spätestens im zweiten, im Fall einer Haushaltssatzung für zwei Jahre spätestens im dritten dem Haushaltsjahr folgenden Jahr zu veranschlagen. Ein nach Art. 66 Abs. 4 GO, Art. 60 Abs. 4 LKrO oder Art. 58 Abs. 4 BezO entstandener Fehlbetrag ist im folgenden Jahr zu decken.

6. ABSCHNITT
Finanzplanung

§ 24 Finanzplanung und Investitionsprogramm

(1) Der Finanzplan (Art. 70 GO, Art. 64 LKrO, Art. 62 BezO) besteht aus einer Übersicht über die Entwicklung der Einnahmen und Ausgaben des Verwaltungshaushalts sowie des Vermögenshaushalts. Er ist nach der für die Gruppierungsübersicht (§ 4 Satz 1 Nr. 3) geltenden Ordnung und nach Jahren gegliedert aufzustellen; für Investitionen und Investitionsförderungsmaßnahmen ist eine Gliederung nach bestimmten Aufgabenbereichen vorzunehmen.

(2) In das dem Finanzplan zugrundezulegende Investitionsprogramm sind die im Planungszeitraum vorgesehenen Investitionen und Investitionsförderungsmaßnahmen nach Jahresabschnitten aufzunehmen. Jeder Jahresabschnitt soll die fortzuführenden und neuen Investitionen und Investitionsförderungsmaßnahmen mit den auf das betreffende Jahr entfallenden Teilbeträgen wiedergeben. Unbedeutende Investitionen und Investitionsförderungsmaßnahmen können nach Abschnitten zusammengefasst werden. Ergeben sich bei der Aufstellung des Haushaltsplans wesentliche Änderungen für die folgenden Jahre, so ist das Programm entsprechend fortzuschreiben.

(3) Bei der Aufstellung und Fortschreibung des Finanzplans sollen die vom Staatsministerium des Innern, für Sport und Integration im Einvernehmen mit dem Staatsministerium der

Finanzen und für Heimat auf der Grundlage der Empfehlungen des Finanzplanungsrats bekannt gegebenen Orientierungsdaten berücksichtigt werden.

(4) Der Finanzplan soll für die einzelnen Jahre in Einnahme und Ausgabe ausgeglichen sein.

7. ABSCHNITT
Besondere Vorschriften für die Haushaltswirtschaft

§ 25 Einziehung der Einnahmen

Die Einnahmen sind rechtzeitig und vollständig einzuziehen, ihr Eingang ist zu überwachen.

§ 26 Bewirtschaftung und Überwachung der Ausgaben

(1) Die Ausgabemittel sind so zu verwalten, dass sie zur Deckung aller Ausgaben im Haushaltsjahr ausreichen, die unter die einzelnen Zweckbestimmungen fallen; sie dürfen erst dann in Anspruch genommen werden, wenn die Aufgabenerfüllung es erfordert.

(2) Die Inanspruchnahme der Ausgabemittel einschließlich der über- und außerplanmäßigen Ausgaben ist in Haushaltsüberwachungslisten oder auf andere geeignete Weise zu überwachen. Die bei den einzelnen Haushaltsstellen noch zur Verfügung stehenden Ausgabemittel müssen ständig zu erkennen sein.

(3) Die Absätze 1 und 2 gelten für die Inanspruchnahme von Verpflichtungsermächtigungen entsprechend.

§ 27 Ausgaben des Vermögenshaushalts

(1) Die Ausgabemittel des Vermögenshaushalts dürfen nur in Anspruch genommen werden, soweit Deckungsmittel rechtzeitig bereitgestellt werden können. Dabei darf die Finanzierung

anderer, bereits begonnener Maßnahmen nicht beeinträchtigt werden.

(2) Vor Beginn einer Maßnahme nach § 10 Abs. 3 und 4 soll bei Hochbauten ein Kostenanschlag nach DIN 276 vorliegen. Bei anderen Baumaßnahmen soll entsprechend verfahren werden.

(3) Vor Beginn einer Baumaßnahme nach § 10 Abs. 5 müssen bei Hochbauten mindestens eine Kostenberechnung nach DIN 276 und ein Bauzeitplan vorliegen. Bei anderen Baumaßnahmen ist entsprechend zu verfahren.

§ 28 Haushaltswirtschaftliche Sperre

Wenn die Entwicklung der Einnahmen oder Ausgaben es erfordert, ist die Inanspruchnahme von Ausgabemitteln und Verpflichtungsermächtigungen zu sperren.

§ 29 Berichtspflicht

Dem Gemeinderat, Kreistag oder Bezirkstag ist unverzüglich zu berichten, wenn

1. eine haushaltswirtschaftliche Sperre nach § 28 verfügt worden ist oder
2. sich abzeichnet, dass der Haushaltsausgleich gefährdet ist oder
3. erkennbar wird, dass sich die Gesamtausgaben einer Maßnahme des Vermögenshaushalts nicht nur geringfügig erhöhen werden.

§ 30 Vorschüsse, Verwahrgelder

(1) Eine Ausgabe, die sich auf den Haushalt bezieht, darf als Vorschuss nur behandelt werden, wenn die Verpflichtung zur Leistung feststeht und die Deckung gewährleistet ist, die Ausgabe aber noch nicht endgültig im Haushalt gebucht werden kann.

(2) Eine Einnahme, die sich auf den Haushalt bezieht, darf als Verwahrgeld nur behandelt werden, solange sie noch nicht endgültig im Haushalt gebucht werden kann.

§ 31 Vergabe von Aufträgen

(1) Der Vergabe von Aufträgen muss eine Öffentliche Ausschreibung oder eine Beschränkte Ausschreibung mit Teilnahmewettbewerb vorausgehen, sofern nicht die Natur des Geschäfts oder besondere Umstände eine Beschränkte Ausschreibung ohne Teilnahmewettbewerb oder eine Verhandlungsvergabe rechtfertigen.

(2) Bei der Vergabe von Aufträgen und dem Abschluss von Verträgen sind die Vergabegrundsätze anzuwenden, die das Staatsministerium des Innern, für Sport und Integration im Einvernehmen mit dem Staatsministerium der Finanzen und für Heimat bekannt gibt.

§ 32 Stundung, Niederschlagung und Erlass

(1) Für die Stundung, die Erhebung von Stundungszinsen, die Niederschlagung und den Erlass von Ansprüchen gelten die Bestimmungen der Abgabenordnung entsprechend.

(2) Die zuständige Dienststelle soll, wenn die Vollstreckung eingeleitet ist (§ 52), eine Stundung nur im Benehmen mit der Kasse erteilen. Im Übrigen hat sie Stundungen der Kasse unverzüglich schriftlich mitzuteilen. Die Kasse darf unbeschadet des § 42 Abs. 2 Stundungen nicht gewähren.

§ 33 Kleinbeträge

Es kann darauf verzichtet werden, Ansprüche von weniger als zehn Euro geltend zu machen, wenn nicht die Einziehung aus grundsätzlichen Erwägungen geboten ist. Durch Dienstanweisung kann für bestimmte Fälle Abweichendes bestimmt werden. Wenn nicht die Einziehung des vollen Betrags aus grundsätzlichen Erwägungen geboten ist, können Ansprüche auf volle Euro abgerundet werden. Mit juristischen Personen des öffentlichen Rechts kann im Fall der Gegenseitigkeit etwas anderes vereinbart werden.

§ 34 Nachtragshaushaltsplan

(1) Der Nachtragshaushaltsplan muss alle erheblichen Änderungen der Einnahmen und Ausgaben, die im Zeitpunkt seiner Aufstellung übersehbar sind, enthalten. Bereits bewilligte über- und außerplanmäßige Ausgaben brauchen nicht veranschlagt zu werden.

(2) Werden im Nachtragshaushaltsplan Mehreinnahmen veranschlagt oder Ausgabekürzungen vorgenommen, die zur Deckung über- oder außerplanmäßiger Ausgaben dienen, so sind diese Ausgaben abweichend von Absatz 1 Satz 2 mit in den Nachtragshaushaltsplan aufzunehmen; sie können in einer Summe veranschlagt werden, unerhebliche Beträge können unberücksichtigt bleiben.

(3) Enthält der Nachtragshaushaltsplan neue Verpflichtungsermächtigungen, sind deren Auswirkungen auf den Finanzplan anzugeben; die Übersicht nach § 2 Abs. 2 Nr. 2 ist zu ergänzen.

§ 35 Haushaltssatzung für zwei Jahre

(1) Werden in der Haushaltssatzung Festsetzungen für zwei Haushaltsjahre getroffen, sind im Haushaltsplan die Einnahmen, Ausgaben und Verpflichtungsermächtigungen für jedes der beiden Haushaltsjahre getrennt zu veranschlagen. Soweit es unumgänglich ist, kann hierbei von Vorschriften über die äußere Form des Haushaltsplans abgewichen werden.

(2) Die Fortschreibung der Finanzplanung im ersten Haushaltsjahr ist dem Gemeinderat, Kreistag oder Bezirkstag vor Beginn des zweiten Haushaltsjahres vorzulegen.

(3) Anlagen nach § 2 Abs. 2 Nr. 4, die nach der Verabschiedung eines Haushaltsplans nach Absatz 1 erstellt worden sind, müssen dem folgenden Haushaltsplan beigefügt werden.

§ 36 Abweichendes Wirtschaftsjahr

(1) Für kommunale Unternehmen, für die keine Sonderrechnungen geführt werden, und für öffentliche Einrichtungen, kann die Gemeinde ein vom Haushaltsjahr abweichendes Wirtschaftsjahr bestimmen, wenn die Eigenart des Betriebs es erfordert.

(2) Im Fall des Absatzes 1 ist für die Wirtschaftsführung im Wirtschaftsjahr ein Bewirtschaftungsplan aufzustellen. Für diesen gelten die Vorschriften über den Inhalt und die Gliederung des Haushaltsplans sinngemäß; er ist vom Gemeinderat, Kreistag oder Bezirkstag zu beschließen. Die Einnahmen und Ausgaben des Bewirtschaftungsplans sind in den Haushaltsplan des Jahres zu übernehmen, in dem das Wirtschaftsjahr endet. Die bei Aufstellung des Haushaltsplans übersehbaren Änderungen der Ansätze des Bewirtschaftungsplans sind hierbei zu berücksichtigen. Der Bewirtschaftungsplan ist als Anlage dem Haushaltsplan anzuschließen.

(3) Für land- und forstwirtschaftliche Betriebe kann von der Aufstellung von Bewirtschaftungsplänen nach Absatz 2 abgesehen werden. Die Einnahmen und Ausgaben dieser Betriebe sind im Fall des Absatzes 1 im Haushaltsplan des Jahres zu veranschlagen, in dem das Wirtschaftsjahr endet.

(4) Vor Inkrafttreten der Haushaltssatzung können die zur Aufrechterhaltung des Betriebs erforderlichen Ausgaben geleistet werden.

G

8. ABSCHNITT
Elektronische Kommunikation, automatisierte Verfahren

§ 37 Elektronische Kommunikation, automatisierte Verfahren

(1) Werden automatisierte Verfahren für die Ermittlung von Ansprüchen und Zahlungsverpflichtungen, die Buchführung, die Abwicklung des Zahlungsverkehrs und die Aufbewahrung

von Büchern und Belegen eingesetzt, muss sichergestellt werden, dass

1. geeignete, fachlich geprüfte Programme und von der durch Dienstanweisung bestimmten Stelle freigegebene Verfahren eingesetzt werden,
2. die Daten vollständig und richtig erfasst, eingegeben, verarbeitet und ausgegeben werden,
3. nachvollziehbar dokumentiert ist, wer wann welche Daten eingegeben oder verändert hat,
4. in das automatisierte Verfahren nicht unbefugt eingegriffen werden kann,
5. die gespeicherten Daten nicht verloren gehen und nicht unbefugt gelesen, genutzt oder verändert werden können,
6. die gespeicherten Daten bis zum Ablauf der Aufbewahrungsfristen jederzeit in angemessener Frist lesbar und maschinell auswertbar sind; § 82 Abs. 4 ist zu beachten,
7. die Unterlagen, die für den Nachweis der richtigen und vollständigen Ermittlung der Ansprüche oder Zahlungsverpflichtungen sowie für die ordnungsgemäße Abwicklung der Buchführung und des Zahlungsverkehrs erforderlich sind, einschließlich eines Verzeichnisses über den Aufbau der Datensätze, und die Dokumentation der eingesetzten Programme und Verfahren bis zum Ablauf der Aufbewahrungsfrist verfügbar bleiben,
8. Berichtigungen der Daten protokolliert, nachvollziehbar dokumentiert und die Protokolle wie Belege aufbewahrt werden,
9. elektronische Signaturen (§ 87 Nr. 12) mindestens während der Dauer der Aufbewahrungsfristen nachprüfbar sind,
10. die Aufgabenbereiche »Administration von Informationssystemen und automatisierten Verfahren« und die Fach- und Kassenaufgaben gegeneinander abgegrenzt und die dafür Verantwortlichen bestimmt werden; die Aufgaben sollen nicht von demselben Beschäftigten wahrgenommen werden.

(2) Das Nähere über den Einsatz automatisierter Verfahren, deren Sicherung und Kontrolle wird durch Dienstanweisung geregelt.

9. ABSCHNITT
Kassenanordnungen

§ 38 Kassenanordnungen

(1) Schriftliche oder bei automatisierten Verfahren auf elektronischem Wege übermittelte Anordnungen (Kassenanordnungen) sind zu erteilen, wenn

1. Einzahlungen anzunehmen oder Auszahlungen zu leisten und die damit verbundenen Buchungen vorzunehmen sind (Zahlungsanordnung: Annahmeanordnung oder Auszahlungsanordnung),
2. Buchungen vorzunehmen sind, die das Ergebnis in den Büchern ändern und die sich nicht in Verbindung mit einer Zahlung ergeben (Buchungsanordnung),
3. Gegenstände zur Verwahrung anzunehmen oder verwahrte Gegenstände auszuliefern und die damit verbundenen Buchungen vorzunehmen sind (Einlieferungs- oder Auslieferungsanordnung).

(2) Die Befugnis, Kassenanordnungen zu erteilen (Anordnungsbefugnis), wird durch Dienstanweisung geregelt; Form und Umfang der Befugnis ist dabei mitzubestimmen. Die Namen und Unterschriften der Beschäftigten, die Anordnungen erteilen dürfen, Form und Umfang der Anordnungsbefugnis sowie deren Wegfall sind außerdem der Kasse schriftlich oder beim Einsatz elektronischer Verfahren in geeigneter Weise elektronisch mitzuteilen. Wer nach § 41 die sachliche und rechnerische Feststellung trifft, soll nicht auch die Auszahlungsanordnung erteilen.

(3) Beschäftigte der Kasse dürfen keine Kassenanordnungen erteilen, ausgenommen bei den in § 42 Abs. 2 genannten Aufgaben.

§ 39 Zahlungsanordnung

(1) Die Zahlungsanordnung muss enthalten

1. die Bezeichnung der Kasse, gegebenenfalls auch der Zahlstelle, die die Einzahlung annehmen oder die Auszahlung leisten soll,
2. den anzunehmenden oder auszuzahlenden Betrag in Ziffern und soweit die Zahlungsanordnung manuell erstellt wird bei Euro-Beträgen von fünfhundert Euro und mehr auch in Buchstaben,
3. den Grund der Zahlung,
4. den Zahlungspflichtigen oder Empfangsberechtigten,
5. den Fälligkeitstag,
6. die Buchungsstelle und das Haushaltsjahr,
7. die sachliche und rechnerische Feststellung nach § 41 Abs. 1,
8. das Datum der Anordnung,
9. die Unterschrift des Anordnungsberechtigten.

Bei automatisierten Verfahren kann die Unterschrift des Anordnungsberechtigten durch eine elektronische Signatur (§ 87 Nr. 12) ersetzt werden.

(2) Ist die Feststellung nach Abs. 1 Satz 1 Nr. 7 nicht mit der Zahlungsanordnung verbunden, ist in der Zahlungsanordnung zu bestätigen, dass sie vorliegt.

(3) Zahlungsanordnungen sind unverzüglich zu erteilen, sobald die Verpflichtung zur Leistung, der Zahlungspflichtige oder Empfangsberechtigte, der Betrag und die Fälligkeit feststehen.

(4) Auszahlungsanordnungen zu Lasten des Haushalts dürfen nur erteilt werden, wenn die haushaltsrechtlichen Voraussetzungen vorliegen. Das ist in der Auszahlungsanordnung zu bestätigen.

§ 40 Allgemeine Zahlungsanordnung

(1) Eine allgemeine Zahlungsanordnung kann sich auf die Angaben nach § 39 Abs. 1 Nrn 3, 6, 8 und 9 beschränken. Sie ist zulässig für

1. Einzahlungen, die dem Grunde nach häufig anfallen, auch wenn der Zahlungspflichtige oder der Betrag vorher nicht feststehen,
2. regelmäßig wiederkehrende Auszahlungen, für die der Zahlungsgrund und die Empfangsberechtigten, nicht aber der Betrag für die einzelnen Fälligkeitstermine feststehen,
3. geringfügige Auszahlungen, für die sofortige Barzahlung üblich ist,
4. Auszahlungen für Gebühren, Zinsen und ähnliche Kosten, die regelmäßig wiederkehrend bei der Erledigung der Aufgaben der Kasse anfallen.

G

(2) Durch Dienstanweisung kann für Einzahlungen und Auszahlungen, die nach Rechtsvorschriften oder allgemeinen Tarifen erhoben werden, eine allgemeine Zahlungsanordnung zugelassen werden, wenn gewährleistet ist, dass die Kasse rechtzeitig vor den Fälligkeitstagen die Unterlagen über die anzunehmenden oder auszuzahlenden Beträge erhält.

§ 41 Sachliche und rechnerische Feststellung von Kassenanordnungen

(1) Jeder Anspruch und jede Zahlungsverpflichtung sind auf ihren Grund und ihre Höhe zu prüfen. Die Richtigkeit ist schriftlich oder durch eine elektronische Signatur zu bescheinigen (sachliche und rechnerische Feststellung). Die Feststellung nach Satz 2 kann bei der maschinellen Ermittlung von Ansprüchen und Zahlungsverpflichtungen mit Hilfe automatisierter Verfahren in begründeten Ausnahmefällen in Abstimmung mit dem örtlichen Prüfungsorgan durch geeignete organisatorische und technische Maßnahmen ersetzt werden; die Rechtsaufsichtsbehörde ist zu informieren. In den Fällen des § 50 Abs. 2 Nrn. 1

und 2 und Abs. 3 entfällt eine sachliche und rechnerische Feststellung.

(2) Bedarf es einer Annahmeanordnung oder Auszahlungsanordnung im Sinn des § 39, ist die sachliche und rechnerische Feststellung vor Erteilung der Anordnung zu treffen. Sonst ist die Feststellung nach Eingang oder Leistung der Zahlung unverzüglich nachzuholen.

(3) Die Befugnis für die sachliche und rechnerische Feststellung und deren Form wird durch Dienstanweisung geregelt. § 38 Abs. 2 Satz 2 und § 42 Abs. 4 gelten entsprechend. Beschäftigten der Kasse darf die Befugnis, abgesehen von den Fällen des § 50 Abs. 2 und 3, nur erteilt werden, wenn und soweit der Sachverhalt nur von ihnen beurteilt werden kann; § 38 Abs. 2 Satz 2 und § 42 Abs. 4 gelten entsprechend.

10. ABSCHNITT
Aufgaben und Organisation der Kasse

§ 42 Aufgaben der Kasse

(1) Zu den Kassengeschäften gehören

1. die Annahme der Einzahlungen und die Leistung der Auszahlungen,
2. die Verwaltung der Kassenmittel,
3. die Verwahrung von Wertgegenständen,
4. die Buchführung einschließlich der Sammlung der Belege, soweit nicht eine andere Stelle damit beauftragt ist.

(2) Der Kasse obliegen außerdem die Mahnung, die Vollstreckung und die Festsetzung, Stundung, Niederschlagung und der Erlass von Mahngebühren, Vollstreckungskosten und Nebenforderungen (Zinsen und Säumniszuschläge), soweit in anderen Vorschriften nichts anderes bestimmt oder nicht eine andere Stelle damit beauftragt ist.

(3) Der Kasse können weitere Aufgaben übertragen werden, soweit Vorschriften dieser Verordnung nicht entgegenstehen

und die Erledigung der Aufgaben nach den Absätzen 1 und 2 nicht beeinträchtigt wird.

(4) Mit der Festsetzung, Stundung, Niederschlagung und dem Erlass von Mahngebühren, Vollstreckungskosten und Nebenforderungen sollen nur Beschäftigte der Kasse beauftragt werden, die nicht selbst Einzahlungen annehmen oder Auszahlungen leisten.

§ 43 Einrichtung und Geschäftsgang der Kasse

(1) Die Kasse ist so einzurichten, dass

1. sie ihre Aufgaben ordnungsmäßig und wirtschaftlich erledigen kann,
2. für die Sicherheit der Beschäftigte gegen Überfälle angemessen gesorgt ist,
3. Datenverarbeitungseinrichtungen oder -systeme, Automaten für den Zahlungsverkehr und andere technische Hilfsmittel nicht unbefugt benutzt werden können und
4. die Zahlungsmittel, die zu verwahrenden Wertgegenstände, die Bücher und Belege sicher aufbewahrt werden können.

(2) Zahlungsverkehr und Buchführung sollen nicht von denselben Beschäftigten wahrgenommen werden.

(3) Überweisungsaufträge, Abbuchungsaufträge, Einzugsermächtigungen und Schecks sind von zwei Beschäftigten zu unterzeichnen. Beim Einsatz automatisierter Verfahren können die Unterschriften durch elektronische Signaturen (§ 87 Nr. 12) ersetzt werden.

(4) Sendungen, die an die Kasse gerichtet sind, sind ihr ungeöffnet zuzuleiten. Zahlungsmittel und Wertsendungen, die bei einer anderen Dienststelle eingehen, sind unverzüglich an die Kasse weiterzuleiten.

§ 44 Zahlstellen

Zur Erledigung von Kassengeschäften können Zahlstellen als Teile der Kasse eingerichtet werden; ihnen können auch

Aufgaben nach § 42 Abs. 2 und 3 übertragen werden. § 42 Abs. 4 gilt entsprechend. Die Aufgaben der einzelnen Zahlstellen werden durch Dienstanweisung geregelt.

§ 45 Handvorschüsse, Einnahmekassen und Zahlungen mit Hilfe von Automaten

(1) Zur Leistung geringfügiger Zahlungen oder als Wechselgeld können einzelnen Dienststellen oder einzelnen Beschäftigten Handvorschüsse in bar, mittels Geldkarte oder bargeldlos über ein Girokonto der Kommune gewährt werden. Wenn kein kürzerer Zeitraum bestimmt wird, ist über die Handvorschüsse monatlich, spätestens zum Jahresabschluss abzurechnen. Die erforderlichen Maßnahmen für die ordnungsmäßige Verwaltung der Handvorschüsse werden durch Dienstanweisung geregelt.

G

(2) Für die Annahme von Zahlungen können Einnahmekassen (Geldannahmestellen) errichtet werden. Für Einnahmekassen gelten die Regelungen für Handvorschüsse sinngemäß.

(3) Wenn Zahlungen mit Hilfe von Automaten angenommen werden, ist wöchentlich abzurechnen. Im Übrigen gelten Abs. 1 und 2 entsprechend.

§ 46 Weitere Kassengeschäfte

(1) Die Kasse soll die Aufgaben der Sonderkassen und der gesonderten Kassen miterledigen.

(2) Die Kasse darf Aufgaben nach § 42 Abs. 1 und 2 für andere (fremde Kassengeschäfte) nur erledigen, wenn dies durch Gesetz oder auf Grund eines Gesetzes bestimmt oder durch Dienstanweisung angeordnet ist. Eine solche Anordnung ist nur zulässig, wenn sie im Interesse der Gebietskörperschaft liegt und gewährleistet ist, dass die fremden Kassengeschäfte bei der Prüfung der Kasse mitgeprüft werden können.

(3) Die Vorschriften dieser Verordnung gelten für die Erledigung fremder Kassengeschäfte entsprechend, soweit nicht durch Gesetz oder auf Grund eines Gesetzes etwas anderes bestimmt ist.

11. ABSCHNITT
Zahlungsverkehr

§ 47 Allgemeines

(1) Der Zahlungsverkehr ist nach Möglichkeit unbar abzuwickeln.

(2) Zahlungsmittel dürfen nur in den Räumen der Kasse und nur von den damit beauftragten Beschäftigten angenommen oder ausgehändigt werden. Außerhalb dieser Räume dürfen Zahlungsmittel nur von dazu besonders ermächtigten Personen oder mit Hilfe von Automaten angenommen oder ausgehändigt werden. Sie können mit einem Wechselgeldvorschuss ausgestattet werden.

(3) Die Kasse darf einem Beschäftigten der Gebietskörperschaft keine Zahlungsmittel zur Weitergabe an andere aushändigen, es sei denn, dass die Weitergabe der Zahlungsmittel zum Dienstauftrag des Beschäftigten gehört oder er die Zahlungsmittel als gesetzlicher Vertreter oder als Bevollmächtigter in Empfang nehmen kann.

§ 48 Geldkarten, Debitkarten, Kreditkarten und Schecks

(1) Neben den gesetzlichen Zahlungsmitteln dürfen Einzahlungen mittels Geldkarten, Debitkarten, Kreditkarten oder Schecks entgegengenommen werden.

(2) Die Entgegennahme von Schecks ist in geeigneter Weise zu überwachen. Von der Führung eines Schecküberwachungsbuchs kann abgesehen werden, wenn die für die Nachverfolgung wesentlichen Angaben auf andere Weise festgehalten sind,

die Verbindung mit der Buchführung hergestellt werden kann und die Abwicklung überwacht wird.

(3) Auszahlungen sollen nicht mittels Debit- oder Kreditkarten geleistet werden.

(4) Welche Einzahlungen und Auszahlungen mittels Geld-, Debit- oder Kreditkarten angenommen oder geleistet werden dürfen, wird durch Dienstanweisung geregelt.

§ 49 Erfordernis der Kassenanordnung

(1) Die Kasse darf, wenn in dieser Verordnung nichts anderes bestimmt ist, nur auf Grund einer schriftlichen oder bei automatisierten Verfahren auf elektronischem Weg übermittelten Anordnung (Kassenanordnung) die in § 38 Abs. 1 genannten Kassengeschäfte erledigen.

(2) Sie darf Kassenanordnungen, die in der Form nicht den Vorschriften entsprechen oder die sonst zu Bedenken Anlass geben, erst ausführen, wenn die anordnende Stelle die Anordnung berichtigt hat oder sie aufrechterhält.

§ 50 Ausnahmen vom Erfordernis der Kassenanordnung

(1) Ist für die Kasse zu erkennen, dass sie empfangsberechtigt ist, hat sie Einzahlungen auch ohne Annahmeanordnung anzunehmen und zu buchen. Die Annahmeanordnung ist unverzüglich einzuholen.

(2) Ohne Annahmeanordnung dürfen angenommen und gebucht werden

1. Kassenmittel, die die Kasse von einer anderen Stelle für Auszahlungen für Rechnung dieser Stelle erhält,
2. Einzahlungen, die irrtümlich bei der Kasse eingezahlt und nach Absatz 3 Nr. 2 zurückgezahlt oder weitergeleitet werden,
3. Einzahlungen, die die Kasse nach § 42 Abs. 2 selbst festsetzt.

In den Fällen des § 41 Abs. 1 Satz 3 kann die Annahmeanordnung entfallen.

(3) Ohne Auszahlungsanordnung dürfen ausgezahlt und gebucht werden

1. die an eine andere Stelle abzuführenden Mittel, die für deren Rechnung angenommen wurden,
2. irrtümlich eingezahlte Beträge, die an den Einzahler zurückgezahlt oder an den Empfangsberechtigten weitergeleitet werden.

§ 51 Einzahlungsquittung

(1) Die Kasse hat über jede Einzahlung, die durch Übergabe von Zahlungsmitteln entrichtet wird, dem Einzahler eine Quittung zu erteilen. Davon ausgenommen sind Einzahlungen, die den Gegenwert für verkaufte Wertzeichen, Geldwerte, Drucksachen oder andere durch Dienstanweisung bestimmte geringwertige Waren oder Dienstleistungen darstellen. Über sonstige Einzahlungen hat die Kasse nur auf Verlangen Quittungen zu erteilen; dabei ist der Zahlungsweg anzugeben.

(2) Wird die Einzahlung durch Übergabe eines Schecks bewirkt, ist das in der Quittung anzugeben. In diesem Fall hat die Quittung den Vermerk »Eingang vorbehalten« zu enthalten.

(3) Die Form der Quittung und die Befugnis zu ihrer Erteilung wird durch Dienstanweisung geregelt. Die Regelung muss den Anforderungen an einen sicheren Zahlungsverkehr genügen.

§ 52 Verfahren bei zwangsweiser Einziehung

Gehen Einnahmen nicht rechtzeitig ein und sind sie erfolglos angemahnt, so hat die Kasse unverzüglich die Vollstreckung einzuleiten oder zu veranlassen. Sie kann hiervon zunächst absehen, wenn zu erkennen ist, dass

1. die Vollziehung des der Annahmeanordnung zu Grunde liegenden Bescheids ausgesetzt wird,
2. eine Stundung, Niederschlagung oder ein Erlass in Betracht kommt.

In diesen Fällen hat sie unverzüglich die Entscheidung der zuständigen Dienststelle herbeizuführen.

§ 53 Auszahlungen

(1) Die Kasse hat die Auszahlungen zu den Fälligkeitstagen zu leisten. Sie soll Forderungen des Empfangsberechtigten gegen eigene Forderungen aufrechnen.

(2) Auszahlungen für Rechnung einer anderen Stelle sollen nur insoweit geleistet werden, als Kassenmittel aus Einzahlungen für diese Stelle oder aus deren Beständen zur Verfügung stehen.

G

§ 54 Dauerauftrags- und Lastschrifteinzugsverfahren

Die Kasse kann angewiesen werden, ein Kreditinstitut zu beauftragen oder einen Empfangsberechtigten zu ermächtigen, Forderungen bestimmter Art vom Konto der Kasse abzubuchen (Dauerauftragsverfahren) oder abbuchen zu lassen (Lastschrifteinzugsverfahren). Eine solche Anweisung darf der Kasse nur erteilt werden, wenn

1. zu erwarten ist, dass der Empfangsberechtigte ordnungsmäßig mit der Kasse abrechnet,
2. die Forderungen des Empfangsberechtigten zeitlich und der Höhe nach abzuschätzen sind und
3. gewährleistet ist, dass das Kreditinstitut den im Lastschrifteinzugsverfahren abgebuchten Betrag auf dem Konto der Kasse wieder gutschreibt, wenn die Kasse in angemessener Frist der Abbuchung widerspricht.

Von der Voraussetzung nach Satz 2 Nr. 3 kann abgesehen werden, wenn der Empfangsberechtigte eine juristische Person des öffentlichen Rechts ist.

§ 55 Auszahlungsnachweise

(1) Die Kasse darf nur gegen Quittung bar auszahlen. Der Kassenverwalter kann einen anderen Nachweis zulassen, wenn dem Empfänger die Ausstellung einer Quittung nicht möglich ist oder nicht zugemutet werden kann. In diesen Fällen ist die Auszahlung durch einen bei der Auszahlung anwesenden Zeugen zu bescheinigen.

(2) Bei unbaren Auszahlungen ist auf der Auszahlungsanordnung oder auf einem besonderen Beleg zu bescheinigen oder innerhalb des automatisierten Verfahrens zu dokumentieren, an welchem Tag und auf welchem Weg die Zahlung geleistet worden ist. Falls eine Auszahlungsanordnung nicht vorgeschrieben oder nach § 40 allgemein erteilt ist, kann die Bescheinigung auch auf der sachlichen und rechnerischen Feststellung nach § 41 Abs. 1 erfolgen. Statt der Bescheinigung der Kasse kann auch eine Bescheinigung des Kreditinstituts über die Zahlung mit dem Beleg verbunden werden.

§ 56 Besorgung des Zahlungsverkehrs durch Stellen außerhalb der eigenen Verwaltung

(1) Wird der Zahlungsverkehr ganz oder zum Teil durch eine Stelle außerhalb der eigenen Verwaltung besorgt, muss insbesondere gewährleistet sein, dass

1. Zahlungsanordnungen vor Übersendung an die erledigende Stelle registriert werden, wenn nicht die Beträge vorher zum Soll gestellt wurden,
2. die Zahlungsanordnungen an die beauftragte Stelle nicht unbefugt geändert werden können,
3. die beauftragte Stelle
   a) mindestens monatlich mit der Kasse abrechnet, wenn nicht eine unmittelbare Abrechnung mit einer anderen Stelle angeordnet ist,
   b) die Auszahlungsnachweise für die einzelnen Auszahlungen der Kasse als Belege überlässt oder ihr schriftlich

bestätigt, dass die Zahlungen auftragsgemäß geleistet worden sind; im letzteren Fall müssen die Auszahlungsnachweise von der beauftragten Stelle nach § 71 Abs. 2 und § 82 geordnet und aufbewahrt und für Prüfungen bereitgestellt werden,

c) Angelegenheiten, die ihr durch die Erledigung der Kassengeschäfte zur Kenntnis gelangen, nicht unbefugt verwertet oder weitergibt,

d) im Fall eines Verschuldens für Schäden eintritt,

4. den für die Kasse zuständigen Prüfungsorganen Gelegenheit gegeben wird, sich von der ordnungsmäßigen Abwicklung des Zahlungsverkehrs an Ort und Stelle zu vergewissern.

(2) Die beauftragte Stelle muss ihre Nachweise über die Ein- und Auszahlungen wie Vorbücher zum Zeitbuch führen. Die Kasse hat die von der beauftragten Stelle angenommenen Einzahlungen oder geleisteten Auszahlungen zusammengefasst in ihre Zeitbücher zu übernehmen und am Tag zu buchen, an dem die beauftragte Stelle mit der Kasse abrechnet.

12. ABSCHNITT
Verwaltung der Kassenmittel, der Wertgegenstände und anderer Gegenstände

§ 57 Verwaltung der Kassenmittel

(1) Die Kasse hat darauf zu achten, dass die für die Auszahlungen erforderlichen Kassenmittel rechtzeitig verfügbar sind. Der Bestand an Bargeld und die Guthaben auf den für den Zahlungsverkehr bei Kreditinstituten errichteten Konten sind auf den für Zahlungen notwendigen Umfang zu beschränken. Vorübergehend nicht benötigte Kassenmittel sind so anzulegen, dass sie bei Bedarf verfügbar sind. Die Bewirtschaftung des Kassenbestands wird durch Dienstanweisung geregelt.

(2) Die anordnenden Stellen haben die Kasse unverzüglich zu unterrichten, wenn mit größeren Ein- oder Auszahlungen zu rechnen ist.

(3) Der Kassenbestand wird erforderlichenfalls aus Mitteln der allgemeinen Rücklage oder durch Kassenkredite verstärkt. Sobald eine Verstärkung des Kassenbestands erforderlich wird, hat der Kassenverwalter dem hierfür zuständigen Vorgesetzten so rechtzeitig Mitteilung zu machen, dass er für eine fristgemäße Bereitstellung der Mittel sorgen kann. Der Kassenverwalter hat darauf hinzuwirken, dass die Verstärkung des Kassenbestands bald abgewickelt werden kann.

§ 58 Aufbewahrung und Beförderung von Zahlungsmitteln

(1) Zahlungsmittel und Vordrucke für Schecks und Überweisungsaufträge sind sicher aufzubewahren. Durch Dienstanweisung wird bestimmt, welche Sicherheitsvorkehrungen für die Aufbewahrung sowie für die Beförderung von Zahlungsmitteln zu treffen sind.

(2) Die Kasse darf Zahlungsmittel, die nicht zum Kassenbestand gehören und Gegenstände, die ihr nicht zur Verwahrung zugewiesen sind, nicht im Kassenbehälter aufbewahren.

§ 59 Verwahrung von Wertgegenständen

(1) Urkunden, die Vermögensrechte verbriefen oder nachweisen, sind von der Kasse zu verwahren. Das Gleiche gilt für Kostenmarken, andere Wertzeichen mit Ausnahme von Postwertzeichen und für geldwerte Drucksachen, die nach § 51 Abs. 1 Satz 1 ohne Quittung abgegeben werden. Wertpapiere sollen einem Kreditinstitut gegen Depotschein zur Verwahrung und Verwaltung übergeben werden.

(2) Über die Annahme und Auslieferung der zu verwahrenden Wertgegenstände ist Buch zu führen. Die Annahme und Auslieferung sind zu quittieren. § 47 Abs. 2 und 3, § 58 Abs. 1, §§ 61 und 62 gelten entsprechend.

(3) Verwahrt die Kasse Wertpapiere, hat sie die Auslosung und Kündigung sowie die Zinstermine zu überwachen und die sonstigen Aufgaben des Verwahrers nach dem Depotgesetz wahrzunehmen.

(4) Durch Dienstanweisung kann eine andere Dienststelle mit der Verwahrung und Buchführung beauftragt werden.

§ 60 Verwahrung von anderen Gegenständen

Andere Gegenstände, die der Gebietskörperschaft gehören oder von ihr zu verwahren sind, können in geeigneten Fällen der Kasse zur Verwahrung zugewiesen werden. § 42 Abs. 3 und § 59 Abs. 2 gelten entsprechend.

13. ABSCHNITT
Buchführung

ERSTER UNTERABSCHNITT
Allgemeines

§ 61 Grundsätze für die Buchführung

(1) Die Buchführung muss ordnungsmäßig, sicher und wirtschaftlich sein.

(2) Die Aufzeichnungen in den Büchern müssen vollständig, richtig, klar, übersichtlich und nachprüfbar sein; sie sind zeitnah vorzunehmen.

§ 62 Form und Sicherung der Bücher

(1) Die Bücher können mit Hilfe automatisierter Verfahren oder in visuell lesbarer Form (gebunden, geheftet, in Loseblatt- oder Karteiform) geführt werden. Durch Dienstanweisung wird die Form der Buchführung und die Sicherung des Buchungsverfahrens geregelt. Die Bücher sind durch geeignete Maßnahmen gegen Verlust, Wegnahme und Veränderungen zu schützen.

(2) Bei visuell lesbarer Buchführung sind die Eintragungen urkundenecht vorzunehmen. Sie dürfen nur zur Berichtigung von Schreib- und Rechenfehlern und sonstigen offensichtlichen Unrichtigkeiten geändert werden. Änderungen müssen so vorgenommen werden, dass die ursprüngliche Eintragung lesbar bleibt.

§ 63 Besorgung der Buchführung durch Stellen außerhalb der eigenen Verwaltung

Wird die Buchung der Einzahlungen und Auszahlungen ganz oder zum Teil von Stellen außerhalb der eigenen Verwaltung besorgt, muss insbesondere gewährleistet sein, dass

1. die Belege vor der Übersendung an die beauftragte Stelle registriert werden,
2. die für die Kasse zuständigen Prüfungsorgane sich von der ordnungsmäßigen Erledigung der Buchungen vergewissern können,
3. der Kasse rechtzeitig die Tagesabschlüsse (§ 72), Zwischenabschlüsse (§ 73) und der Jahresabschluss (§ 74) übermittelt werden.

Im Übrigen gelten § 56 Abs. 1 Nrn. 2 und 3 Buchst. c bis e entsprechend.

ZWEITER UNTERABSCHNITT
Bücher für Einzahlungen und Auszahlungen

§ 64 Zeitliche und sachliche Buchung

Die Einzahlungen und Auszahlungen sind in zeitlicher Reihenfolge im Zeitbuch und in sachlicher Ordnung im Sachbuch zu buchen.

§ 65 Zeitbuch

(1) Im Zeitbuch sind die Einzahlungen und Auszahlungen getrennt voneinander einzeln oder nach den Absätzen 2 und 3

in Summen zusammengefasst zu buchen. Die Buchung umfasst mindestens

1. die laufende Nummer,
2. den Buchungstag,
3. einen Hinweis, der die Verbindung mit der sachlichen Buchung herstellt,
4. den Betrag.

Gebuchte Beträge dürfen nach dem Tagesabschluss nicht mehr geändert werden.

(2) Zum Zeitbuch können Vorbücher geführt werden, aus denen die Ergebnisse mindestens monatlich in das Zeitbuch übernommen werden. Für die Vorbücher gelten Absatz 1 Sätze 2 bis 4 entsprechend.

(3) Im Zeitbuch können mehrere Beträge auf Grund von Zusammenstellungen von Belegen zusammengefasst gebucht werden. Die Zusammenstellungen sind als Belege zur Zeitbuchung aufzubewahren.

§ 66 Buchungstag

(1) Einzahlungen sind zeitlich zu buchen bei

1. unbaren Zahlungen am Tag, an dem die Kasse von der Gutschrift Kenntnis erhält oder ein übersandter Scheck bei ihr eingeht,
2. Barzahlungen am Tag des Eingangs der Zahlungsmittel,
3. Aufrechnungen am Tag, an dem die Aufrechnungserklärung der Kasse bekannt wird,
4. den von Gelderhebern erhobenen Einzahlungen am Tag, an dem der Gelderheber mit der Kasse abrechnet.

(2) Auszahlungen sind zeitlich zu buchen bei

1. unbaren Zahlungen am Tag der Hingabe des Auftrags an das Kreditinstitut oder der Übersendung eines Schecks oder bei Abbuchungen im Lastschrifteinzugsverfahren am Tag, an dem die Kasse von der Abbuchung Kenntnis erhält,

2. Barzahlungen am Tag der Übergabe oder Übersendung von Bargeld oder der Übergabe von Schecks,
3. Aufrechnungen am Tag, an dem die Einzahlungsbuchung vorgenommen wird.

(3) Wird im automatisierten Verfahren gebucht, können die Buchungen auch nach den in den Absätzen 1 und 2 genannten Tagen vorgenommen werden. Sie sind unverzüglich und stets unter dem Datum vorzunehmen, das sich aus den Absätzen 1 und 2 ergibt.

§ 67 Sachbuch

(1) Das Sachbuch ist so einzurichten, dass aus ihm der kassenmäßige Abschluss und die Haushaltsrechnung entwickelt werden können. Es ist zu gliedern in

1. das Sachbuch für den Verwaltungshaushalt und das Sachbuch für den Vermögenshaushalt,
2. das Sachbuch für Vorschüsse (Vorschussbuch) und das Sachbuch für Verwahrgelder und andere haushaltsfremde Vorgänge (Verwahrbuch); das Vorschussbuch und das Verwahrbuch können zusammengefasst werden.

(2) Im Sachbuch für den Verwaltungshaushalt und den Vermögenshaushalt sind die Einzahlungen und die Auszahlungen nach der Ordnung des Haushaltsplans zu buchen. Die Ordnung für die Buchung in den anderen Sachbuchteilen wird durch Dienstanweisung bestimmt, soweit das Staatsministerium des Innern, für Sport und Integration keine verbindlichen Muster bekannt gegeben hat.

(3) Die sachliche Buchung umfasst mindestens

1. den Betrag,
2. die Einzahlung oder Auszahlung,
3. den Buchungstag der Einzahlung oder Auszahlung,
4. einen Hinweis, der die Verbindung mit der zeitlichen Buchung herstellt,
5. die Belegnummer.

(4) Zum Sachbuch können Vorbücher geführt werden, deren Ergebnisse mindestens vierteljährlich in das Sachbuch zu übernehmen sind. Für den Inhalt der Vorbücher gilt Absatz 3 entsprechend.

§ 68 Buchungen im Sachbuch

Die Einzahlungen und Auszahlungen sind auf Grund der Kassenanordnung oder der sachlichen und rechnerischen Feststellung nach § 41 Abs. 1 zum Soll zu stellen. Bei Auszahlungen kann die Sollstellung bis zur Zeitbuchung aufgeschoben werden. Die Ist-Buchung im Sachbuch soll mit der Zeitbuchung vorgenommen werden.

§ 69 Weitere Bücher

(1) Zum Nachweis des Bestands und der Veränderungen auf den für den Zahlungsverkehr bei Kreditinstituten errichteten Konten der Kasse ist für jedes Konto ein Kontogegenbuch zu führen. Hiervon kann abgesehen werden, wenn durch das Zeitbuch oder auf andere Weise der Bestand und die Veränderungen der Konten überwacht werden können.

(2) Zum Nachweis der Tagesabschlüsse ist ein Tagesabschlussbuch zu führen.

(3) Die in den Absätzen 1 und 2 genannten Bücher können für mehrere Jahre geführt werden.

(4) Durch Dienstanweisung wird bestimmt, welche weiteren Bücher geführt werden.

§ 70 Absetzungen von Einzahlungen und Auszahlungen

(1) Die Rückzahlung zu viel eingegangener Beträge ist von den Einzahlungen abzusetzen, wenn die Rückzahlung im selben Jahr vorgenommen wird, in dem der Betrag eingegangen ist oder wenn noch ein entsprechender Haushaltseinnahmerest besteht. In den anderen Fällen sind Rückzahlungen als Auszahlungen zu behandeln.

(2) Die Rückzahlung zu viel ausgezahlter Beträge ist von den Auszahlungen abzusetzen, wenn die Rückzahlung im selben Jahr vorgenommen wird, in dem der Betrag ausgezahlt worden ist oder wenn noch ein entsprechender Haushaltsausgaberest besteht. In den anderen Fällen sind die Rückzahlungen als Einzahlungen zu behandeln.

(3) Für Abgaben, abgabeähnliche Entgelte und allgemeine Zuweisungen ist § 14 Abs. 2 auch bei der Buchung anzuwenden.

(4) Zweckgebundene Einnahmen, die nicht im Haushaltsjahr verwendet werden, können in den Büchern für das Haushaltsjahr abgesetzt und in das folgende Jahr übertragen werden.

§ 71 Belege

(1) Die Buchungen müssen durch Kassenanordnungen und Auszahlungsnachweise, ferner durch Unterlagen, aus denen sich der Zahlungsgrund ergibt (begründende Unterlagen), belegt sein. In den Fällen der §§ 40, 50 Abs. 2 Nr. 3 und § 54 tritt an die Stelle der Zahlungsanordnung nach § 39 die Bestätigung, dass die sachliche und rechnerische Feststellung vorliegt (§ 41 Abs. 2 Satz 2).

(2) Soweit Bücher mit Hilfe automatisierter Verfahren im Sinn von § 62 Abs. 1 geführt werden, können begründende Unterlagen entweder dauerhaft auf Bildträger übernommen werden oder in einer Weise gespeichert werden, dass die Unveränderbarkeit gewährleistet ist. Die nicht mehr benötigten Unterlagen sollen nicht vor Abschluss der örtlichen Prüfung der Jahresrechnung vernichtet werden. Der Zeitpunkt für die Vernichtung ist in Abstimmung mit dem örtlichen Rechnungsprüfungsorgan festzulegen.

(3) Die Kassenanordnungen und die Auszahlungsnachweise sind nach der sachlichen Buchung (§ 67) zu ordnen, soweit nicht auf andere Weise sichergestellt ist, dass zeitnah darauf zugegriffen werden kann.

(4) Bei der Übernahme oder Speicherung nach Abs. 2 Satz 1 muss sichergestellt werden, dass die Belege nach der zeitlichen

und sachlichen Buchung ausgewertet werden können und die Wiedergabe und die Daten mit den empfangenen Unterlagen und Buchungsbelegen bildlich und mit den anderen Unterlagen inhaltlich übereinstimmen, wenn sie lesbar gemacht werden.

DRITTER UNTERABSCHNITT
Tagesabschluss, Zwischenabschlüsse und Jahresabschluss

§ 72 Tagesabschluss

(1) Die Kasse hat

1. an jedem Tag, an dem Zahlungen bewirkt worden sind, die sich auf den Kassenbestand auswirken, am Schluss des Buchungstages (§ 66) oder vor Buchungsbeginn des folgenden Buchungstages den Kassenistbestand,
2. für jeden Buchungstag (§ 66) unmittelbar nach Abschluss der Zeitbuchung oder vor Buchungsbeginn des folgenden Buchungstages den Kassensollbestand zu ermitteln und jeweils sofort in das Tagesabschlussbuch zu übernehmen.

Die Eintragungen sind von den an den Ermittlungen beteiligten Beschäftigten und vom Kassenverwalter oder einem von ihm Beauftragten zu unterschreiben; bei automatisierten Verfahren können die Unterschriften durch elektronische Signaturen (§ 87 Nr. 12) ersetzt werden. Erfolgen die Kontogegenbuchführung und die zeitliche Buchung in einem automatisierten Verfahren, können anstelle des Tagesabschlusses nach Satz 1 der Barkassenbestand und der Bestand aus den Kontogegenbüchern ermittelt und dem Bestand an Zahlungsmitteln sowie dem Bestand auf den für den Zahlungsverkehr bei Kreditinstituten errichteten Konten gegenübergestellt werden. Die Unveränderbarkeit der elektronisch signierten Tagesabschlüsse muss gewährleistet sein.

(2) Bei Kassen mit geringem Zahlungsverkehr kann durch Dienstanweisung zugelassen werden, dass wöchentlich nur ein Abschluss vorgenommen wird.

(3) Unstimmigkeiten, die sich bei der Gegenüberstellung des Kassenistbestands und des Kassensollbestands ergeben, sind unverzüglich aufzuklären. Der Kassenverwalter hat seinem Vorgesetzten in erheblichen Fällen von einem Kassenfehlbetrag unverzüglich Kenntnis zu geben. Kassenfehlbeträge und -überschüsse sind auf besonderen Konten zu buchen. Sind sie am Ende des Haushaltsjahres nicht aufgeklärt, sind die Überschüsse zu vereinnahmen und Fehlbeträge auszugleichen.

§ 73

(weggefallen)

§ 74 Jahresabschluss

(1) Das Zeitbuch und das Sachbuch sind zum Ende des Haushaltsjahres abzuschließen. Nach dem Abschlusstag dürfen nur noch Abschlussbuchungen vorgenommen werden.

(2) Der buchmäßige Kassenbestand, die Kassenreste und die Haushaltsreste sowie ein Fehlbetrag sind nach der für die Zeit- und Sachbuchung vorgeschriebenen Ordnung in die Bücher des folgenden Haushaltsjahres zu übernehmen. Unerledigte Vorschüsse und Verwahrgelder sind einzeln unter gegenseitiger Verweisung in die Bücher des neuen Haushaltsjahres zu übertragen.

14. ABSCHNITT
Nachweise über das Vermögen

§ 75 Bestandsverzeichnisse

(1) Die Gemeinden, Landkreise und Bezirke haben über die Grundstücke, grundstücksgleichen Rechte, bewegliche Sachen und immateriellen Vermögensgegenstände, die ihr Eigentum sind oder ihnen zustehen, Bestandsverzeichnisse zu führen. Aus den Verzeichnissen müssen Art und Menge sowie Lage oder Standort der Gegenstände ersichtlich sein.

(2) Verzeichnisse brauchen nicht geführt zu werden, soweit

1. sich der Bestand aus Anlagenachweisen ergibt,
2. es sich um bewegliche Sachen oder immaterielle Vermögensgegenstände handelt, deren Anschaffungs- oder Herstellungskosten im Einzelfall oder für die Sachgesamtheit wertmäßig die Abschreibungsgrenze für geringwertige Wirtschaftsgüter nicht überschreiten,
3. über den Bestand von Vorräten eine ausreichende Kontrolle gewährleistet ist oder die Vorräte zum alsbaldigen Verbrauch bestimmt sind.

G

§ 76 Nachweis von Anlagevermögen und Geldanlagen

(1) Über Forderungen aus Geldanlagen und Darlehn sowie über Beteiligungen und Wertpapiere sind Nachweise zu führen. Forderungen aus Geldanlagen und Darlehn müssen mit ihrem jeweiligen Stand, Beteiligungen und Wertpapiere in der Regel mit dem für sie aufgewendeten Betrag nachgewiesen werden.

(2) Über Grundstücke, grundstücksgleiche Rechte, bewegliche Sachen und immaterielle Vermögensgegenstände, die kostenrechnenden Einrichtungen dienen, sind gesondert für jede Einrichtung Anlagenachweise zu führen. In die Anlagenachweise sind die Anschaffungs- oder Herstellungskosten und die Abschreibungen aufzunehmen. Gleichartige Gegenstände oder solche, die einem einheitlichen Zweck dienen, können zusammengefasst nachgewiesen werden. Wenn sich der Bestand von Gegenständen in seiner Größe und seinem Wert über längere Zeit nicht erheblich verändert, kann er mit Festwerten nachgewiesen werden; diese sind in angemessenen Zeitabständen zu überprüfen.

(3) Absatz 2 gilt nicht für geringwertige Wirtschaftsgüter im Sinn des Einkommensteuergesetzes.

(4) Über Grundstücke, grundstücksgleiche Rechte, bewegliche Sachen und immaterielle Vermögensgegenstände, die nicht kostenrechnenden Einrichtungen dienen, sind Anlagenachweise zu führen, soweit das zur Führung einer Kosten- und

Leistungsrechnung nach § 11a erforderlich ist. Die Absätze 2 und 3 gelten sinngemäß.

15. ABSCHNITT
Jahresrechnung

§ 77 Bestandteile der Jahresrechnung

(1) Die Jahresrechnung umfasst den kassenmäßigen Abschluss und die Haushaltsrechnung.

(2) Der Jahresrechnung sind beizufügen

1. eine Vermögensübersicht,
2. eine Übersicht über die Schulden und die Rücklagen,
3. ein Rechnungsquerschnitt und eine Gruppierungsübersicht,
4. ein Verzeichnis der beim Jahresabschluss unerledigten Vorschüsse und Verwahrgelder,
5. ein Rechenschaftsbericht.

(3) Die Bestände und die Veränderungen des Vermögens sowie der Schulden und Rücklagen können in der Jahresrechnung nachgewiesen werden. Absatz 2 Nrn. 1 und 2 finden in diesem Fall keine Anwendung.

G

§ 78 Kassenmäßiger Abschluss

Der kassenmäßige Abschluss enthält

1. die Solleinnahmen und die Soll-Ausgaben,
2. die Isteinnahmen und die Ist-Ausgaben bis zum Abschlusstag,
3. die Kasseneinnahme- und die Kassenausgabereste insgesamt und je gesondert für den Verwaltungshaushalt und den Vermögenshaushalt sowie für die Vorschüsse und Verwahrgelder. Als buchmäßiger Kassenbestand ist der Unterschied zwischen der Summe der Isteinnahmen und der Summe der Ist-Ausgaben auszuweisen.

§ 79 Haushaltsrechnung

(1) In der Haushaltsrechnung sind die in § 78 Satz 1 Nrn. 1 bis 3 genannten Beträge für die einzelnen Haushaltsstellen nach der Ordnung des Haushaltsplans nachzuweisen. Den Solleinnahmen und Soll-Ausgaben des Haushaltsjahres sind die entsprechenden Haushaltsansätze gegenüberzustellen. Die über- und außerplanmäßig bewilligten Ausgaben sowie die nach § 17 gedeckten Mehrausgaben sind nachzuweisen.

(2) In der Haushaltsrechnung ist ferner bei den einzelnen Haushaltsstellen festzustellen, welche übertragbaren Ausgabemittel noch verfügbar sind und in welcher Höhe sie als Haushaltsausgabereste in das folgende Jahr übertragen werden. Haushaltseinnahmereste dürfen nur gebildet werden für Einnahmen

1. nach § 1 Abs. 1 Nr. 4, soweit der Eingang der Einnahmen im folgenden Jahr gesichert ist, oder
2. aus der Aufnahme von Krediten, soweit der Eingang der Einnahmen während der Gültigkeitsdauer der Kreditermächtigung gesichert ist.

(3) Zur Feststellung des Ergebnisses der Haushaltsrechnung sind die Solleinnahmen des Haushaltsjahres den Soll-Ausgaben des Haushaltsjahres unter Berücksichtigung etwaiger Haushaltsreste gegenüberzustellen. Ein Überschuss ist in der abzuschließenden Jahresrechnung der allgemeinen Rücklage zuzuführen.

§ 80 Rechnungsabgrenzung

(1) Als Solleinnahmen und Soll-Ausgaben des Haushaltsjahres sind alle Beträge nachzuweisen, die bis zum Ende des Haushaltsjahres fällig geworden oder darüber hinaus gestundet worden sind. Niedergeschlagene oder erlassene Beträge dürfen nicht als Solleinnahmen oder Soll-Ausgaben nachgewiesen werden.

(2) Beträge, die im Haushaltsjahr eingehen oder zu zahlen sind, jedoch erst im folgenden Jahr fällig werden, sowie die

Personalausgaben nach § 14 Abs. 4 Satz 2 sind in der Haushaltsrechnung für das neue Haushaltsjahr nachzuweisen.

§ 81 Anlagen zur Jahresrechnung

(1) Aus der Vermögensübersicht muss der Stand des Vermögens nach § 76 Abs. 1 und 2 zu Beginn und am Ende des Haushaltsjahres gegliedert nach Arten, für das Vermögen nach § 76 Abs. 2 auch nach Aufgabenbereichen, ersichtlich sein.

(2) Aus der Übersicht über die Schulden und Rücklagen muss der Stand zu Beginn und zum Ende des Haushaltsjahres ersichtlich sein, bei den Schulden gegliedert nach Gläubigern.

(3) Für den Rechnungsquerschnitt und die Gruppierungsübersicht gelten § 4 Satz 1 Nrn. 2 und 3 sinngemäß.

(4) Im Rechenschaftsbericht sind insbesondere die wichtigsten Ergebnisse der Jahresrechnung und erhebliche Abweichungen der Jahresergebnisse von den Haushaltsansätzen zu erläutern. Der Rechenschaftsbericht soll außerdem einen Überblick über die Haushaltswirtschaft im abgelaufenen Jahr geben.

§ 82 Aufbewahrung der Jahresrechnung, der Bücher und Belege, Aufbewahrungsfristen

(1) Die Bücher und Belege sind sicher und geordnet aufzubewahren. Begründende Unterlagen sind dann zu den Belegen zu nehmen, wenn sie nicht bei den anordnenden Stellen aufbewahrt werden.

(2) Die Jahresrechnung ist dauernd aufzubewahren, auch bei automatisierten Verfahren auch in ausgedruckter Form. Die Bücher sind zehn Jahre, die Belege sechs Jahre aufzubewahren. Die Fristen beginnen am 1. Januar des der Aufstellung der Jahresrechnung folgenden Haushaltsjahres und enden frühestens sechs Monate nach der Beschlussfassung über die Entlastung. Ergeben sich Zahlungsgrund und Zahlungspflichtige oder Empfangsberechtigte nicht aus den Büchern, sind die Belege so lange

wie die Bücher aufzubewahren. Gutschriften und Lastschriften der Kreditinstitute sind wie Belege aufzubewahren.

(3) Werden Bücher in visuell lesbarer Form geführt, können diese und die Belege nach Abschluss der überörtlichen Prüfung auf elektronischen Speichermedien oder auf Bildträgern aufbewahrt werden.

(4) Werden automatisierte Verfahren, in denen Bücher und Belege gespeichert sind, geändert oder abgelöst, muss die maschinelle Auswertung der gespeicherten Daten innerhalb der Aufbewahrungsfristen auch mit den geänderten oder neuen Verfahren oder durch ein anderes System gewährleistet sein.

16. ABSCHNITT
Sonderkassen, gesonderte Kassen

§ 83 Allgemeines

Wenn die Haushaltswirtschaft der Gemeinde, des Landkreises oder des Bezirks nach den Grundsätzen der Kameralistik geführt wird, gelten für Sondervermögen und Treuhandvermögen die Vorschriften dieser Verordnung entsprechend, soweit in gesetzlichen Vorschriften oder in Vorschriften aufgrund eines Gesetzes nichts anderes bestimmt ist. Das gilt insbesondere für die Vorschriften der Abschnitte 8 bis 13 und 17, die für Sonderkassen und gesonderte Kassen entsprechend anzuwenden sind. Sind Sonderkassen oder gesonderte Kassen mit einer Kasse verbunden, so kann ein gemeinsames Zeitbuch für die Kasse und die Sonderkassen bzw. gesonderten Kassen geführt werden. § 82 ist anzuwenden.

§ 84 Sonderregelung bei kaufmännischer Buchführung nach spezialgesetzlichen Regelungen

Bei Anwendung der kaufmännischen Buchführung oder einer entsprechenden Verwaltungsbuchführung nach spezialgesetzlichen Regelungen gelten die §§ 67, 68, 70, 73 und 74 nicht.

Der unbare Zahlungsverkehr und die Buchführung können einer anderen Stelle des für das Rechnungswesen zuständigen Geschäftsbereichs übertragen werden. Einzahlungen können ohne Zahlungsanordnung nach § 39 angenommen werden; bei Zahlungsanordnungen nach § 39 können die Buchungsstellen und das Haushaltsjahr (Wirtschaftsjahr) im Rahmen der Buchführung bezeichnet werden.

§ 85 Sonderregelung für kommunale Unternehmen

Durch Dienstanweisung kann kommunalen Unternehmen mit Sonderrechnung gestattet werden, in Fällen, in denen es verkehrsüblich ist, Wechsel zahlungshalber entgegenzunehmen und diskontieren zu lassen oder zur Erfüllung von Forderungen Dritter Wechsel auszustellen oder zu akzeptieren. Ansprüche dürfen dadurch nicht gefährdet werden. Wechselverbindlichkeiten sind auf den Höchstbetrag der Kassenkredite für das Unternehmen anzurechnen.

17. ABSCHNITT
Begriffsbestimmungen, Übergangs- und Schlussvorschriften

§ 86 Schriftform

Allgemeine Regelungen (Dienstanweisungen) nach dieser Verordnung bedürfen der Schriftform.

§ 87 Begriffsbestimmungen

Bei der Anwendung dieser Verordnung sind die nachfolgenden Begriffe zu Grunde zu legen:

1. Abschlussbuchungen

   die für den kassenmäßigen Abschluss und die Haushaltsrechnung des abgelaufenen Jahres noch erforderlichen Buchungen einschließlich der Übertragungen in das folgende

Jahr, ausgenommen die Buchungen von Einzahlungen und Auszahlungen von Dritten oder an Dritte einschließlich der Sondervermögen mit Sonderrechnungen

2. Anlagekapital

   das für das Anlagevermögen von kostenrechnenden Einrichtungen gebundene Kapital (Anschaffungs- oder Herstellungskosten abzüglich der Abschreibungen)

3. Anlagevermögen

   die Teile des Vermögens, die dauernd der Aufgabenerfüllung dienen; im Einzelnen:

   3.1 Grundstücke

   3.2 bewegliche Sachen mit Ausnahme der geringwertigen Wirtschaftsgüter im Sinn des Einkommensteuergesetzes

   3.3 dingliche Rechte

   3.4 Beteiligungen sowie Wertpapiere, die zum Zweck der Beteiligungen erworben wurden

   3.5 Forderungen aus Darlehn, die aus Mitteln des Haushalts in Erfüllung einer Aufgabe gewährt wurden

   3.6 Kapitaleinlagen in Zweckverbänden oder anderen kommunalen Zusammenschlüssen

   3.7 das in Sondervermögen mit Sonderrechnung eingebrachte Eigenkapital

   3.8 immaterielle Vermögensgegenstände mit Ausnahme solcher nach § 75 Abs. 2 Nr. 2

4. Außerplanmäßige Einnahmen und Ausgaben

   Einnahmen, für die keine Zweckbestimmung im Haushaltsplan vorgesehen ist

   Ausgaben, für deren Zweck im Haushaltsplan keine Mittel veranschlagt und keine Haushaltsausgabereste aus den Vorjahren verfügbar sind

G

5. Auszahlungen

   die aus der Kasse oder Sonderkasse hinausgehenden Beträge einschließlich der Verrechnungen (Nummer 40.3)

6. Bargeld

   Münzen und Banknoten, die als gesetzliche Zahlungsmittel anerkannt sind

7. Baumaßnahmen

   Neu-, Erweiterungs- und Umbauten sowie die Instandsetzung von Bauten, soweit sie nicht der Unterhaltung baulicher Anlagen dient

8. Beschäftigte

   im Sinne dieser Verordnung sind die bei der Kommune beschäftigten Beamten und Arbeitnehmer und Personen, denen von der Kommune Aufgaben übertragen sind

9. Deckungsreserve

   Mittel zur Vermeidung über- und außerplanmäßiger Ausgaben des Verwaltungshaushalts

10. Durchlaufende Gelder

    Beträge, die für einen Dritten lediglich vereinnahmt und verausgabt werden

11. Einzahlungen

    die bei der Kasse oder Sonderkasse eingehenden Beträge einschließlich der Verrechnungen (Nummer 40.3)

12. Elektronische Signaturen

    - qualifizierte elektronische Signaturen gemäß Art. 3 Nr. 12 der Verordnung (EU) Nr. 910/2014
    - fortgeschrittene Signaturen gemäß Art. 3 Nr. 11 der Verordnung (EU) Nr. 910/2014, deren ergänzende Merkmale allgemein durch das Staatsministerium des Innern, für Sport und Integration festgelegt worden sind

G

13. Erlass
    Verzicht auf einen Anspruch
14. Fehlbetrag
    der Betrag, um den unter Berücksichtigung der Haushaltsreste die Soll-Ausgaben in der Haushaltsrechnung höher sind als die Solleinnahmen
15. Fremde Mittel
    die in § 13 Nrn. 2 und 3 genannten Beträge
16. Geldanlage
    der Erwerb von Wertpapieren und Forderungen aus Mitteln des Kassenbestands oder aus den den Rücklagen zugewiesenen Mitteln
17. Haushaltsreste
    Einnahme- und Ausgabeansätze und nicht verwendete zweckgebundene Mehreinnahmen (§ 17 Abs. 1 Satz 3), die in das folgende Jahr übertragen werden
18. Haushaltsvermerke
    einschränkende oder erweiternde Bestimmungen zu Ansätzen des Haushaltsplans (z.B. Vermerke über Deckungsfähigkeit, Übertragbarkeit, Zweckbindung, Sperrvermerke)
19. Innere Darlehn
    die vorübergehende Inanspruchnahme von Mitteln der Sonderrücklagen als Deckungsmittel im Vermögenshaushalt
20. Investitionen
    Ausgaben für die Veränderung des Anlagevermögens
21. Investitionsförderungsmaßnahmen
    Zuweisungen, Zuschüsse und Darlehn für Investitionen Dritter und für Investitionen von Sondervermögen mit Sonderrechnung
22. Ist-Ausgaben
    die Ausgaben der Kasse

23. Isteinnahmen

    die Einnahmen der Kasse

24. Kassenmittel

    die Zahlungsmittel im Sinn der Nr. 39.1 und die dem unbaren Zahlungsverkehr dienenden Bestände

25. Kassenreste

    die Beträge, um die die Solleinnahmen höher sind als die Isteinnahmen (Kasseneinnahmereste) oder um die die Soll-Ausgaben höher sind als die Ist-Ausgaben (Kassenausgabereste) und die in einem späteren Haushaltsjahr zu zahlen sind

26. Kredite

    das unter der Verpflichtung zur Rückzahlung von Dritten oder von Sondervermögen mit Sonderrechnung aufgenommene Kapital mit Ausnahme der Kassenkredite

27. Niederschlagung

    die befristete oder unbefristete Zurückstellung der Weiterverfolgung eines fälligen Anspruchs ohne Verzicht auf den Anspruch selbst

28. Schulden

    Zahlungsverpflichtungen aus Kreditaufnahmen und ihnen wirtschaftlich gleichkommenden Vorgängen sowie aus der Aufnahme von Kassenkrediten

29. Soll-Ausgaben

    die bis zum Abschlusstag zu leistenden und auf Grund von Auszahlungsanordnungen zum Soll des Haushaltsjahres gestellten Ausgaben

30. Solleinnahmen

    die bis zum Abschlusstag fälligen oder über diesen Zeitpunkt hinaus gestundeten, auf Grund von Annahmeanordnungen zum Soll des Haushaltsjahres gestellten Einnahmen, ohne die niedergeschlagenen und erlassenen Beträge

31. Speichermedien

    elektronische oder optische Medien (Speicherplatten, Mikrofiche), die zur Aufbewahrung der Bücher und Belege nur dann geeignet sind, wenn für die Dauer der Aufbewahrungsfristen die nicht veränderbare Speicherung und die erforderliche Lesbarkeit der Daten sichergestellt ist

32. Tilgung von Krediten

    32.1 Ordentliche Tilgung

    die Leistung des im Haushaltsjahr zurückzuzahlenden Betrags bis zu der in den Rückzahlungsbedingungen festgelegten Mindesthöhe

    32.2 Außerordentliche Tilgung

    die über die ordentliche Tilgung hinausgehende Rückzahlung einschließlich Umschuldung

G

33. Überplanmäßige Einnahmen und Ausgaben

    Einnahmen, die die im Haushaltsplan vorgesehenen Beträge und die aus den Vorjahren übertragenen Haushaltseinnahmereste übersteigen,

    Ausgaben, die die im Haushaltsplan veranschlagten Beträge und die aus den Vorjahren übertragenen Haushaltsausgabereste übersteigen

34. Überschuss

    der Betrag, um den unter Berücksichtigung der Haushaltsreste die Solleinnahmen des Vermögenshaushalts in der Haushaltsrechnung die Soll-Ausgaben für die in § 22 Abs. 2 genannten Zwecke, für Zuführungen zum Verwaltungshaushalt und für die veranschlagte Zuführung zur allgemeinen Rücklage übersteigen

35. Umschuldung

    die Ablösung von Krediten durch andere Kredite

36. Verfügungsmittel

    Beträge, die den gesetzlichen Vertretern für dienstliche Zwecke, für die keine Ausgaben veranschlagt sind, zur Verfügung stehen

37. Vorjahr
    das dem Haushaltsjahr vorangehende Jahr
38. Vorschüsse und Verwahrgelder
    die in § 30 genannten Beträge und die durchlaufenden Gelder

39.1 Zahlungsmittel
    Bargeld, Schecks, in den Fällen des § 85 Satz 1 auch Wechsel

39.2 Geldkarte
    Kartensysteme, bei denen der Karteninhaber dem Kartenherausgeber im Voraus den Gegenwert der auf der Karte gespeicherten Werteinheiten bezahlt, in Form eines auf einer Karte der Banken oder Sparkassen installierten Mikrochips, der das Auf- und Abbuchen sowie die Speicherung von elektronischen Geldeinheiten als Guthaben ermöglicht

39.3 Debitkarte
    Kartensysteme, die dem Kontoinhaber die Möglichkeit der bargeldlosen Zahlung eröffnen, wobei das Konto des Karteninhabers belastet wird, in Form eines auf einer Karte der Banken oder Sparkassen installierten Mikrochips oder Magnetstreifens

39.4 Kreditkarte
    Kartensysteme der Kreditkartenunternehmen, die Zahlungen über das Kreditkartenunternehmen ermöglichen, bei denen der verfügte Wert erst verzögert mit einem individuell vereinbarten Zahlungsziel vom Konto des Karteninhabers eingezogen wird, in Form eines auf einer Karte des Kreditkartenunternehmens installierten Magnetstreifens

40. Zahlungsverkehr
    40.1 Unbare Zahlungen
        die auch mittels Geldkarten, Debitkarten oder Kreditkarten bewirkten Überweisungen oder Einzahlungen auf ein Konto der Kasse oder Sonderkasse bei einem Kreditinstitut und entsprechende Überweisungen oder Auszahlungen von einem solchen Konto sowie

die Übersendung von Schecks sowie in den Fällen des § 85 Satz 1 auch von Wechseln

40.2 Barzahlungen

die Übergabe oder Übersendung von Bargeld; als Barzahlung gilt auch die Übergabe von Schecks sowie in den Fällen des § 85 Satz 1 auch von Wechseln

40.3 Verrechnungen

Zahlungen, die durch buchmäßigen Ausgleich zwischen Einzahlungen und Auszahlungen bewirkt werden, ohne dass die Höhe des Kassensollbestands verändert wird (Aufrechnung, Verrechnung zwischen verschiedenen Buchungsstellen).

§ 88 Übergangs- und Schlussbestimmungen

(1) Die Wertgrenze nach § 75 Abs. 2 Nr. 2 und die Führung von Bestandsverzeichnissen und Anlagenachweisen über immaterielle Vermögensgegenstände ist verpflichtend erstmalig bei der Planung, Ausführung und Rechnungslegung des Haushaltsjahres 2019 anzuwenden.

(2) Die im Zeitpunkt der erstmaligen Aufstellung der Anlagenachweise (§ 76) vorhandenen Vermögensgegenstände sind mit einem nach der Bewertungsrichtlinie ermittelten Wert anzusetzen.

(3) Auf Haushaltspläne, die der Rechtsaufsichtsbehörde bis zum Ablauf des 31. Januar 2024 vorgelegt werden, ist § 2 Abs. 2 Nr. 5 in der am 31. Januar 2024 geltenden Fassung anzuwenden.

§ 89 Inkrafttreten

Diese Verordnung tritt am 1. Januar 1977 in Kraft.[1]

1 Betrifft die ursprüngliche Fassung vom 3. Dezember 1976 (GVBl. S. 499).

Anlage (zu § 48)
Bestimmungen über die Entgegennahme von Schecks

1. Schecks sollen als Einzahlung nur angenommen werden, wenn sie innerhalb der Vorlagefrist dem bezogenen Kreditinstitut vorgelegt werden können.
2. Der angenommene Scheck ist unverzüglich als Verrechnungsscheck zu kennzeichnen, wenn er diesen Vermerk nicht bereits trägt. Die Nummer des Schecks, das bezogene Kreditinstitut, die Kontonummer des Ausstellers, der Betrag und ein Hinweis, durch den die Verbindung mit der Buchführung hergestellt werden kann, sind in ein Schecküberwachungsbuch einzutragen. Von der Führung des Schecküberwachungsbuchs kann abgesehen werden, wenn in anderer Weise die Angaben festgehalten werden und die Einlösung der Schecks überwacht wird.
3. Angenommene Schecks sind unverzüglich bei einem Kreditinstitut zur Gutschrift auf einem Konto der Kasse einzureichen. Ihre Einlösung ist zu überwachen.
4. Bevor der Scheck eingelöst ist, dürfen Leistungen darauf nur erbracht werden, wenn der Scheck unter Vorlage einer Scheckkarte übergeben wurde und er den darin angegebenen Bedingungen des Kreditinstituts entspricht oder der Aussteller und das bezogene Kreditinstitut als vertrauenswürdig bekannt sind.
5. Auf Schecks dürfen Geldbeträge nicht bar ausgezahlt werden.

Gesetz über kommunale Wahlbeamte und Wahlbeamtinnen (Kommunal-Wahlbeamten-Gesetz – KWBG)

Vom 24. Juli 2012 (GVBl. S. 366, 2014 S. 20), zuletzt geändert durch § 14 des Gesetzes vom 8. Juli 2024 (GVBl. S. 170)

Rahmensätze, Grenz- und Höchstbeträge zuletzt angepasst durch KWBG-Anpassungsbekanntmachung vom 10. September 2024 (BayMBl. Nr. 434)

Der Landtag des Freistaates Bayern hat das folgende Gesetz beschlossen, das hiermit bekannt gemacht wird:

Inhaltsübersicht

TEIL 1
Allgemeine Vorschriften

H

H

ABSCHNITT 2
Beschränkung der Vornahme von Amtshandlungen

ABSCHNITT 3
Mehrarbeit, Urlaub

H

ABSCHNITT 4
Besondere Fürsorgepflichten

TEIL 4
Besoldung, sonstige Leistungen und Versorgung für Beamte und Beamtinnen auf Zeit

ABSCHNITT 1
Besoldung und sonstige Leistungen

Anlagen

TEIL 1
Allgemeine Vorschriften

Art. 1 Geltungsbereich

(1) Dieses Gesetz regelt die Rechtsverhältnisse der kommunalen Wahlbeamten und Wahlbeamtinnen.

(2) Kommunale Wahlbeamte und Wahlbeamtinnen nach diesem Gesetz sind

1. die ersten Bürgermeister und Bürgermeisterinnen und die weiteren Bürgermeister und Bürgermeisterinnen,
2. die Landräte und Landrätinnen und deren gewählte Stellvertreter,
3. die Bezirkstagspräsidenten und Bezirkstagspräsidentinnen und deren gewählte Stellvertreter,
4. die berufsmäßigen Gemeinderatsmitglieder.

(3) [1]Kommunale Wahlbeamte und Wahlbeamtinnen sind Beamte und Beamtinnen auf Zeit oder Ehrenbeamte und Ehrenbeamtinnen. [2]Die Art des Beamtenverhältnisses bestimmt sich nach den kommunalrechtlichen Vorschriften, soweit dieses Gesetz nichts anderes regelt.

Art. 2 Zuständigkeiten

(1) Zuständigkeiten, die nach dem Beamtenstatusgesetz (BeamtStG) oder nach diesem Gesetz dem Dienstherrn übertragen sind, nimmt das nach den kommunalrechtlichen Vorschriften jeweils zuständige Organ des Dienstherrn wahr.

(2) Über die Versagung der Aussagegenehmigung nach § 37 Abs. 4 und 5 BeamtStG entscheidet die für den Dienstherrn zuständige Rechtsaufsichtsbehörde.

Art. 3 Dienstvorgesetzte und Vorgesetzte der berufsmäßigen Gemeinderatsmitglieder

[1]Dienstvorgesetzter oder Dienstvorgesetzte der berufsmäßigen Gemeinderatsmitglieder ist der erste Bürgermeister oder die erste Bürgermeisterin. [2]Vorgesetzter oder Vorgesetzte der berufsmäßigen Gemeinderatsmitglieder ist, wer ihnen auf Grund der Gemeindeordnung (GO) für ihre dienstliche Tätigkeit Anordnungen erteilen kann.

Art. 4 Zustellung von Entscheidungen

[1]Verfügungen und Entscheidungen, die den Beamten und Beamtinnen oder den Versorgungsberechtigten nach den Vorschriften des Beamtenstatusgesetzes oder dieses Gesetzes bekannt zu geben sind, sind zuzustellen, wenn durch sie eine Frist in Lauf gesetzt wird oder Rechte der Betroffenen berührt werden. [2]Soweit gesetzlich nichts anderes bestimmt ist, richtet sich die Zustellung nach den Vorschriften des Bayerischen Verwaltungszustellungs- und Vollstreckungsgesetzes.

Art. 5 Abtretung, Verpfändung, Aufrechnung

(1) Soweit nichts anderes bestimmt ist, können Beamte und Beamtinnen auf Zeit Ansprüche auf die nach diesem Gesetz gewährten Leistungen, die nicht Besoldung oder Versorgung

sind, nur insoweit abtreten oder verpfänden, als sie der Pfändung unterliegen.

(2) Der Dienstherr kann ein Aufrechnungs- oder Zurückbehaltungsrecht gegenüber Ansprüchen nach Abs. 1 nur insoweit geltend machen, als sie pfändbar sind; diese Einschränkung gilt nicht, soweit gegen den Empfänger oder die Empfängerin ein Anspruch auf Schadensersatz wegen vorsätzlicher unerlaubter Handlung besteht.

Art. 6 Verjährung

[1]Ansprüche aus dem Beamtenverhältnis verjähren in drei Jahren. [2]Im Übrigen sind §§ 194 bis 218 des Bürgerlichen Gesetzbuches entsprechend anzuwenden, soweit in diesem Gesetz nichts anderes bestimmt ist. [3]Abweichende besoldungs-, versorgungs- und beihilferechtliche Vorschriften zur Verjährung bleiben unberührt.

Art. 7 Rückforderung

Für die Rückforderung von nach diesem Gesetz gewährten Leistungen, die nicht Besoldung oder Versorgung sind, gilt Art. 15 des Bayerischen Besoldungsgesetzes (BayBesG) entsprechend.

Art. 8 Übergang von Ansprüchen

[1]Werden Beamte oder Beamtinnen, Versorgungsberechtigte oder ihre Angehörigen (Art. 20 Abs. 5 des Bayerischen Verwaltungsverfahrensgesetzes – BayVwVfG) körperlich verletzt oder getötet, so geht ein gesetzlicher Schadensersatzanspruch, der diesen Personen infolge der Körperverletzung oder der Tötung gegen Dritte zusteht, insoweit auf den Dienstherrn über, als dieser während einer auf der Körperverletzung beruhenden Aufhebung der Dienstfähigkeit oder infolge der Körperverletzung oder der Tötung zur Gewährung von Leistungen verpflichtet ist. [2]Ist eine Versorgungskasse zur Gewährung der Versorgung

verpflichtet, so geht der Anspruch auf sie über. [3]Der Übergang des Anspruchs kann nicht zum Nachteil von Verletzten oder Hinterbliebenen geltend gemacht werden. [4]Steht Beihilfeberechtigten gegen einen Leistungserbringer oder eine Leistungserbringerin ein Anspruch auf Rückerstattung oder Schadensersatz auf Grund einer unrichtigen Abrechnung zu, kann der Dienstherr des oder der Beihilfeberechtigten durch schriftliche Anzeige gegenüber dem Leistungserbringer, der Leistungserbringerin oder dessen beziehungsweise deren Abrechnungsstelle bewirken, dass der Anspruch insoweit auf den Dienstherrn übergeht, als dieser auf Antrag des oder der Beihilfeberechtigten zu hohe Beihilfeleistungen an den Beihilfeberechtigten oder die Beihilfeberechtigte erbracht hat.

TEIL 2
Beamtenverhältnis

ABSCHNITT 1
Begründung des Beamtenverhältnisses

UNTERABSCHNITT 1
Bürgermeister und Bürgermeisterinnen, Landräte und Landrätinnen und deren gewählte Stellvertreter, Bezirkstagspräsidenten und Bezirkstagspräsidentinnen und deren gewählte Stellvertreter

Art. 9 Begründung des Beamtenverhältnisses

[1]Wer in ein kommunales Wahlbeamtenverhältnis nach Art. 1 Abs. 2 Nrn. 1 bis 3 gewählt ist und wessen Wahl entweder als angenommen gilt oder wirksam angenommen wurde, wird mit dem Beginn der Amtszeit kommunaler Wahlbeamter oder kommunale Wahlbeamtin; eine Annahme der Wahl in elektronischer Form ist nicht möglich. [2]Eine Ernennung entfällt.

Art. 10 Erlöschen eines Arbeitsverhältnisses beim bisherigen Dienstherrn, Doppeldienstverhältnis

(1) Mit dem Beginn der Amtszeit als Beamter oder als Beamtin auf Zeit erlischt ein privatrechtliches Arbeitsverhältnis zum selben Dienstherrn.

(2) Ein Beamter oder eine Beamtin auf Zeit kann nicht gleichzeitig Ehrenbeamter oder Ehrenbeamtin bei demselben Dienstherrn werden.

Art. 11 Folgen von Wahlmängeln

(1) Ist die Wahl eines ersten Bürgermeisters oder einer ersten Bürgermeisterin bzw. eines Landrats oder einer Landrätin für ungültig erklärt, so ist kein Beamtenverhältnis begründet worden.

H

(2) [1]Ist die Wahl eines Bezirkstagspräsidenten oder einer Bezirkstagspräsidentin, eines weiteren Bürgermeisters oder einer weiteren Bürgermeisterin bzw. eines gewählten Stellvertreters des Landrats oder der Landrätin bzw. des Bezirkstagspräsidenten oder der Bezirkstagspräsidentin als nichtig festgestellt oder aufgehoben, so ist kein Beamtenverhältnis begründet worden. [2]Ist die Wahl aus Gründen fehlerhaft, die nicht in der Person des oder der Gewählten liegen, so kann die Wahl nur innerhalb von vier Monaten seit ihrer Vornahme rechtsaufsichtlich beanstandet oder vom Dienstherrn von Amts wegen aufgehoben werden. [3]Die rechtsaufsichtliche Beanstandung ist auch noch nach Ablauf von vier Monaten möglich, wenn die Rechtsaufsichtsbehörde die Frist verlängert, weil tatsächliche Anhaltspunkte für eine fehlerhafte Wahl vorliegen und deshalb noch eine weitere Aufklärung des Sachverhalts erforderlich ist.

(3) [1]Verliert ein kommunaler Wahlbeamter oder eine kommunale Wahlbeamtin im Sinn von Art. 1 Abs. 2 Nrn. 1 bis 3 nach der Wahl bis zum Beginn der Amtszeit die Wählbarkeit, so wird kein Beamtenverhältnis begründet. [2]Der Dienstherr stellt den Verlust der Wählbarkeit fest.

(4) [1]Ist ein Beamtenverhältnis aus einem der in Abs. 1 bis 3 genannten Gründe nicht zustande gekommen, so sind für das zwischen dem Dienstherrn und dem oder der Gewählten entstandene öffentlich-rechtliche Dienstverhältnis die Vorschriften dieses Gesetzes und die für kommunale Wahlbeamte und Wahlbeamtinnen geltenden Vorschriften des Bayerischen Disziplinargesetzes (BayDG) entsprechend anzuwenden, soweit nachfolgend nichts anderes bestimmt ist. [2]Satz 1 gilt entsprechend, wenn der oder die Gewählte in den Ruhestand tritt.

(5) [1]Das Dienstverhältnis oder der Ruhestand endet in den Fällen der Abs. 1 bis 3 mit dem Zeitpunkt, in dem unanfechtbar feststeht, dass ein Beamtenverhältnis nicht zustande gekommen ist. [2]Die bis zum Ende des Dienstverhältnisses oder des Ruhestands gewährten Leistungen des Dienstherrn sind zu belassen. [3]An Versorgungsbezügen erhält der oder die Gewählte Unfallfürsorge und, wenn die Gründe, die das Zustandekommen des Beamtenverhältnisses verhindert haben, nicht in der Person des oder der Gewählten liegen, auch Übergangsgeld; sonstige Versorgungsbezüge werden nicht gewährt.

(6) [1]§ 22 Abs. 3 BeamtStG und Art. 10 Abs. 1 sind in den Fällen der Abs. 1 bis 3 nicht anzuwenden. [2]Die Rechte und Pflichten aus dem fortbestehenden Beamten- oder Arbeitsverhältnis ruhen für die Dauer eines Dienstverhältnisses nach Abs. 4.

(7) Amtshandlungen, die bis zu dem in Abs. 5 genannten Zeitpunkt vorgenommen wurden, sind in gleicher Weise gültig, wie wenn sie ein Beamter oder eine Beamtin vorgenommen hätte.

UNTERABSCHNITT 2
Berufsmäßige Gemeinderatsmitglieder

Art. 12 Voraussetzungen für die Begründung des Beamtenverhältnisses

(1) Bewerber und Bewerberinnen für das Amt eines berufsmäßigen Gemeinderatsmitglieds sind durch Stellenausschreibung zu ermitteln, wenn es im besonderen dienstlichen Interesse liegt.

(2) In das Amt eines berufsmäßigen Gemeinderatsmitglieds kann nur berufen werden, wer zum berufsmäßigen ersten Bürgermeister oder zur berufsmäßigen ersten Bürgermeisterin wählbar ist und

1. die laufbahnrechtliche Qualifikation besitzt, die seinem künftigen Aufgabengebiet entspricht, oder
2. mindestens drei Jahre dem künftigen Aufgabengebiet entsprechend in verantwortlicher Stellung tätig gewesen ist.

Art. 13 Begründung und Dauer des Beamtenverhältnisses

(1) Wer zum berufsmäßigen Gemeinderatsmitglied gewählt ist und die Wahl angenommen hat, ist zum Beamten auf Zeit oder zur Beamtin auf Zeit zu ernennen.

(2) [1]Die Ernennung wird mit dem Tag der Aushändigung der Ernennungsurkunde wirksam, wenn nicht in der Urkunde ausdrücklich ein späterer Tag bestimmt ist. [2]Art. 10 gilt entsprechend.

(3) Ist die Zeitdauer der Berufung nicht angegeben, so endet das Beamtenverhältnis sechs Jahre nach der Ernennung; das Gleiche gilt, wenn ein längerer Zeitraum als sechs Jahre angegeben ist.

Art. 14 Nichtigkeit und Rücknahme der Ernennung

(1) Die Ernennung des berufsmäßigen Gemeinderatsmitglieds ist abweichend von § 11 Abs. 1 Nr. 3 BeamtStG nichtig,

1. wenn seine Wahl als nichtig festgestellt oder aufgehoben ist; Art. 11 Abs. 2 Sätze 2 und 3 gelten entsprechend, oder
2. wenn der oder die Gewählte bis zu dem Zeitpunkt, in dem nach Art. 13 Abs. 2 die Ernennung wirksam geworden wäre, die Wählbarkeit verloren hat; der Dienstherr stellt den Verlust der Wählbarkeit fest.

(2) [1]Ist die Ernennung des berufsmäßigen Gemeinderatsmitglieds nichtig und besteht keine Heilungsmöglichkeit nach § 11 Abs. 2 BeamtStG, so hat der Dienstvorgesetzte dem oder

der Ernannten unverzüglich die weitere Führung der Dienstgeschäfte zu verbieten. [2]Soweit eine nichtige Ernennung geheilt werden kann, ist das Verbot erst dann auszusprechen, wenn die sachlich zuständigen Stellen es abgelehnt haben, die Ernennung zu bestätigen.

(3) [1]Ist die Ernennung nichtig, gelten Art. 11 Abs. 4 bis 6 entsprechend. [2]Die bis zum Verbot nach Abs. 2 vorgenommenen Amtshandlungen des oder der Ernannten sind in gleicher Weise gültig, wie wenn sie ein Beamter oder eine Beamtin ausgeführt hätte.

(4) [1]Die Ernennung kann in den Fällen der § 12 Abs. 1 Nrn. 1 und 2 BeamtStG nur innerhalb einer Frist von sechs Monaten, in den Fällen des § 12 Abs. 1 Nr. 4 BeamtStG nur innerhalb einer Frist von einem Jahr zurückgenommen werden, nachdem die in beamtenrechtlichen Angelegenheiten zur Vertretung nach außen berechtigte Stelle von der Ernennung und von dem Rücknahmegrund Kenntnis erlangt hat. [2]Die Rücknahme hat die Wirkung, dass die Ernennung von Anfang an unwirksam ist. [3]Die Rücknahme der Ernennung ist auch nach Beendigung des Beamtenverhältnisses zulässig. [4]Ist eine Ernennung zurückgenommen worden, so gilt für die bis zur Rücknahme vorgenommenen Amtshandlungen des oder der Ernannten Abs. 3 Satz 2 entsprechend. [5]Die Leistungen des Dienstherrn können belassen werden.

ABSCHNITT 2
Beendigung des Beamtenverhältnisses

UNTERABSCHNITT 1
Entlassung

Art. 15 Entlassung kraft Gesetzes

(1) [1]Der Beamte oder die Beamtin ist mit dem Ende der Amtszeit entlassen, wenn er oder sie dasselbe Amt nicht erneut antritt und nicht in den Ruhestand tritt. [2]Tritt der Beamte oder die

Beamtin auf Zeit im Anschluss an die Amtszeit dasselbe Amt erneut an, so gilt das Beamtenverhältnis als nicht unterbrochen.

(2) [1]Der Beamte oder die Beamtin ist entlassen, wenn er oder sie auf Grund eines Wahlvorschlags einer Partei gewählt worden ist, die das Bundesverfassungsgericht gemäß Art. 21 des Grundgesetzes für verfassungswidrig erklärt, oder wenn er oder sie der für verfassungswidrig erklärten Partei zur Zeit der Verkündung der Entscheidung angehört, soweit nicht in der Entscheidung ausdrücklich etwas anderes bestimmt ist. [2]Das Beamtenverhältnis endet mit der Verkündung der Entscheidung, soweit nicht in dieser ausdrücklich etwas anderes bestimmt ist. [3]Der Dienstherr stellt fest, dass die Voraussetzung für die Entlassung gegeben ist und an welchem Tag das Beamtenverhältnis endet.

(3) [1]Soweit gesetzlich nichts anderes bestimmt ist, ist der Beamte oder die Beamtin entlassen, wenn er oder sie eine Wählbarkeitsvoraussetzung verliert. [2]Das gilt nicht,

1. wenn der Verlust der Wählbarkeit auf Art. 2 Nr. 2 des Gemeinde- und Landkreiswahlgesetzes (GLKrWG) beruht, oder
2. wenn der Beamte oder die Beamtin nicht mehr die Gewähr dafür bietet, jederzeit für die freiheitliche demokratische Grundordnung im Sinn des Grundgesetzes und der Verfassung einzutreten (Art. 39 Abs. 2 Satz 1 Nr. 5 GLKrWG).

[3]Ob ein Beamter oder eine Beamtin die Eigenschaft als Deutscher im Sinn des Art. 116 des Grundgesetzes verloren hat, entscheidet das Staatsministerium des Innern, für Sport und Integration; es stellt den Tag der Beendigung des Beamtenverhältnisses fest. [4]Im Übrigen stellt der Dienstherr den Verlust der Wählbarkeitsvoraussetzungen und den Tag fest, an dem das Beamtenverhältnis endet.

(4) [1]Ein ehrenamtlicher erster Bürgermeister oder eine ehrenamtliche erste Bürgermeisterin ist mit Ablauf des Tages entlassen, ab dem ein Amtshindernis im Sinn des Art. 34 Abs. 5 GO vorliegt. [2]Abs. 2 Satz 3 gilt entsprechend.

(5) Ein ehrenamtlicher Bürgermeister, der zum Landrat gewählt ist, oder eine ehrenamtliche Bürgermeisterin, die zur Landrätin gewählt ist, ist mit Beginn der Amtszeit als Landrat oder Landrätin aus dem Ehrenbeamtenverhältnis entlassen.

(6) Ein weiterer Bürgermeister oder eine weitere Bürgermeisterin ist bei einem Ausscheiden aus dem Gemeinderat entlassen, ein gewählter Stellvertreter des Landrats oder der Landrätin bei Ausscheiden aus dem Kreistag, ein Bezirkstagspräsident oder eine Bezirkstagspräsidentin oder deren gewählter Stellvertreter bei Ausscheiden aus dem Bezirkstag.

(7) [1]§ 22 Abs. 1 BeamtStG findet keine Anwendung. [2]Die Anordnung der Fortdauer eines Beamtenverhältnisses nach § 22 Abs. 2 Satz 1 Halbsatz 2 BeamtStG ist im Zusammenhang mit einem kommunalen Wahlbeamtenverhältnis ausgeschlossen.

Art. 16 Entlassung durch Verwaltungsakt

(1) Die Entlassung wird wirksam

1. im Fall des § 23 Abs. 1 Satz 1 Nr. 1 BeamtStG mit der Zustellung der Entlassungsverfügung,
2. in den übrigen Fällen des § 23 Abs. 1 BeamtStG mit dem in der Entlassungsverfügung bezeichneten Zeitpunkt.

(2) [1]Bei der Entlassung von Ehrenbeamten und Ehrenbeamtinnen nach § 23 Abs. 1 Satz 1 Nr. 3 BeamtStG sind folgende Fristen einzuhalten:

1. bei einer Beschäftigungszeit von bis zu drei Monaten zwei Wochen zum Monatsschluss,
2. bei einer Beschäftigungszeit von mehr als drei Monaten ein Monat zum Monatsschluss,
3. bei einer Beschäftigungszeit von mindestens einem Jahr sechs Wochen zum Schluss eines Kalendervierteljahres.

[2]Als Beschäftigungszeit gilt die bei demselben Dienstherrn in demselben Amt verbrachte Zeit. [3]Art. 23 Abs. 2 bleibt unberührt.

(3) [1]Solange die Entlassungsverfügung nicht zugestellt ist, kann ein Antrag auf Entlassung innerhalb zweier Wochen

nach Zugang bei dem Dienstherrn schriftlich zurückgenommen werden, mit dessen Zustimmung auch nach Ablauf dieser Frist. [2]Die Entlassung ist in den Fällen des § 23 Abs. 1 Satz 1 Nr. 4 BeamtStG zum beantragten Zeitpunkt auszusprechen. [3]Sie kann so lange hinausgeschoben werden, bis die Amtsgeschäfte des Beamten oder der Beamtin ordnungsgemäß erledigt sind, längstens jedoch drei Monate.

(4) § 23 Abs. 2 BeamtStG findet keine Anwendung.

Art. 17 Rechtsfolgen der Entlassung, Wiederwahlverpflichtung für berufsmäßige Gemeinderatsmitglieder

(1) [1]Nach der Entlassung haben frühere Beamte oder Beamtinnen keinen Anspruch auf Leistungen des Dienstherrn, soweit gesetzlich nichts anderes bestimmt ist. [2]Sie dürfen die frühere Amtsbezeichnung oder die Ehrenbezeichnung nur führen, wenn ihnen die Erlaubnis nach Art. 29 Abs. 3 oder 4 erteilt ist.

(2) Soweit gesetzlich nichts anderes bestimmt ist, ist ein berufsmäßiges Gemeinderatsmitglied verpflichtet, nach dem Ende der Amtszeit das Amt erneut zu übernehmen, wenn das Gemeinderatsmitglied unter mindestens gleich günstigen Bedingungen für wenigstens die gleiche Zeit wieder ernannt werden soll und das 62. Lebensjahr noch nicht vollendet hat.

UNTERABSCHNITT 2
Verlust der Beamtenrechte

Art. 18 Rechtsfolgen des Verlusts der Beamtenrechte

[1]Endet das Beamtenverhältnis nach § 24 BeamtStG, so hat der frühere Beamte oder die frühere Beamtin keinen Anspruch auf Leistungen des Dienstherrn, soweit gesetzlich nichts anderes bestimmt ist. [2]Das Führen einer früheren Amtsbezeichnung nach Art. 29 Abs. 3 ist ausgeschlossen, die Ehrenbezeichnung nach Art. 29 Abs. 4 darf nicht geführt, ein Ehrensold darf nicht gezahlt werden.

Art. 19 Wiederaufnahmeverfahren

(1) [1]Ist eine Entscheidung über den Verlust der Beamtenrechte im Wiederaufnahmeverfahren aufgehoben worden (§ 24 Abs. 2 BeamtStG), so kann der Beamte oder die Beamtin das Amt auch vor Ablauf der Amtszeit nicht mehr ausüben, wenn es inzwischen neu besetzt worden ist. [2]Einem Beamten oder einer Beamtin auf Zeit stehen in diesem Fall bis zum Ende der Amtszeit die Leistungen des Dienstherrn zu, die ohne das Verfahren nach § 24 BeamtStG zugestanden hätten; dies gilt nicht für die Dienstaufwandsentschädigung nach Art. 46. [3]Nach Entscheidung des Dienstherrn kann auf diese Leistungen ein anderes Arbeitseinkommen des Beamten oder der Beamtin angerechnet werden. [4]Der Beamte oder die Beamtin auf Zeit ist zur Auskunft über dieses Einkommen verpflichtet.

(2) Wird auf Grund des im Wiederaufnahmeverfahren festgestellten Sachverhalts ein Disziplinarverfahren mit dem Ziel der Entfernung aus dem Dienst eingeleitet, so gehen die einem Beamten oder einer Beamtin auf Zeit nach Abs. 1 zustehenden Ansprüche unter, wenn auf Entfernung aus dem Beamtenverhältnis erkannt wird; bis zum rechtskräftigen Abschluss des Disziplinarverfahrens können die Ansprüche nicht geltend gemacht werden.

(3) [1]Rechtfertigt der im Wiederaufnahmeverfahren festgestellte Sachverhalt die Einleitung eines Disziplinarverfahrens mit dem Ziel der Entfernung aus dem Beamtenverhältnis nicht, wird aber auf Grund eines rechtskräftigen Strafurteils, das nach der früheren Entscheidung über den Verlust der Beamtenrechte ergangen ist, ein Disziplinarverfahren mit dem Ziel der Entfernung aus dem Beamtenverhältnis eingeleitet, so gilt Abs. 2 entsprechend. [2]Einem Beamten oder einer Beamtin auf Zeit werden in diesem Fall die Leistungen des Dienstherrn nachgezahlt, die dem Beamten oder der Beamtin bis zur Rechtskraft des Strafurteils aus dem bisherigen Amt zugestanden hätten. [3]Abs. 1 Satz 2 Halbsatz 2 und Abs. 1 Sätze 3 und 4 gelten entsprechend.

Art. 20 Gnadenerweis

(1) Dem Ministerpräsidenten steht hinsichtlich des Verlusts der Beamtenrechte das Gnadenrecht zu.

(2) Wird im Gnadenweg der Verlust der Beamtenrechte in vollem Umfang beseitigt, so gilt ab diesem Zeitpunkt Art. 19 entsprechend.

(3) Auf Unterhaltsbeiträge, die im Gnadenweg bewilligt werden, findet Art. 74 Abs. 3 BayDG entsprechende Anwendung, soweit die Gnadenentscheidung nichts anderes bestimmt.

UNTERABSCHNITT 3
Ruhestand

Art. 21 Eintritt in den Ruhestand

(1) [1]Der Beamte oder die Beamtin auf Zeit tritt mit dem Ablauf der Amtszeit in den Ruhestand, wenn er oder sie

1. für die folgende Amtszeit nicht wieder für das gleiche Amt gewählt wird oder die Wiederwahl nicht annimmt und
2. mindestens eine Amtszeit von zehn Jahren (Wartezeit) zurückgelegt hat.

[2]Satz 1 gilt nicht für ein berufsmäßiges Gemeinderatsmitglied, das der Pflicht zur erneuten Übernahme seines Amtes (Art. 17 Abs. 2) nicht nachkommt. [3]§ 25 BeamtStG findet keine Anwendung.

(2) [1]Auf die Wartezeit werden die Zeiten angerechnet,

1. in denen ein berufsmäßiger Bürgermeister oder eine berufsmäßige Bürgermeisterin oder ein Landrat oder eine Landrätin früher als ehrenamtlicher erster Bürgermeister oder ehrenamtliche erste Bürgermeisterin dem Amt die überwiegende Arbeitskraft gewidmet hat,
2. in denen der Beamte oder die Beamtin als gewählter Stellvertreter die Geschäfte des Landrats oder der Landrätin oder als ehrenamtlicher weiterer Bürgermeister oder ehrenamtliche

weitere Bürgermeisterin die Geschäfte eines berufsmäßigen ersten Bürgermeisters oder einer berufsmäßigen ersten Bürgermeisterin ununterbrochen länger als sechs Monate geführt und die volle Arbeitskraft darauf verwendet hat,

3. die der Beamte oder die Beamtin während eines kommunalen Wahlbeamtenverhältnisses im einstweiligen Ruhestand nach Art. 26 Abs. 1 und 3 in Verbindung mit Art. 69 Abs. 1 des Bayerischen Beamtengesetzes (BayBG) zurückgelegt hat,
4. die der Beamte oder die Beamtin als Beamter oder Beamtin auf Zeit in einem anderen kommunalen Wahlbeamtenverhältnis zurückgelegt hat,
5. die der Beamte oder die Beamtin auf Zeit vor Beginn der Amtszeit als Mitglied des Bayerischen Landtags zurückgelegt hat, ohne daraus eine Anwartschaft oder einen Anspruch auf Altersentschädigung zu erwerben; dies gilt nicht, wenn der oder die Betroffene bis zur Beendigung des Beamtenverhältnisses eine Leistung nach Art. 16 Abs. 1 bis 3 des Bayerischen Abgeordnetengesetzes (BayAbgG) beantragt hat, und
6. die der Beamte oder die Beamtin auf Zeit vor Beginn der Amtszeit als Mitglied der Staatsregierung zurückgelegt hat, ohne daraus einen Anspruch auf Ruhegehalt zu erwerben, soweit dieselbe Zeit nicht bereits nach Nr. 5 angerechnet wird; dies gilt nicht, wenn der oder die Betroffene bis zur Beendigung des Beamtenverhältnisses eine Leistung nach Art. 15 Abs. 6 Satz 1 des Gesetzes über die Rechtsverhältnisse der Mitglieder der Staatsregierung beantragt hat.

²In den Fällen des Art. 42 Abs. 3 GLKrWG gilt die Wartezeit von zehn Jahren (Abs. 1 Nr. 2) auch dann als erfüllt, wenn das zehnte Jahr noch nicht vollendet ist, sondern erst begonnen hat.

(3) ¹Ist ein Beamter oder eine Beamtin auf Zeit nur auf Grund der Anrechnung von Zeiten nach Abs. 2 Satz 1 Nr. 5 oder 6 in den Ruhestand getreten, erstattet der Freistaat dem ehemaligen kommunalen Dienstherrn die Versorgungsbezüge anteilig in dem Umfang, der dem Verhältnis dieser Zeiten zur kommunalen Amtszeit entspricht. ²Soweit aus Anlass des Wechsels in ein kommunales Wahlbeamtenverhältnis eine Abfindung gezahlt

H

wurde, sind der Erstattung nach Satz 1 die Versorgungsbezüge im Verhältnis der ruhegehaltfähigen Dienstzeit ohne Zeiten, für die eine Abfindung gezahlt wurde, zur gesamten ruhegehaltfähigen Dienstzeit zu Grunde zu legen.

Art. 22 Ruhestandsversetzung wegen Dienstunfähigkeit

(1) [1]Beamte und Beamtinnen auf Zeit sind in den Ruhestand zu versetzen, wenn der Dienstherr ihre Dienstunfähigkeit feststellt und sie

1. eine Dienstzeit von mindestens zehn Jahren in einem Beamten-, Richter- oder Soldatenverhältnis mit Dienstbezügen zurückgelegt haben,
2. wegen Krankheit, Verwundung oder sonstiger Beschädigung, die sie sich ohne grobes Verschulden bei der Ausübung oder aus Veranlassung des Dienstes zugezogen haben, dienstunfähig geworden sind (Dienstbeschädigung) oder
3. aus einem Beamten- oder Richterverhältnis auf Lebenszeit in das Beamtenverhältnis auf Zeit berufen worden sind.

[2]Als Dienstzeit nach Satz 1 Nr. 1 gelten auch die in Art. 21 Abs. 2 Satz 1 Nrn. 1 bis 3, 5 und 6 und Satz 2 genannten Zeiten.

H

(2) [1]Als dienstunfähig nach Art. 26 Abs. 1 Satz 1 BeamtStG kann auch angesehen werden, wer infolge Erkrankung innerhalb eines Zeitraums von sechs Monaten mehr als drei Monate keinen Dienst getan hat, wenn keine Aussicht besteht, dass er innerhalb weiterer sechs Monate wieder voll dienstfähig wird. [2]Bestehen Zweifel über die Dienstunfähigkeit, so ist der Beamte oder die Beamtin verpflichtet, sich nach Weisung des Dienstherrn ärztlich untersuchen und, falls ein Amtsarzt es für erforderlich hält, beobachten zu lassen. [3]Entzieht sich der Beamte oder die Beamtin trotz einmal wiederholter Aufforderung ohne hinreichenden Grund dieser Verpflichtung, kann so verfahren werden, wie wenn die Dienstunfähigkeit amtsärztlich festgestellt worden wäre.

(3) Erfüllt ein dienstunfähiger Beamter oder eine dienstunfähige Beamtin auf Zeit keine der Voraussetzungen des Abs. 1, so

kann er oder sie in den Ruhestand versetzt werden, wenn die versorgungsrechtliche Wartezeit nach Art. 11 Abs. 1 Satz 1 Nr. 1 des Bayerischen Beamtenversorgungsgesetzes (BayBeamtVG) erfüllt ist.

(4) § 26 Abs. 1 Sätze 2 bis 4, Abs. 2 und 3 sowie §§ 27 und 29 BeamtStG finden keine Anwendung.

Art. 23 Verfahren zur Feststellung der Dienstunfähigkeit

(1) [1]Beantragt der Beamte oder die Beamtin die Feststellung der Dienstunfähigkeit, so entscheidet der Dienstherr auf Grund eines amtsärztlichen Gutachtens, ob Dienstunfähigkeit gegeben ist. [2]Wird die Dienstunfähigkeit festgestellt, ist der Beamte oder die Beamtin auf Zeit mit dem Ende des dritten Monats, der auf den Monat folgt, in welchem dem Beamten oder der Beamtin die Entscheidung des Dienstherrn zugestellt worden ist, spätestens jedoch mit Ablauf der Amtszeit, in den Ruhestand zu versetzen oder zu entlassen. [3]Auf Antrag oder mit ausdrücklicher Zustimmung des Beamten oder der Beamtin kann der Dienstherr einen früheren Zeitpunkt festsetzen.

(2) [1]Hält der Dienstherr die Dienstunfähigkeit für gegeben und beantragt der Beamte oder die Beamtin nicht deren Feststellung, so teilt der Dienstherr dem Beamten oder der Beamtin schriftlich mit, dass die Feststellung der Dienstunfähigkeit beabsichtigt sei; die Gründe hierfür sind anzugeben. [2]Erhebt der Beamte oder die Beamtin innerhalb eines Monats keine Einwendungen gegen die Feststellung der Dienstunfähigkeit, so ist Abs. 1 entsprechend anzuwenden. [3]Werden Einwendungen erhoben, so entscheidet der Dienstherr, ob das Verfahren einzustellen oder fortzuführen ist. [4]Wird die Dienstunfähigkeit festgestellt, so ist der Beamte oder die Beamtin zum Ende des Monats, in dem die Entscheidung zugestellt wird, spätestens jedoch mit Ablauf der Amtszeit, in den Ruhestand zu versetzen (Art. 22 Abs. 1 oder 3) oder zu entlassen (§ 23 Abs. 1 Satz 1 Nr. 3 BeamtStG).

Art. 24 Einstweiliger Ruhestand

[1]Kommunale Wahlbeamte und Wahlbeamtinnen können nicht nach § 30 BeamtStG in den einstweiligen Ruhestand versetzt werden. [2]Die Regelungen über den einstweiligen Ruhestand nach Art. 26 Abs. 1 in Verbindung mit Art. 69 Abs. 1 BayBG und nach Art. 26 Abs. 3 bleiben unberührt.

UNTERABSCHNITT 4
Rückkehrrecht, Umbildung von Körperschaften

Art. 25 Rückkehrrecht zum früheren Dienstherrn oder Arbeitgeber

H

(1) [1]Führt ein Beamter oder eine Beamtin auf Zeit im Sinn dieses Gesetzes nach Ablauf der Amtszeit das Amt nicht weiter und ist er oder sie aus einem Beamten- oder Richterverhältnis auf Lebenszeit oder auf Probe im Dienst eines öffentlich-rechtlichen Dienstherrn im Geltungsbereich des Bayerischen Beamtengesetzes oder des Bayerischen Richter- und Staatsanwaltsgesetzes Beamter oder Beamtin auf Zeit im Sinn dieses Gesetzes geworden, so ist er oder sie auf Antrag wieder in das frühere Dienstverhältnis zu übernehmen, wenn am Tag nach Ablauf der Amtszeit die dafür geltenden Voraussetzungen noch erfüllt sind; Vorschriften, die die Ernennung eines Beamten oder einer Beamtin oder eines Richters oder einer Richterin von einem bestimmten Lebensalter ab nicht mehr zulassen, sind nicht anzuwenden. [2]Der Antrag auf Übernahme ist innerhalb von drei Monaten nach Beendigung des Beamtenverhältnisses auf Zeit zu stellen. [3]Der Übernahmeanspruch erlischt, wenn die Frist nicht eingehalten wird. [4]Ist eine Übernahme in das frühere Dienstverhältnis nicht mehr möglich, weil die dafür maßgebliche gesetzliche Altersgrenze (Art. 62, 129 bis 132 BayBG in Verbindung mit Art. 143 BayBG) am Tag nach Ablauf der Amtszeit überschritten oder bis zum Ablauf der Amtszeit Dienstunfähigkeit eingetreten ist, so tritt er oder sie abweichend von Art. 21 mit Ablauf der Amtszeit in den Ruhestand. [5]Stirbt der entlassene Beamte oder

die entlassene Beamtin auf Zeit vor Übernahme in das frühere Dienstverhältnis, kann den Hinterbliebenen von dem zur Rückübernahme verpflichteten früheren Dienstherrn in entsprechender Anwendung des Art. 42 BayBeamtVG ein Unterhaltsbeitrag bewilligt werden, wenn der Antrag innerhalb der Frist des Satzes 2 gestellt wurde.

(2) [1]Das zu übertragende Amt muss derselben Fachlaufbahn angehören und mit mindestens demselben Endgrundgehalt verbunden sein wie das Amt, das der Beamte oder die Beamtin im Zeitpunkt der Beendigung des früheren Beamten- oder Richterverhältnisses innehatte. [2]Die in der Zwischenzeit versäumten Beförderungen in der früheren Dienststellung sind zu berücksichtigen. [3]Bei Rückkehr in ein Amt der Besoldungsordnung A ist die Dauer des kommunalen Wahlbeamtenverhältnisses bei der Bemessung der Grundgehaltsstufe mit der Maßgabe einzubeziehen, dass die für den Stufenaufstieg erforderlichen Mindestanforderungen für die Dauer des kommunalen Wahlbeamtenverhältnisses nach Art. 30 Abs. 3 BayBesG als erfüllt gelten.

(3) [1]Wer einen Antrag nach Abs. 1 stellt, dem stehen ab Beginn des Antragsmonats, frühestens jedoch ab dem auf das Ende der Amtszeit folgenden Tag, bis zur Übertragung des neuen Amtes von dem zur Übernahme verpflichteten früheren Dienstherrn Bezüge in Höhe des bei der Entlassung aus dem früheren Beamten- oder Richterverhältnis erdienten Ruhegehalts zu; nach Ablauf von sechs Monaten stehen Bezüge in Höhe der vollen Besoldung zu, die dem oder der Betroffenen beim Ausscheiden aus dem früheren Beamten- oder Richterverhältnis zugestanden hat. [2]Die im kommunalen Wahlbeamtenverhältnis verbrachte Zeit gilt hierbei als ruhegehaltfähige Dienstzeit und ist bei Rückkehr in Ämter der Besoldungsordnung A bei der Bemessung der Grundgehaltsstufe einzubeziehen. [3]Neben einem Ruhegehalt, das aus dem kommunalen Wahlbeamtenverhältnis gewährt wird, gelten die Bezüge nach Satz 1 als frühere Versorgungsbezüge im Sinn des Art. 84 BayBeamtVG; ab dem Tag, ab dem ein Anspruch auf Bezüge nach Satz 1 zusteht, ist die Zahlung

von Übergangsgeld nach Art. 67 BayBeamtVG ausgeschlossen. [4]Während der Bezügezahlung nach Satz 1 besteht gegen den zur Übernahme verpflichteten früheren Dienstherrn Anspruch auf Beihilfe in Krankheits-, Geburts-, Pflege- und sonstigen Fällen nach den für Beamte und Beamtinnen geltenden Vorschriften, soweit der oder die Berechtigte nicht aus anderen Gründen beihilfeberechtigt ist.

(4) [1]Ist eine Gebietskörperschaft, gegen die sich eine Rückübernahme richtet, aufgelöst worden, so ist die Gebietskörperschaft, in die ihr Gebiet eingegliedert oder einbezogen ist, verpflichtet, den Übernahmeanspruch zu erfüllen. [2]Ist ihr Gebiet in mehrere Gebietskörperschaften eingegliedert oder einbezogen worden, so kann der frühere Beamte oder die frühere Beamtin gegen jede von ihnen den Übernahmeanspruch geltend machen. [3]Sätze 1 und 2 gelten entsprechend, soweit Aufgaben einer Körperschaft ganz oder teilweise auf eine oder mehrere Körperschaften übergehen.

(5) [1]Ist ein früherer Dienstherr zur Übernahme nicht verpflichtet und nicht bereit, so kann der letzte kommunale Dienstherr den Beamten oder die Beamtin übernehmen. [2]Abs. 1 Satz 1 und Abs. 2 Satz 1 gelten entsprechend. [3]Die in der Zwischenzeit versäumten Beförderungen in der früheren Dienststellung sollen nach Möglichkeit berücksichtigt werden.

(6) [1]Für Beamte oder Beamtinnen auf Zeit im Sinn dieses Gesetzes, die unmittelbar vor Beginn des Beamtenverhältnisses in einem privatrechtlichen Arbeitsverhältnis zu einem öffentlich-rechtlichen Dienstherrn standen, gelten die Abs. 1 Satz 1 bis 3 und Abs. 2 bis 5 entsprechend. [2]Eine Wiedereinstellung in das frühere Arbeitsverhältnis nach Abs. 1 Satz 1 Halbsatz 1 und eine Einstellung beim letzten kommunalen Dienstherrn nach Abs. 5 sind nur möglich, wenn die dafür geltenden Voraussetzungen im Einstellungszeitpunkt noch erfüllt sind. [3]Soweit die Übergangsregelung des Art. 144 BayBG nicht anwendbar ist, richtet sich der Anspruch nach Abs. 3 Satz 4 gegen den letzten kommunalen Dienstherrn.

Art. 26 Umbildung von Körperschaften

(1) [1]Werden Gemeinden oder Landkreise umgebildet, so gelten in den nicht von §§ 16 bis 19 BeamtStG erfassten Fällen für die Rechtsstellung der Beamten oder Beamtinnen und der Versorgungsempfänger oder Versorgungsempfängerinnen Art. 51 bis 54 und Art. 69 BayBG entsprechend. [2]Ein Beamter oder eine Beamtin auf Zeit, der oder die in den einstweiligen Ruhestand versetzt worden ist und nicht entsprechend Art. 69 Abs. 1 Satz 4 BayBG als dauernd in den Ruhestand versetzt gilt, ist mit dem Ablauf der Amtszeit, für die er oder sie gewählt ist, entlassen.

(2) [1]Wird eine Gemeinde oder ein Landkreis vollständig in eine oder mehrere andere Gebietskörperschaften gleicher Art eingegliedert oder wird eine Gemeinde oder ein Landkreis unter völliger Einbeziehung einer bestehenden Gebietskörperschaft gleicher Art umgebildet, so sind die Ehrenbeamten oder Ehrenbeamtinnen mit dem Tag der Eingliederung oder Umbildung entlassen. [2]Wird eine Entscheidung über eine Eingliederung oder Umbildung angefochten, so tritt die Entlassung am Tag der Unanfechtbarkeit, frühestens jedoch mit dem für die Eingliederung oder Neubildung bestimmten Tag ein. [3]Für Bürgermeister oder Bürgermeisterinnen und deren Hinterbliebene, denen Überbrückungshilfe oder Ehrensold bewilligt worden ist, gilt Art. 54 Abs. 1 BayBG entsprechend; dabei tritt im Fall der Anfechtung an die Stelle des in Art. 51 Abs. 1 BayBG bestimmten Zeitpunkts der in Satz 2 genannte Zeitpunkt.

(3) [1]Wird bei einer nach Art. 13 Abs. 1 GO angeordneten Neuwahl der erste Bürgermeister oder die erste Bürgermeisterin einer von einer Gebietsänderung betroffenen fortbestehenden Gemeinde, der Beamter oder Beamtin auf Zeit ist, in dieser Funktion nicht wiedergewählt, tritt er oder sie mit Beginn der Amtszeit des neuen ersten Bürgermeisters oder der neuen ersten Bürgermeisterin für den Rest der Amtszeit in den einstweiligen Ruhestand. [2]Wird bei einer nach Art. 13 Abs. 1 GO angeordneten Neuwahl der ehrenamtliche erste Bürgermeister oder die ehrenamtliche erste Bürgermeisterin der fortbestehenden Gemeinde

H

in dieser Funktion nicht wiedergewählt, ist er oder sie mit Beginn der Amtszeit des neuen ersten Bürgermeisters oder der neuen ersten Bürgermeisterin entlassen.

Teil 3
Rechtliche Stellung der Beamten und Beamtinnen

ABSCHNITT 1
Allgemeine Vorschriften

Art. 27 Diensteid und Gelöbnis

(1) [1]Der Diensteid nach § 38 Abs. 1 BeamtStG ist spätestens zu Beginn der ersten Sitzung, die der Gemeinderat, der Kreistag oder der Bezirkstag nach Beginn der Amtszeit des Beamten oder der Beamtin abhält, zu leisten. [2]Er hat folgenden Wortlaut:

»Ich schwöre Treue dem Grundgesetz für die Bundesrepublik Deutschland und der Verfassung des Freistaates Bayern, Gehorsam den Gesetzen und gewissenhafte Erfüllung meiner Amtspflichten, so wahr mir Gott helfe.«

(2) [1]Der Diensteid kann auch ohne die Worte »so wahr mir Gott helfe« geleistet werden. [2]Erklärt ein Beamter oder eine Beamtin, aus Glaubens- und Gewissensgründen keinen Eid leisten zu können, so sind anstelle der Worte »ich schwöre« die Worte »ich gelobe« zu sprechen oder es ist das Gelöbnis mit einer dem Bekenntnis der Religionsgemeinschaft oder der Überzeugung der Weltanschauungsgemeinschaft des Beamten oder der Beamtin entsprechenden, gleichwertigen Beteuerungsformel einzuleiten.

(3) Den Diensteid des ersten Bürgermeisters oder der ersten Bürgermeisterin (§ 38 BeamtStG) nimmt das älteste anwesende Gemeinderatsmitglied, den des Landrats oder der Landrätin der älteste anwesende Kreisrat und den des Bezirkstagspräsidenten oder der Bezirkstagspräsidentin der älteste anwesende

Bezirksrat ab; in den übrigen Fällen nimmt den Eid ab, wer berechtigt ist, den Dienstherrn nach außen zu vertreten.

(4) Die Eidesleistung oder das Gelöbnis entfällt, wenn der Beamte oder die Beamtin im Anschluss an eine Amtszeit wieder in ein Amt bei demselben Dienstherrn gewählt wird.

Art. 28 Residenzpflicht

(1) Der Beamte oder die Beamtin auf Zeit hat eine Wohnung so zu nehmen, dass die ordnungsgemäße Wahrnehmung der Dienstgeschäfte nicht beeinträchtigt wird.

(2) Der Dienstherr kann den Beamten oder die Beamtin auf Zeit anweisen, die Wohnung innerhalb einer bestimmten Entfernung von der Dienststelle zu nehmen oder eine Dienstwohnung zu beziehen, wenn die dienstlichen Verhältnisse es erfordern.

(3) Wenn besondere dienstliche Verhältnisse es dringend erfordern, kann der Beamte oder die Beamtin auf Zeit vom Dienstherrn, ein Landrat oder eine Landrätin und ein Oberbürgermeister oder eine Oberbürgermeisterin auch von der Regierung angewiesen werden, sich während der dienstfreien Zeit erreichbar in Nähe des Dienstorts aufzuhalten.

Art. 29 Amtsbezeichnung

(1) [1]Beamte und Beamtinnen führen im Dienst die Amtsbezeichnung der ihnen übertragenen Ämter: »Erster Bürgermeister« oder »Erste Bürgermeisterin«, »Oberbürgermeister« oder »Oberbürgermeisterin«, »Landrat« oder »Landrätin«, »Bezirkstagspräsident« oder »Bezirkstagspräsidentin«; weitere Bürgermeister und Bürgermeisterinnen führen die Amtsbezeichnung »Bürgermeister« oder »Bürgermeisterin«. [2]Diese Amtsbezeichnungen dürfen auch außerhalb des Dienstes geführt werden.

(2) Ruhestandsbeamte und Ruhestandsbeamtinnen dürfen die ihnen beim Eintritt oder bei der Versetzung in den Ruhestand zustehende Amtsbezeichnung mit dem Zusatz »außer Dienst (a.D.)« weiterführen.

(3) [1]Entlassenen Beamten und Beamtinnen auf Zeit kann der Dienstherr die Erlaubnis erteilen, die Amtsbezeichnung mit dem Zusatz »außer Dienst (a.D.)« zu führen. [2]Die Erlaubnis kann zurückgenommen werden, wenn der frühere Beamte oder die frühere Beamtin sich der Amtsbezeichnung nicht würdig erweist.

(4) [1]Früheren kommunalen Wahlbeamten und Wahlbeamtinnen können die ihrem früheren Amt entsprechenden Ehrenbezeichnungen »Altbürgermeister« oder »Altbürgermeisterin«, »Altoberbürgermeister« oder »Altoberbürgermeisterin«, »Altlandrat« oder »Altlandrätin«, »Altbezirkstagspräsident« oder »Altbezirkstagspräsidentin« verliehen werden; für frühere Beamte und Beamtinnen auf Zeit tritt in diesen Fällen die Ehrenbezeichnung an die Stelle der in Abs. 2 und 3 vorgesehenen Bezeichnung. [2]Die Erlaubnis kann zurückgenommen werden, wenn der frühere Beamte oder die frühere Beamtin sich der Ehrenbezeichnung nicht würdig erweist.

Art. 30 Nebentätigkeit

(1) [1]Für Nebentätigkeiten von Beamten und Beamtinnen auf Zeit gelten Art. 81 bis 84 BayBG entsprechend; dabei tritt an die Stelle der obersten Dienstbehörde und des Dienstvorgesetzten der Dienstherr. [2]Art. 81 Abs. 3 Satz 5 BayBG gilt mit der Maßgabe, dass die Genehmigung längstens auf die Dauer der laufenden Amtszeit zu befristen ist. [3]Die Anzeigepflicht nach § 41 Satz 1 BeamtStG bezieht sich auf die letzte Amtszeit und endet drei Jahre nach deren Ablauf.

(2) Die zur Ausführung des Abs. 1 notwendigen Vorschriften über die Nebentätigkeit der Beamten und der Beamtinnen auf Zeit erlässt das Staatsministerium des Innern, für Sport und Integration durch Rechtsverordnung nach Maßgabe des Art. 85 BayBG.

Art. 31 Ausschluss der anderweitigen Verwendung

[1]Abordnungen, Versetzungen oder Zuweisungen von kommunalen Wahlbeamten und Wahlbeamtinnen nach §§ 14, 15 und 20 BeamtStG sind ausgeschlossen. [2]Abschnitt 8, mit Ausnahme von § 57 Sätze 1 und 2, und Abschnitt 9 BeamtStG finden keine Anwendung.

Art. 32 Verantwortung für die Rechtmäßigkeit

[1]Hat der Landrat oder die Landrätin oder deren gewählter Stellvertreter Bedenken gegen die Rechtmäßigkeit dienstlicher Anordnungen, die beim Vollzug von Staatsaufgaben erteilt werden (Art. 37 Abs. 6 der Landkreisordnung), so gelten § 36 Abs. 2 und 3 BeamtStG mit der Maßgabe, dass Bedenken zunächst beim Leiter der anordnenden Behörde und dann beim Leiter der Behörde, die der anordnenden Behörde vorgesetzt ist, geltend zu machen sind. [2]Im Übrigen finden § 36 Abs. 2 und 3 BeamtStG auf erste Bürgermeister oder erste Bürgermeisterinnen, Landräte oder Landrätinnen und Bezirkstagspräsidenten oder Bezirkstagspräsidentinnen keine Anwendung.

Art. 33 Dienstvergehen von Ruhestandsbeamten und Ruhestandsbeamtinnen

Bei Ruhestandsbeamten und Ruhestandsbeamtinnen oder früheren Beamten und Beamtinnen mit Versorgungsbezügen gilt es über § 47 Abs. 2 Satz 1 BeamtStG hinaus als Dienstvergehen, wenn sie

1. an Bestrebungen teilnehmen, die darauf abzielen, den Bestand oder die Sicherheit des Freistaates Bayern zu beeinträchtigen,
2. einer Untersagung nach § 41 Satz 2 BeamtStG zuwiderhandeln oder
3. im Zusammenhang mit dem Bezug von Leistungen des Dienstherrn falsche oder pflichtwidrig unvollständige Angaben machen.

Art. 34 Verjährung von Schadensersatzansprüchen und gesetzlicher Forderungsübergang

(1) [1]Ansprüche nach § 48 BeamtStG verjähren in drei Jahren von dem Zeitpunkt an, in dem der Dienstherr von dem Schaden und der Person des oder der Ersatzpflichtigen Kenntnis erlangt hat, ohne Rücksicht auf diese Kenntnis in zehn Jahren von der Begehung der Handlung an. [2]Hat der Dienstherr einem Dritten Schadenersatz geleistet, so tritt an die Stelle des Zeitpunkts, in dem der Dienstherr von dem Schaden Kenntnis erlangt, der Zeitpunkt, in dem der Ersatzanspruch des Dritten diesem gegenüber vom Dienstherrn anerkannt oder dem Dienstherrn gegenüber rechtskräftig festgestellt wird.

(2) Leistet der Beamte oder die Beamtin dem Dienstherrn Ersatz und hat dieser einen Ersatzanspruch gegen einen Dritten, so geht der Ersatzanspruch auf den Beamten oder die Beamtin über.

Art. 35 Personalakten und Einsatz automatisierter Verfahren

Die Regelungen über Personalakten und den Einsatz automatisierter Verfahren nach Abschnitt 8 BayBG gelten entsprechend.

Art. 36 Dienstzeugnis für berufsmäßige Gemeinderatsmitglieder

[1]Dem berufsmäßigen Gemeinderatsmitglied wird nach Beendigung des Beamtenverhältnisses auf Antrag von seinem oder seiner letzten Dienstvorgesetzten ein Dienstzeugnis über Art und Dauer des von ihm bekleideten Amtes erteilt. [2]Das Dienstzeugnis muss auf Verlangen auch über die ausgeübte Tätigkeit, die Führung und die Leistungen Auskunft geben.

Art. 37 Jubiläumszuwendung

[1]Den Beamten und Beamtinnen soll bei Dienstjubiläen eine Jubiläumszuwendung gewährt werden. [2]Das Nähere regelt die Staatsregierung durch Rechtsverordnung.

ABSCHNITT 2
Beschränkung der Vornahme von Amtshandlungen

Art. 38 Interessenkollision

(1) [1]Beamte oder Beamtinnen dürfen keine Amtshandlungen vornehmen, die ihnen selbst, einem Angehörigen (Art. 20 Abs. 5 BayVwVfG) oder einer von ihnen vertretenen natürlichen oder juristischen Person des Privatrechts einen unmittelbaren Vorteil oder Nachteil verschaffen würden. [2]Gesetzliche Vorschriften, nach denen Beamte oder Beamtinnen von einzelnen Amtshandlungen ausgeschlossen sind, bleiben unberührt.

(2) Ein Bürgermeister oder eine Bürgermeisterin einer kreisangehörigen Gemeinde, der oder die zugleich Stellvertreter des Landrats oder der Landrätin ist, darf den Landrat oder die Landrätin bei Amtshandlungen nicht vertreten, die der Gemeinde einen unmittelbaren Vorteil oder Nachteil bringen können.

Art. 39 Entbindung von Angelegenheiten

(1) [1]Die Regierung kann Beamte oder Beamtinnen von der Behandlung von Angelegenheiten entbinden, die im Interesse der Bundesrepublik Deutschland oder eines Landes geheim zu halten sind, wenn die begründete Besorgnis besteht, dass sonst die notwendige Sicherheit nicht gewährleistet ist oder dass den Beamten oder Beamtinnen oder deren Angehörigen (Art. 20 Abs. 5 BayVwVfG) erhebliche Nachteile entstehen. [2]Die Maßnahme ist unverzüglich aufzuheben, sobald die Gründe dafür weggefallen sind. [3]Sie endet spätestens mit dem Ablauf von drei Monaten, es sei denn, dass bis dahin aus dem gleichen Anlass gegen den Beamten oder die Beamtin ein gerichtliches Disziplinarverfahren, ein Verfahren zur Prüfung der Wahl oder der

Ernennung oder ein sonstiges auf Beendigung des Beamtenverhältnisses gerichtetes Verfahren eingeleitet worden ist.

(2) § 39 BeamtStG findet keine Anwendung.

ABSCHNITT 3
Mehrarbeit, Urlaub

Art. 40 Mehrarbeit

(1) [1]Beamte und Beamtinnen auf Zeit sind verpflichtet, ohne Entschädigung über die regelmäßige Arbeitszeit hinaus Dienst zu tun, wenn zwingende dienstliche Verhältnisse es erfordern und sich die Mehrarbeit auf Ausnahmefälle beschränkt. [2]Ergibt sich daraus eine erheblich höhere Beanspruchung, so ist entsprechende Dienstbefreiung innerhalb eines Jahres zu gewähren.

(2) § 43 BeamtStG findet keine Anwendung.

Art. 41 Urlaub

(1) [1]Für Erholungs- und Sonderurlaub der Beamten und Beamtinnen auf Zeit gelten Art. 93 BayBG und die auf dessen Grundlage erlassene Rechtsverordnung entsprechend. [2]Für Beamte und Beamtinnen, die keinen Dienstvorgesetzten haben, tritt an die Stelle des Dienstvorgesetzten der Dienstherr. [3]Ein zusammenhängender Sonderurlaub von mehr als drei Monaten während einer Amtszeit ist unzulässig.

(2) Beamte und Beamtinnen auf Zeit, die sich um das Amt eines berufsmäßigen ersten Bürgermeisters oder einer berufsmäßigen ersten Bürgermeisterin, eines Landrats oder einer Landrätin bewerben, erhalten in entsprechender Anwendung des Art. 41 BayAbgG Wahlvorbereitungsurlaub.

Art. 42 Rechtsfolgen der Wahl in das Parlament eines anderen Landes

Für Beamte oder Beamtinnen auf Zeit, die in ein gesetzgebendes Organ eines anderen Landes gewählt worden sind und deren Amt kraft Gesetzes mit dem Mandat unvereinbar ist, gilt Art. 94 BayBG entsprechend.

ABSCHNITT 4
Besondere Fürsorgepflichten

Art. 43 Schadensersatz bei Gewaltakten Dritter und Sachschadensersatz bei Unfällen

Beamten und Beamtinnen kann bei Beschädigung oder Zerstörung von Gegenständen oder Zufügung sonstiger, nicht unerheblicher Vermögensschäden durch Gewaltakte Dritter sowie bei Beschädigung oder Verlust von Gegenständen in Ausübung oder in Folge des Dienstes Ersatz in entsprechender Anwendung des Art. 98 BayBG gewährt werden; dabei tritt an die Stelle der obersten Dienstbehörde der Dienstherr.

Art. 44 Mutterschutz, Elternzeit, Schwerbehinderung

(1) Die Staatsregierung regelt durch Rechtsverordnung die der Eigenart des öffentlichen Dienstes entsprechende Anwendung der Vorschriften

1. des Mutterschutzgesetzes auf Beamtinnen auf Zeit,
2. des Bundeselterngeld- und Elternzeitgesetzes über die Elternzeit auf Beamte und Beamtinnen auf Zeit.

(2) Während einer Elternzeit besteht Anspruch auf Leistungen der Krankheitsfürsorge in entsprechender Anwendung von Art. 99 Abs. 1 Sätze 2 und 3 BayBG.

TEIL 4
Besoldung, sonstige Leistungen und Versorgung für Beamte und Beamtinnen auf Zeit

ABSCHNITT 1
Besoldung und sonstige Leistungen

Art. 45 Anspruch auf Besoldung, Einstufung, Besoldungsbestandteile

(1) Beamte und Beamtinnen auf Zeit haben ab dem Tag des Amtsantritts bis zum Ende des Beamtenverhältnisses Anspruch auf Besoldung nach Maßgabe dieses Gesetzes.

H

(2) [1]Die Einstufung der Ämter der Beamten und Beamtinnen auf Zeit in die den Bayerischen Besoldungsordnungen A und B (Anlage 1 BayBesG) entsprechenden Besoldungsgruppen ergibt sich aus **Anlage 1**. [2]Bei weiteren Bürgermeistern und Bürgermeisterinnen richtet sich die Einstufung in eine der beiden in Anlage 1 ausgewiesenen Besoldungsgruppen nach sachgerechter Bewertung der mit dem Amt verbundenen Anforderungen. [3]Die Einstufung ist den Beamten und Beamtinnen mitzuteilen.

(3) [1]Soweit für die Einstufung in ein Amt die Einwohnerzahl der Gemeinde oder des Landkreises maßgebend ist, bestimmt sich diese nach der vom Landesamt für Statistik zum 30. Juni des Vorjahres fortgeschriebenen Einwohnerzahl. [2]Werden Gemeinden oder Landkreise umgebildet, so ist vom Inkrafttreten der Neugliederung an die Einwohnerzahl der umgebildeten oder neuen Körperschaft nach Satz 1 zu errechnen. [3]Zu der nach Satz 1 oder 2 ermittelten Einwohnerzahl können Familienangehörige der nicht meldepflichtigen Angehörigen der Stationierungsstreitkräfte und nicht kasernierte Mitglieder der Stationierungsstreitkräfte mit einem Anteil von bis zu 50 v.H. hinzugerechnet werden. [4]In Bade- und Kurorten mit weniger als 30.000 Einwohnern kann bei der Einstufung der Ämter des ersten Bürgermeisters oder der ersten Bürgermeisterin und des allgemeinen Vertreters der Einwohnerzahl die jahresdurchschnittliche Zahl

der täglichen Fremdenübernachtungen hinzugerechnet werden, wenn sie mindestens 40 v.H. der nach Satz 1 maßgeblichen Einwohnerzahl der Gemeinde beträgt und dem ersten Bürgermeister oder der ersten Bürgermeisterin auch die Leitung des Kurbetriebs obliegt. [5]Verringert sich die jeweils maßgebende Einwohnerzahl während der Amtszeit und kommt die Gemeinde oder der Landkreis dadurch in eine Einwohnerklasse, die nur noch die Einstufung in ein niedrigeres Amt zulassen würde, ändert sich die Einstufung von im Amt befindlichen Beamten oder Beamtinnen auf Zeit bezogen auf ihre Person für die Dauer ihrer Amtszeit und im Fall ihrer Wiederwahl für unmittelbar folgende Amtszeiten nicht.

(4) [1]Die Besoldung setzt sich aus Grundbezügen und Nebenbezügen zusammen. [2]Grundbezüge sind Grundgehalt und Orts- und Familienzuschlag. [3]Nebenbezüge sind die jährliche Sonderzahlung und vermögenswirksame Leistungen. [4]Die Höhe des Grundgehalts bestimmt sich nach Anlage 3 BayBesG, in Ämtern der Besoldungsordnung A jeweils nach dem Grundgehaltssatz in der Endstufe. [5]Für die Gewährung des Orts- und Familienzuschlags, der jährlichen Sonderzahlung und der vermögenswirksamen Leistungen gelten die Regelungen des Bayerischen Besoldungsgesetzes entsprechend.

(5) Art. 3, 4 Abs. 2 bis 5 und Art. 9 bis 18 BayBesG gelten entsprechend.

H

Art. 46 Dienstaufwandsentschädigung

(1) [1]Der Beamte oder die Beamtin auf Zeit erhält für die durch das Amt bedingten Mehraufwendungen in der Lebensführung eine angemessene Dienstaufwandsentschädigung. [2]Sie muss sich innerhalb der in **Anlage 2** bestimmten Beträge halten. [3]Der anzuwendende Rahmensatz bestimmt sich nach der letzten vom Landesamt für Statistik fortgeschriebenen und früher als drei Monate vor der Wahl veröffentlichten Einwohnerzahl. [4]Die nach Art. 48 Abs. 1 zustehende Reisekostenvergütung für Reisen innerhalb des Gebiets des Dienstherrn ist mit der Dienstaufwandsentschädigung abgegolten; das gilt nicht für

Fahrkostenerstattung und Wegstrecken- und Mitnahmeentschädigung.

(2) [1]Die Dienstaufwandsentschädigung wird zu Beginn jeder Amtszeit durch Beschluss festgesetzt. [2]Kommt innerhalb von zwei Monaten nach dem Beginn der Amtszeit des Beamten kein Beschluss zustande, setzt die Rechtsaufsichtsbehörde die Höhe der Dienstaufwandsentschädigung fest. [3]Die Dienstaufwandsentschädigung wird monatlich im Voraus gezahlt.

(3) [1]Für die Rahmensätze der Anlage 2 und für die nach Abs. 2 festgesetzten Dienstaufwandsentschädigungen gelten

1. bei Beamten und Beamtinnen auf Zeit mit einer Besoldung nach der Besoldungsordnung A mit einem einheitlichen Vomhundertsatz benannte Änderungen aller Grundgehälter der Besoldungsordnung A,
2. bei Beamten und Beamtinnen auf Zeit mit einer Besoldung nach der Besoldungsordnung B mit einem einheitlichen Vomhundertsatz benannte Änderungen aller Grundgehälter der Besoldungsordnung B

jeweils mit dem gleichen Vomhundertsatz und ab dem gleichen Zeitpunkt unmittelbar. [2]Werden die Grundgehälter innerhalb der Besoldungsordnung A oder B mit unterschiedlichen Vomhundertsätzen geändert, gilt für die Anpassungen nach Satz 1 der Vomhundertsatz, der sich innerhalb der Besoldungsordnung A oder B aus dem Durchschnitt der unterschiedlichen Vomhundertsätze ergibt. [3]Das Staatsministerium des Innern, für Sport und Integration macht bei einer Anpassung nach den Sätzen 1 und 2 die neuen Rahmensätze im Bayerischen Ministerialblatt bekannt.

(4) [1]Ist der Beamte auf Zeit oder die Beamtin auf Zeit verhindert, die Dienstgeschäfte wahrzunehmen, so wird die Dienstaufwandsentschädigung zwei Monate weitergezahlt. [2]Der Dienstherr kann durch Beschluss bestimmen, dass im Fall längerer Verhinderung die Entschädigung auch für einen über zwei Monate hinausgehenden Zeitraum ganz oder teilweise gewährt wird.

Art. 47 Beihilfe in Krankheits-, Geburts-, Pflege- und sonstigen Fällen

Beamte und Beamtinnen auf Zeit, Ruhestandsbeamte und Ruhestandsbeamtinnen und deren versorgungsberechtigte Hinterbliebene haben Anspruch auf Beihilfe entsprechend Art. 96 BayBG und der dazu erlassenen Rechtsverordnung.

Art. 48 Reise- und Umzugskosten, Trennungsgeld

(1) Beamten und Beamtinnen auf Zeit steht Reisekostenvergütung nach dem Bayerischen Reisekostengesetz (BayRKG) zu.

(2) Beamten und Beamtinnen im Sinn von Art. 1 Abs. 2 Nr. 1 bis 3 kann für die Strecke zwischen Wohnung und regelmäßiger Dienststelle ein Dienstwagen unentgeltlich überlassen werden.

(3) Beamten und Beamtinnen im Sinn von Art. 1 Abs. 2 Nr. 1 bis 3 kann für die Strecke zwischen Wohnung und regelmäßiger Dienststelle ein Dienstwagen unentgeltlich überlassen werden.

(4) [1]In den Fällen des Abs. 2 wird Trennungsgeld nach den Vorschriften der Bayerischen Trennungsgeldverordnung (BayTGV) gewährt. [2]§ 2 Abs. 2 BayTGV findet keine Anwendung.

ABSCHNITT 2
Versorgung

Art. 49 Anspruch auf Versorgung

Für die Versorgung von Beamten und Beamtinnen auf Zeit gilt das Bayerische Beamtenversorgungsgesetz entsprechend, soweit dieses Gesetz nichts anderes bestimmt.

Art. 50 Ruhegehaltfähige Dienstzeit

Als ruhegehaltfähige Dienstzeit ist auch die Zeit zu berücksichtigen,

1. in der der Beamte oder die Beamtin auf Zeit vor Antritt des Amtes, aus dem Anspruch auf Versorgung nach diesem Gesetz besteht,

H

a) als gewählter Stellvertreter die Geschäfte des Landrats oder der Landrätin oder
b) als ehrenamtlicher weiterer Bürgermeister oder als ehrenamtliche weitere Bürgermeisterin die Geschäfte eines berufsmäßigen ersten Bürgermeisters oder einer berufsmäßigen ersten Bürgermeisterin

ununterbrochen länger als sechs Monate geführt und darauf die volle Arbeitskraft verwendet hat,

2. in der ein berufsmäßiger Bürgermeister oder eine berufsmäßige Bürgermeisterin oder ein Landrat oder eine Landrätin vor Antritt des Amtes, aus dem Anspruch auf Versorgung nach diesem Gesetz besteht, als ehrenamtlicher erster Bürgermeister oder als ehrenamtliche erste Bürgermeisterin tätig war, wenn diesem Amt die überwiegende Arbeitskraft gewidmet wurde.

Art. 51 Ruhen der Versorgung

(1) [1]Der Dienstherr kann anordnen, dass der Anspruch auf die zustehenden Versorgungsbezüge bis längstens zur Vollendung des 62. Lebensjahres ruht, wenn sich der Beamte oder die Beamtin auf Zeit ohne wichtigen Grund nicht zur Wiederwahl für das Amt stellen ließ oder die Wahl nicht angenommen hat. [2]Satz 1 gilt nicht, wenn der Beamte oder die Beamtin das Amt durch Auflösung oder Umbildung einer Gebietskörperschaft verliert oder wenn Unfallfürsorge zu gewähren ist. [3]Eine Entscheidung nach Satz 1 darf frühestens drei Monate vor dem Ende der Amtszeit getroffen werden. [4]Der Beihilfeanspruch nach Art. 47 bleibt von einer Anordnung nach Satz 1 unberührt.

(2) Art. 11 Abs. 2 Satz 2 BayBeamtVG findet keine Anwendung.

Art. 52 Sonstige Sonderregelungen gegenüber dem Bayerischen Beamtenversorgungsgesetz

(1) Entscheidungen über die Bewilligung von Versorgungsbezügen auf Grund von Kannvorschriften dürfen frühestens 3 Monate vor dem Ende der Amtszeit getroffen werden, wenn der Ablauf der Amtszeit mit dem Ende der Wahlzeit des Gemeinderats oder des Kreistags zusammenfällt.

(2) Eine Verminderung des Ruhegehalts tritt in den Fällen des Art. 26 Abs. 2 Satz 1 Nr. 3 BayBeamtVG nicht ein, wenn der Beamte oder die Beamtin auf Zeit nach Ablauf der Amtszeit das Amt weitergeführt hat, ohne dazu gesetzlich verpflichtet zu sein, und mit Ablauf der Amtszeit bereits eine Versorgungsanwartschaft erworben hatte; in diesem Fall gilt Art. 23 Abs. 1 Satz 1 BayBeamtVG mit der Maßgabe, dass nur ein Drittel der Zeit zwischen Versetzung in den Ruhestand und Vollendung des 60. Lebensjahres als Zurechnungszeit gilt.

H

(3) Versorgungsurheber im Sinn des Art. 34 BayBeamtVG sind verstorbene

1. Beamte und Beamtinnen auf Zeit, die die für die Versorgungsurheberschaft von Beamten und Beamtinnen auf Lebenszeit erforderlichen Voraussetzungen des Art. 11 Abs. 1 BayBeamtVG erfüllt haben, und
2. Ruhestandsbeamte und Ruhestandsbeamtinnen.

(4) Beziehen Ruhestandsbeamte oder Ruhestandsbeamtinnen neben den Versorgungsbezügen Erwerbs- oder Erwerbsersatzeinkommen nach Art. 83 Abs. 4 BayBeamtVG, das kein Verwendungseinkommen nach Art. 83 Abs. 5 BayBeamtVG ist, ruhen bis zum Ablauf des Monats, in dem das 65. Lebensjahr vollendet wird, die Versorgungsbezüge in Höhe von 50 v.H. des Betrags, um den die Summe aus Versorgungsbezügen und Einkommen die Höchstgrenze nach Art. 83 Abs. 2 BayBeamtVG übersteigt; nach diesem Zeitpunkt bleibt Erwerbs- oder Erwerbsersatzeinkommen, das kein Verwendungseinkommen ist, unberücksichtigt.

(5) Beziehen Versorgungsberechtigte neben den Versorgungsbezügen Verwendungseinkommen nach Art. 83 Abs. 5 BayBeamtVG,

findet § 53 des Beamtenversorgungsgesetzes in der bis zum 31. Dezember 1998 geltenden Fassung Anwendung.

(6) Art. 85 Abs. 1 Satz 2 Nr. 3 BayBeamtVG findet keine Anwendung.

(7) Zeiten, während denen ein Beamter oder eine Beamtin auf Zeit durch eine hauptberufliche Tätigkeit oder eine Ausbildung außerhalb der allgemeinen Schulbildung Fachkenntnisse erworben hat, die für die Wahrnehmung des Amtes förderlich sind, können bis zu einer Gesamtzeit von vier Jahren als ruhegehaltfähig berücksichtigt werden, die Zeit einer Fachschul- oder Hochschulausbildung einschließlich der Prüfungszeit bis zu drei Jahren; diese Zeiten bleiben bei der Anwendung des Art. 103 Abs. 5 Satz 2 BayBeamtVG unberücksichtigt.

TEIL 5
Entschädigung, sonstige Leistungen und Ehrensold an Ehrenbeamte und Ehrenbeamtinnen

ABSCHNITT 1
Entschädigung und sonstige Leistungen

Art. 53 Anspruch auf Entschädigung

(1) [1]Ehrenbeamte und Ehrenbeamtinnen haben Anspruch auf eine angemessene Entschädigung. [2]Die Entschädigung wird monatlich im Voraus gezahlt.

(2) [1]Die Entschädigung für ehrenamtliche erste Bürgermeister und ehrenamtliche erste Bürgermeisterinnen muss sich innerhalb der in **Anlage 3** bestimmten Beträge halten; innerhalb dieses Rahmens sind Inhalt und Umfang des einzelnen Amtes sowie die Schwierigkeit der Verwaltungsverhältnisse in der Gemeinde zu berücksichtigen. [2]Der anzuwendende Rahmensatz bestimmt sich nach der letzten vom Landesamt für Statistik früher als drei Monate vor der Festsetzung veröffentlichten

Einwohnerzahl. [3]Verringert sich die Einwohnerzahl während der Amtszeit so, dass die Entschädigung innerhalb des für eine niedrigere Einwohnerklasse geltenden Rahmens festgesetzt werden müsste, bleibt die bei der letzten Festsetzung zugrunde zu legende Einwohnerzahl für den Amtsinhaber oder die Amtsinhaberin für die laufende Amtszeit und für unmittelbar folgende Amtszeiten maßgeblich.

(3) [1]Für die Entschädigung der Bezirkstagspräsidenten und Bezirkstagspräsidentinnen gilt Abs. 2 entsprechend. [2]Die Entschädigung kann um bis zu ein Drittel der in Anlage 3 bestimmten Höchstbeträge erhöht werden, wenn neben dem Ehrenamt keine hauptberufiche Tätigkeit und kein Ehrenamt als erster Bürgermeister oder erste Bürgermeisterin wahrgenommen wird.

(4) [1]Ein ehrenamtlicher weiterer Bürgermeister oder eine ehrenamtliche weitere Bürgermeisterin, der gewählte Stellvertreter des Landrats oder der Landrätin und der gewählte Stellvertreter des Bezirkstagspräsidenten oder der Bezirkstagspräsidentin erhalten neben der als Gemeinderatsmitglied, als Mitglied des Kreistags oder des Bezirkstags gewährten Entschädigung eine weitere Entschädigung nach dem Maß der besonderen Inanspruchnahme als kommunaler Wahlbeamter und kommunale Wahlbeamtin. [2]Die Entschädigungen dürfen zusammen nicht mehr betragen als die Entschädigung oder die Summe von Grundgehalt, Orts- und Familienzuschlag der Stufe V und Dienstaufwandsentschädigung des oder der Vertretenen.

(5) [1]Ist der Ehrenbeamte oder die Ehrenbeamtin ganz oder teilweise verhindert, die Dienstgeschäfte auszuüben, so wird die Entschädigung zwei Monate weitergezahlt. [2]Dauert die ganze oder teilweise Verhinderung länger, so kann der Dienstherr die Entschädigung für eine über zwei Monate hinausgehende Zeit ganz oder teilweise gewähren.

Art. 54 Festsetzung und Anpassung der Entschädigung

(1) [1]Die Entschädigung wird zu Beginn jeder Amtszeit im Einvernehmen mit dem Beamten oder der Beamtin durch Beschluss

festgesetzt. [2]Art. 46 Abs. 2 Satz 2 gilt entsprechend. [3]Die Berechtigten können auf die festgesetzte Entschädigung weder ganz noch teilweise verzichten. [4]Zusicherungen, Vereinbarungen und Vergleiche, die eine über dieses Gesetz hinausgehende Entschädigung verschaffen sollen, sind unwirksam. [5]Das Gleiche gilt für Versicherungsverträge, die zu diesem Zweck geschlossen werden.

(2) [1]Mit einem einheitlichen Vomhundertsatz benannte Änderungen aller Grundgehälter der Besoldungsordnung A gelten mit dem gleichen Vomhundertsatz und ab dem gleichen Zeitpunkt unmittelbar für die Rahmensätze der Anlage 3 und für die nach Abs. 1 festgesetzten Entschädigungen. [2]Werden die Grundgehälter der Besoldungsordnung A mit unterschiedlichen Vomhundertsätzen geändert, gilt für die Anpassungen nach Satz 1

1. in Gemeinden bis 1.000 Einwohner der für Besoldungsgruppe A 8,
2. in Gemeinden mit 1.001 bis 3.000 Einwohnern der für Besoldungsgruppe A 12,
3. in Gemeinden mit 3.001 bis 5.000 Einwohnern der für Besoldungsgruppe A 13 und
4. in Gemeinden über 5.000 Einwohner sowie in Landkreisen und Bezirken der für Besoldungsgruppe A 14

maßgebliche Vomhundertsatz. [3]Das Staatsministerium des Innern, für Sport und Integration macht bei einer Anpassung nach den Sätzen 1 und 2 die neuen Rahmensätze im Bayerischen Ministerialblatt bekannt.

(3) [1]Für ehrenamtliche erste Bürgermeister und ehrenamtliche erste Bürgermeisterinnen erhöhen sich zum 1. November 2024 die nach Abs. 1 festgesetzten Entschädigungen und die Rahmensätze der Anlage 3 Nr. 1 um 4,76 v.H. gegenüber dem vorherigen Stand. [2]Für Bezirkstagspräsidenten und Bezirkstagspräsidentinnen erhöhen sich zum 1. November 2024 die nach Abs. 1 festgesetzten Entschädigungen und die Höchstbeträge der Anlage 3 Nr. 2 um 200 €. [3]Abs. 2 Satz 3 gilt entsprechend.

H

Art. 55 Jährliche Sonderzahlung

(1) Ehrenbeamte und Ehrenbeamtinnen erhalten eine jährliche Sonderzahlung in entsprechender Anwendung des Teils 3 Abschnitt 6 BayBesG mit Ausnahme des Erhöhungsbetrags.

(2) [1]Dabei steht den Bezügen die Entschädigung nach Art. 53 Abs. 2 und 3 oder die weitere Entschädigung nach Art. 53 Abs. 4 gleich; dem für den Sonderbetrag für Kinder maßgeblichen Orts- und Familienzuschlag steht das im jeweiligen Monat des Kalenderjahres tatsächlich oder ohne Berücksichtigung des § 64 oder 65 des Einkommensteuergesetzes zustehende Kindergeld gleich. [2]Für den Grundbetrag der jährlichen Sonderzahlung gilt ein Vomhundertsatz von 70, wenn die nach Satz 1 Halbsatz 1 maßgebliche Entschädigung im Kalendermonat einen Betrag von 4 860,23 € nicht übersteigt; im Übrigen gilt ein Vomhundertsatz von 65.

(3) [1]Mit einem Vomhundertsatz benannte Änderungen des Grundgehalts in Besoldungsgruppe A 11 gelten mit dem gleichen Vomhundertsatz und ab dem gleichen Zeitpunkt unmittelbar für den in Abs. 2 Satz 2 Halbsatz 1 genannten Betrag. [2]Das Staatsministerium des Innern, für Sport und Integration macht den neuen Grenzbetrag im Bayerischen Ministerialblatt bekannt. [3]Die Sätze 1 und 2 gelten in Bezug auf Art. 54 Abs. 3 Satz 1 entsprechend.

Art. 56 Reisekosten

[1]Reisekosten werden nach dem Bayerischen Reisekostengesetz erstattet mit der Maßgabe, dass die Reisekostenvergütung nach den für Beamte und Beamtinnen der Besoldungsgruppe A 15 geltenden Bestimmungen zu bemessen ist. [2]Art. 48 Abs. 2 gilt entsprechend.

Art. 57 Unfallfürsorge

Ehrenbeamte und Ehrenbeamtinnen erhalten Unfallfürsorge nach Art. 63 BayBeamtVG, soweit nicht ein Anspruch auf entsprechende Sachleistungen aus der gesetzlichen Unfallversicherung besteht.

Art. 58 Überbrückungshilfe

(1) [1]Wird ein ehrenamtlicher erster Bürgermeister oder eine ehrenamtliche erste Bürgermeisterin oder ein Bezirkstagspräsident oder eine Bezirkstagspräsidentin auf Grund von Art. 15 Abs. 1, Art. 26 Abs. 2 oder 3 oder § 23 Abs. 1 Satz 1 Nr. 3 BeamtStG entlassen, so wird als Überbrückungshilfe die Hälfte der vorher zustehenden laufenden Entschädigung monatlich im Voraus so viele Monate lang weitergewährt, wie der oder die Berechtigte ohne Unterbrechung volle Jahre in diesem Amt zurückgelegt hat, mindestens jedoch drei und höchstens zwölf Monate. [2]Überbrückungshilfe wird nicht gewährt, wenn der oder die Berechtigte für die folgende Amtszeit wieder in das Amt gewählt wird. [3]Stirbt der oder die Berechtigte, so steht der noch nicht ausgezahlte Betrag, mindestens jedoch das Dreifache des Monatsbetrags nach Satz 1, dem Ehegatten oder der Ehegattin, dem Lebenspartner oder der Lebenspartnerin im Sinn des § 1 des Lebenspartnerschaftsgesetzes (LPartG) oder den minderjährigen leiblichen oder an Kindes statt angenommenen Kindern zu.

H

(2) Einkommen aus einer Verwendung im öffentlichen Dienst (Art. 83 Abs. 5 BayBeamtVG) wird auf die Überbrückungshilfe nach Abs. 1 Satz 1 angerechnet.

(3) [1]Scheidet ein ehrenamtlicher erster Bürgermeister oder eine ehrenamtliche erste Bürgermeisterin oder ein Bezirkstagspräsident oder eine Bezirkstagspräsidentin durch Tod aus dem Amt, so erhalten die Berechtigten nach Abs. 1 Satz 3 als Überbrückungshilfe das Sechsfache der vorher zustehenden laufenden Entschädigung in einer Summe. [2]Entsprechendes gilt für ehrenamtliche weitere Bürgermeister und ehrenamtliche weitere Bürgermeisterinnen, für den gewählten Stellvertreter des Landrats oder der Landrätin oder des Bezirkstagspräsidenten oder der Bezirkstagspräsidentin, wenn sie den Amtsinhaber oder die Amtsinhaberin im Zeitpunkt ihres Todes ohne Unterbrechung länger als sechs Monate vertreten haben.

ABSCHNITT 2
Ehrensold

Art. 59 Pflichtehrensold und freiwilliger Ehrensold

(1) [1]Einem ersten Bürgermeister oder einer ersten Bürgermeisterin und einem Bezirkstagspräsidenten oder einer Bezirkstagspräsidentin ist für die Zeit nach dem Ausscheiden aus dem Amt Ehrensold (Pflichtehrensold) zu bewilligen, wenn er oder sie

1. aus dieser Tätigkeit außer einem Übergangsgeld keine Versorgung erhält,
2. entweder das sechzigste Lebensjahr vollendet hat oder dienstunfähig ist und
3. dieses Amt in derselben Gemeinde mindestens zwölf Jahre bekleidet hat oder aus diesem Amt nach mindestens zehn Jahren wegen Dienstunfähigkeit ausscheidet oder dieses Amt im selben Bezirk mindestens zehn Jahre bekleidet hat oder aus diesem Amt nach mindestens acht Jahren wegen Dienstunfähigkeit ausscheidet.

[2]Der Pflichtehrensold entfällt ab dem Zeitpunkt, ab dem aus einem anderen Amt Versorgung nach diesem Gesetz zusteht, wenn dabei Zeiten aus diesem Ehrenamt als ruhegehaltfähige Dienstzeit nach Art. 50 berücksichtigt werden. [3]Nach dem Tod eines oder einer nach Satz 1 Berechtigten ist dem Ehegatten oder der Ehegattin oder dem Lebenspartner oder der Lebenspartnerin im Sinn des § 1 LPartG Ehrensold zu gewähren; die Zahlung endet bei erneuter Eheschließung oder Begründung einer neuen Lebenspartnerschaft im Sinn des Lebenspartnerschaftsgesetzes.

(2) [1]Einem Bürgermeister oder einer Bürgermeisterin, einem gewählten Stellvertreter des Landrats oder der Landrätin und einem Bezirkstagspräsidenten oder einer Bezirkstagspräsidentin kann für die Zeit nach dem Ausscheiden aus dem Amt Ehrensold (freiwilliger Ehrensold) gewährt werden, wenn er oder sie

1. die Voraussetzungen nach Abs. 1 Satz 1 Nrn. 1 und 2 erfüllt und
2. dieses Amt in derselben Gemeinde oder im selben Landkreis mindestens zehn Jahre, in den Fällen des Art. 41

H

Abs. 2 GLKrWG mehr als acht Jahre, bekleidet hat oder dieses Amt im selben Bezirk mindestens acht Jahre bekleidet hat.

[2]Ist ein Beamter oder eine Beamtin innerhalb von drei Monaten nach dem Zusammentritt des neu gewählten Gemeinderats, Kreistags oder Bezirkstags in das Amt gewählt worden, so gilt als Beginn der Amtszeit der Beginn der Wahlzeit des Gemeinderats, Kreistags oder Bezirkstags. [3]Nach dem Tod eines Beamten oder einer Beamtin oder eines früheren Beamten oder einer früheren Beamtin, dem oder der freiwilliger Ehrensold gewährt worden ist oder hätte gewährt werden können, kann dem Ehegatten oder der Ehegattin oder dem Lebenspartner oder der Lebenspartnerin im Sinn des § 1 LPartG sowie den minderjährigen Kindern Ehrensold gewährt werden. [4]Abs. 1 Sätze 2 und 3 Halbsatz 2 gelten entsprechend.

(3) [1]Die Fristen nach Abs. 1 Satz 1 Nr. 3 und Abs. 2 Satz 1 Nr. 2 gelten als erfüllt, wenn weniger als sechs Monate Amtszeit fehlen. [2]Ist ein Bürgermeister oder eine Bürgermeisterin in einer Gemeinde wiedergewählt worden, die unter vollständiger oder teilweiser Einbeziehung der früheren Gemeinde neu gebildet oder mit der früheren Gemeinde zusammengelegt worden ist, so werden auch die in der früheren Gemeinde erbrachten Zeiten auf diese Fristen angerechnet; Entsprechendes gilt bei Wiederwahl eines Bezirkstagspräsidenten oder einer Bezirkstagspräsidentin nach Umbildung des Bezirks. [3]In den Fällen des Art. 26 gilt für diese Fristen die gesamte laufende Wahlzeit als zurückgelegte Amtszeit.

(4) Der Ehrensold wird monatlich im Voraus gezahlt.

(5) Die Bewilligung des Ehrensolds kann zurückgenommen werden, wenn sich der Empfänger oder die Empfängerin des Ehrensolds nicht würdig erweist.

Art. 60 Höhe des Ehrensolds

(1) [1]Der Pflichtehrensold beträgt ein Drittel der zuletzt bezogenen Entschädigung. [2]Nach einer Amtszeit von achtzehn Jahren beträgt der Pflichtehrensold 37 v.H. der zuletzt bezogenen Entschädigung. [3]Nach jeder weiteren Amtszeit von sechs Jahren erhöht sich der Pflichtehrensold jeweils um 3 v.H. der zuletzt bezogenen

Entschädigung bis zum Höchstsatz von 43 v.H. [4]Der Ehrensold für Hinterbliebene nach Art. 59 Abs. 1 Satz 3 beträgt 60 v.H. des Pflichtehrensolds. [5]Art. 59 Abs. 3 Satz 1 gilt entsprechend.

(2) Der freiwillige Ehrensold darf

1. bei Bürgermeistern oder Bürgermeisterinnen und bei den gewählten Stellvertretern des Landrats oder der Landrätin monatlich 1 328,78 €, bei deren Hinterbliebenen (Art. 59 Abs. 2 Satz 3) monatlich 797,27 €,
2. bei Bezirkstagspräsidenten oder Bezirkstagspräsidentinnen monatlich 2 154,81 €, bei deren Hinterbliebenen (Art. 59 Abs. 2 Satz 3) monatlich 1 292,89 €

nicht übersteigen.

(3) [1]Übergangsgeld oder Überbrückungshilfe werden auf den Ehrensold angerechnet. [2]Art. 54 Abs. 1 Sätze 4 und 5 gelten entsprechend.

H

(4) [1]Mit einem einheitlichen Vomhundertsatz benannte Änderungen aller Grundgehälter der Besoldungsordnung A gelten mit dem gleichen Vomhundertsatz und ab dem gleichen Zeitpunkt unmittelbar für den Ehrensold und für die Höchstgrenzen des Abs. 2. [2]Werden die Grundgehälter der Besoldungsordnung A mit unterschiedlichen Vomhundertsätzen geändert, gilt für die Anpassung nach Satz 1 der Vomhundertsatz, der sich aus dem Durchschnitt der unterschiedlichen Vomhundertsätze ergibt. [3]Das Staatsministerium des Innern, für Sport und Integration macht bei einer Anpassung nach den Sätzen 1 und 2 die neuen Höchstgrenzen des Abs. 2 im Bayerischen Ministerialblatt bekannt. [4]Wird der Pflichtehrensold nicht im unmittelbaren Anschluss an das Ausscheiden gezahlt, so ist bei der Berechnung nach Abs. 1 so zu verfahren, als hätte die zuletzt bezogene Entschädigung an den nachfolgenden allgemeinen Änderungen entsprechend Art. 54 Abs. 2 teilgenommen.

Art. 61 Jährliche Sonderzahlung

[1]Neben dem Ehrensold wird eine jährliche Sonderzahlung in entsprechender Anwendung des Art. 55 gezahlt. [2]Dabei steht den Bezügen der Ehrensold gleich. [3]Für den Grundbetrag der jährlichen Sonderzahlung gilt ein Vomhundertsatz von 70.

TEIL 6
Schlussbestimmungen

Art. 62 Geltung für amtierende kommunale Wahlbeamte und Wahlbeamtinnen

Dieses Gesetz gilt auch für die bei seinem Inkrafttreten amtierenden kommunalen Wahlbeamten und Wahlbeamtinnen.

Art. 63 Überleitungsbestimmungen für amtierende kommunale Wahlbeamte und Wahlbeamtinnen

(1) [1]Für Beamte und Beamtinnen auf Zeit gilt mit Inkrafttreten dieses Gesetzes die bisherige besoldungsrechtliche Einstufung weiter; soweit Beamte und Beamtinnen in Ämtern der Besoldungsordnung A die Endstufe noch nicht erreicht haben, gelten sie mit Inkrafttreten dieses Gesetzes als in die Endstufe ihres Amtes übergeleitet. [2]Berufsmäßige erste Bürgermeister und erste Bürgermeisterinnen, Oberbürgermeister und Oberbürgermeisterinnen, berufsmäßige Gemeinderatsmitglieder und Landräte und Landrätinnen, deren bisherige Einstufung einer niedrigeren Besoldungsgruppe entspricht als der nach Art. 45 Abs. 2 in Verbindung mit Anlage 1 maßgeblichen, gelten mit Inkrafttreten dieses Gesetzes als in die Endstufe des neuen Amtes übergeleitet. [3]Die Betroffenen sind über die ab Inkrafttreten dieses Gesetzes maßgebliche besoldungsrechtliche Einstufung vom Dienstherrn schriftlich zu informieren.

(2) Die sonstigen Übergangsregelungen nach Art. 108 Abs. 1, 2 und 7 BayBesG gelten für die Besoldung der Beamten und Beamtinnen auf Zeit entsprechend, wobei an die Stelle des dort genannten 1. Januar 2011 der Tag des Inkrafttretens dieses Gesetzes und an die Stelle des dort genannten 31. Dezember 2010 der Tag vor Inkrafttreten dieses Gesetzes tritt.

(3) An die Stelle von Dienstaufwandsentschädigungen, die in einer Höhe unterhalb der in Anlage 2 festgelegten Untergrenzen

H

festgesetzt sind, tritt jeweils eine Dienstaufwandsentschädigung in Höhe der in Anlage 2 festgelegten Rahmenuntergrenze.

(4) Für Beamte und Beamtinnen auf Zeit, die am 31. Dezember 1991 im Amt waren und das Amt bis zum Inkrafttreten dieses Gesetzes fortgeführt haben, beträgt der Ruhegehaltssatz nach einer Amtszeit von acht Jahren abweichend von Art. 28 Satz 1 BayBeamtVG 42 v.H.

(5) An die Stelle von Entschädigungen für erste Bürgermeister und erste Bürgermeisterinnen, die in einer Höhe unterhalb der in Anlage 3 festgelegten Untergrenzen festgesetzt sind, tritt jeweils eine Entschädigung in Höhe der in Anlage 3 festgesetzten Rahmenuntergrenze.

(6) Beamte und Beamtinnen auf Zeit erhalten für die Zeit vom 1. Januar 2012 bis zum Inkrafttreten dieses Gesetzes

1. eine Bezügenachzahlung in Höhe von 1,9 v.H. der ihnen in diesem Zeitraum zustehenden monatlichen Grundgehaltssätze zuzüglich monatlich 17 € und
2. eine Nachzahlung in Höhe von 1,9 v.H. der ihnen in diesem Zeitraum zustehenden monatlichen Familienzuschläge.

(7) [1]Beamte und Beamtinnen auf Zeit erhalten für die Zeit vom 1. Januar 2012 bis zum Inkrafttreten dieses Gesetzes eine Nachzahlung in Höhe von 2,2 v.H. der ihnen in diesem Zeitraum zustehenden monatlichen Dienstaufwandsentschädigung. [2]Die bis zum Inkrafttreten dieses Gesetzes zustehenden Dienstaufwandsentschädigungen erhöhen sich ab Inkrafttreten dieses Gesetzes um 1,9 v.H.

(8) [1]Ehrenbeamte und Ehrenbeamtinnen erhalten für die Zeit vom 1. Januar 2012 bis zum Inkrafttreten dieses Gesetzes eine Nachzahlung in Höhe von 2,2 v.H. der ihnen in diesem Zeitraum zustehenden monatlichen Entschädigung. [2]Die bis zum Inkrafttreten dieses Gesetzes zustehenden Entschädigungen erhöhen sich ab Inkrafttreten dieses Gesetzes um 1,9 v.H.

Art. 64 Geltung für frühere kommunale Wahlbeamte und Wahlbeamtinnen

(1) Für die Versorgung der bei Inkrafttreten dieses Gesetzes vorhandenen Ruhestandsbeamten und Ruhestandsbeamtinnen und ihrer Hinterbliebenen gelten Art. 100 bis 102 BayBeamtVG und die Sonderregelungen in Art. 52 Abs. 3 bis 6 entsprechend, wobei an die Stelle des in Art. 100 bis 102 BayBeamtVG genannten 1. Januar 2011 der Tag des Inkrafttretens dieses Gesetzes und an die Stelle des 31. Dezember 2010 der Tag vor Inkrafttreten dieses Gesetzes tritt.

(2) [1]Auf frühere kommunale Wahlbeamte und Wahlbeamtinnen sind die Ehrensoldregelungen nach Art. 59 bis 61 anwendbar. [2]Dies gilt nicht für Art. 59 Abs. 1 Satz 2, soweit der Ehrensold vor Inkrafttreten dieses Gesetzes bewilligt wurde.

H

(3) [1]Ruhestandsbeamte und Ruhestandsbeamtinnen und ihre Hinterbliebenen erhalten für die Zeit vom 1. Januar 2012 bis zum Inkrafttreten dieses Gesetzes eine Nachzahlung der ihnen in diesem Zeitraum zustehenden Versorgungsbezüge in entsprechender Anwendung der für Beamte und Beamtinnen im Sinn des Art. 1 Abs. 1 BayBeamtVG geltenden Vorschriften. [2]Satz 1 gilt als erste Anpassung im Sinn des Art. 107 Abs. 1 BayBeamtVG.

(4) [1]Ehemalige kommunale Wahlbeamte und Wahlbeamtinnen und deren Hinterbliebene erhalten für die Zeit vom 1. Januar 2012 bis zum Inkrafttreten dieses Gesetzes eine Nachzahlung des ihnen in diesem Zeitraum zustehenden Ehrensolds in Höhe von 2,2 v.H. [2]Die bis zum Inkrafttreten dieses Gesetzes zustehenden Ehrensoldleistungen erhöhen sich ab Inkrafttreten dieses Gesetzes um 1,9 v.H.

Art. 65 Übergangsregelung

Art. 53 Abs. 3, Art. 60 Abs. 2 Nr. 2 und Anlage 3 in ihrer am 15. Oktober 2023 geltenden Fassung finden erstmals auf die nach dem Inkrafttreten der Änderungen gewählten Bezirkstagspräsidentinnen und Bezirkstagspräsidenten Anwendung.

Art. 66 Inkrafttreten

Dieses Gesetz tritt am 1. August 2012 in Kraft.

H

Anlage 1 (zu Art. 45 Abs. 2)
Einstufung der Beamten und Beamtinnen auf Zeit

1. Kreisangehörige Gemeinden				
Größenklasse	Erste Bürgermeister und Bürgermeisterinnen	Weitere Bürgermeister und Bürgermeisterinnen	Berufsmäßige Gemeinderatsmitglieder	
Einwohnerzahl			Erste Amtszeit	Weitere Amtszeiten
	BesGr			
bis 2.000	A 13	A 10/A 11	-	-
2.001 bis 3.000	A 14	A 11/A 12	-	-
3.001 bis 5.000	A 15	A 12/A 13	-	-
5.001 bis 10.000	A 16	A 13/A 14	-	-
10.001 bis 15.000	B 2	A 14/A 15	A 13	A 14
15.001 bis 30.000	B 3	A 15/A 16	A 14	A 15
über 30.000	B 4	A 16/B 2	A 14	A 15
2. Kreisfreie Gemeinden und Große Kreisstädte				
Größenklasse	Oberbürgermeister und Oberbürgermeisterinnen	Weitere Bürgermeister und Bürgermeisterinnen	Berufsmäßige Gemeinderatsmitglieder	

Einwohnerzahl/ Stadt			**Erste Amtszeit**	**Weitere Amtszeiten**
	BesGr			
bis 30.000	B 4	A 16/B 2	A 14	A 15
30.001 bis 50.000	B 6	B 3/B 4	A 16	B 2
50.001 bis 100.000	B 7	B 4/B 5	B 2	B 3
Städte Erlangen, Fürth, Ingolstadt, Regensburg und Würzburg	B 8	B 5/B 6	B 3	B 4
Stadt Augsburg	B 9	B 6/B 7	B 4	B 5
Stadt Nürnberg	B 10	B 7/B 8	B 5	B 6
Landeshauptstadt München	B 11	B 8/B 9	B 6	B 7
3. Landkreise				
Größenklasse	**Landräte und Landrätinnen**			
Einwohnerzahl	**BesGr**			
bis 75.000	B 5			
75.001 bis 150.000	B 6			
über 150.000	B 7			

H

Anlage 2 (zu Art. 45 Abs. 2)
Monatliche Dienstaufwandsentschädigungen für die Beamten und Beamtinnen auf Zeit

(gültig ab 1. Februar 2025)

	Rahmensätze
A. Erste Bürgermeister und Bürgermeisterinnen	
1. kreisangehöriger Gemeinden	267,14 € bis 878,10 €
2. kreisfreier Gemeinden und Großer Kreisstädte	
a) bis 50.000 Einwohner	471,24 € bis 1.283,59 €
b) von 50.001 bis 100.000 Einwohner	673,96 € bis 1.487,69 €
c) über 100.000 Einwohner	878,10 € bis 1.690,44 €
B. Weitere Bürgermeister und Bürgermeisterinnen und berufsmäßige Gemeinderatsmitglieder	
1. kreisangehöriger Gemeinden	227,38 € bis 715,08 €
2. kreisfreier Gemeinden und Großer Kreisstädte	
a) bis 50.000 Einwohner	389,04 € bis 1.039,77 €
b) von 50.001 bis 100.000 Einwohner	552,07 € bis 1.202,76 €
c) über 100.000 Einwohner	715,08 € bis 1.365,78 €
C. Landräte und Landrätinnen	1.080,84 € bis 1.487,69 €

H

Anlage 3 (zu Art. 53 Abs. 2 und 3) Monatliche Entschädigungen für die Ehrenbeamten und Ehrenbeamtinnen

(gültig ab 1. Februar 2025)

1. Ehrenamtliche erste Bürgermeister und Bürgermeisterinnen

Einwohner der Gemeinde	Rahmensätze
bis 1.000	1.435,13 € bis 3.731,23 €
1.001 bis 3.000	3.587,73 € bis 5.381,60 €
3.001 bis 5.000	4.735,78 € bis 6.386,13 €
über 5. 000	5.453,36 € bis 6.888,43 €

2. Bezirkstagspräsidenten und Bezirkstagspräsidentinnen

Einwohner des Bezirks	Höchstbetrag
bis 1.500.000	8.430,29 €
1.500.001 bis 3.000.000	8.759,06 €
über 3.000.000	9.087,83 €

Geschäftsordnung des Gemeinderats – Marktgemeinderats – Stadtrats (Geschäftsordnung – GeschO)

(Muster des Bayerischen Gemeindetags für kleinere Gemeinden/Städte)[1]

Inhaltsverzeichnis

1 Im Muster enthaltene, nicht zutreffende Varianten, alternative Formulierungen oder beispielhafte Aufzählungen (in kursiv) sind zu streichen. Die in einzelnen Bestimmungen des Geschäftsordnungsmusters relevanten Beträge, Wertgrenzen oder geschätzten Auftragswerte sind als Bruttobeträge zu verstehen. Alternativ können auch Nettobeträge ausgewiesen werden. Es ist klarzustellen, ob es sich um Netto- oder Bruttobeträge handelt. Die geschlechtsneutrale Formulierung entspricht derjenigen des Gesetzes vom 24.07.2023 (GVBl. S. 385).

Der Gemeinderat

....

....

gibt sich aufgrund des Art. 45 Abs. 1 der Gemeindeordnung für den Freistaat Bayern (GO) in der Fassung der Bekanntmachung vom 22. August 1998 (GVBl. S. 796, BayRS 2020–1-1-I), zuletzt geändert durch .... (GVBl. S. ...), folgende

Geschäftsordnung:

A. Die Gemeindeorgane und ihre Aufgaben

I. Der Gemeinderat

§ 1 Zuständigkeit im Allgemeinen

Der Gemeinderat beschließt über alle Angelegenheiten des eigenen und des übertragenen Wirkungskreises, soweit sie nicht aufgrund eines Gesetzes bzw. einer Übertragung durch den Gemeinderat in die Zuständigkeit der ersten Bürgermeisterin oder des ersten Bürgermeisters fallen.

§ 2 Aufgabenbereich des Gemeinderats

Der Gemeinderat ist insbesondere für folgende Angelegenheiten zuständig:

1. die Beschlussfassung zu Bestands- oder Gebietsänderungen der Gemeinde und zu Änderungen des Namens der Gemeinde oder eines Gemeindeteils (Art. 2 und 11 GO),

2. die Entscheidung über Ehrungen, insbesondere die Verleihung und die Aberkennung der Ehrenbürgerwürde (Art. 16 GO),
3. die Bildung und die Zusammensetzung der Ausschüsse sowie die Zuteilung der Aufgaben an diese (Art. 32, 33 GO),
4. die Aufstellung von Richtlinien für laufende Angelegenheiten nach Art. 37 Abs. 1 Satz 2 GO,
5. die Verteilung der Geschäfte unter die Gemeinderatsmitglieder (Art. 46 Abs. 1 Satz 2 GO),
6. die Wahlen (Art. 51 Abs. 3 und 4 GO),
7. die Beschlussfassung über Angelegenheiten, zu deren Erledigung die Gemeinde der Genehmigung bedarf (z.B. aufgrund haushaltsrechtlicher Bestimmungen der GO oder Genehmigungsvorbehalte nach KAG, BauGB, KommZG),
8. den Erlass, die Änderung und die Aufhebung von Satzungen und Verordnungen,
9. die Beschlussfassung über die allgemeine Regelung der Bezüge der Gemeindebediensteten (z.B. Grundsatzentscheidungen bzgl. Gewährung einer Arbeitsmarktzulage, Verkürzung von Stufenlaufzeiten) und über beamten-, besoldungs-, versorgungs- und disziplinarrechtliche Angelegenheiten der Bürgermeisterinnen oder Bürgermeister und der berufsmäßigen Gemeinderatsmitglieder, soweit nicht das Gesetz über kommunale Wahlbeamte und Wahlbeamtinnen oder das Bayerische Disziplinargesetz etwas anderes bestimmen,
10. die Beschaffung von Dienstfahrzeugen für Bürgermeisterinnen und Bürgermeister,
11. die Beschlussfassung über die Haushaltssatzung und über die Nachtragshaushaltssatzungen (Art. 65 und 68 GO),
12. die Beschlussfassung über den Finanzplan (Art. 70 GO),
13. die Feststellung der Jahresrechnung und der Jahresabschlüsse der Eigenbetriebe und der Krankenhäuser mit kaufmännischem Rechnungswesen sowie die Beschlussfassung über die Entlastung (Art. 102 GO),

14. die Entscheidungen im Sinne von Art. 96 Abs. 1 Satz 1 GO über gemeindliche Unternehmen (z.B. Errichtung, Übernahme, Erweiterung, Beteiligung),
15. die hinsichtlich der Eigenbetriebe dem Gemeinderat im Übrigen gesetzlich vorbehaltenen Angelegenheiten (Art. 88 GO),
16. die Bestellung und die Abberufung der Leitung und Stellvertretung des Rechnungsprüfungsamts und der Prüferinnen oder Prüfer (Art. 104 Abs. 3 GO), die Benennung und Abberufung der oder des behördlichen Datenschutzbeauftragten, die Bestätigung der Feuerwehrkommandantin oder des Feuerwehrkommandanten sowie der Vorschlag von Schöffinnen und Schöffen,
17. die Entscheidung über die Zulässigkeit eines Bürgerbegehrens (Art. 18a Abs. 8 GO) und die Durchführung eines Bürgerentscheids (Art. 18a Abs. 2, Abs. 10 GO),
18. die allgemeine Festsetzung von Abgaben, Tarifen und Entgelten,
19. die Entscheidung über Ernennung, Beförderung, Abordnung, Versetzung, Zuweisung an eine Einrichtung, Ruhestandsversetzung und Entlassung der Beamtinnen und Beamten ab Besoldungsgruppe A 9,
20. die Entscheidung über Einstellung, Höhergruppierung (nicht nur vorübergehende Übertragung einer höherwertigen Tätigkeit), Abordnung, Versetzung, Zuweisung an einen Dritten, Beschäftigung mittels Personalgestellung und Entlassung der Arbeitnehmerinnen und Arbeitnehmer ab Entgeltgruppe 9a des TVöD oder ab einem entsprechenden Entgelt,
21. die Entscheidung über Altersteilzeit der Gemeindebediensteten,
22. die Beschlussfassung über die Beteiligung an Zweckverbänden und über den Abschluss von Zweckvereinbarungen,
23. die grundsätzlichen Angelegenheiten gemeindlicher Planungen, z.B. der Bauleitplanung, der Ortsplanung, der Landschaftsplanung und der Regional- und Landesplanung, der

Gewässerplanung und gemeindeübergreifender Planungen und Projekte,
24. die Namensgebung für Straßen, Schulen und sonstige öffentliche Einrichtungen,
25. der Vorschlag, die Entsendung und die Abberufung von Vertreterinnen und Vertretern der Gemeinde in andere Organisationen und Einrichtungen,
26. die Beschlussfassung über die Vereinbarung einer kommunalen Partnerschaft,
27. die grundsätzlichen Angelegenheiten gemeindlich verwalteter Stiftungen, insbesondere Änderungen des Stiftungszwecks.

II. Die Gemeinderatsmitglieder

§ 3 Rechtsstellung der ehrenamtlichen Gemeinderatsmitglieder, Befugnisse

I

(1) Gemeinderatsmitglieder üben ihre Tätigkeit nach ihrer freien, nur durch die Rücksicht auf das öffentliche Wohl bestimmten Überzeugung aus und sind an Aufträge nicht gebunden.

(2) Für die allgemeine Rechtsstellung der Gemeinderatsmitglieder (Teilnahmepflicht, Sorgfalts- und Verschwiegenheitspflicht, Geheimhaltungspflicht, Ausschluss wegen persönlicher Beteiligung, Geltendmachung von Ansprüchen Dritter, Ablehnung, Niederlegung und Verlust des Amtes) gelten die Art. 48 Abs. 1, Art. 20 Abs. 1 bis 3, Art. 56a, Art. 49, 50, 48 Abs. 3 GO sowie Art. 47 bis Art. 49 Gemeinde- und Landkreiswahlgesetz.

(3) Der Gemeinderat kann zur Vorbereitung seiner Entscheidungen durch besonderen Beschluss einzelnen seiner Mitglieder bestimmte Aufgabengebiete (Referate) zur Bearbeitung zuteilen und sie insoweit mit der Überwachung der gemeindlichen Verwaltungstätigkeit betrauen (Art. 46 Abs. 1 Satz 2, Art. 30 Abs. 3 GO).

(4) Zur Ausübung von Verwaltungsbefugnissen sind Gemeinderatsmitglieder nur berechtigt, soweit ihnen die erste

Bürgermeisterin oder der erste Bürgermeister im Rahmen der Geschäftsverteilung nach Anhörung der weiteren Bürgermeisterinnen oder Bürgermeister einzelne Befugnisse (§§ 7 bis 11) überträgt (Art. 39 Abs. 2 GO).

(5) [1]Gemeinderatsmitglieder, die eine Tätigkeit nach Absatz 3 oder 4 ausüben, haben ein Recht auf Akteneinsicht innerhalb ihres Aufgabenbereichs. [2]Zur Vorbereitung von Tagesordnungspunkten der nächsten Sitzung erhält jedes Gemeinderatsmitglied nach vorheriger Terminvereinbarung das Recht zur Einsicht in die entscheidungserheblichen Unterlagen, sofern Gründe der Geheimhaltung nicht entgegenstehen. [3]Im Übrigen haben Gemeinderatsmitglieder ein Recht auf Akteneinsicht, wenn sie vom Gemeinderat durch Beschluss mit der Einsichtnahme beauftragt werden. [4]Das Verlangen zur Akteneinsicht ist gegenüber der ersten Bürgermeisterin oder dem ersten Bürgermeister geltend zu machen.

§ 4 Umgang mit Dokumenten und elektronischen Medien[2]

I

(1) [1]Der Verschwiegenheitspflicht unterfallende schriftliche und elektronische Dokumente sind so aufzubewahren, dass sie dem unbefugten Zugriff Dritter entzogen sind. [2]Im Umgang mit solchen Dokumenten beachten die Gemeinderatsmitglieder Geheimhaltungsinteressen und den Datenschutz. [3]Werden diese Dokumente für die Tätigkeit als Gemeinderatsmitglied nicht mehr benötigt, sind sie zurückzugeben oder datenschutzkonform zu vernichten bzw. zu löschen.

(2) [1]Beschlussvorlagen sind interne Ausarbeitungen der Verwaltung für den Gemeinderat. [2]Eine Veröffentlichung der Beschlussvorlagen und weiterer Sitzungsunterlagen durch Gemeinderatsmitglieder ist nur zulässig, wenn die erste

2 Die im Rahmen der Mandatsausübung anfallenden Kosten für den Umgang mit elektronischen Dokumenten (Beschaffung eines Empfangsgeräts, Fertigung von Ausdrucken u.a.) und deren Schutz können z.B. über eine monatliche IT-Pauschale abgegolten werden.

Bürgermeisterin oder der erste Bürgermeister und der Gemeinderat unter Berücksichtigung des Datenschutzes zugestimmt haben und die Unterlagen nur Tatsachen enthalten, die offenkundig sind oder ihrer Bedeutung nach keiner Geheimhaltung bedürfen. [3]Die Veröffentlichung oder Weitergabe von Beschlussvorlagen und weiteren Sitzungsunterlagen zu nichtöffentlichen Sitzungen ist nicht zulässig.

(3) Die Gemeinderatsmitglieder, die über die technischen Voraussetzungen zum Versenden und Empfangen elektronischer Post verfügen, können der ersten Bürgermeisterin oder dem ersten Bürgermeister schriftlich eine elektronische Adresse mitteilen, an die Einladungen im Sinne des § 20 übersandt bzw. von der Anträge im Sinne des § 21 versandt werden.[3]

(4) [1]Die Nutzung elektronischer Medien während der Sitzung darf nur erfolgen, soweit durch sie eine aktive Sitzungsteilnahme nicht gefährdet und der Sitzungsverlauf nicht gestört wird. [2]Für die Fertigung von Ton- und Bildaufnahmen durch Gemeinderatsmitglieder gelten § 16 Abs. 2 Sätze 3 und 4 entsprechend.

I

§ 5 Fraktionen

[1]Gemeinderatsmitglieder können sich zur Erreichung gemeinsamer Ziele zu Fraktionen zusammenschließen. [2]Eine Fraktion muss mindestens ....[4] Mitglieder haben. [3]Die Bildung und Bezeichnung der Fraktionen sowie deren Vorsitzende und ihre Stellvertretung sind der ersten Bürgermeisterin oder dem ersten Bürgermeister mitzuteilen; diese oder dieser unterrichtet den

---

3 Vgl. das Muster »Zugangseröffnung für die elektronische Kommunikation«. Die Regelung des § 4 Abs. 3 kann entfallen, wenn die Ladung zur Gemeinderatssitzung, der Versand der Sitzungsunterlagen und die Antragstellung ausschließlich schriftlich (nach § 20 Alternative 3, § 21 Alternative 1) erfolgen und Niederschriften über öffentliche Sitzungen nicht elektronisch (vgl. § 16 Abs. 3) übermittelt werden sollen.

4 Vorschlag: 3 Mitglieder.

Gemeinderat. [4]Satz 3 gilt entsprechend für während der Wahlzeit eintretende Änderungen des Stärkeverhältnisses der Fraktionen und Gruppen.

III. Die erste Bürgermeisterin oder der erste Bürgermeister

1. Aufgaben

§ 6 Vorsitz im Gemeinderat

(1) [1]Die erste Bürgermeisterin oder der erste Bürgermeister führt den Vorsitz im Gemeinderat (Art. 36 GO). [2]Sie oder er bereitet die Beratungsgegenstände vor und beruft die Sitzungen ein (Art. 46 Abs. 2 GO). [3]In den Sitzungen leitet sie oder er die Beratung und die Abstimmung, handhabt die Ordnung und übt das Hausrecht aus (Art. 53 Abs. 1 GO).

(2) [1]Hält die erste Bürgermeisterin oder der erste Bürgermeister Entscheidungen des Gemeinderats oder eines beschließenden Ausschusses für rechtswidrig, verständigt sie oder er den Gemeinderat oder den Ausschuss von ihrer oder seiner Auffassung und setzt den Vollzug vorläufig aus. [2]Wird die Entscheidung aufrechterhalten, führt sie oder er die Entscheidung der Rechtsaufsichtsbehörde herbei (Art. 59 Abs. 2 GO).

§ 7 Leitung der Gemeindeverwaltung, Allgemeines

(1) [1]Die erste Bürgermeisterin oder der erste Bürgermeister leitet und verteilt im Rahmen der Geschäftsordnung die Geschäfte (Art. 46 Abs. 1 GO). [2]Sie oder er kann dabei einzelne ihrer oder seiner Befugnisse den weiteren Bürgermeisterinnen und Bürgermeistern, nach deren Anhörung auch einem Gemeinderatsmitglied und in Angelegenheiten der laufenden Verwaltung Bediensteten der Gemeinde übertragen (Art. 39 Abs. 2 GO). [3]Geschäftsverteilung und Befugnisregelung sollen übereinstimmen.

(2) [1]Die erste Bürgermeisterin oder der erste Bürgermeister vollzieht die Beschlüsse des Gemeinderats (Art. 36 GO). [2]Über

Hinderungsgründe unterrichtet sie oder er den Gemeinderat oder den Ausschuss unverzüglich.

(3) [1]Die erste Bürgermeisterin oder der erste Bürgermeister führt die Dienstaufsicht über die Gemeindebediensteten und übt die Befugnisse der oder des Dienstvorgesetzten gegenüber den Gemeindebeamtinnen und Gemeindebeamten aus (Art. 37 Abs. 4, Art. 43 Abs. 3 GO). [2]Art. 88 Abs. 3 Satz 3 GO bleibt unberührt.

(4) [1]Die erste Bürgermeisterin oder der erste Bürgermeister verpflichtet die weiteren Bürgermeisterinnen und Bürgermeister schriftlich, alle Angelegenheiten geheim zu halten, die im Interesse der Sicherheit oder anderer wichtiger Belange der Bundesrepublik oder eines ihrer Länder Unbefugten nicht bekannt werden dürfen. [2]In gleicher Weise verpflichtet sie oder er Gemeinderatsmitglieder und Gemeindebedienstete, bevor sie mit derartigen Angelegenheiten befasst werden (Art. 56a GO).

I

§ 8 Einzelne Aufgaben der ersten Bürgermeisterin oder des ersten Bürgermeisters

(1) Die erste Bürgermeisterin oder der erste Bürgermeister erledigt in eigener Zuständigkeit

1. die laufenden Angelegenheiten, die für die Gemeinde keine grundsätzliche Bedeutung haben und keine erheblichen Verpflichtungen erwarten lassen (Art. 37 Abs. 1 Satz 1 Nr. 1 GO),
2. die den Gemeinden durch ein Bundesgesetz oder auf Grund eines Bundesgesetzes übertragenen hoheitlichen Aufgaben in Angelegenheiten der Verteidigung einschließlich des Wehrersatzwesens und des Schutzes der Zivilbevölkerung, soweit nicht für haushalts- oder personalrechtliche Entscheidungen der Gemeinderat zuständig ist (Art. 37 Abs. 1 Satz 1 Nr. 2 GO),
3. die Angelegenheiten, die im Interesse der Sicherheit der Bundesrepublik oder eines ihrer Länder geheim zu halten sind (Art. 37 Abs. 1 Satz 1 Nr. 3 GO),

4. die ihm vom Gemeinderat nach Art. 37 Abs. 2 Satz 1 GO übertragenen Angelegenheiten,
5. die Entscheidung über die Ernennung, Beförderung, Abordnung, Versetzung, Zuweisung an eine Einrichtung, Ruhestandsversetzung und Entlassung von Beamtinnen und Beamten bis zur Besoldungsgruppe A 8 (Art. 43 Abs. 2 Satz 1 GO),
6. die Entscheidung über die Einstellung, Höhergruppierung (nicht nur vorübergehende Übertragung einer höherwertigen Tätigkeit), Abordnung, Versetzung, Zuweisung an einen Dritten, Beschäftigung mittels Personalgestellung und Entlassung von Arbeitnehmerinnen und Arbeitnehmern bis zur Entgeltgruppe 8 des TVöD oder bis zu einem entsprechenden Entgelt (Art. 43 Abs. 2 Satz 1 GO),
7. die vorübergehende Übertragung einer höher zu bewertenden Tätigkeit auf eine Arbeitnehmerin oder einen Arbeitnehmer im Geltungsbereich des TVöD oder eines entsprechenden Tarifvertrags,
8. dringliche Anordnungen und unaufschiebbare Geschäfte (Art. 37 Abs. 3 GO),
9. die Aufgaben als Vorsitzende oder Vorsitzender des Verwaltungsrats selbstständiger Kommunalunternehmen des öffentlichen Rechts (Art. 90 Abs. 3 Satz 2 GO),
10. die Vertretung der Gemeinde in Unternehmen in Privatrechtsform (Art. 93 Abs. 1 GO).

    [Variante Übertragung Vertretungsmacht:

    In Bezug auf die ... *(z.B. Gemeindewerke GmbH)*[5] werden der ersten Bürgermeisterin oder dem ersten

5 Eine Übertragung der Vertretungsmacht ist je nach Bedeutung der Angelegenheit für die Gemeinde in Bezug auf alle oder auch einzelne gemeindliche Unternehmen in Privatrechtsform jeweils vollständig oder beschränkt auf bestimmte Angelegenheiten, die in die Zuständigkeit der Gesellschafterversammlung oder eines entsprechenden Organs fallen, möglich. Art. 32 Abs. 2 Satz 2 Nr. 7 GO ist zu beachten.

Bürgermeister die Entscheidungen über ... *(z.B. bestimmte in der Gesellschafterversammlung zu beschließende Angelegenheiten; Rechtsgeschäfte bis zu einem bestimmten Betrag, die der Zustimmung der Gesellschafterversammlung bedürfen)* zur selbständigen Erledigung übertragen (Art. 37 Abs. 2 Satz 1 GO).]

(2) Zu den Aufgaben der ersten Bürgermeisterin oder des ersten Bürgermeisters gehören insbesondere auch:

1. in Personalangelegenheiten der Gemeindebediensteten:
   a) der Vollzug zwingender gesetzlicher oder tarifrechtlicher Vorschriften sowie etwaiger Grundsatzbeschlüsse des Gemeinderats,
   b) Entscheidungen im Zusammenhang mit Nebentätigkeiten.
2. in allen Angelegenheiten mit finanziellen Auswirkungen für die Gemeinde:
   a) die Bewirtschaftung von Haushaltsmitteln
      - im Vollzug zwingender Rechtsvorschriften und im Rahmen von Richtlinien des Gemeinderats, in denen die Leistungen nach Voraussetzung und Höhe festgelegt sind,
      - im Übrigen bis zu einem Betrag von .... € im Einzelfall[6],
   b) der Erlass, die Niederschlagung, die Stundung und die Aussetzung der Vollziehung von Abgaben, insbesondere von Steuern, Beiträgen und Gebühren sowie von sonstigen Forderungen bis zu folgenden Beträgen im Einzelfall:
      - Erlass .... €[7]
      - Niederschlagung .... €[8]

---

6 Es wird vorgeschlagen, je nach Größe der Gemeinde 6 bis 8 € (brutto) je Einwohnerin und Einwohner festzusetzen.

7 Vorschlag: 10 % von Fußnote 6.

8 Vorschlag: 50 % von Fußnote 6.

- Stundung .... €[9]
- Aussetzung der Vollziehung .... €[10]

c) die Entscheidung über überplanmäßige Ausgaben bis zu einem Betrag von .... €[11] und über außerplanmäßige Ausgaben bis zu einem Betrag von .... €[12] im Einzelfall, soweit sie unabweisbar sind und die Deckung gewährleistet ist (Art. 66 Abs. 1 Satz 1 GO),

d) Handlungen oder Unterlassen jeder Art mit Auswirkungen für die Gemeinde, insbesondere der Abschluss von Verträgen und sonstiger Rechtsgeschäfte sowie die Wahrnehmung von Rechten und Pflichten der Gemeinde, bis zu einem Betrag oder – falls dieser zum Zeitpunkt der Handlung oder des Unterlassens nicht feststeht – einer Wertgrenze oder einem geschätzten Auftragswert von .... €[13],

e) Nachträge zu Verträgen und Rechtsgeschäften außerhalb der Bewirtschaftungsbefugnis nach Buchst. a (entweder bereits ohne Nachtrag oder erstmalig aufgrund Summierung mit Nachträgen), die einzeln oder zusammen die ursprünglich vereinbarte Auftragssumme um nicht mehr als 10 %, insgesamt jedoch nicht mehr als ...... €[14] erhöhen,

f) die Gewährung von Zuschüssen, auch in der Form unentgeltlicher Nutzungsüberlassung von Räumen, an Vereine und Verbände bis zu einem Betrag von .... €[15] je Einzelfall.

I

9 Vorschlag: bis zu einem Jahr wie Fußnote 6, über einem Jahr 50 % davon.

10 Vorschlag: 50 % von Fußnote 6.

11 Vorschlag: 50 % zu Fußnote 6.

12 Vorschlag: 25 % von Fußnote 6.

13 Vorschlag: wie Fußnote 6.

14 Vorschlag: bis zu 50 % von Fußnote 6.

15 Vorschlag: 10 % von Fußnote 6 im Einzelfall.

3. in allgemeinen Rechts und Verwaltungsangelegenheiten:
   a) die Behandlung von Rechtsbehelfen einschließlich Abhilfeverfahren, die Abgabe von Prozesserklärungen einschließlich Klageerhebung, Einlegung von Rechtsmitteln und Abschluss von Vergleichen sowie die Erteilung des Mandats an eine Prozessbevollmächtigte oder einen Prozessbevollmächtigten, wenn die finanzielle Auswirkung auf die Gemeinde bzw., falls diese nicht bestimmbar ist, der Streitwert voraussichtlich .... €[16] nicht übersteigt und die Angelegenheit keine grundsätzliche Bedeutung hat,
   b) Angelegenheiten des übertragenen Wirkungskreises ohne grundsätzliche Bedeutung, soweit sie nicht dem Gemeinderat vorbehalten sind (§ 2), insbesondere Staatsangehörigkeits- und Personenstandswesen, Meldewesen, Wahlrecht und Statistik, Gesundheits- und Veterinärwesen, öffentliches Versicherungswesen, Lastenausgleich.
4. in Bauangelegenheiten:
   a) die Abgabe der Erklärung der Gemeinde nach Art. 58 Abs. 1 Satz 1 Nr. 5 bzw. die Mitteilung nach Art. 58 Abs. 2 Satz 6 BayBO,
   b) die Behandlung der Anzeige nach Art. 57 Abs. 5 Satz 2 BayBO,
   c) die Erteilung des gemeindlichen Einvernehmens nach Art. 65 Abs. 1 Satz 4 BayBO, § 36 BauGB und Art. 63 Abs. 3 Satz 2 Halbsatz 1 BayBO für Gebäude der Gebäudeklassen 1 bis 3 sowie für bauliche Anlagen, die keine Gebäude sind, mit einer Höhe bis zu 10 m im Geltungsbereich eines Bebauungsplans nach § 30 Abs. 1 BauGB oder eines vorhabenbezogenen Bebauungsplans nach § 30 Abs. 2 BauGB, soweit für das Vorhaben die Erteilung

16 Vorschlag: wie Fußnote 6.

nur geringfügiger Ausnahmen und Befreiungen nach § 31 BauGB erforderlich ist[17],

d) die Zustimmung nach § 36a BauGB für Gebäude der Gebäudeklassen 1 bis 3 bei Abweichungen, die einem Einzelvorhaben nach § 246e Abs. 1 Satz 1 Nr. 2 oder Nr. 3 dienen und keinen erheblichen Abweichungsumfang[18] aufweisen, im Geltungsbereich eines Bebauungsplans nach § 30 Abs. 1 BauGB oder eines vorhabenbezogenen Bebauungsplans nach § 30 Abs. 2 BauGB,

e) die Zulassung von isolierten Abweichungen im Sinne des Art. 63 Abs. 3 Satz 1 BayBO,

f) die Erteilung von Negativzeugnissen nach § 28 Abs. 1 Satz 3 BauGB bei Nichtbestehen eines Vorkaufsrechts.

(3) Bei wiederkehrenden Leistungen ist für die Bemessung von Wertgrenzen nach Abs. 2 der Zeitraum maßgeblich, für den die rechtliche Bindung bestehen soll; ist dieser Zeitraum nicht bestimmbar, so ist der fünffache Jahresbetrag anzusetzen.

(4) Soweit die Aufgaben nach Absatz 1 Nr. 7 und Absatz 2 nicht unter Art. 37 Abs. 1 Satz 1 GO fallen, werden sie hiermit der ersten Bürgermeisterin oder dem ersten Bürgermeister gemäß Art. 37 Abs. 2 GO zur selbstständigen Erledigung übertragen.

§ 9 Vertretung der Gemeinde nach außen

(1) Die Befugnis der ersten Bürgermeisterin oder des ersten Bürgermeisters zur Vertretung der Gemeinde nach außen bei der Abgabe von rechtserheblichen Erklärungen (Art. 38 Abs. 1 GO) beschränkt sich auf den Vollzug der einschlägigen Beschlüsse

17 Kriterien für die »Geringfügigkeit« können ggf. unter Berücksichtigung der jeweiligen örtlichen Verhältnisse und der Festsetzungen des betreffenden Bebauungsplans vorab im Rat entwickelt werden.

18 Kriterien für die »Erheblichkeit« können ggf. unter Berücksichtigung der jeweiligen örtlichen Verhältnisse und der Festsetzungen des betreffenden Bebauungsplans vorab im Rat entwickelt werden.

des Gemeinderats und der beschließenden Ausschüsse, soweit die erste Bürgermeisterin oder der erste Bürgermeister nicht gemäß § 8 zum selbstständigen Handeln befugt ist.

(2) Die erste Bürgermeisterin oder der erste Bürgermeister kann im Rahmen ihrer oder seiner Vertretungsbefugnis unter Beachtung des Art. 39 Abs. 2 GO anderen Personen Vollmacht zur Vertretung der Gemeinde erteilen.

§ 10 Abhalten von Bürgerversammlungen

(1) [1]Die erste Bürgermeisterin oder der erste Bürgermeister beruft mindestens einmal jährlich, auf Verlangen des Gemeinderats auch öfter, eine Bürgerversammlung ein (Art. 18 Abs. 1 GO). [2]Den Vorsitz in der Versammlung führt die erste Bürgermeisterin oder der erste Bürgermeister oder eine von ihr oder ihm bestellte Vertretung.

(2) Auf Antrag von Gemeindebürgerinnen und Gemeindebürgern nach Art. 18 Abs. 2 GO beruft die erste Bürgermeisterin oder der erste Bürgermeister darüber hinaus eine weitere Bürgerversammlung ein, die innerhalb von drei Monaten nach Eingang des Antrags bei der Gemeinde stattzufinden hat.

I

§ 11 Sonstige Geschäfte

Die Befugnisse der ersten Bürgermeisterin oder des ersten Bürgermeisters, die außerhalb der Gemeindeordnung gesetzlich festgelegt sind (z.B. Wahrnehmung der standesamtlichen Geschäfte, Aufnahme von Nottestamenten usw.), bleiben unberührt.

2. Stellvertretung

§ 12 Weitere Bürgermeisterinnen und Bürgermeister, weitere Stellvertretung, Aufgaben

(1) Die erste Bürgermeisterin oder der erste Bürgermeister wird im Fall der Verhinderung von der zweiten Bürgermeisterin

oder dem zweiten Bürgermeister und, wenn diese oder dieser ebenfalls verhindert ist, von der dritten Bürgermeisterin oder dem dritten Bürgermeister vertreten (Art. 39 Abs. 1 Satz 1 GO).

(2) Für den Fall gleichzeitiger Verhinderung der Bürgermeisterinnen und Bürgermeister bestimmt der Gemeinderat aus seiner Mitte gemäß Art. 39 Abs. 1 Satz 2 GO weitere Stellvertretungen in folgender Reihenfolge:

....

....

....

(3) Die Stellvertreterin oder der Stellvertreter übt im Verhinderungsfall die gesamten gesetzlichen und geschäftsordnungsmäßigen Befugnisse der ersten Bürgermeisterin oder des ersten Bürgermeisters aus.

(4) [1]Ein Fall der Verhinderung liegt vor, wenn die zu vertretende Person aus tatsächlichen oder rechtlichen Gründen, insbesondere wegen Abwesenheit, Urlaub, Krankheit, vorläufiger Dienstenthebung oder persönlicher Beteiligung nicht in der Lage ist, ihr Amt auszuüben. [2]Ist die zu vertretende Person bei Abwesenheit gleichwohl dazu in der Lage, die Amtsgeschäfte auszuüben und bei Bedarf wieder rechtzeitig vor Ort zu sein, liegt ein Fall der Verhinderung nicht vor.

IV. Ortssprecherinnen und Ortssprecher

§ 13 Rechtsstellung, Aufgaben

(1) [1]Ortssprecherinnen und Ortssprecher sind ehrenamtlich tätige Gemeindebürgerinnen oder Gemeindebürger mit beratenden Aufgaben. [2]Sie haben das Recht, an allen Sitzungen des Gemeinderats und seiner Ausschüsse mit beratender Stimme teilzunehmen und Anträge zu stellen.

(2) Ortssprecherinnen und Ortssprecher werden zu den Sitzungen eingeladen; § 20 gilt entsprechend.

B. Der Geschäftsgang

I. Allgemeines

§ 14 Verantwortung für den Geschäftsgang

(1) [1]Gemeinderat und erste Bürgermeisterin oder erster Bürgermeister sorgen für den ordnungsgemäßen Gang der Geschäfte, insbesondere für den Vollzug der gesetzlichen Vorschriften im eigenen und im übertragenen Wirkungskreis und für die Durchführung der gesetzmäßigen Anordnungen und Weisungen der Staatsbehörden. [2]Sie schaffen die dazu erforderlichen Einrichtungen (Art. 56 Abs. 2, Art. 59 Abs. 1 GO).

(2) [1]Eingaben und Beschwerden der Gemeindeeinwohnerinnen und Gemeindeeinwohner an den Gemeinderat (Art. 56 Abs. 3 GO) werden durch die Verwaltung vorbehandelt und sodann dem Gemeinderat vorgelegt. [2]Eingaben, die in den Zuständigkeitsbereich der ersten Bürgermeisterin oder des ersten Bürgermeisters fallen, erledigt diese oder dieser in eigener Zuständigkeit; in bedeutenden Angelegenheiten unterrichtet sie oder er den Gemeinderat.

§ 15 Sitzungen, Beschlussfähigkeit

(1) [1]Der Gemeinderat beschließt in Sitzungen (Art. 47 Abs. 1 GO). [2]Eine Beschlussfassung durch mündliche Befragung außerhalb der Sitzungen oder im Umlaufverfahren ist ausgeschlossen.

(2) Der Gemeinderat ist beschlussfähig, wenn sämtliche Mitglieder ordnungsgemäß geladen sind und die Mehrheit der Mitglieder anwesend und stimmberechtigt ist (Art. 47 Abs. 2 GO).

(3) [1]Wird der Gemeinderat wegen Beschlussunfähigkeit in einer früheren Sitzung infolge einer nicht ausreichenden Zahl anwesender Mitglieder zum zweiten Mal zur Verhandlung über denselben Gegenstand zusammengerufen, so ist er ohne Rücksicht auf die Zahl der Erschienenen beschlussfähig. [2]Bei der zweiten Einladung muss auf diese Bestimmung hingewiesen werden (Art. 47 Abs. 3 GO).

§ 15a Sitzungsteilnahme durch Ton-Bild-Übertragung[19]

(1) [1]Gemeinderatsmitglieder *(sowie Ortssprecherinnen und Ortssprecher), (die wegen .../aus einem wichtigen Grund an einer Teilnahme im Sitzungssaal gehindert sind),* können an *(öffentlichen)* Sitzungen des Gemeinderats mittels Ton-Bild-Übertragung teilnehmen (Art. 47a GO). [2]*Dies gilt nicht ... (z.B. für bestimmte Gegenstände; sonstige Voraussetzungen); hierauf wird in der Ladung gesondert hingewiesen.* [3]Voraussetzung für die virtuelle Teilnahme an den Sitzungen ist die Unterzeichnung der Belehrung über die Teilnahme an Hybridsitzungen.

(2) [1]Gemeinderatsmitglieder, die mittels Ton-Bild-Übertragung an der Sitzung teilnehmen wollen, müssen dies der ersten Bürgermeisterin oder dem ersten Bürgermeister nach Zugang der Ladung spätestens bis .... schriftlich oder elektronisch mitteilen. [2]*Die Höchstzahl der zuschaltbaren Teilnehmenden ist auf ... begrenzt.* [3]*Möchten mehr Gemeinderatsmitglieder nach Absatz 1 mittels Ton-Bild-Übertragung teilnehmen als zugelassen, erfolgt die Zulassung nach der Reihenfolge der Anmeldungen (alternativ: entscheidet das Los).*

(3) Wird das Gremium wegen Beschlussunfähigkeit in einer früheren Sitzung zum zweiten Mal zur Verhandlung über denselben Gegenstand zusammengerufen, findet die Sitzung ohne Ausnahme als Präsenzsitzung statt.

Variante 1: Bereitstellung der Plattform zur audiovisuellen Zuschaltung[20]

(4) Der Verantwortungsbereich der Gemeinde beschränkt sich auf die Bereitstellung der Plattform zur audiovisuellen Zuschaltung.

---

19 Dieser Paragraph ist nur zu übernehmen, wenn der Gemeinderat mit Zweidrittelmehrheit eine Sitzungsteilnahme durch Ton-Bild-Übertragung zugelassen hat, vgl. Art. 47a Abs. 1 Sätze 1 und 2 GO.

20 Auch wenn die Gemeinde den Gremienmitgliedern einen Geldbetrag zur Anschaffung der Hard- und Software zur Verfügung stellt, ist diese Variante zu wählen.

Ist entweder mindestens ein Gemeinderatsmitglied zugeschaltet oder bestätigt ein Test, dass eine Zuschaltmöglichkeit besteht, wird vermutet, dass der Grund für eine Nichtzuschaltung eines Gemeinderatsmitglieds nicht im Verantwortungsbereich der Gemeinde liegt (Art. 47a Abs. 4 Satz 5 GO).

Variante 2: Bereitstellung der Hard- und Software ohne laufende Systembetreuung

(4) Der Verantwortungsbereich der Gemeinde beschränkt sich auf die Bereitstellung der Plattform zur audiovisuellen Zuschaltung und darauf, den Gremienmitgliedern die Hard- und Software in funktionsfähigem Zustand zur Verfügung zu stellen, ohne die laufende Systembetreuung zu übernehmen. Vor Aushändigung der Hard- und Software wurde/wird die Funktionsfähigkeit der Hard- und Software durch die Gemeinde positiv festgestellt. Entsprechend Art. 47a Abs. 4 Satz 5 GO fällt die Nichtzuschaltung eines Gemeinderatsmitglieds daher nicht in den Verantwortungsbereich der Gemeinde, wenn mindestens ein Gemeinderatsmitglied zugeschaltet ist oder ein Test bestätigt, dass eine Zuschaltmöglichkeit besteht (Art. 47a Abs. 4 Satz 6 GO).

Variante 3: Bereitstellung der Hard- und Software mit laufender Systembetreuung

(4) Der Verantwortungsbereich der Gemeinde beschränkt sich auf die Bereitstellung der Plattform zur audiovisuellen Zuschaltung und darauf, den Gremienmitgliedern die Hard- und Software in funktionsfähigem Zustand zur Verfügung zu stellen und turnusmäßig Systembetreuungsmaßnahmen durchzuführen. Vor Aushändigung wurde/wird die Funktionsfähigkeit der Hard- und Software durch die Gemeinde positiv festgestellt. Ist die letzte Systembetreuungsmaßnahme turnusgemäß erfolgt und wurde/wird nach Vornahme der letzten Systembetreuungsmaßnahme die Funktionsfähigkeit der Hard- und Software positiv bestätigt, fällt die Nichtzuschaltung eines Gemeinderatsmitglieds entsprechend Art. 47a Abs. 5 Satz 4 GO nicht in den Verantwortungsbereich der Gemeinde, wenn mindestens ein Gemeinderatsmitglied zugeschaltet ist oder ein Test bestätigt, dass eine Zuschaltmöglichkeit besteht (Art. 47a Abs. 4 Satz 6 GO).

(5) Eine Bildunterbrechung durch zugeschaltete Gemeinderatsmitglieder ist auch bei vorübergehendem Verlassen des Platzes untersagt (Art. 47a Abs. 3 Satz 1 GO).

(6) Bei den zugeschalteten Gemeinderatsmitgliedern erfolgt die Abstimmung mündlich nach namentlichem Aufruf durch die Vorsitzende oder den Vorsitzenden *(alternativ: per auf dem Bildschirm im Sitzungssaal sichtbarem Handzeichen).* Eine Teilnahme an Wahlen ist nicht möglich (Art. 47a Abs. 1 Satz 6 GO).

(7) Bei Zuschaltung mittels Ton-Bild-Übertragung zu einer nichtöffentlichen Sitzung haben die zugeschalteten Gemeinderatsmitglieder dafür Sorge zu tragen, dass die Übertragung in ihrem Verantwortungsbereich nur von ihnen wahrgenommen wird (Art. 47a Abs. 5 GO).

§ 16 Öffentliche Sitzungen

(1) Die Sitzungen des Gemeinderats sind öffentlich, soweit nicht Rücksichten auf das Wohl der Allgemeinheit oder auf berechtigte Ansprüche Einzelner entgegenstehen (Art. 52 Abs. 2 GO).

(2) [1]Die öffentlichen Sitzungen des Gemeinderats sind allgemein zugänglich, soweit der für die Zuhörerschaft bestimmte Raum ausreicht. [2]Für die Medien ist stets eine angemessene Zahl von Plätzen freizuhalten. [3]Ton- und Bildaufnahmen jeder Art bedürfen der Zustimmung der oder des Vorsitzenden und des Gemeinderats; sie sind auf Verlangen eines einzelnen Mitglieds hinsichtlich seiner Person zu unterlassen. [4]Ton- und Bildaufnahmen von Gemeindebediensteten und sonstigen Sitzungsteilnehmenden sind nur mit deren Einwilligung zulässig.[21]

21 Entscheidet sich ein Gemeinderat für eine Live-Übertragung öffentlicher Gremiensitzungen im Internet, ist die Aufnahme einer (rechtlich nicht zwingend vorausgesetzten) Regelung in die Geschäftsordnung zur konkreten Ausgestaltung (z.B. welche Gremien; Livestream und/oder Mediathek) und zu den wesentlichen, in Art. 52 Abs. 4 Sätze 2 bis 7 GO angelegten rechtlichen Aspekten an dieser Stelle zu empfehlen.

(3) Zuhörende, welche die Ordnung der Sitzung stören, können durch die Vorsitzende oder den Vorsitzenden aus dem Sitzungssaal gewiesen werden (Art. 53 Abs. 1 GO).

§ 17 Nichtöffentliche Sitzungen

(1) [1]In nichtöffentlicher Sitzung werden in der Regel behandelt:

1. Personalangelegenheiten in Einzelfällen,
2. Rechtsgeschäfte in Grundstücksangelegenheiten,
3. Angelegenheiten, die dem Sozial- oder Steuergeheimnis unterliegen.

[2]Außerdem werden in nichtöffentlicher Sitzung behandelt:

1. Angelegenheiten des übertragenen Wirkungskreises, deren nichtöffentliche Behandlung im Einzelfall von der Aufsichtsbehörde verfügt ist,
2. sonstige Angelegenheiten, deren Geheimhaltung durch Gesetz vorgeschrieben oder nach der Natur der Sache erforderlich ist.

(2) [1]Zu nichtöffentlichen Sitzungen können im Einzelfall durch Beschluss Personen, die dem Gemeinderat nicht angehören, hinzugezogen werden, wenn deren Anwesenheit für die Behandlung des jeweiligen Beratungsgegenstandes erforderlich ist. [2]Diese Personen sollen zur Verschwiegenheit nach § 1 Abs. 1 Nr. 1 Verpflichtungsgesetz verpflichtet werden.

(3) Die in nichtöffentlicher Sitzung gefassten Beschlüsse gibt die erste Bürgermeisterin oder der erste Bürgermeister der Öffentlichkeit bekannt, sobald die Gründe für die Geheimhaltung weggefallen sind (Art. 52 Abs. 3 GO).

II. Vorbereitung der Sitzungen

§ 18 Einberufung

(1) [1]Die erste Bürgermeisterin oder der erste Bürgermeister beruft die Gemeinderatssitzungen ein, wenn die Geschäftslage es erfordert oder wenn ein Viertel der Gemeinderatsmitglieder es schriftlich oder elektronisch unter Bezeichnung des Beratungsgegenstandes beantragt (Art. 46 Abs. 2 Sätze 1 und 2 GO). [2]Nach Beginn der Wahlzeit und im Fall des Art. 46 Abs. 2 Satz 2 GO beruft sie oder er die Gemeinderatssitzung so rechtzeitig ein, dass die Sitzung spätestens vier Wochen nach Beginn der Wahlzeit (Art. 46 Abs. 2 Satz 1 GO) oder spätestens am 14. Tag nach Eingang des Verlangens stattfinden kann (Art. 46 Abs. 2 Satz 3 GO).

(2) [1]Die Sitzungen finden im ....

....

statt; sie beginnen in der Regel um .... Uhr. [2]Regelmäßiger Sitzungstag für Gemeinderatssitzungen ist der .... [3]In der Einladung (§ 20) kann im Einzelfall etwas anderes bestimmt werden.

§ 19 Tagesordnung

(1) [1]Die erste Bürgermeisterin oder der erste Bürgermeister setzt die Tagesordnung fest. [2]Rechtzeitig eingegangene Anträge von Gemeinderatsmitgliedern setzt die erste Bürgermeisterin oder der erste Bürgermeister möglichst auf die Tagesordnung der nächsten Sitzung. [3]Ist das nicht möglich, sind die Anträge in jedem Fall innerhalb von 3 Monaten auf die Tagesordnung einer Gemeinderatssitzung zu setzen. [4]Eine materielle Vorprüfung findet nicht statt.

(2) [1]In der Tagesordnung sind die Beratungsgegenstände einzeln und inhaltlich konkretisiert zu benennen, damit es den Gemeinderatsmitgliedern ermöglicht wird, sich auf die Behandlung der jeweiligen Gegenstände vorzubereiten. [2]Soweit die Konkretisierungen schutzwürdige Daten enthalten, sollten diese

den Gemeinderatsmitgliedern regelmäßig gesondert zur Verfügung gestellt werden. [3]Das gilt sowohl für öffentliche als auch für nichtöffentliche Gemeinderatssitzungen.

(3) [1]Die Tagesordnung für öffentliche Sitzungen ist jeweils unter Angabe von Ort und Zeit der Sitzung spätestens am 3. Tag vor der Sitzung ortsüblich bekannt zu machen (Art. 52 Abs. 1 GO). [2]Die Tagesordnung nichtöffentlicher Sitzungen wird nicht bekannt gemacht.

(4) Den örtlichen Medien soll die Tagesordnung jeder öffentlichen Sitzung rechtzeitig mitgeteilt werden.

§ 20 Form und Frist für die Einladung

Variante 1: Elektronische Ladung, Einsatz eines Ratsinformationssystems

(1) [1]Die Gemeinderatsmitglieder werden mit ihrem Einverständnis elektronisch[22] zu den Sitzungen eingeladen, indem der Sitzungstermin und der Sitzungsort durch eine E-Mail und die Tagesordnung durch einen mit dieser E-Mail versandten Link auf ein in einem technisch individuell gegen Zugriffe Dritter geschützten Bereich (Ratsinformationssystem)[23] eingestelltes und abrufbares Dokument mitgeteilt werden. [2]Die Tagesordnung kann bis spätestens zum Ablauf des 3. Tages vor der Sitzung ergänzt werden. [3]Ist eine elektronische Sitzungsladung ausnahmsweise seitens der Gemeinde technisch oder rechtlich unmöglich, werden die Gemeinderatsmitglieder schriftlich unter Beifügung der Tagesordnung sowie weiterer Unterlagen, insbesondere Beschlussvorlagen, soweit diese sachdienlich sind und Gesichtspunkte der Vertraulichkeit sowie des Datenschutzes nicht entgegenstehen geladen.

22 Vgl. § 4 Abs. 3.

23 Vgl. dazu das Muster »Datenschutzbelehrung Ratsinformationssystem«.

(2) Die Tagesordnung geht zu, wenn die E-Mail nach Absatz 1 Satz 1 im elektronischen Briefkasten des Empfängers oder bei seinem Provider abrufbar eingegangen und üblicherweise mit der Kenntnisnahme zu rechnen ist.

(3) [1]Der Tagesordnung sollen weitere Unterlagen, insbesondere Beschlussvorlagen, beigefügt werden, wenn und soweit das sachdienlich ist und Gesichtspunkte der Vertraulichkeit sowie des Datenschutzes nicht entgegenstehen. [2]Die weiteren Unterlagen werden grundsätzlich nur elektronisch im Ratsinformationssystem im Sinne von Absatz 1 Satz 1 zur Verfügung gestellt.

(4) [1]Die Ladungsfrist beträgt .... Tage; sie kann in dringenden Fällen auf 3 Tage verkürzt werden. [2]Der Sitzungstag und der Tag des Zugangs der Ladung werden bei der Berechnung der Frist nicht mitgerechnet.

Variante 2: Schriftliche oder elektronische Ladung, Einsatz eines Ratsinformationssystems

(1) [1]Die Gemeinderatsmitglieder werden schriftlich unter Beifügung der Tagesordnung oder mit ihrem Einverständnis elektronisch[24] zu den Sitzungen eingeladen. [2]Im Falle einer elektronischen Einladung werden der Sitzungstermin und der Sitzungsort durch eine E-Mail und die Tagesordnung durch einen mit dieser E-Mail versandten Link auf ein in einem technisch individuell gegen Zugriffe Dritter geschützten Bereich (Ratsinformationssystem)[25] eingestelltes und abrufbares Dokument mitgeteilt. [3]Die Tagesordnung kann bis spätestens zum Ablauf des 3. Tages vor der Sitzung ergänzt werden.

(2) Im Falle der elektronischen Ladung geht die Tagesordnung zu, wenn die E-Mail nach Absatz 1 Satz 2 im elektronischen Briefkasten des Empfängers oder bei seinem Provider

24 Vgl. § 4 Abs. 3.

25 Vgl. dazu das Muster »Datenschutzbelehrung Ratsinformationssystem«.

ist, die im Haushaltsplan nicht vorgesehen sind, soll er einen Deckungsvorschlag enthalten.

(2) Verspätet eingehende oder erst unmittelbar vor oder während der Sitzung gestellte Anträge können nachträglich in die Tagesordnung aufgenommen werden, wenn

1. die Angelegenheit dringlich ist und der Gemeinderat der Behandlung mehrheitlich zustimmt oder
2. sämtliche Mitglieder des Gemeinderats anwesend sind und kein Mitglied der Behandlung widerspricht.

(3) Anträge zur Geschäftsordnung, z.B. Nichtbefassungsanträge, Zurückziehung eines Antrags u.Ä., *Anträge auf Festsetzung eines Ordnungsgelds nach Art. 53 Abs. 3 GO*[28] oder einfache Sachanträge, z.B. Änderungsanträge, können auch während der Sitzung und ohne Beachtung der Schriftform gestellt werden.

Variante 2: Schriftliche oder elektronische Anträge

(1) [1]Anträge, die in einer Sitzung behandelt werden sollen, sind schriftlich oder elektronisch zu stellen und ausreichend zu begründen. [2]Bei elektronischer Übermittlung sind Geheimhaltungsinteressen und der Datenschutz zu beachten; schutzwürdige Daten sind in verschlüsselter Form zu übermitteln. [3]Anträge sollen spätestens am .... Tag vor der Sitzung bei der ersten Bürgermeisterin oder beim ersten Bürgermeister eingereicht werden. [4]Soweit ein Antrag mit Ausgaben verbunden ist, die im Haushaltsplan nicht vorgesehen sind, soll er einen Deckungsvorschlag enthalten.

(2) Verspätet eingehende oder erst unmittelbar vor oder während der Sitzung gestellte Anträge können nachträglich in die Tagesordnung aufgenommen werden, wenn

28 Es wird empfohlen, diese Ergänzung zu übernehmen, sofern der Gemeinderat sich auch für ein Gebrauchmachen von der durch Art. 53 Abs. 3 GO eröffneten Möglichkeit zur Festsetzung eines Ordnungsgelds (auch im Wiederholungsfall) entschieden und den unten stehenden § 24 Abs. 8 ebenfalls in seine Geschäftsordnung aufgenommen hat.

1. die Angelegenheit dringlich ist und der Gemeinderat der Behandlung mehrheitlich zustimmt oder
2. sämtliche Mitglieder des Gemeinderats anwesend sind und kein Mitglied der Behandlung widerspricht.

(3) Anträge zur Geschäftsordnung, z.B. Nichtbefassungsanträge, Zurückziehung eines Antrags u.Ä., *Anträge auf Festsetzung eines Ordnungsgelds nach Art. 53 Abs. 3 GO*[28] oder einfache Sachanträge, z.B. Änderungsanträge, können auch während der Sitzung und ohne Beachtung der Form gestellt werden.

III. Sitzungsverlauf

§ 22 Eröffnung der Sitzung

(1) [1]Die oder der Vorsitzende eröffnet die Sitzung. [2]Sie oder er stellt die ordnungsgemäße Ladung der Gemeinderatsmitglieder sowie die Beschlussfähigkeit des Gemeinderats fest und erkundigt sich nach Einwänden gegen die Tagesordnung. [3]Ferner lässt sie oder er über die Genehmigung der Niederschrift über die vorangegangene öffentliche Sitzung, falls sie mit der Einladung verschickt wurde, abstimmen.

(2) [1]Die Niederschrift über die vorangegangene nichtöffentliche Sitzung liegt während der Dauer der Sitzung zur Einsicht für die Gemeinderatsmitglieder auf *(alternativ: wird bei den Gemeinderatsmitgliedern in Umlauf gesetzt)*. [2]Wenn bis zum Schluss der Sitzung keine Einwendungen erhoben werden, so gilt die Niederschrift als vom Gemeinderat gemäß Art. 54 Abs. 2 GO genehmigt.

§ 23 Eintritt in die Tagesordnung

(1) [1]Die einzelnen Tagesordnungspunkte werden in der in der Tagesordnung festgelegten Reihenfolge behandelt. [2]Die Reihenfolge kann durch Beschluss geändert werden.

(2) [1]Soll ein Tagesordnungspunkt in nichtöffentlicher Sitzung behandelt werden (§ 17), so wird darüber vorweg unter

Ausschluss der Öffentlichkeit beraten und entschieden (Art. 52 Abs. 2 Satz 2 GO). [2]Wird von vornherein zu einer nichtöffentlichen Sitzung eingeladen, gilt die Behandlung in nichtöffentlicher Sitzung als gebilligt, wenn und soweit nicht der Gemeinderat anders entscheidet.

(3) [1]Die oder der Vorsitzende oder eine von ihr oder ihm mit der Berichterstattung beauftragte Person trägt den Sachverhalt der einzelnen Tagesordnungspunkte vor und erläutert ihn. [2]Anstelle des mündlichen Vortrags kann auf schriftliche Vorlagen verwiesen werden.

(4) [1]Soweit erforderlich, können auf Anordnung der oder des Vorsitzenden oder auf Beschluss des Gemeinderats Sachverständige zugezogen und gutachtlich gehört werden. [2]Entsprechendes gilt für sonstige sachkundige Personen.

§ 24 Beratung der Sitzungsgegenstände

(1) Nach der Berichterstattung, gegebenenfalls nach dem Vortrag der Sachverständigen, eröffnet die oder der Vorsitzende die Beratung.

(2) [1]Mitglieder des Gemeinderats, die nach den Umständen annehmen müssen, von der Beratung und Abstimmung zu einem bestimmten Punkt der Tagesordnung wegen persönlicher Beteiligung (Art. 49 Abs. 1 GO) ausgeschlossen zu sein, haben dies vor Beginn der Beratung der oder dem Vorsitzenden unaufgefordert mitzuteilen. [2]Entsprechendes gilt, wenn Anhaltspunkte dieser Art während der Beratung erkennbar werden. [3]Das wegen persönlicher Beteiligung ausgeschlossene Mitglied hat während der Beratung und Abstimmung seinen Platz am Beratungstisch zu verlassen; es kann bei öffentlicher Sitzung im Zuhörerraum Platz nehmen, bei nichtöffentlicher Sitzung verlässt es den Raum.

(3) [1]Sitzungsteilnehmende dürfen das Wort nur ergreifen, wenn es ihnen von der oder dem Vorsitzenden erteilt wird. [2]Die oder der Vorsitzende erteilt das Wort in der Reihenfolge der Wortmeldungen. [3]Bei gleichzeitiger Wortmeldung entscheidet die oder der Vorsitzende über die Reihenfolge. [4]Bei Wortmeldungen

»zur Geschäftsordnung« ist das Wort außer der Reihe sofort zu erteilen. [5]Zuhörenden kann das Wort nicht erteilt werden.

(4) [1]Rednerinnen und Redner sprechen von ihrem Platz aus; sie richten ihre Rede an den Gemeinderat. [2]Die Redebeiträge müssen sich auf den jeweiligen Tagesordnungspunkt beziehen.

(5) [1]Während der Beratung über einen Antrag sind nur zulässig:

1. Anträge zur Geschäftsordnung,
2. Zusatz- oder Änderungsanträge oder Anträge auf Zurückziehung des zu beratenden Antrags.

[2]Über Anträge zur Geschäftsordnung ist sofort abzustimmen; eine Beratung zur Sache selbst findet insoweit nicht statt.

(6) Wenn keine Wortmeldungen mehr vorliegen, wird die Beratung von der oder dem Vorsitzenden geschlossen.

(7) [1]Bei Verstoß gegen die vorstehenden Regeln zu Redebeiträgen, ruft die oder der Vorsitzende zur Ordnung und macht die betreffende Person auf den Verstoß aufmerksam. [2]Bei weiteren Verstößen kann die oder der Vorsitzende ihr das Wort entziehen.

(8) Gegen Mitglieder des Gemeinderats, die die Ordnung erheblich stören, kann die oder der Vorsitzende mit Zustimmung des Gemeinderats ein Ordnungsgeld bis zu … (max. 500 €), im Wiederholungsfall bis zu … (max. 1.000 €), festsetzen. Ein Wiederholungsfall im Sinn von Satz 1 liegt vor, wenn gegenüber dem Mitglied innerhalb derselben Sitzung bereits ein Ordnungsgeld festgesetzt wurde (Art. 53 Abs. 3 GO).

(9) [1]Mitglieder des Gemeinderats, die die Ordnung fortgesetzt erheblich stören, sodass der Sitzungsfortgang unmöglich gemacht oder jedenfalls wesentlich erschwert wird, kann die oder der Vorsitzende mit Zustimmung des Gemeinderats von der Sitzung ausschließen. [2]Über den Ausschluss von weiteren Sitzungen entscheidet der Gemeinderat (Art. 53 Abs. 2 GO).

(10) [1]Die oder der Vorsitzende kann die Sitzung unterbrechen oder aufheben, falls Ruhe und Ordnung im Sitzungssaal auf andere Weise nicht wiederhergestellt werden können. [2]Eine

unterbrochene Sitzung ist spätestens am nächsten Tag fortzuführen; einer neuerlichen Einladung hierzu bedarf es nicht. [3]Die Beratung ist an dem Punkt fortzusetzen, an dem die Sitzung unterbrochen wurde. [4]Die oder der Vorsitzende gibt Zeit und Ort der Fortsetzung bekannt.

§ 25 Abstimmung

(1) [1]Nach Durchführung der Beratung oder nach Annahme eines Antrags auf »Schluss der Beratung" schließt die oder der Vorsitzende die Beratung und lässt über den Beratungsgegenstand abstimmen. [2]Sie oder er vergewissert sich zuvor, ob die Beschlussfähigkeit (§ 15 Abs. 2 und 3) gegeben ist.

(2) Stehen mehrere Anträge zur Abstimmung, so wird über sie in der nachstehenden Reihenfolge abgestimmt:

1. Anträge zur Geschäftsordnung,
2. weitergehende Anträge; das sind die Anträge, die voraussichtlich einen größeren Aufwand erfordern oder einschneidendere Maßnahmen zum Gegenstand haben,
3. früher gestellte Anträge vor später gestellten, sofern der spätere Antrag nicht unter die Nrn. 1 oder 2 fällt.

(3) [1]Grundsätzlich wird über jeden Antrag insgesamt abgestimmt. [2]Über einzelne Teile eines Antrags wird getrennt abgestimmt, wenn dies beschlossen wird oder die oder der Vorsitzende eine Teilung vornimmt.

(4) [1]Vor der Abstimmung soll der Antrag verlesen werden. [2]Die oder der Vorsitzende formuliert die zur Abstimmung anstehende Frage so, dass sie mit »ja« oder »nein« beantwortet werden kann. [3]Grundsätzlich wird in der Reihenfolge »ja»– »nein« abgestimmt.

(5) [1]Beschlüsse werden in offener Abstimmung durch Handaufheben oder auf Beschluss des Gemeinderats durch namentliche Abstimmung mit einfacher Mehrheit der Abstimmenden gefasst, soweit nicht im Gesetz eine besondere Mehrheit vorgeschrieben ist. [2]Bei Stimmengleichheit ist der Antrag abgelehnt (Art. 51 Abs. 1 GO); wird dadurch ein ausnahmsweise negativ

formulierter Antrag abgelehnt, bedeutet dies nicht die Beschlussfassung über das Gegenteil. [3]Kein Mitglied des Gemeinderats darf sich der Stimme enthalten (Art. 48 Abs. 1 Satz 2 GO).

(6) [1]Die Stimmen sind, soweit erforderlich, durch die Vorsitzende oder den Vorsitzenden zu zählen. [2]Das Abstimmungsergebnis ist unmittelbar nach der Abstimmung bekannt zu geben; dabei ist festzustellen, ob der Antrag angenommen oder abgelehnt ist.

(7) [1]Über einen bereits zur Abstimmung gebrachten Antrag kann in derselben Sitzung die Beratung und Abstimmung nicht nochmals aufgenommen werden, wenn nicht alle Mitglieder, die an der Abstimmung teilgenommen haben, mit der Wiederholung einverstanden sind. [2]In einer späteren Sitzung kann, soweit gesetzlich nichts anderes vorgesehen, ein bereits zur Abstimmung gebrachter Beratungsgegenstand insbesondere dann erneut behandelt werden, wenn neue Tatsachen oder neue gewichtige Gesichtspunkte vorliegen und der Beratungsgegenstand ordnungsgemäß auf die Tagesordnung gesetzt wurde.

§ 26 Wahlen

(1) Für Entscheidungen des Gemeinderats, die in der Gemeindeordnung oder in anderen Rechtsvorschriften als Wahlen bezeichnet werden, gilt Art. 51 Abs. 3 GO, soweit in anderen Rechtsvorschriften nichts Abweichendes bestimmt ist.

(2) [1]Wahlen werden in geheimer Abstimmung mit Stimmzetteln vorgenommen. [2]Ungültig sind insbesondere Neinstimmen, leere Stimmzettel und solche Stimmzettel, die den Namen der oder des Gewählten nicht eindeutig ersehen lassen oder aufgrund von Kennzeichen oder ähnlichem das Wahlgeheimnis verletzen können.

(3) [1]Gewählt ist, wer mehr als die Hälfte der abgegebenen gültigen Stimmen erhält. [2]Ist mindestens die Hälfte der abgegebenen Stimmen ungültig, ist die Wahl zu wiederholen. [3]Ist die Mehrheit der abgegebenen Stimmen gültig und erhält niemand mehr als die Hälfte der abgegebenen gültigen Stimmen,

findet Stichwahl unter den beiden sich bewerbenden Personen mit den höchsten Stimmenzahlen statt. [4]Haben im ersten Wahlgang mehr als zwei Personen die gleiche höchste Stimmenzahl, wird die Wahl wiederholt. [5]Haben mehrere Personen die gleiche zweithöchste Stimmenzahl, entscheidet das Los darüber, wer von ihnen in die Stichwahl kommt. [6]Bei Stimmengleichheit in der Stichwahl entscheidet gleichfalls das Los.

§ 27 Anfragen

[1]Die Gemeinderatsmitglieder können in jeder Sitzung nach Erledigung der Tagesordnung an die Vorsitzende oder den Vorsitzenden Anfragen über solche Gegenstände richten, die in die Zuständigkeit des Gemeinderats fallen und nicht auf der Tagesordnung stehen. [2]Nach Möglichkeit sollen die oder der Vorsitzende oder anwesende Gemeindebedienstete solche Anfragen sofort beantworten. [3]Ist das nicht möglich, so werden sie in der nächsten Sitzung oder schriftlich beantwortet. [4]Eine Aussprache über Anfragen findet in der Sitzung grundsätzlich nicht statt.

§ 28 Beendigung der Sitzung

Nach Behandlung der Tagesordnung und etwaiger Anfragen schließt die oder der Vorsitzende die Sitzung.

IV. Sitzungsniederschrift

§ 29 Form und Inhalt

(1) [1]Über die Sitzungen des Gemeinderats werden Niederschriften gefertigt, deren Inhalt sich nach Art. 54 Abs. 1 GO richtet. [2]Die Niederschriften werden getrennt nach öffentlichen und nichtöffentlichen Tagesordnungspunkten geführt. [3]Niederschriften sind jahrgangsweise zu binden.

(2) [1]Als Hilfsmittel für das Anfertigen der Niederschrift können Tonaufnahmen gefertigt werden. [2]Der Tonträger ist unverzüglich nach Genehmigung der Niederschrift zu löschen und darf Außenstehenden nicht zugänglich gemacht werden.

(3) [1]Ist ein Mitglied des Gemeinderats bei einer Beschlussfassung abwesend, so ist dies in der Niederschrift besonders zu vermerken. [2]Jedes Mitglied kann verlangen, dass in der Niederschrift festgehalten wird, wie es abgestimmt hat (Art. 54 Abs. 1 Satz 3 GO).

(4) Die Niederschrift ist von der oder dem Vorsitzenden und von der Schriftführerin oder dem Schriftführer zu unterzeichnen und vom Gemeinderat zu genehmigen (Art. 54 Abs. 2 GO).

(5) Neben der Niederschrift werden Anwesenheitslisten geführt.

§ 30 Einsichtnahme und Abschrifterteilung[29]

(1) In die Niederschriften über öffentliche Sitzungen können alle Gemeindebürgerinnen und Gemeindebürger Einsicht nehmen und sich gegen Kostenerstattung[30] Kopien für den Eigengebrauch erteilen lassen; dasselbe gilt für auswärts wohnende Personen hinsichtlich ihres Grundbesitzes oder ihrer gewerblichen Niederlassungen im Gemeindegebiet (Art. 54 Abs. 3 Sätze 2 bis 4 GO).

(2) [1]Gemeinderatsmitglieder können jederzeit die Niederschriften über öffentliche und nichtöffentliche Sitzungen einsehen und sich Kopien der Niederschriften der öffentlichen Sitzungen für den Eigengebrauch erteilen lassen (Art. 54 Abs. 3 Satz 1 GO). [2]Abschriften von Beschlüssen, die in nichtöffentlicher Sitzung gefasst wurden, können sie verlangen, wenn die Gründe für die Geheimhaltung weggefallen sind (Art. 52 Abs. 3 i.V.m. Art. 54 Abs. 3 Satz 1 GO).

(3) [1]Niederschriften über öffentliche Sitzungen können den Gemeinderatsmitgliedern im Ratsinformationssystem zur Verfügung gestellt werden. [2]Gleiches gilt für Beschlüsse, die in nichtöffentlicher Sitzung gefasst wurden, wenn die Gründe für die Geheimhaltung weggefallen sind.

29 Absatz 3 ist auf § 20 abzustimmen.

30 Rechtsgrundlage für den Kostenerstattungsbescheid bildet das Bayerische Kostengesetz i.V.m. der Kostensatzung mit kommunalem Kostenverzeichnis (Tarif-Nr. 060 im amtlichen Muster des StMI, BayMBl. 2025 Nr. 118) der Gemeinde.

Alternative für Gemeinden ohne Ratsinformationssystem:

(3) [1]Niederschriften über öffentliche Sitzungen können den Gemeinderatsmitgliedern elektronisch zur Verfügung gestellt werden. [2]In diesem Fall werden die Niederschriften als nicht veränderbare Dokumente durch E-Mail oder, wenn schutzwürdige Daten enthalten sind, in verschlüsselter Form übermittelt. [3]Beschlüsse, die in nichtöffentlicher Sitzung gefasst wurden, können elektronisch übermittelt werden, wenn die Gründe für die Geheimhaltung weggefallen sind.

(4) Die Absätze 1 und 2 gelten auch für Niederschriften früherer Wahlzeiten.

(5) In Rechnungsprüfungsangelegenheiten können die Gemeinderatsmitglieder jederzeit die Berichte über die Prüfungen einsehen (Art. 102 Abs. 4 GO); Abschriften werden nicht erteilt.

V. Bekanntmachung von Satzungen und Verordnungen

I

§ 31 Art der Bekanntmachung

Variante 1a (analoges Amtsblatt):

Satzungen und Verordnungen werden durch Veröffentlichung im Amtsblatt der Gemeinde amtlich bekannt gemacht.

Variante 1b (ausschließlich digitales Amtsblatt):[31]

[1]Satzungen und Verordnungen werden im ausschließlich digital veröffentlichten Amtsblatt der Gemeinde über das Internet unter .... (URL der öffentlich zugänglichen Internetseite der Gemeinde[32]) amtlich bekannt gemacht. [2]Soweit eine zusätzliche analoge Form der Bekanntmachung gesetzlich zwingend

31 Rechtsgrundlagen: Art. 17 Abs. 3 Satz 2 BayDiG, Art. 26 Abs. 2 Satz 1 Halbsatz 1 GO; § 1 Abs. 1, § 2 Nr. 1 BayKommV.

32 Zum Beispiel »www.gemeindename.de/amtlicheBekanntmachungen«.

erforderlich ist,[33] erfolgen Bekanntmachungen im ausschließlich digital veröffentlichten Amtsblatt nach Satz 1 und

<u>Alternative Niederlegung und Bekanntgabe an der Gemeindetafel:</u>

zusätzlich durch Niederlegung zur Einsichtnahme in der Verwaltung der Gemeinde und Bekanntgabe der Niederlegung *(alternativ zu ergänzen: durch Anzeige)* an der Gemeindetafel. Die Gemeindetafel *(alternativ zu ergänzen: in Form eines digitalen Bildschirms)* befindet sich am .... in ..... Der Anschlag *(alternativ: Die Anzeige)* an der Gemeindetafel erfolgt erst, wenn der bekannt zu machende Text in der Verwaltung niedergelegt ist, und wird frühestens nach 14 Tagen wieder abgenommen *(alternativ: gelöscht).* Es wird schriftlich oder elektronisch festgehalten, wann der Anschlag angebracht *(alternativ: die Anzeige erfolgt ist)* und wann er wieder abgenommen wurde *(alternativ: wann sie wieder gelöscht wurde);* dieser Vermerk wird zu den Akten genommen.

<u>Alternative Tageszeitung:</u>

zusätzlich durch Veröffentlichung in dem für amtliche Bekanntmachungen bestimmten Teil des ... (Name des regelmäßig erscheinenden Druckwerks bzw. der nicht nur digital erscheinenden Tageszeitung).

<u>Variante 2a (Amtsblatt des Landkreises/des Landratsamts):</u>

(1) Satzungen und Verordnungen werden durch Veröffentlichung im Amtsblatt des Landkreises/des Landratsamtes amtlich bekannt gemacht.

(2) Wird eine Satzung oder Verordnung ausnahmsweise aus wichtigem Grund auf eine andere in Art. 26 Abs. 2 GO bezeichnete Art amtlich bekannt gemacht, so wird hierauf im Amtsblatt des Landkreises/des Landratsamtes hingewiesen.

---

33 Dies ist aktuell bei Bekanntmachungen im Rahmen der Öffentlichkeitsbeteiligung nach § 3 Abs. 2 BauGB der Fall, vgl. Nr. 5.2.9 Rn. 3 der auf der Homepage des Bayerischen Staatsministeriums für Wohnen, Bau und Verkehr veröffentlichten Planungshilfen für die Bauleitplanung, Stand 30.04.2025.

Variante 2b (ausschließlich digitales Amtsblatt des Landkreises/des Landratsamts):[34]

(1) [1]Satzungen und Verordnungen werden durch Veröffentlichung im ausschließlich digital veröffentlichten Amtsblatt *des Landkreises/des Landratsamtes* amtlich bekannt gemacht. Auf die einschlägige öffentlich zugängliche Internetseite *des Landkreises/des Landratsamts* wird verwiesen. [2]Soweit eine zusätzliche analoge Form der Bekanntmachung gesetzlich zwingend erforderlich ist,[35] erfolgen Bekanntmachungen im ausschließlich digital veröffentlichten Amtsblatt nach Satz 1 und

Alternative Niederlegung und Bekanntgabe an der Gemeindetafel:

zusätzlich durch Niederlegung zur Einsichtnahme in der Verwaltung der Gemeinde und Bekanntgabe der Niederlegung *(alternativ zu ergänzen: durch Anzeige)* an der Gemeindetafel. Die Gemeindetafel *(alternativ zu ergänzen: in Form eines digitalen Bildschirms)* befindet sich am …. in ….. Der Anschlag *(alternativ: Die Anzeige)* an der Gemeindetafel erfolgt erst, wenn der bekannt zu machende Text in der Verwaltung niedergelegt ist, und wird frühestens nach 14 Tagen wieder abgenommen *(alternativ: gelöscht).* Es wird schriftlich oder elektronisch festgehalten, wann der Anschlag angebracht *(alternativ: die Anzeige erfolgt ist)* und wann er wieder abgenommen wurde *(alternativ: wann sie wieder gelöscht wurde);* dieser Vermerk wird zu den Akten genommen.

Alternative Tageszeitung:

zusätzlich durch Veröffentlichung in dem für amtliche Bekanntmachungen bestimmten Teil des … (Name des

---

34 Rechtsgrundlagen: Art. 17 Abs. 3 Satz 2 BayDiG, Art. 26 Abs. 2 Satz 2 Halbsatz. 1 GO; § 1 Abs. 2 Satz 1 Nr. 1, Satz 2, § 2 Nr. 1 BayKommV.

35 Dies ist aktuell bei Bekanntmachungen im Rahmen der Öffentlichkeitsbeteiligung nach § 3 Abs. 2 BauGB der Fall, vgl. Nr. 5.2.9 Rn. 3 der auf der Homepage des Bayerischen Staatsministeriums für Wohnen, Bau und Verkehr veröffentlichten Planungshilfen für die Bauleitplanung, Stand 30.04.2025.

regelmäßig erscheinenden Druckwerks bzw. der nicht nur digital erscheinenden Tageszeitung).

(2) Wird eine Satzung oder Verordnung ausnahmsweise aus wichtigem Grund auf eine andere in Art. 26 Abs. 2 GO bezeichnete Art amtlich bekannt gemacht, so wird hierauf im Amtsblatt *des Landkreises/des Landratsamtes* nach Absatz 1 hingewiesen.

Variante 3 (regelmäßig erscheinendes Druckwerk):

(1) Satzungen und Verordnungen werden durch Veröffentlichung in dem für amtliche Bekanntmachungen bestimmten Teil des (Name des regelmäßig erscheinenden Druckwerks, z.B. der Tageszeitung)

....

amtlich bekannt gemacht.

(2) Wird eine Satzung oder Verordnung ausnahmsweise aus wichtigem Grund auf eine andere in Art. 26 Abs. 2 GO bezeichnete Art amtlich bekannt gemacht, so wird hierauf in dem in Abs. 1 bezeichneten Druckwerk hingewiesen.

Variante 4a (Niederlegung, Anschlag an einer oder mehreren Gemeindetafeln):

(1) [1]Satzungen und Verordnungen werden dadurch amtlich bekannt gemacht, dass sie in der Verwaltung der Gemeinde zur Einsichtnahme niedergelegt werden und die Niederlegung durch Anschlag an *der Gemeindetafel/den Gemeindetafeln* bekanntgegeben wird. [2]Der Anschlag wird an *der Gemeindetafel/den Gemeindetafeln* erst angebracht, wenn die Satzung oder Verordnung in der Verwaltung niedergelegt ist. [3]Er wird *an allen Gemeindetafeln angebracht und* frühestens nach 14 Tagen wieder abgenommen. [4]Es wird schriftlich festgehalten, wann der Anschlag angebracht und wann er wieder abgenommen wurde; dieser Vermerk wird zu den Akten genommen.

(2) Wird eine Satzung oder Verordnung ausnahmsweise aus wichtigem Grund auf eine andere in Art. 26 Abs. 2 GO bezeichnete Art amtlich bekannt gemacht, so wird hierauf durch Anschlag an *der Gemeindetafel/allen Gemeindetafeln* hingewiesen.

(3) Die Gemeindetafel befindet sich am … in ….

Variante mehrere Gemeindetafeln:

(3) Die Gemeinde unterhält folgende Gemeindetafeln:

1. ……………………………………………	2. ……………………………………………
3. ……………………………………………	4. ……………………………………………
5. ……………………………………………	6. ……………………………………………
7. ……………………………………………	8. ……………………………………………
9. ……………………………………………	10. ……………………………………………

Optional: Weitere Gemeindetafeln zu Informationszwecken[36]*:*

(4) [1]Die Gemeinde unterhält zu Informationszwecken folgende weitere Gemeindetafeln:

1. ……………………………………………	2. ……………………………………………
3. ……………………………………………	4. ……………………………………………
5. ……………………………………………	6. ……………………………………………
7. ……………………………………………	8. ……………………………………………
9. ……………………………………………	10. ……………………………………………

36 Diese Regelung ist nicht zwingend und abzustimmen mit Absatz 3.

[2]Rechtlich erheblich im Sinne von Art. 26 Abs. 2 Satz 2 GO ist allein der Anschlag an der Gemeindetafel nach Absatz 3.

Variante 4b (Niederlegung, Anzeige an einer oder mehreren digitalen Gemeindetafeln):[37]

(1) [1]Satzungen und Verordnungen werden dadurch amtlich bekannt gemacht, dass sie in der Verwaltung der Gemeinde zur Einsichtnahme niedergelegt werden und die Niederlegung durch Anzeige an *der Gemeindetafel/den Gemeindetafeln* bekanntgegeben wird. [2]Die Anzeige an *der Gemeindetafel/den Gemeindetafeln* erfolgt erst, wenn die Satzung oder Verordnung in der Verwaltung niedergelegt ist. [3]Die Anzeige *erfolgt an allen Gemeindetafeln und* wird frühestens nach 14 Tagen wieder gelöscht. [4]Es wird schriftlich oder elektronisch festgehalten, wann die Anzeige erfolgt ist und wann sie wieder gelöscht wurde; dieser Vermerk wird zu den Akten genommen.

(2) Wird eine Satzung oder Verordnung ausnahmsweise aus wichtigem Grund auf eine andere in Art. 26 Abs. 2 GO bezeichnete Art amtlich bekannt gemacht, so wird hierauf durch Anzeige an *der Gemeindetafel/allen Gemeindetafeln* hingewiesen.

(3) Die Gemeindetafel in Form eines digitalen Bildschirms befindet sich am … in ….

37 Rechtsgrundlagen: Art. 26 Abs. 2 Satz 2 Halbsatz 2 GO; § 1 Abs. 2 Satz 1 Nr. 4, Abs. 3 Satz 1 Nr. 3 und Satz 2, § 1 Abs. 4 und 5, § 2 Nr. 3 Buchst. c, § 3 Satz 1 BayKommV. Ebenfalls möglich ist es, Variante 4a und 4b zu kombinieren und sowohl analoge als auch digitale Gemeindetafeln zu verwenden.

Variante mehrere Gemeindetafeln:

Die Gemeinde unterhält folgende Gemeindetafeln in Form eines digitalen Bildschirms:

1.	2. ....
3.	4. ....
5.	6. ....

Optional: Weitere Gemeindetafeln zu Informationszwecken[38]:

(4) [1]Die Gemeinde unterhält zu Informationszwecken folgende weitere Gemeindetafeln:

1.	2. ....
3.	4. ....
5.	6. ....

[2]Rechtlich erheblich im Sinne von Art. 26 Abs. 2 Satz 2 GO ist allein die Anzeige an der Gemeindetafel nach Absatz 3.

Variante 5 (Niederlegung, digitale Bekanntmachung):

(1) [1]Satzungen und Verordnungen werden dadurch amtlich bekannt gemacht, dass sie in der Verwaltung der Gemeinde zur Einsichtnahme niedergelegt werden und die Niederlegung digital über das Internet unter .... (URL der öffentlich zugänglichen Internetseite der Gemeinde[39]) bekanntgegeben wird.

---

38 Vgl. § 1 Abs. 4 Satz 2 BayKommV und IMS vom 29.12.2023, Ziff. 2. Die Regelung ist nicht zwingend und gegebenenfalls abzustimmen mit Absatz 3.

39 Diese Regelung ist nicht zwingend und abzustimmen mit Absatz 3.

[2]Die Bekanntgabe auf dieser Internetseite erfolgt erst, wenn die Satzung oder Verordnung in der Verwaltung niedergelegt ist. [3]Sie wird frühestens nach 14 Tagen wieder gelöscht. [4]Es wird schriftlich oder elektronisch festgehalten, wann die digitale Bekanntgabe auf der Internetseite öffentlich verfügbar war und wann sie wieder gelöscht wurde; dieser Vermerk wird zu den Akten genommen.

(2) [1]Soweit eine zusätzliche analoge Form der Bekanntmachung gesetzlich zwingend erforderlich ist,[40] erfolgen Bekanntgaben der Niederlegung unter der in Absatz 1 Satz 1 genannten Internetadresse und zusätzlich durch Anschlag *(alternativ: Anzeige)* an der Gemeindetafel. [2]Die Gemeindetafel *(alternativ: in Form eines digitalen Bildschirms)* befindet sich am … in ….

(3) Wird eine Satzung oder Verordnung ausnahmsweise aus wichtigem Grund auf eine andere in Art. 26 Abs. 2 GO bezeichnete Art amtlich bekannt gemacht, so wird hierauf über das Internet unter der öffentlich zugänglichen Internetseite nach Absatz 1 Satz 1 hingewiesen.

I

Variante 6a (Niederlegung, Tageszeitung):

(1) [1]Satzungen und Verordnungen werden dadurch amtlich bekannt gemacht, dass sie in der Verwaltung der Gemeinde zur Einsicht niedergelegt werden und die Niederlegung durch Mitteilung in dem für amtliche Bekanntmachungen bestimmten Teil des (Name der Tageszeitung)

………………………………………………………………………………………

bekanntgegeben wird. [2]Die Mitteilung wird erst veröffentlicht, wenn die Satzung oder Verordnung in der Verwaltung der Gemeinde niedergelegt ist.

40 Dies ist aktuell bei Bekanntmachungen im Rahmen der Öffentlichkeitsbeteiligung nach § 3 Abs. 2 BauGB der Fall, vgl. Nr. 5.2.9 Rn. 3 der auf der Homepage des Bayerischen Staatsministeriums für Wohnen, Bau und Verkehr veröffentlichten Planungshilfen für die Bauleitplanung, Stand 30.04.2025.

(2) Wird eine Satzung oder Verordnung ausnahmsweise aus wichtigem Grund auf eine andere in Art. 26 Abs. 2 GO bezeichnete Art amtlich bekannt gemacht, so wird hierauf in dem in Abs. 1 bezeichneten Druckwerk hingewiesen.

Variante 6b (Niederlegung, ausschließlich digitale Tageszeitung):[41]

(1) [1]Satzungen und Verordnungen werden dadurch amtlich bekannt gemacht, dass sie in der Verwaltung der Gemeinde zur Einsicht niedergelegt werden und die Niederlegung durch Mitteilung in dem für amtliche Bekanntmachungen bestimmten Teil der ausschließlich digital auf der Internetseite …. (Angabe ohne Pfad[42]) erscheinenden …. (Name der Tageszeitung) bekanntgegeben wird. [2]Die Mitteilung wird erst veröffentlicht, wenn die Satzung oder Verordnung in der Verwaltung der Gemeinde niedergelegt ist.

(2) [1]Soweit eine zusätzliche analoge Form der Bekanntmachung gesetzlich zwingend erforderlich ist,[43] erfolgen Bekanntgaben der Niederlegung über die ausschließlich digital erscheinende Tageszeitung und zusätzlich durch Anschlag *(alternativ: Anzeige)* an der Gemeindetafel. [2]Die Gemeindetafel *(alternativ: in Form eines digitalen Bildschirm)* befindet sich am … in ….. Der Anschlag *(alternativ: Die Anzeige)* an der Gemeindetafel erfolgt erst, wenn der bekannt zu machende Text in der Verwaltung niedergelegt ist, und wird frühestens nach 14 Tagen

---

41 Rechtsgrundlagen: Art. 26 Abs. 2 Satz 2 Halbsatz 2 GO; § 1 Abs. 2 Satz 1 Nr. 3, Abs. 3 Satz 1 Nr. 2 und Satz 2, Abs. 5, § 2 Nr. 3 Buchst. a, § 3 Satz 1 BayKommV. Der Anwendungsbereich dieser Variante dürfte derzeit gering sein, da die überwiegende Zahl der Tageszeitungen als Druckwerk und zusätzlich als digitale Ausgabe verfügbar ist.

42 Zum Beispiel »www.namedertageszeitung.de«.

43 Dies ist aktuell bei Bekanntmachungen im Rahmen der Öffentlichkeitsbeteiligung nach § 3 Abs. 2 BauGB der Fall, vgl. Nr. 5.2.9 Rn. 3 der auf der Homepage des Bayerischen Staatsministeriums für Wohnen, Bau und Verkehr veröffentlichten Planungshilfen für die Bauleitplanung, Stand 30.04.2025.

wieder abgenommen *(alternativ: gelöscht)*. [4]Es wird schriftlich oder elektronisch festgehalten, wann der Anschlag angebracht *(alternativ: die Anzeige erfolgt ist)* und wann er wieder abgenommen wurde *(alternativ: wann sie wieder gelöscht wurde)*; dieser Vermerk wird zu den Akten genommen.

(3) Wird eine Satzung oder Verordnung ausnahmsweise aus wichtigem Grund auf eine andere in Art. 26 Abs. 2 GO bezeichnete Art amtlich bekannt gemacht, so wird hierauf in der in Abs. 1 bezeichneten Tageszeitung hingewiesen.

C. Schlussbestimmungen

§ 32 Änderung der Geschäftsordnung

Vorstehende Geschäftsordnung kann durch Beschluss des Gemeinderats geändert werden.

§ 33 Verteilung der Geschäftsordnung

[1]Jedem Mitglied des Gemeinderats ist ein Exemplar der Geschäftsordnung auszuhändigen. [2]Im Übrigen liegt die Geschäftsordnung zur allgemeinen Einsicht in der Verwaltung der Gemeinde auf.

§ 34 Inkrafttreten

[1]Diese Geschäftsordnung tritt mit Wirkung vom .... in Kraft. [2]Gleichzeitig tritt die Geschäftsordnung vom .... außer Kraft.

....

(Ort, Datum)

....

(....., Erste Bürgermeisterin oder Erster Bürgermeister)

Geschäftsordnung des Gemeinderats – Marktgemeinderats – Stadtrats (Geschäftsordnung – GeschO)

(Muster des Bayerischen Gemeindetags für größere Gemeinden/Städte)[1]

Inhaltsverzeichnis

J

1 Im Muster enthaltene, nicht zutreffende Varianten, alternative Formulierungen oder beispielhafte Aufzählungen (in kursiv) sind zu streichen. Die in einzelnen Bestimmungen des Geschäftsordnungsmusters relevanten Beträge, Wertgrenzen oder geschätzten Auftragswerte sind als Bruttobeträge zu verstehen. Alternativ können auch Nettobeträge ausgewiesen werden. Es ist klarzustellen, ob es sich um Netto- oder Bruttobeträge handelt. Die geschlechtsneutrale Formulierung entspricht derjenigen des Gesetzes vom 24.07.2023 (GVBl. S. 385).

Der Gemeinderat

....

....

J

gibt sich aufgrund des Art. 45 Abs. 1 der Gemeindeordnung für den Freistaat Bayern (GO) in der Fassung der Bekanntmachung vom 22. August 1998 (GVBl. S. 796, BayRS 2020–1-1-I), zuletzt geändert durch … (GVBl. S. …), folgende

Geschäftsordnung:

A. Die Gemeindeorgane und ihre Aufgaben

I. Der Gemeinderat

§ 1 Zuständigkeit im Allgemeinen

(1) Der Gemeinderat beschließt über alle Angelegenheiten des eigenen und des übertragenen Wirkungskreises, soweit

sie nicht ausdrücklich beschließenden Ausschüssen übertragen sind oder aufgrund eines Gesetzes bzw. einer Übertragung durch den Gemeinderat in die Zuständigkeit der ersten Bürgermeisterin oder des ersten Bürgermeisters fallen.

(2) [1]Der Gemeinderat überträgt die in § 8 genannten Angelegenheiten vorberatenden Ausschüssen zur Vorbereitung der Gemeinderatsentscheidungen und die in § 9 genannten Angelegenheiten beschließenden Ausschüssen zur selbstständigen Erledigung. [2]Er kann sich die Behandlung und Entscheidung im Einzelfall vorbehalten, wenn das die Bedeutung der Angelegenheit erfordert; § 9 Abs. 3 Nr. 3 bleibt unberührt.

§ 2 Aufgabenbereich des Gemeinderats

Der Gemeinderat ist insbesondere für folgende Angelegenheiten zuständig:

1. die Beschlussfassung zu Bestands oder Gebietsänderungen der Gemeinde und zu Änderungen des Namens der Gemeinde oder eines Gemeindeteils (Art. 2 und 11 GO),
2. die Entscheidung über Ehrungen, insbesondere die Verleihung und die Aberkennung der Ehrenbürgerwürde (Art. 16 GO),
3. die Bildung und die Zusammensetzung der Ausschüsse sowie die Zuteilung der Aufgaben an diese (Art. 32, 33 GO),
4. die Aufstellung von Richtlinien für laufende Angelegenheiten nach Art. 37 Abs. 1 Satz 2 GO,
5. die Verteilung der Geschäfte unter die Gemeinderatsmitglieder (Art. 46 Abs. 1 Satz 2 GO),
6. die Wahlen (Art. 51 Abs. 3 und 4 GO),
7. die Beschlussfassung über Angelegenheiten, zu deren Erledigung die Gemeinde der Genehmigung bedarf (z.B. aufgrund haushaltsrechtlicher Bestimmungen der GO oder Genehmigungsvorbehalte nach KAG, BauGB, KommZG),
8. den Erlass, die Änderung und die Aufhebung von Satzungen und Verordnungen, ausgenommen alle Bebauungspläne und sonstigen Satzungen nach den Vorschriften des Ersten Kapitels des Baugesetzbuchs sowie alle örtlichen Bauvorschriften

im Sinn des Art. 81 der Bayerischen Bauordnung, auch in den Fällen des Art. 81 Abs. 2 der Bayerischen Bauordnung,

9. die Beschlussfassung über die allgemeine Regelung der Bezüge der Gemeindebediensteten (z.B. Grundsatzentscheidungen bzgl. Gewährung einer Arbeitsmarktzulage, Verkürzung von Stufenlaufzeiten) und über beamten-, besoldungs-, versorgungs- und disziplinarrechtliche Angelegenheiten der Bürgermeister oder Bürgermeisterinnen und der berufsmäßigen Gemeinderatsmitglieder, soweit nicht das Gesetz über kommunale Wahlbeamte und Wahlbeamtinnen oder das Bayerische Disziplinargesetz etwas anderes bestimmen,
10. die Beschlussfassung über die Haushaltssatzung und über die Nachtragshaushaltssatzungen (Art. 65 und 68 GO),
11. die Beschlussfassung über den Finanzplan (Art. 70 GO),
12. die Feststellung der Jahresrechnung und der Jahresabschlüsse der Eigenbetriebe und der Krankenhäuser mit kaufmännischem Rechnungswesen sowie die Beschlussfassung über die Entlastung (Art. 102 GO),
13. die Entscheidungen im Sinne von Art. 96 Abs. 1 Satz 1 GO über gemeindliche Unternehmen (z.B. Errichtung, Übernahme, Erweiterung, Beteiligung),
14. die hinsichtlich der Eigenbetriebe dem Gemeinderat im Übrigen gesetzlich vorbehaltenen Angelegenheiten (Art. 88 GO),
15. die Bestellung und die Abberufung der Leitung und Stellvertretung des Rechnungsprüfungsamts und der Prüferinnen oder Prüfer (Art. 104 Abs. 3 GO) sowie der Vorschlag von Schöffinnen und Schöffen,
16. die Entscheidung über die Zulässigkeit eines Bürgerbegehrens (Art. 18a Abs. 8 GO) und die Durchführung eines Bürgerentscheids (Art. 18a Abs. 2, Abs. 10 GO),
17. die allgemeine Festsetzung von Abgaben, Tarifen und Entgelten,
18. die Entscheidung über Ernennung, Beförderung, Abordnung, Versetzung, Zuweisung an eine Einrichtung,

Ruhestandsversetzung und Entlassung der Beamtinnen und Beamten ab Besoldungsgruppe A 9, soweit diese Befugnisse nicht auf einen Ausschuss übertragen sind,[2]

19. die Entscheidung über Einstellung, Höhergruppierung (nicht nur vorübergehende Übertragung einer höherwertigen Tätigkeit), Abordnung, Versetzung, Zuweisung an einen Dritten, Beschäftigung mittels Personalgestellung und Entlassung der Arbeitnehmerinnen und Arbeitnehmer ab Entgeltgruppe 9a des TVöD oder ab einem entsprechenden Entgelt, soweit diese Befugnisse nicht auf einen Ausschuss übertragen sind,[2]
20. die Entscheidung über Altersteilzeit der Gemeindebediensteten,
21. die Beschlussfassung über die Beteiligung an Zweckverbänden und, soweit hoheitliche Befugnisse übertragen werden, über den Abschluss von Zweckvereinbarungen,
22. die grundsätzlichen Angelegenheiten gemeindlicher Planungen, z.B. der Bauleitplanung, der Ortsplanung, der Landschaftsplanung und der Regional- und Landesplanung, der Gewässerplanung und gemeindeübergreifender Planungen und Projekte,
23. die Namensgebung für Straßen, Schulen und sonstige öffentliche Einrichtungen,
24. der Vorschlag, die Entsendung und die Abberufung von Vertreterinnen und Vertretern der Gemeinde in andere Organisationen und Einrichtungen,
25. die Beschlussfassung über die Vereinbarung einer kommunalen Partnerschaft,
26. die grundsätzlichen Angelegenheiten gemeindlich verwalteter Stiftungen, insbesondere Änderungen des Stiftungszwecks,
27. die Angelegenheiten der Sparkassen, soweit die Gemeinde als Träger zur Mitwirkung betroffen ist.

2 Diese Regelung ist auf § 9 Abs. 3 Nr. 1 Buchst. b abzustimmen.

II. Die Gemeinderatsmitglieder

§ 3 Rechtsstellung der ehrenamtlichen Gemeinderatsmitglieder, Befugnisse

(1) Gemeinderatsmitglieder üben ihre Tätigkeit nach ihrer freien, nur durch die Rücksicht auf das öffentliche Wohl bestimmten Überzeugung aus und sind an Aufträge nicht gebunden.

(2) Für die allgemeine Rechtsstellung der Gemeinderatsmitglieder (Teilnahmepflicht, Sorgfalts- und Verschwiegenheitspflicht, Geheimhaltungspflicht, Ausschluss wegen persönlicher Beteiligung, Geltendmachung von Ansprüchen Dritter, Ablehnung, Niederlegung und Verlust des Amtes) gelten die Art. 48 Abs. 1, Art. 20 Abs. 1 bis 3, Art. 56a, Art. 49, 50, 48 Abs. 3 GO sowie Art. 47 bis Art. 49 Gemeinde- und Landkreiswahlgesetz.

(3) Der Gemeinderat kann zur Vorbereitung seiner Entscheidungen durch besonderen Beschluss einzelnen seiner Mitglieder bestimmte Aufgabengebiete (Referate) zur Bearbeitung zuteilen und sie insoweit mit der Überwachung der gemeindlichen Verwaltungstätigkeit betrauen (Art. 46 Abs. 1 Satz 2, Art. 30 Abs. 3 GO).

J

(4) Zur Ausübung von Verwaltungsbefugnissen sind Gemeinderatsmitglieder nur berechtigt, soweit ihnen die erste Bürgermeisterin oder der erste Bürgermeister im Rahmen der Geschäftsverteilung nach Anhörung der weiteren Bürgermeisterinnen oder Bürgermeister einzelne Befugnisse (§§ 12 bis 16) überträgt (Art. 39 Abs. 2 GO).

(5) [1]Gemeinderatsmitglieder, die eine Tätigkeit nach Absatz 3 oder 4 ausüben, haben ein Recht auf Akteneinsicht innerhalb ihres Aufgabenbereichs. [2]Zur Vorbereitung von Tagesordnungspunkten der nächsten Sitzung erhält jedes Gemeinderatsmitglied nach vorheriger Terminvereinbarung das Recht zur Einsicht in die entscheidungserheblichen Unterlagen, sofern Gründe der Geheimhaltung nicht entgegenstehen. [3]Im Übrigen haben Gemeinderatsmitglieder ein Recht auf Akteneinsicht,

wenn sie vom Gemeinderat durch Beschluss mit der Einsichtnahme beauftragt werden. [4]Das Verlangen zur Akteneinsicht ist gegenüber der ersten Bürgermeisterin oder dem ersten Bürgermeister geltend zu machen.

§ 4 Umgang mit Dokumenten und elektronischen Medien[3]

(1) [1]Der Verschwiegenheitspflicht unterfallende schriftliche und elektronische Dokumente sind so aufzubewahren, dass sie dem unbefugten Zugriff Dritter entzogen sind. [2]Im Umgang mit solchen Dokumenten beachten die Gemeinderatsmitglieder Geheimhaltungsinteressen und den Datenschutz. [3]Werden diese Dokumente für die Tätigkeit als Gemeinderatsmitglied nicht mehr benötigt, sind sie zurückzugeben oder datenschutzkonform zu vernichten bzw. zu löschen.

(2) [1]Beschlussvorlagen sind interne Ausarbeitungen der Verwaltung für den Gemeinderat. [2]Eine Veröffentlichung der Beschlussvorlagen und weiterer Sitzungsunterlagen durch Gemeinderatsmitglieder ist nur zulässig, wenn die erste Bürgermeisterin oder der erste Bürgermeister und der Gemeinderat unter Berücksichtigung des Datenschutzes zugestimmt haben und die Unterlagen nur Tatsachen enthalten, die offenkundig sind oder ihrer Bedeutung nach keiner Geheimhaltung bedürfen. [3]Die Veröffentlichung oder Weitergabe von Beschlussvorlagen und weiteren Sitzungsunterlagen zu nichtöffentlichen Sitzungen ist nicht zulässig.

(3) Die Gemeinderatsmitglieder, die über die technischen Voraussetzungen zum Versenden und Empfangen elektronischer Post verfügen, können der ersten Bürgermeisterin oder dem ersten Bürgermeister schriftlich eine elektronische Adresse

3 Die im Rahmen der Mandatsausübung anfallenden Kosten für den Umgang mit elektronischen Dokumenten (Beschaffung eines Empfangsgeräts, Fertigung von Ausdrucken u.a.) und deren Schutz können z.B. über eine monatliche IT-Pauschale abgegolten werden.

mitteilen, an die Einladungen im Sinne des § 25 übersandt bzw. von der Anträge im Sinne des § 26 versandt werden.[4]

(4) [1]Die Nutzung elektronischer Medien während der Sitzung darf nur erfolgen, soweit durch sie eine aktive Sitzungsteilnahme nicht gefährdet und der Sitzungsverlauf nicht gestört wird. [2]Für die Fertigung von Ton- und Bildaufnahmen durch Gemeinderatsmitglieder gelten § 21 Abs. 2 Sätze 3 und 4 entsprechend.

§ 5 Fraktionen, Ausschussgemeinschaften

(1) [1]Gemeinderatsmitglieder können sich zur Erreichung gemeinsamer Ziele zu Fraktionen zusammenschließen. [2]Eine Fraktion muss mindestens ....[5] Mitglieder haben. [3]Die Bildung und Bezeichnung der Fraktionen sowie deren Vorsitzende und ihre Stellvertretung sind der ersten Bürgermeisterin oder dem ersten Bürgermeister mitzuteilen; diese oder dieser unterrichtet den Gemeinderat. [4]Satz 3 gilt entsprechend für während der Wahlzeit eintretende Änderungen des Stärkeverhältnisses der Fraktionen und Gruppen (Art. 33 Abs. 3 GO).

(2) [1]Einzelne Gemeinderatsmitglieder und kleine Gruppen oder Fraktionen, die aufgrund ihrer eigenen Stärke keine Vertretung in den Ausschüssen erreichen würden, können sich zur Entsendung gemeinsamer Vertreter in die Ausschüsse zusammenschließen (Ausschussgemeinschaften; Art. 33 Abs. 1 Satz 5 GO). [2]Absatz 1 Satz 3 gilt entsprechend.

---

4 Vgl. das Muster »Zugangseröffnung für die elektronische Kommunikation«. Die Regelung des § 4 Abs. 3 kann entfallen, wenn die Ladung zur Gemeinderatssitzung, der Versand der Sitzungsunterlagen und die Antragstellung ausschließlich schriftlich (nach § 25 Variante 4, § 26 Variante 1) erfolgen und Niederschriften über öffentliche Sitzungen nicht elektronisch (vgl. § 35 Abs. 3) übermittelt werden sollen.

5 Vorschlag: 3 Mitglieder.

§ 6 Rechtsstellung der berufsmäßigen Gemeinderatsmitglieder, Aufgaben

[1]Die berufsmäßigen Gemeinderatsmitglieder haben in Angelegenheiten ihres Aufgabengebiets Antragsrecht und beratende Stimme (Art. 40 Satz 2 GO). [2]Weichen sie beim Vortrag im Gemeinderat von der Auffassung der ersten Bürgermeisterin oder des ersten Bürgermeisters ab, haben sie darauf ausdrücklich hinzuweisen.

III. Die Ausschüsse

1. Allgemeines

§ 7 Bildung, Vorsitz, Auflösung

Variante 1 (Hare-Niemeyer):

(1) [1]In den Ausschüssen nach § 2 der Satzung zur Regelung von Fragen des örtlichen Gemeindeverfassungsrechts sind die den Gemeinderat bildenden Fraktionen und Gruppen unter Berücksichtigung von Ausschussgemeinschaften gemäß ihren Vorschlägen nach dem Verhältnis ihrer Stärke vertreten (Art. 33 Abs. 1 Satz 2 GO); als Gruppe im Sinne dieser Vorschrift gelten auch einzelne Ratsmitglieder, die keiner Fraktion, Gruppe oder Ausschussgemeinschaft angehören. [2]Die Sitze werden nach dem Verfahren Hare-Niemeyer verteilt. [3]Dabei wird die Zahl der Gemeinderatssitze jeder Fraktion, Gruppe oder Ausschussgemeinschaft mit der Zahl der zu vergebenden Ausschusssitze multipliziert und durch die Gesamtzahl der Gemeinderatssitze geteilt. [4]Jede Fraktion, Gruppe oder Ausschussgemeinschaft erhält zunächst so viele Sitze, wie ganze Zahlen auf sie entfallen. [5]Die weiteren zu vergebenden Sitze sind in der Reihenfolge der höchsten Zahlenbruchteile, die sich bei der Berechnung nach Satz 3 ergeben, auf die Fraktionen, Gruppen oder Ausschussgemeinschaften zu verteilen. [6]Haben Fraktionen oder Gruppen den gleichen Anspruch auf einen Ausschusssitz, so entscheidet

die größere Zahl der bei der Gemeinderatswahl auf die Wahlvorschläge der betroffenen Parteien oder Wählergruppen abgegebenen Stimmen; bei Beteiligung einer Ausschussgemeinschaft entscheidet das Los (Alternative Losentscheid: [6]Haben Fraktionen, Gruppen oder Ausschussgemeinschaften den gleichen Anspruch auf einen Ausschusssitz, so entscheidet das Los). [7]Wird durch den Austritt oder Übertritt von Gemeinderatsmitgliedern das ursprüngliche Stärkeverhältnis der im Gemeinderat vertretenen Fraktionen und Gruppen verändert, so sind diese Änderungen nach den Sätzen 2 bis 5 auszugleichen (Art. 33 Abs. 3 Satz 1 GO); haben danach Fraktionen, Gruppen oder Ausschussgemeinschaften den gleichen Anspruch auf einen Ausschusssitz, so entscheidet das Los.

Variante 2 (Sainte-Laguë/Schepers):

(1) [1]In den Ausschüssen nach § 2 der Satzung zur Regelung von Fragen des örtlichen Gemeindeverfassungsrechts sind die den Gemeinderat bildenden Fraktionen und Gruppen unter Berücksichtigung von Ausschussgemeinschaften gemäß ihren Vorschlägen nach dem Verhältnis ihrer Stärke vertreten (Art. 33 Abs. 1 Satz 2 GO); als Gruppe im Sinne dieser Vorschrift gelten auch einzelne Ratsmitglieder, die keiner Fraktion, Gruppe oder Ausschussgemeinschaft angehören. [2]Die Sitze werden nach dem Verfahren Sainte-Laguë/Schepers verteilt. [3]Dabei wird die Zahl der Gemeinderatssitze jeder Fraktion, Gruppe oder Ausschussgemeinschaft nacheinander so lange durch 1, 3, 5, 7 und so weiter geteilt, bis so viele Teilungszahlen ermittelt sind, wie Ausschusssitze zu vergeben sind. [4]Jeder Fraktion, Gruppe oder Ausschussgemeinschaft wird sodann der Reihe nach so oft ein Sitz zugeteilt, wie sie jeweils die höchste Teilungszahl aufweist. [5]Haben Fraktionen, Gruppen oder Ausschussgemeinschaften den gleichen Anspruch auf einen Ausschusssitz, so entscheidet das Los *(Alternative Rückgriff auf die Zahl der Wählerstimmen: [5]Haben Fraktionen oder Gruppen den gleichen Anspruch auf einen Ausschusssitz, so entscheidet die größere Zahl der bei der Gemeinderatswahl auf die Wahlvorschläge der betroffenen Parteien oder Wählergruppen abgegebenen Stimmen; bei*

Beteiligung einer Ausschussgemeinschaft entscheidet das Los). [6]Wird durch den Austritt oder Übertritt von Gemeinderatsmitgliedern das ursprüngliche Stärkeverhältnis der im Gemeinderat vertretenen Fraktionen und Gruppen verändert, so sind diese Änderungen nach den Sätzen 2 bis 4 auszugleichen; haben danach Fraktionen, Gruppen oder Ausschussgemeinschaften den gleichen Anspruch auf einen Ausschusssitz, so entscheidet das Los. [7]Das in Satz 2 festgelegte Verfahren ist ausgeschlossen, wenn die Sitzverteilung im Einzelfall zu einer Überaufrundung einer Fraktion, Gruppe oder Ausschussgemeinschaft zu Lasten einer anderen führt und diese Überaufrundung durch alternative Verfahren (Hare-Niemeyer oder d`Hondt) vermieden wird, ohne dass jene Verfahren zu einer Unterrepräsentation anderer Fraktionen, Gruppen oder Ausschussgemeinschaften in Bezug auf deren rechnerische Sitzanteile führen. [8]Eine Überaufrundung im Sinne von Satz 7 liegt vor, wenn das Berechnungsverfahren bei einer Fraktion, Gruppe oder Ausschussgemeinschaft eine Aufrundung um mehr als 0,99 der dieser nach der strengen Proportionalberechnung zustehenden Anzahl der Ausschusssitze bewirkt oder bewirken kann. [9]Bei Anwendung des alternativen Verfahrens nach Hare-Niemeyer wird die Zahl der Gemeinderatssitze jeder Fraktion, Gruppe oder Ausschussgemeinschaft mit der Zahl der zu vergebenden Ausschusssitze multipliziert und durch die Gesamtzahl der Gemeinderatssitze geteilt; jede Fraktion, Gruppe oder Ausschussgemeinschaft erhält zunächst so viele Sitze, wie ganze Zahlen auf sie entfallen; die weiteren zu vergebenden Sitze sind in der Reihenfolge der höchsten Zahlenbruchteile, die sich bei der Berechnung ergeben, auf die Fraktionen, Gruppen oder Ausschussgemeinschaften zu verteilen. [10]Bei Anwendung des alternativen Verfahrens nach d´Hondt wird die Zahl der Gemeinderatssitze jeder Fraktion, Gruppe oder Ausschussgemeinschaft nacheinander so lange durch 1, 2, 3, 4 und so weiter geteilt, bis so viele Teilungszahlen ermittelt sind, wie Ausschusssitze zu vergeben sind; jeder Fraktion, Gruppe oder Ausschussgemeinschaft wird sodann der Reihe nach so oft ein Sitz zugeteilt, wie sie jeweils die höchste Teilungszahl aufweist.

Variante 3 (d´Hondt):

(1) [1]In den Ausschüssen nach § 2 der Satzung zur Regelung von Fragen des örtlichen Gemeindeverfassungsrechts sind die den Gemeinderat bildenden Fraktionen und Gruppen unter Berücksichtigung von Ausschussgemeinschaften gemäß ihren Vorschlägen nach dem Verhältnis ihrer Stärke vertreten (Art. 33 Abs. 1 Satz 2 GO); als Gruppe im Sinne dieser Vorschrift gelten auch einzelne Ratsmitglieder, die keiner Fraktion, Gruppe oder Ausschussgemeinschaft angehören. [2]Die Sitze werden nach dem Verfahren d´Hondt verteilt. [3]Dabei wird die Zahl der Gemeinderatssitze jeder Fraktion, Gruppe oder Ausschussgemeinschaft nacheinander so lange durch 1, 2, 3, 4 und so weiter geteilt, bis so viele Teilungszahlen ermittelt sind, wie Ausschusssitze zu vergeben sind. [4]Jeder Fraktion, Gruppe oder Ausschussgemeinschaft wird sodann der Reihe nach so oft ein Sitz zugeteilt, wie sie jeweils die höchste Teilungszahl aufweist. [5]Haben Fraktionen, Gruppen oder Ausschussgemeinschaften den gleichen Anspruch auf einen Ausschusssitz, so entscheidet das Los *(Alternative Rückgriff auf die Zahl der Wählerstimmen: [5]Haben Fraktionen oder Gruppen den gleichen Anspruch auf einen Ausschusssitz, so entscheidet die größere Zahl der bei der Gemeinderatswahl auf die Wahlvorschläge der betroffenen Parteien oder Wählergruppen abgegebenen Stimmen; bei Beteiligung einer Ausschussgemeinschaft entscheidet das Los)*. [6]Wird durch den Austritt oder Übertritt von Gemeinderatsmitgliedern das ursprüngliche Stärkeverhältnis der im Gemeinderat vertretenen Fraktionen und Gruppen verändert, so sind diese Änderungen nach den Sätzen 2 bis 4 auszugleichen; haben danach Fraktionen, Gruppen oder Ausschussgemeinschaften den gleichen Anspruch auf einen Ausschusssitz, so entscheidet das Los. [7]Das in Satz 2 festgelegte Verfahren ist ausgeschlossen, wenn die Sitzverteilung im Einzelfall zu einer Überaufrundung einer Fraktion, Gruppe oder Ausschussgemeinschaft zu Lasten einer anderen führt und diese Überaufrundung durch alternative Verfahren (Hare-Niemeyer oder Sainte-Laguë/Schepers) vermieden wird, ohne dass jene Verfahren zu einer Unterrepräsentation anderer Fraktionen, Gruppen oder Ausschussgemeinschaften in Bezug auf deren rechnerische Sitzanteile führen.

J

[8]Eine Überaufrundung im Sinne von Satz 7 liegt vor, wenn das Berechnungsverfahren bei einer Fraktion, Gruppe oder Ausschussgemeinschaft eine Aufrundung um mehr als 0,99 der dieser nach der strengen Proportionalberechnung zustehenden Anzahl der Ausschusssitze bewirkt oder bewirken kann. [9]Bei Anwendung des alternativen Verfahrens nach Hare-Niemeyer wird die Zahl der Gemeinderatssitze jeder Fraktion, Gruppe oder Ausschussgemeinschaft mit der Zahl der zu vergebenden Ausschusssitze multipliziert und durch die Gesamtzahl der Gemeinderatssitze geteilt; jede Fraktion, Gruppe oder Ausschussgemeinschaft erhält zunächst so viele Sitze, wie ganze Zahlen auf sie entfallen; die weiteren zu vergebenden Sitze sind in der Reihenfolge der höchsten Zahlenbruchteile, die sich bei der Berechnung ergeben, auf die Fraktionen, Gruppen oder Ausschussgemeinschaften zu verteilen. [10]Bei Anwendung des alternativen Verfahrens nach Sainte-Laguë/Schepers wird die Zahl der Gemeinderatssitze jeder Fraktion, Gruppe oder Ausschussgemeinschaft nacheinander so lange durch 1, 3, 5, 7 und so weiter geteilt, bis so viele Teilungszahlen ermittelt sind, wie Ausschusssitze zu vergeben sind; jeder Fraktion, Gruppe oder Ausschussgemeinschaft wird sodann der Reihe nach so oft ein Sitz zugeteilt, wie sie jeweils die höchste Teilungszahl aufweist.

J

(2) Für jedes Ausschussmitglied *wird/werden* für den Fall seiner Verhinderung auf Vorschlag der Fraktion, Gruppe oder Ausschussgemeinschaft *eine Stellvertreterin oder ein Stellvertreter/eine erste und eine zweite Stellvertretung* namentlich bestellt.

Alternative (gleiche Stellvertretungsreihenfolge):

(2) Für die Mitglieder eines Ausschusses werden für den Fall ihrer Verhinderung je Fraktion, Gruppe oder Ausschussgemeinschaft auf deren Vorschlag stellvertretende Mitglieder in einer bestimmten Reihenfolge namentlich bestellt.

(3) [1]Den Vorsitz in den Ausschüssen führt die erste Bürgermeisterin oder der erste Bürgermeister, einer ihrer oder seiner Stellvertretungen oder ein von der ersten Bürgermeisterin oder

vom ersten Bürgermeister bestimmtes Gemeinderatsmitglied (Art. 33 Abs. 2 Satz 1 GO). [2]Ist die den Vorsitz übernehmende Person bereits Mitglied des Ausschusses, nimmt deren Stellvertretung für die Dauer der Übertragung den Sitz im Ausschuss ein (Art. 33 Abs. 2 Satz 2 GO). [3]Den Vorsitz im Rechnungsprüfungsausschuss führt ein vom Gemeinderat bestimmtes Ausschussmitglied (Art. 103 Abs. 2 GO).

(4) Der Gemeinderat kann Ausschüsse jederzeit auflösen (Art. 32 Abs. 5 GO); das gilt nicht für Ausschüsse, die gesetzlich vorgeschrieben sind.

2. Aufgaben der Ausschüsse

§ 8 Vorberatende Ausschüsse

(1) [1]Vorberatende Ausschüsse haben die Aufgabe, die ihnen übertragenen Gegenstände für die Beratung in der Vollversammlung des Gemeinderats vorzubereiten und einen Beschlussvorschlag zu unterbreiten. [2]Berührt eine Angelegenheit das Arbeitsgebiet mehrerer vorberatender Ausschüsse, können diese zu gemeinsamen Sitzungen zusammentreten.

(2) Es werden folgende vorberatende Ausschüsse mit nachstehendem Aufgabenbereich gebildet:

1. Haupt- und Finanzausschuss:
   a) Vorbereitung der Haushaltssatzung und der Nachtragshaushaltssatzung einschließlich Anlagen und Bestandteilen
   b) …………..
2. …..

§ 9 Beschließende Ausschüsse

(1) Beschließende Ausschüsse erledigen die ihnen übertragenen Angelegenheiten selbstständig anstelle des Gemeinderats.

J

(2) [1]Die Entscheidungen beschließender Ausschüsse stehen unbeschadet Art. 88 GO unter dem Vorbehalt der Nachprüfung durch den Gemeinderat. [2]Eine Nachprüfung muss nach Art. 32 Abs. 3 GO erfolgen, wenn die erste Bürgermeisterin oder der erste Bürgermeister oder deren oder dessen Stellvertretung im Ausschuss, ein Drittel der stimmberechtigten Ausschussmitglieder oder ein Viertel der Gemeinderatsmitglieder die Nachprüfung durch den Gemeinderat beantragt. [3]Der Antrag muss schriftlich, spätestens am siebten Tag nach der Ausschusssitzung bei der ersten Bürgermeisterin oder beim ersten Bürgermeister eingehen. [4]Soweit Beschlüsse die Rechte Dritter berühren, werden sie erst nach Ablauf einer Frist von einer Woche wirksam.

(3) Die beschließenden Ausschüsse haben im Einzelnen folgende Aufgabenbereiche:

1. Haupt- und Finanzausschuss:
   a) Angelegenheiten mit finanziellen Auswirkungen für die Gemeinde, soweit sie keinem anderen Ausschuss übertragen sind:
      - die Bewirtschaftung von Haushaltsmitteln bis zu einem Betrag von .... € im Einzelfall,
      - der Erlass, die Niederschlagung, die Stundung und die Aussetzung der Vollziehung von Abgaben, insbesondere von Steuern, Beiträgen und Gebühren sowie von sonstigen Forderungen bis zu folgenden Beträgen im Einzelfall:
      - Erlass .... €
      - Niederschlagung .... €
      - Stundung .... €
      - Aussetzung der Vollziehung .... €
      - die Entscheidung über überplanmäßige Ausgaben bis zu einem Betrag von .... € und über außerplanmäßige Ausgaben bis zu einem Betrag von .... € im Einzelfall, soweit sie unabweisbar sind und die Deckung gewährleistet ist (Art. 66 Abs. 1 Satz 1 GO),

- Entscheidungen jeder Art mit finanziellen Auswirkungen für die Gemeinde, insbesondere der Abschluss von Verträgen und sonstiger Rechtsgeschäfte sowie die Wahrnehmung von Rechten und Pflichten der Gemeinde, bis zu einem Betrag oder – falls dieser nicht feststeht – einer Wertgrenze oder einem geschätzten Auftragswert von .... €,
- die Gewährung von Zuschüssen, auch in der Form unentgeltlicher Nutzungsüberlassung von Räumen, an Vereine und Verbände bis zu einem Betrag von .... € je Einzelfall,
- Grundsätze für Geldanlagen, für Kreditaufnahmen und für den An- und Verkauf von Wertpapieren,

b) Personalangelegenheiten der gemeindlichen Beamtinnen und Beamten ab Besoldungsgruppe A9 bis Besoldungsgruppe ....[6] und der Arbeitnehmerinnen und Arbeitnehmern ab Entgeltgruppe 9a des TVöD oder ab einem entsprechenden Entgelt bis Entgeltgruppe ....[7] oder einem entsprechenden Entgelt mit Ausnahme der Bürgermeisterinnen und Bürgermeister und der berufsmäßigen Gemeinderatsmitglieder; die Befugnisse nach Art. 43 Abs. 1 Satz 1 GO werden insoweit hiermit vom Gemeinderat übertragen (Art. 43 Abs. 1 Satz 2 GO); Abs. 3 Nr. 3 bleibt unberührt,

c) personenbezogene Entscheidungen, zu denen die Gemeinde in sonstiger Weise berufen ist, z.B. die Bestätigung der Feuerwehrkommandantin oder des Feuerwehrkommandanten, die Benennung und Abberufung der oder des behördlichen Datenschutzbeauftragten usw.,

d) die Beschaffung von Dienstfahrzeugen für Bürgermeisterinnen und Bürgermeister sowie berufsmäßige Gemeinderatsmitglieder,

J

6 Diese Regelung ist auf § 2 Nr. 18 abzustimmen.

7 Diese Regelung ist auf § 2 Nr. 19 abzustimmen.

e) Abschluss von Zweckvereinbarungen ohne Befugnisübertragungen,

soweit nicht die erste Bürgermeisterin oder der erste Bürgermeister dafür zuständig ist.

2. Bau- und Umweltausschuss:

a) Erlass, Änderung und Aufhebung von Bebauungsplänen und sonstigen Satzungen nach den Vorschriften des Ersten Kapitels des Baugesetzbuchs sowie aller örtlichen Bauvorschriften im Sinn des Art. 81 der Bayerischen Bauordnung, auch in den Fällen des Art. 81 Abs. 2 der Bayerischen Bauordnung,

b) *Erteilung des gemeindlichen Einvernehmens nach § 36 BauGB, der Zustimmung nach § 36a BauGB und sonstiger Zustimmungen zu Bauvorhaben,*

c) Vergabe von Aufträgen für Bauvorhaben der Gemeinde bis zu einer Wertgrenze von .... €,

d) Wahrnehmung der Beteiligtenrechte in Raumordnungs- und Planfeststellungsverfahren sowie in der Bauleitplanung anderer Gemeinden,

J

e) Ausübung von Vorkaufsrechten,

f) grundsätzliche Fragen des Straßenverkehrsrechts, Verkehrsplanungen,

g) Entscheidungen über Widmungen, Umstufungen oder Einziehungen nach Straßen- und Wegerecht,

h) Umlegungsverfahren, Grenzregelungsverfahren,

i) Abschluss von städtebaulichen Verträgen und Erschließungsverträgen,

j) Angelegenheiten des Natur- und Umweltschutzes einschließlich Umweltverträglichkeitsprüfungen,

k) Entscheidungen in Mobilfunkangelegenheiten,

l) .....

soweit nicht die erste Bürgermeisterin oder der erste Bürgermeister dafür zuständig ist.

3. Werkausschuss:

   Alle Angelegenheiten der gemeindlichen Eigenbetriebe, soweit nicht der Gemeinderat zur Entscheidung ausschließlich zuständig ist, sich die Entscheidung allgemein vorbehält oder im Einzelfall an sich zieht oder es sich um Angelegenheiten der laufenden Geschäftsführung des Eigenbetriebs handelt.

(4) Bei wiederkehrenden Leistungen ist für die Bemessung von Beträgen oder Wertgrenzen nach Abs. 3 der Zeitraum maßgeblich, für den die rechtliche Bindung bestehen soll; ist dieser Zeitraum nicht bestimmbar, so ist der fünffache Jahresbetrag anzusetzen.

§ 10 Rechnungsprüfungsausschuss

Der Rechnungsprüfungsausschuss prüft die Jahresrechnung und die Jahresabschlüsse der Eigenbetriebe und der Krankenhäuser mit kaufmännischem Rechnungswesen (örtliche Rechnungsprüfung, Art. 103 Abs. 1 GO).

Zusatz für Gemeinden mit Rechnungsprüfungsamt:

[2]Das Rechnungsprüfungsamt ist umfassend als Sachverständiger einzubeziehen (Art. 103 Abs. 3 Satz 2 GO). [3]Besondere Aufträge zur Prüfung können dem Rechnungsprüfungsamt nur von der ersten Bürgermeisterin bzw. vom ersten Bürgermeister oder vom Gemeinderat erteilt werden, soweit diese Befugnis nicht auf einen beschließenden Ausschuss übertragen wurde (Art. 104 Abs. 2 GO).

J

IV. Die erste Bürgermeisterin oder der erste Bürgermeister

1. Aufgaben

§ 11 Vorsitz im Gemeinderat

(1) [1]Die erste Bürgermeisterin oder der erste Bürgermeister führt den Vorsitz im Gemeinderat (Art. 36 GO). [2]Sie oder er bereitet die Beratungsgegenstände vor und beruft die Sitzungen

ein (Art. 46 Abs. 2 GO). [3]In den Sitzungen leitet sie oder er die Beratung und die Abstimmung, handhabt die Ordnung und übt das Hausrecht aus (Art. 53 Abs. 1 GO).

(2) [1]Hält die erste Bürgermeisterin oder der erste Bürgermeister Entscheidungen des Gemeinderats oder eines beschließenden Ausschusses für rechtswidrig, verständigt sie oder er den Gemeinderat oder den Ausschuss von ihrer oder seiner Auffassung und setzt den Vollzug vorläufig aus. [2]Wird die Entscheidung aufrechterhalten, führt sie oder er die Entscheidung der Rechtsaufsichtsbehörde herbei (Art. 59 Abs. 2 GO).

§ 12 Leitung der Gemeindeverwaltung, Allgemeines

(1) [1]Die erste Bürgermeisterin oder der erste Bürgermeister leitet und verteilt im Rahmen der Geschäftsordnung die Geschäfte (Art. 46 Abs. 1 GO). [2]Sie oder er kann dabei einzelne ihrer oder seiner Befugnisse den weiteren Bürgermeisterinnen und Bürgermeistern, nach deren Anhörung auch einem Gemeinderatsmitglied und in den Angelegenheiten der laufenden Verwaltung Bediensteten der Gemeinde übertragen (Art. 39 Abs. 2 GO). [3]Geschäftsverteilung und Befugnisregelung sollen übereinstimmen.

(2) [1]Die erste Bürgermeisterin oder der erste Bürgermeister vollzieht die Beschlüsse des Gemeinderats und seiner Ausschüsse (Art. 36 GO). [2]Über Hinderungsgründe unterrichtet sie oder er den Gemeinderat oder den Ausschuss unverzüglich.

(3) [1]Die erste Bürgermeisterin oder der erste Bürgermeister führt die Dienstaufsicht über die Gemeindebediensteten und übt die Befugnisse der oder des Dienstvorgesetzten gegenüber den Gemeindebeamtinnen und Gemeindebeamten aus (Art. 37 Abs. 4, Art. 43 Abs. 3 GO). [2]Art. 88 Abs. 3 Satz 3 GO bleibt unberührt.

(4) [1]Die erste Bürgermeisterin oder der erste Bürgermeister verpflichtet die weiteren Bürgermeisterinnen und Bürgermeister schriftlich, alle Angelegenheiten geheim zu halten, die im Interesse der Sicherheit oder anderer wichtiger Belange

der Bundesrepublik oder eines ihrer Länder Unbefugten nicht bekannt werden dürfen. [2]In gleicher Weise verpflichtet sie oder er Gemeinderatsmitglieder und Gemeindebedienstete, bevor sie mit derartigen Angelegenheiten befasst werden (Art. 56a GO).

§ 13 Einzelne Aufgaben der ersten Bürgermeisterin oder des ersten Bürgermeisters

(1) Die erste Bürgermeisterin oder der erste Bürgermeister erledigt in eigener Zuständigkeit

1. die laufenden Angelegenheiten, die für die Gemeinde keine grundsätzliche Bedeutung haben und keine erheblichen Verpflichtungen erwarten lassen (Art. 37 Abs. 1 Satz 1 Nr. 1 GO),
2. die den Gemeinden durch ein Bundesgesetz oder auf Grund eines Bundesgesetzes übertragenen hoheitlichen Aufgaben in Angelegenheiten der Verteidigung einschließlich des Wehrersatzwesens und des Schutzes der Zivilbevölkerung, soweit nicht für haushalts oder personalrechtliche Entscheidungen der Gemeinderat zuständig ist (Art. 37 Abs. 1 Satz 1 Nr. 2 GO),
3. die Angelegenheiten, die im Interesse der Sicherheit der Bundesrepublik oder eines ihrer Länder geheim zu halten sind (Art. 37 Abs. 1 Satz 1 Nr. 3 GO),
4. die ihm vom Gemeinderat nach Art. 37 Abs. 2 Satz 1 GO übertragenen Angelegenheiten,
5. die Entscheidung über die Ernennung, Beförderung, Abordnung, Versetzung, Zuweisung an eine Einrichtung, Ruhestandsversetzung und Entlassung von Beamten und Beamtinnen bis zur Besoldungsgruppe A 8 (Art. 43 Abs. 2 Satz 1 GO),
6. die Entscheidung über die Einstellung, Höhergruppierung (nicht nur vorübergehende Übertragung einer höherwertigen Tätigkeit), Abordnung, Versetzung, Zuweisung an einen Dritten, Beschäftigung mittels Personalgestellung

J

und Entlassung von Arbeitnehmerinnen und Arbeitnehmern bis zur Entgeltgruppe 8 des TVöD oder bis zu einem entsprechenden Entgelt (Art. 43 Abs. 2 Satz 1 GO),

7. die vorübergehende Übertragung einer höher zu bewertenden Tätigkeit auf eine Arbeitnehmerin oder einen Arbeitnehmer im Geltungsbereich des TVöD oder eines entsprechenden Tarifvertrags,
8. dringliche Anordnungen und unaufschiebbare Geschäfte (Art. 37 Abs. 3 GO),
9. die Aufgaben als Vorsitzende oder Vorsitzender des Verwaltungsrats selbstständiger Kommunalunternehmen des öffentlichen Rechts (Art. 90 Abs. 3 Satz 2 GO),
10. die Vertretung der Gemeinde in Unternehmen in Privatrechtsform (Art. 93 Abs. 1 GO).

    Variante Übertragung Vertretungsmacht:

    In Bezug auf die … (z.B. Gemeindewerke GmbH)[8] *werden der ersten Bürgermeisterin oder dem ersten Bürgermeister die Entscheidungen über … (z.B. bestimmte in der Gesellschafterversammlung zu beschließende Angelegenheiten; Rechtsgeschäfte bis zu einem bestimmten Betrag, die der Zustimmung der Gesellschafterversammlung bedürfen) zur selbständigen Erledigung übertragen (Art. 37 Abs. 2 Satz 1 GO).*

J

(2) Zu den Aufgaben der ersten Bürgermeisterin oder des ersten Bürgermeisters gehören insbesondere auch:

1. in Personalangelegenheiten der Gemeindebediensteten:
   a) der Vollzug zwingender gesetzlicher oder tarifrechtlicher Vorschriften sowie etwaiger Grundsatzbeschlüsse des Gemeinderats,

---

8 Eine Übertragung der Vertretungsmacht ist je nach Bedeutung der Angelegenheit für die Gemeinde in Bezug auf alle oder auch einzelne gemeindliche Unternehmen in Privatrechtsform jeweils vollständig oder beschränkt auf bestimmte Angelegenheiten, die in die Zuständigkeit der Gesellschafterversammlung oder eines entsprechenden Organs fallen, möglich. Art. 32 Abs. 2 Satz 2 Nr. 7 GO ist zu beachten.

   b) Entscheidungen im Zusammenhang mit Nebentätigkeiten.
2. in allen Angelegenheiten mit finanziellen Auswirkungen für die Gemeinde:
   a) die Bewirtschaftung von Haushaltsmitteln
      – im Vollzug zwingender Rechtsvorschriften und im Rahmen von Richtlinien des Gemeinderats, in denen die Leistungen nach Voraussetzung und Höhe festgelegt sind,
      – im Übrigen bis zu einem Betrag von .... € im Einzelfall[9],
   b) der Erlass, die Niederschlagung, die Stundung und die Aussetzung der Vollziehung von Abgaben, insbesondere von Steuern, Beiträgen und Gebühren sowie von sonstigen Forderungen bis zu folgenden Beträgen im Einzelfall:
      – Erlass .... €[10]
      – Niederschlagung .... €[11]
      – Stundung .... €[12]
      – Aussetzung der Vollziehung .... €[13]
   c) die Entscheidung über überplanmäßige Ausgaben bis zu einem Betrag von .... €[14] und über außerplanmäßige Ausgaben bis zu einem Betrag von .... €[15] im Einzelfall, soweit sie unabweisbar sind und die Deckung gewährleistet ist (Art. 66 Abs. 1 Satz 1 GO),

J

9 Es wird vorgeschlagen, je nach Größe der Gemeinde 6 bis 8 € (brutto) je Einwohnerin und Einwohner festzusetzen.

10 Vorschlag: 10 % von Fußnote 9.

11 Vorschlag: 50 % von Fußnote 9.

12 Vorschlag: bis zu einem Jahr wie Fußnote 9, über einem Jahr 50 % davon.

13 Vorschlag: 50 % von Fußnote 9.

14 Vorschlag: 50 % von Fußnote 9.

15 Vorschlag: 25 % von Fußnote 9.

d) Handlungen oder Unterlassen jeder Art mit Auswirkungen für die Gemeinde, insbesondere der Abschluss von Verträgen und sonstiger Rechtsgeschäfte sowie die Wahrnehmung von Rechten und Pflichten der Gemeinde, bis zu einem Betrag oder – falls dieser zum Zeitpunkt der Handlung oder des Unterlassens nicht feststeht – einer Wertgrenze oder einem geschätzten Auftragswert von .... €[16],

e) Nachträge zu Verträgen und Rechtsgeschäften außerhalb der Bewirtschaftungsbefugnis nach Buchst. a (entweder bereits ohne Nachtrag oder erstmalig aufgrund Summierung mit Nachträgen), die einzeln oder zusammen die ursprünglich vereinbarte Auftragssumme um nicht mehr als 10 %, insgesamt jedoch nicht mehr als ...... €[17] erhöhen,

f) die Gewährung von Zuschüssen, auch in der Form unentgeltlicher Nutzungsüberlassung von Räumen, an Vereine und Verbände bis zu einem Betrag von .... €[18] je Einzelfall.

3. in allgemeinen Rechts und Verwaltungsangelegenheiten:

a) die Behandlung von Rechtsbehelfen einschließlich Abhilfeverfahren, die Abgabe von Prozesserklärungen einschließlich Klageerhebung, Einlegung von Rechtsmitteln und Abschluss von Vergleichen sowie die Erteilung des Mandats an eine Prozessbevollmächtigte oder einen Prozessbevollmächtigten, wenn die finanzielle Auswirkung auf die Gemeinde bzw., falls diese nicht bestimmbar ist, der Streitwert voraussichtlich .... €[19] nicht übersteigt und die Angelegenheit keine grundsätzliche Bedeutung hat,

---

16 Vorschlag: wie Fußnote 9.

17 Vorschlag: bis zu 50 % von Fußnote 9.

18 Vorschlag: 10 % von Fußnote 9 im Einzelfall.

19 Vorschlag: wie Fußnote 9.

b) Angelegenheiten des übertragenen Wirkungskreises, soweit sie nicht dem Gemeinderat oder einem Ausschuss vorbehalten sind (§§ 2, 9), insbesondere Staats-angehörigkeits- und Personenstandswesen, Meldewesen, Wahlrecht und Statistik, Gesundheits- und Veterinärwesen, öffentliches Versicherungswesen, Lastenausgleich.

4. in Bauangelegenheiten:

   a) die Abgabe der Erklärung der Gemeinde nach Art. 58 Abs. 1 Satz 1 Nr. 5 bzw. die Mitteilung nach Art. 58 Abs. 2 Satz 6 BayBO,

   b) die Behandlung der Anzeige nach Art. 57 Abs. 5 Satz 2 BayBO,

   c) die Erteilung des gemeindlichen Einvernehmens nach Art. 65 Abs. 1 Satz 4 BayBO, § 36 BauGB und Art. 63 Abs. 3 Satz 2 Halbsatz 1 BayBO für Gebäude der Gebäudeklassen 1 bis 3 sowie für bauliche Anlagen, die keine Gebäude sind, mit einer Höhe bis zu 10 m

      – im Geltungsbereich eines Bebauungsplans nach § 30 Abs. 1 BauGB oder eines vorhabenbezogenen Bebauungsplans nach § 30 Abs. 2 BauGB, soweit für das Vorhaben die Erteilung nur geringfügiger Ausnahmen und Befreiungen nach § 31 BauGB erforderlich ist,[20] oder

      – innerhalb eines im Zusammenhang bebauten Ortsteils,

   d) die Zustimmung nach § 36a BauGB für Gebäude der Gebäudeklassen 1 bis 3 bei Abweichungen, die einem Einzelvorhaben nach § 246e Abs. 1 Satz 1 Nr. 2 oder 3

J

20 Kriterien für die »Geringfügigkeit« können ggf. unter Berücksichtigung der jeweiligen örtlichen Verhältnisse und der Festsetzung des betreffenden Bebauungsplans vorab im Rat entwickelt werden.

dienen und keinen erheblichen Abweichungsumfang[21] aufweisen,

- im Geltungsbereich eines Bebauungsplans nach § 30 Abs. 1 BauGB oder eines vorhabenbezogenen Bebauungsplans nach § 30 Abs. 2 BauGB, oder
- innerhalb eines im Zusammenhang bebauten Ortsteils,

e) die Zulassung von isolierten Abweichungen im Sinne des Art. 63 Abs. 3 Satz 1 BayBO,

f) die Erteilung von Negativzeugnissen nach § 28 Abs. 1 Satz 3 BauGB bei Nichtbestehen eines Vorkaufsrechts.

(3) Bei wiederkehrenden Leistungen ist für die Bemessung von Wertgrenzen nach Abs. 2 der Zeitraum maßgeblich, für den die rechtliche Bindung bestehen soll; ist dieser Zeitraum nicht bestimmbar, so ist der fünffache Jahresbetrag anzusetzen.

(4) Soweit die Aufgaben nach Absatz 1 Nr. 7 und Absatz 2 nicht unter Art. 37 Abs. 1 Satz 1 GO fallen, werden sie hiermit der ersten Bürgermeisterin oder dem ersten Bürgermeister gemäß Art. 37 Abs. 2 GO zur selbstständigen Erledigung übertragen.

§ 14 Vertretung der Gemeinde nach außen

(1) Die Befugnis der ersten Bürgermeisterin oder des ersten Bürgermeisters zur Vertretung der Gemeinde nach außen bei der Abgabe von rechtserheblichen Erklärungen (Art. 38 Abs. 1 GO) beschränkt sich auf den Vollzug der einschlägigen Beschlüsse des Gemeinderats und der beschließenden Ausschüsse, soweit die erste Bürgermeisterin oder der erste Bürgermeister nicht gemäß § 13 zum selbstständigen Handeln befugt ist.

---

21 Kriterien für die »Erheblichkeit« können ggf. unter Berücksichtigung der jeweiligen örtlichen Verhältnisse und der Festsetzungen des betreffenden Bebauungsplans vorab im Rat entwickelt werden.

(2) Die erste Bürgermeisterin oder der erste Bürgermeister kann im Rahmen ihrer oder seiner Vertretungsbefugnis unter Beachtung des Art. 39 Abs. 2 GO anderen Personen Vollmacht zur Vertretung der Gemeinde erteilen.

§ 15 Abhalten von Bürgerversammlungen

(1) [1]Die erste Bürgermeisterin oder der erste Bürgermeister beruft mindestens einmal jährlich, auf Verlangen des Gemeinderats auch öfter, eine Bürgerversammlung ein (Art. 18 Abs. 1 GO). [2]Den Vorsitz in der Versammlung führt die erste Bürgermeisterin oder der erste Bürgermeister oder eine von ihr oder ihm bestellter Vertretung.

(2) Auf Antrag von Gemeindebürgerinnen und Gemeindebürgern nach Art. 18 Abs. 2 GO beruft die erste Bürgermeisterin oder der erste Bürgermeister darüber hinaus eine weitere Bürgerversammlung ein, die innerhalb von drei Monaten nach Eingang des Antrags bei der Gemeinde stattzufinden hat.

§ 16 Sonstige Geschäfte

Die Befugnisse der ersten Bürgermeisterin oder des ersten Bürgermeisters, die außerhalb der Gemeindeordnung gesetzlich festgelegt sind (z.B. Wahrnehmung der standesamtlichen Geschäfte, Aufnahme von Nottestamenten usw.), bleiben unberührt.

2. Stellvertretung

§ 17 Weitere Bürgermeisterinnen und Bürgermeister, weitere Stellvertretung, Aufgaben

(1) Die erste Bürgermeisterin oder der erste Bürgermeister wird im Fall der Verhinderung von der zweiten Bürgermeisterin oder dem zweiten Bürgermeister und, wenn diese oder dieser ebenfalls verhindert ist, von der dritten Bürgermeisterin oder dem dritten Bürgermeister vertreten (Art. 39 Abs. 1 Satz 1 GO).

(2) Für den Fall gleichzeitiger Verhinderung der Bürgermeisterinnen und Bürgermeister bestimmt der Gemeinderat aus seiner Mitte gemäß Art. 39 Abs. 1 Satz 2 GO weitere Stellvertretungen in folgender Reihenfolge:

....

....

....

(3) Die Stellvertreterin oder der Stellvertreter übt im Verhinderungsfall die gesamten gesetzlichen und geschäftsordnungsmäßigen Befugnisse der ersten Bürgermeisterin oder des ersten Bürgermeisters aus.

(4) [1]Ein Fall der Verhinderung liegt vor, wenn die zu vertretende Person aus tatsächlichen oder rechtlichen Gründen, insbesondere wegen Abwesenheit, Urlaub, Krankheit, vorläufiger Dienstenthebung oder persönlicher Beteiligung nicht in der Lage ist, ihr Amt auszuüben. [2]Ist die zu vertretende Person bei Abwesenheit gleichwohl dazu in der Lage, die Amtsgeschäfte auszuüben und bei Bedarf wieder rechtzeitig vor Ort zu sein, liegt ein Fall der Verhinderung nicht vor.

J

V. Ortssprecherinnen und Ortssprecher

§ 18 Rechtsstellung, Aufgaben

(1) [1]Ortssprecherinnen und Ortssprecher sind ehrenamtlich tätige Gemeindebürgerinnen oder Gemeindebürger mit beratenden Aufgaben. [2]Sie haben das Recht, an allen Sitzungen des Gemeinderats und seiner Ausschüsse mit beratender Stimme teilzunehmen und Anträge zu stellen.

(2) Ortssprecherinnen und Ortssprecher werden zu den Sitzungen eingeladen; § 25 gilt entsprechend.

B. Der Geschäftsgang

I. Allgemeines

§ 19 Verantwortung für den Geschäftsgang

(1) [1]Gemeinderat und erste Bürgermeisterin oder erster Bürgermeister sorgen für den ordnungsgemäßen Gang der Geschäfte, insbesondere für den Vollzug der gesetzlichen Vorschriften im eigenen und im übertragenen Wirkungskreis und für die Durchführung der gesetzmäßigen Anordnungen und Weisungen der Staatsbehörden. [2]Sie schaffen die dazu erforderlichen Einrichtungen (Art. 56 Abs. 2, Art. 59 Abs. 1 GO).

(2) [1]Eingaben und Beschwerden der Gemeindeeinwohnerinnen und Gemeindeeinwohner an den Gemeinderat (Art. 56 Abs. 3 GO) werden durch die Verwaltung vorbehandelt und sodann dem Gemeinderat oder dem zuständigen beschließenden Ausschuss vorgelegt. [2]Eingaben, die in den Zuständigkeitsbereich der ersten Bürgermeisterin oder des ersten Bürgermeisters fallen, erledigt diese oder dieser in eigener Zuständigkeit; in bedeutenden Angelegenheiten unterrichtet sie oder er den Gemeinderat.

§ 20 Sitzungen, Beschlussfähigkeit

(1) [1]Der Gemeinderat beschließt in Sitzungen (Art. 47 Abs. 1 GO). [2]Eine Beschlussfassung durch mündliche Befragung außerhalb der Sitzungen oder im Umlaufverfahren ist ausgeschlossen.

(2) Der Gemeinderat ist beschlussfähig, wenn sämtliche Mitglieder ordnungsgemäß geladen sind und die Mehrheit der Mitglieder anwesend und stimmberechtigt ist (Art. 47 Abs. 2 GO).

(3) [1]Wird der Gemeinderat wegen Beschlussunfähigkeit in einer früheren Sitzung infolge einer nicht ausreichenden Zahl anwesender Mitglieder zum zweiten Mal zur Verhandlung über denselben Gegenstand zusammengerufen, so ist er ohne Rücksicht auf die Zahl der Erschienenen beschlussfähig. [2]Bei der zweiten Einladung muss auf diese Bestimmung hingewiesen werden (Art. 47 Abs. 3 GO).

§ 20a Sitzungsteilnahme durch Ton-Bild-Übertragung[22]

(1) [1]Gemeinderatsmitglieder *(sowie Ortssprecherinnen und Ortssprecher) (, die wegen .../aus einem wichtigen Grund an einer Teilnahme im Sitzungssaal gehindert sind,)* können an *(öffentlichen)* Sitzungen des Gemeinderats mittels Ton-Bild-Übertragung teilnehmen (Art. 47a GO). [2]*Dies gilt nicht ... (z.B. für bestimmte Gegenstände; sonstige Voraussetzungen); hierauf wird in der Ladung gesondert hingewiesen.* [3]Voraussetzung für die virtuelle Teilnahme an den Sitzungen ist die Unterzeichnung der Belehrung über die Teilnahme an Hybridsitzungen.

(2) [1]Gemeinderatsmitglieder, die mittels Ton-Bild-Übertragung an der Sitzung teilnehmen wollen, müssen dies der ersten Bürgermeisterin oder dem ersten Bürgermeister nach Zugang der Ladung spätestens bis .... schriftlich oder elektronisch mitteilen. [2]*Die Höchstzahl der zuschaltbaren Teilnehmenden ist auf ... begrenzt.* [3]*Möchten mehr Gemeinderatsmitglieder nach Absatz 1 mittels Ton-Bild-Übertragung teilnehmen als zugelassen, erfolgt die Zulassung nach der Reihenfolge der Anmeldungen (alternativ: entscheidet das Los).*

(3) Wird das Gremium wegen Beschlussunfähigkeit in einer früheren Sitzung zum zweiten Mal zur Verhandlung über denselben Gegenstand zusammengerufen, findet die Sitzung ohne Ausnahme als Präsenzsitzung statt.

J

Variante 1: Bereitstellung der Plattform zur audiovisuellen Zuschaltung[23]

(4) Der Verantwortungsbereich der Gemeinde beschränkt sich auf die Bereitstellung der Plattform zur audiovisuellen Zuschaltung. Ist entweder

---

22 Dieser Paragraph ist nur zu übernehmen, wenn der Gemeinderat mit Zweidrittelmehrheit eine Sitzungsteilnahme durch Ton-Bild-Übertragung zugelassen hat, vgl. Art. 47a Abs. 1 Sätze 1 und 2 GO.

23 Auch wenn die Gemeinde den Gremienmitgliedern einen Geldbetrag zur Anschaffung der Hard- und Software zur Verfügung stellt, ist diese Variante zu wählen.

mindestens ein Gemeinderatsmitglied zugeschaltet oder bestätigt ein Test, dass eine Zuschaltmöglichkeit besteht, wird vermutet, dass der Grund für eine Nichtzuschaltung eines Gemeinderatsmitglieds nicht im Verantwortungsbereich der Gemeinde liegt (Art. 47a Abs. 4 Satz 5 GO).

Variante 2: Bereitstellung der Hard- und Software ohne laufende Systembetreuung

(4) Der Verantwortungsbereich der Gemeinde beschränkt sich auf die Bereitstellung der Plattform zur audiovisuellen Zuschaltung und darauf, den Gremienmitgliedern die Hard- und Software in funktionsfähigem Zustand zur Verfügung zu stellen, ohne die laufende Systembetreuung zu übernehmen. Vor Aushändigung der Hard- und Software wurde/wird die Funktionsfähigkeit der Hard- und Software durch die Gemeinde positiv festgestellt. Entsprechend Art. 47a Abs. 4 Satz 5 GO fällt die Nichtzuschaltung eines Gemeinderatsmitglieds daher nicht in den Verantwortungsbereich der Gemeinde, wenn mindestens ein Gemeinderatsmitglied zugeschaltet ist oder ein Test bestätigt, dass eine Zuschaltmöglichkeit besteht (Art. 47a Abs. 4 Satz 6 GO).

Variante 3: Bereitstellung der Hard- und Software mit laufender Systembetreuung

(4) Der Verantwortungsbereich der Gemeinde beschränkt sich auf die Bereitstellung der Plattform zur audiovisuellen Zuschaltung und darauf, den Gremienmitgliedern die Hard- und Software in funktionsfähigem Zustand zur Verfügung zu stellen und turnusmäßig Systembetreuungsmaßnahmen durchzuführen. Vor Aushändigung wurde/wird die Funktionsfähigkeit der Hard- und Software durch die Gemeinde positiv festgestellt. Ist die letzte Systembetreuungsmaßnahme turnusgemäß erfolgt und wurde/wird nach Vornahme der letzten Systembetreuungsmaßnahme die Funktionsfähigkeit der Hard- und Software positiv bestätigt, fällt die Nichtzuschaltung eines Gemeinderatsmitglieds entsprechend Art. 47a Abs. 5 Satz 4 GO nicht in den Verantwortungsbereich der Gemeinde, wenn mindestens ein Gemeinderatsmitglied zugeschaltet ist oder ein Test bestätigt, dass eine Zuschaltmöglichkeit besteht (Art. 47a Abs. 4 Satz 6 GO).

(5) Eine Bildunterbrechung durch zugeschaltete Gemeinderatsmitglieder ist auch bei vorübergehendem Verlassen des Platzes untersagt (Art. 47a Abs. 3 Satz 1 GO).

(6) Bei den zugeschalteten Gemeinderatsmitgliedern erfolgt die Abstimmung mündlich nach namentlichem Aufruf durch die Vorsitzende oder den Vorsitzenden *(alternativ: per auf dem Bildschirm im Sitzungssaal sichtbarem Handzeichen)*. Eine Teilnahme an Wahlen ist nicht möglich (Art. 47a Abs. 1 Satz 6 GO).

(7) Bei Zuschaltung mittels Ton-Bild-Übertragung zu einer nichtöffentlichen Sitzung haben die zugeschalteten Gemeinderatsmitglieder dafür Sorge zu tragen, dass die Übertragung in ihrem Verantwortungsbereich nur von ihnen wahrgenommen wird (Art. 47a Abs. 5 GO).

§ 21 Öffentliche Sitzungen

(1) Die Sitzungen des Gemeinderats sind öffentlich, soweit nicht Rücksichten auf das Wohl der Allgemeinheit oder auf berechtigte Ansprüche Einzelner entgegenstehen (Art. 52 Abs. 2 GO).

(2) [1]Die öffentlichen Sitzungen des Gemeinderats sind allgemein zugänglich, soweit der für die Zuhörerschaft bestimmte Raum ausreicht. [2]Für die Medien ist stets eine angemessene Zahl von Plätzen freizuhalten. [3]Ton- und Bildaufnahmen jeder Art bedürfen der Zustimmung der oder des Vorsitzenden und des Gemeinderats; sie sind auf Verlangen eines einzelnen Mitglieds hinsichtlich seiner Person zu unterlassen. [4]Ton- und Bildaufnahmen von Gemeindebediensteten und sonstigen Sitzungsteilnehmenden sind nur mit deren Einwilligung zulässig.[24]

J

24 Entscheidet sich ein Gemeinderat mit Zweidrittelmehrheit für eine Live-Übertragung öffentlicher Gremiensitzungen im Internet, ist die Aufnahme einer (rechtlich nicht zwingend vorausgesetzten) Regelung in die Geschäftsordnung zur konkreten Ausgestaltung (z.B. welche Gremien; Livestream und/oder Mediathek) und zu den wesentlichen, in Art. 52 Abs. 4 Sätze 2 bis 7 GO angelegten rechtlichen Aspekten an dieser Stelle zu empfehlen.

(3) Zuhörende, welche die Ordnung der Sitzung stören, können durch die Vorsitzende oder den Vorsitzenden aus dem Sitzungssaal gewiesen werden (Art. 53 Abs. 1 GO).

§ 22 Nichtöffentliche Sitzungen

(1) [1]In nichtöffentlicher Sitzung werden in der Regel behandelt:

1. Personalangelegenheiten in Einzelfällen,
2. Rechtsgeschäfte in Grundstücksangelegenheiten,
3. Angelegenheiten, die dem Sozial oder Steuergeheimnis unterliegen.

[2]Außerdem werden in nichtöffentlicher Sitzung behandelt:

1. Angelegenheiten des übertragenen Wirkungskreises, deren nichtöffentliche Behandlung im Einzelfall von der Aufsichtsbehörde verfügt ist,
2. sonstige Angelegenheiten, deren Geheimhaltung durch Gesetz vorgeschrieben oder nach der Natur der Sache erforderlich ist.

(2) [1]Zu nichtöffentlichen Sitzungen können im Einzelfall durch Beschluss Personen, die dem Gemeinderat nicht angehören, hinzugezogen werden, wenn deren Anwesenheit für die Behandlung des jeweiligen Beratungsgegenstandes erforderlich ist. [2]Diese Personen sollen zur Verschwiegenheit nach § 1 Abs. 1 Nr. 1 Verpflichtungsgesetz verpflichtet werden.

J

(3) Die in nichtöffentlicher Sitzung gefassten Beschlüsse gibt die erste Bürgermeisterin oder der erste Bürgermeister der Öffentlichkeit bekannt, sobald die Gründe für die Geheimhaltung weggefallen sind (Art. 52 Abs. 3 GO).

II. Vorbereitung der Sitzungen

§ 23 Einberufung

(1) [1]Die erste Bürgermeisterin oder der erste Bürgermeister beruft die Gemeinderatssitzungen ein, wenn die Geschäftslage es erfordert oder wenn ein Viertel der Gemeinderatsmitglieder

es schriftlich oder elektronisch unter Bezeichnung des Beratungsgegenstandes beantragt (Art. 46 Abs. 2 Sätze 1 und 2 GO). [2]Nach Beginn der Wahlzeit und im Fall des Art. 46 Abs. 2 Satz 2 GO beruft sie oder er die Gemeinderatssitzung so rechtzeitig ein, dass die Sitzung spätestens vier Wochen nach Beginn der Wahlzeit (Art. 46 Abs. 2 Satz 1 GO) oder spätestens am 14. Tag nach Eingang des Verlangens stattfinden kann (Art. 46 Abs. 2 Satz 3 GO).

(2) [1]Die Sitzungen finden im ....

....

statt; sie beginnen in der Regel um .... Uhr. [2]Regelmäßiger Sitzungstag für Gemeinderatssitzungen ist der .... [3]In der Einladung (§ 25) kann im Einzelfall etwas anderes bestimmt werden.

§ 24 Tagesordnung

(1) [1]Die erste Bürgermeisterin oder der erste Bürgermeister setzt die Tagesordnung fest. [2]Rechtzeitig eingegangene Anträge von Gemeinderatsmitgliedern setzt die erste Bürgermeisterin oder der erste Bürgermeister möglichst auf die Tagesordnung der nächsten Sitzung. [3]Ist das nicht möglich, sind die Anträge in jedem Fall innerhalb von 3 Monaten auf die Tagesordnung einer Gemeinderatssitzung zu setzen. [4]Eine materielle Vorprüfung findet nicht statt.

J

(2) [1]In der Tagesordnung sind die Beratungsgegenstände einzeln und inhaltlich konkretisiert zu benennen, damit es den Gemeinderatsmitgliedern ermöglicht wird, sich auf die Behandlung der jeweiligen Gegenstände vorzubereiten. [2]Soweit die Konkretisierungen schutzwürdige Daten enthalten, sollten diese den Gemeinderatsmitgliedern regelmäßig gesondert zur Verfügung gestellt werden. [3]Das gilt sowohl für öffentliche als auch für nichtöffentliche Gemeinderatssitzungen.

(3) [1]Die Tagesordnung für öffentliche Sitzungen ist jeweils unter Angabe von Ort und Zeit der Sitzung spätestens am 3. Tag vor der Sitzung ortsüblich bekannt zu machen (Art. 52 Abs. 1

GO). [2]Die Tagesordnung nichtöffentlicher Sitzungen wird nicht bekannt gemacht.

(4) Den örtlichen Medien soll die Tagesordnung jeder öffentlichen Sitzung rechtzeitig mitgeteilt werden.

§ 25 Form und Frist für die Einladung

Variante 1: Elektronische Ladung, Einsatz eines Ratsinformationssystems

(1) [1]Die Gemeinderatsmitglieder werden mit ihrem Einverständnis elektronisch[21] zu den Sitzungen eingeladen, indem der Sitzungstermin und der Sitzungsort durch eine E-Mail und die Tagesordnung durch einen mit dieser E-Mail versandten Link auf ein in einem technisch individuell gegen Zugriffe Dritter geschützten Bereich (Ratsinformationssystem)[22] eingestelltes und abrufbares Dokument mitgeteilt werden. [2]Die Tagesordnung kann bis spätestens zum Ablauf des 3. Tages vor der Sitzung ergänzt werden. [3]Ist eine elektronische Sitzungsladung ausnahmsweise seitens der Gemeinde technisch oder rechtlich unmöglich, werden die Gemeinderatsmitglieder schriftlich unter Beifügung der Tagesordnung sowie weiterer Unterlagen, insbesondere Beschlussvorlagen, soweit diese sachdienlich sind und Gesichtspunkte der Vertraulichkeit sowie des Datenschutzes nicht entgegenstehen. geladen.

(2) Die Tagesordnung geht zu, wenn die E-Mail nach Absatz 1 Satz 1 im elektronischen Briefkasten des Empfängers oder bei seinem Provider abrufbar eingegangen und üblicherweise mit der Kenntnisnahme zu rechnen ist.

(3) [1]Der Tagesordnung sollen weitere Unterlagen, insbesondere Beschlussvorlagen, beige-fügt werden, wenn und soweit das sachdienlich ist und Gesichtspunkte der Vertraulichkeit sowie des Datenschutzes nicht entgegenstehen. [2]Die weiteren Unterlagen werden grundsätzlich nur elektronisch im Ratsinformationssystem im Sinne von Absatz 1 Satz 1 zur Verfügung gestellt.

J

(4) [1]Die Ladungsfrist beträgt .... Tage; sie kann in dringenden Fällen auf 3 Tage verkürzt werden. [2]Der Sitzungstag und der Tag des Zugangs der Ladung werden bei der Berechnung der Frist nicht mitgerechnet.

Variante 2: Schriftliche oder elektronische Ladung, Einsatz eines Ratsinformationssystems

(1) [1]Die Gemeinderatsmitglieder werden schriftlich unter Beifügung der Tagesordnung oder mit ihrem Einverständnis elektronisch[25] zu den Sitzungen eingeladen. [2]Im Falle einer elektronischen Einladung werden der Sitzungstermin und der Sitzungsort durch eine E-Mail und die Tagesordnung durch einen mit dieser E-Mail versandten Link auf ein in einem technisch individuell gegen Zugriffe Dritter geschützten Bereich (Ratsinformationssystem)[26] eingestelltes und abrufbares Dokument mitgeteilt. [3]Die Tagesordnung kann bis spätestens zum Ablauf des 3. Tages vor der Sitzung ergänzt werden.

(2) Im Falle der elektronischen Ladung geht die Tagesordnung zu, wenn die E-Mail nach Absatz 1 Satz 2 im elektronischen Briefkasten des Empfängers oder bei seinem Provider abrufbar eingegangen und üblicherweise mit der Kenntnisnahme zu rechnen ist.

J

(3) [1]Der Tagesordnung sollen weitere Unterlagen, insbesondere Beschlussvorlagen, beigefügt werden, wenn und soweit das sachdienlich ist und Gesichtspunkte der Vertraulichkeit sowie des Datenschutzes nicht entgegenstehen. [2]Die weiteren Unterlagen können schriftlich oder elektronisch im Ratsinformationssystem im Sinne von Absatz 1 Satz 2 zur Verfügung gestellt werden. [3]Hat das Gemeinderatsmitglied sein Einverständnis zur elektronischen Ladung erklärt, werden die weiteren Unterlagen grundsätzlich nur elektronisch bereitgestellt.

---

25 Vgl. § 4 Abs. 3.

26 Vgl. dazu das Muster »Datenschutzbelehrung Ratsinformationssystem«.

(4) [1]Die Ladungsfrist beträgt .... Tage; sie kann in dringenden Fällen auf 3 Tage verkürzt werden. [2]Der Sitzungstag und der Tag des Zugangs der Ladung werden bei der Berechnung der Frist nicht mitgerechnet.

Variante 3: Schriftliche oder elektronische Ladung (ohne Ratsinformationssystem)

(1) [1]Die Gemeinderatsmitglieder werden schriftlich unter Beifügung der Tagesordnung oder mit ihrem Einverständnis elektronisch[21] zu den Sitzungen eingeladen. [2]Im Falle einer elektronischen Einladung wird die Tagesordnung als nicht veränderbares Dokument durch E-Mail oder, soweit Rücksichten auf das Wohl der Allgemeinheit oder berechtigte Ansprüche Einzelner dies erfordern, in verschlüsselter Form versandt. [3]Die Tagesordnung kann bis spätestens zum Ablauf des 3. Tages vor der Sitzung ergänzt werden.

(2) Im Falle der elektronischen Ladung geht die Tagesordnung zu, wenn sie im elektronischen Briefkasten des Empfängers oder bei seinem Provider abrufbar eingegangen und üblicherweise mit der Kenntnisnahme zu rechnen ist.

(3) [1]Der Tagesordnung sollen weitere Unterlagen, insbesondere Beschlussvorlagen, beigefügt werden, wenn und soweit das sachdienlich ist und Gesichtspunkte der Vertraulichkeit sowie des Datenschutzes nicht entgegenstehen. [2]Die weiteren Unterlagen können schriftlich oder elektronisch gemäß Abs. 1 Satz 2 zur Verfügung gestellt werden; sind schutzwürdige Daten enthalten, erfolgt die elektronische Übermittlung in verschlüsselter Form. [3]Hat das Gemeinderatsmitglied sein Einverständnis zur elektronischen Ladung erklärt, werden die weiteren Unterlagen grundsätzlich nur elektronisch bereitgestellt.

(4) [1]Die Ladungsfrist beträgt .... Tage; sie kann in dringenden Fällen auf 3 Tage verkürzt werden. [2]Der Sitzungstag und der Tag des Zugangs der Ladung werden bei der Berechnung der Frist nicht mitgerechnet.

Variante 4: Schriftliche Ladung

(1) [1]Die Gemeinderatsmitglieder werden schriftlich unter Beifügung der Tagesordnung zu den Sitzungen eingeladen. [2]Die Tagesordnung kann bis spätestens zum Ablauf des 3. Tages vor der Sitzung ergänzt werden. [3]Der Tagesordnung sollen weitere Unterlagen, insbesondere Beschlussvorlagen, beigefügt werden, wenn und soweit das sachdienlich ist und Gesichtspunkte der Vertraulichkeit sowie des Datenschutzes nicht entgegenstehen.

(2) [1]Die Ladungsfrist beträgt .... Tage; sie kann in dringenden Fällen auf 3 Tage verkürzt werden. [2]Der Sitzungstag und der Tag des Zugangs der Ladung werden bei der Berechnung der Frist nicht mitgerechnet.

§ 26 Anträge[27]

Variante 1: Schriftliche Anträge

(1) [1]Anträge, die in einer Sitzung behandelt werden sollen, sind schriftlich zu stellen und ausreichend zu begründen. [2]Sie sollen spätestens am .... Tag vor der Sitzung bei der ersten Bürgermeisterin oder beim ersten Bürgermeister eingereicht werden. [3]Soweit ein Antrag mit Ausgaben verbunden ist, die im Haushaltsplan nicht vorgesehen sind, soll er einen Deckungsvorschlag enthalten.

J

(2) Verspätet eingehende oder erst unmittelbar vor oder während der Sitzung gestellte Anträge können nachträglich in die Tagesordnung aufgenommen werden, wenn

1. die Angelegenheit dringlich ist und der Gemeinderat der Behandlung mehrheitlich zustimmt oder
2. sämtliche Mitglieder des Gemeinderats anwesend sind und kein Mitglied der Behandlung widerspricht.

(3) Anträge zur Geschäftsordnung, z.B. Nichtbefassungsanträge, Zurückziehung eines Antrags u.Ä., *Anträge auf Festsetzung*

---

27 Diese Regelung ist auf § 25 abzustimmen.

eines Ordnungsgelds nach Art. 53 Abs. 3 GO[28] oder einfache Sachanträge, z.B. Änderungsanträge, können auch während der Sitzung und ohne Beachtung der Schriftform gestellt werden.

Variante 2: Schriftliche oder elektronische Anträge

(1) [1]Anträge, die in einer Sitzung behandelt werden sollen, sind schriftlich oder elektronisch zu stellen und ausreichend zu begründen. [2]Bei elektronischer Übermittlung sind Geheimhaltungsinteressen und der Datenschutz zu beachten; schutzwürdige Daten sind in verschlüsselter Form zu übermitteln. [3]Anträge sollen spätestens am .... Tag vor der Sitzung bei der ersten Bürgermeisterin oder beim ersten Bürgermeister eingereicht werden. [4]Soweit ein Antrag mit Ausgaben verbunden ist, die im Haushaltsplan nicht vorgesehen sind, soll er einen Deckungsvorschlag enthalten.

(2) Verspätet eingehende oder erst unmittelbar vor oder während der Sitzung gestellte Anträge können nachträglich in die Tagesordnung aufgenommen werden, wenn

1. die Angelegenheit dringlich ist und der Gemeinderat der Behandlung mehrheitlich zustimmt oder
2. sämtliche Mitglieder des Gemeinderats anwesend sind und kein Mitglied der Behandlung widerspricht.

(3) Anträge zur Geschäftsordnung, z.B. Nichtbefassungsanträge, Zurückziehung eines Antrags u.Ä., *Anträge auf Festsetzung eines Ordnungsgelds nach Art. 53 Abs. 3 GO*[28] oder einfache Sachanträge, z.B. Änderungsanträge, können auch während der Sitzung und ohne Beachtung der Form gestellt werden.

---

28 Es wird empfohlen, diese Ergänzung zu übernehmen, sofern der Gemeinderat sich auch für ein Gebrauchmachen von der durch Art. 53 Abs. 3 GO eröffneten Möglichkeit zur Festsetzung eines Ordnungsgelds (auch im Wiederholungsfall) entschieden und den unten stehenden § 29 Abs. 8 ebenfalls in seine Geschäftsordnung aufgenommen hat.

III. Sitzungsverlauf

§ 27 Eröffnung der Sitzung

(1) [1]Die oder der Vorsitzende eröffnet die Sitzung. [2]Sie oder er stellt die ordnungsgemäße Ladung der Gemeinderatsmitglieder sowie die Beschlussfähigkeit des Gemeinderats fest und erkundigt sich nach Einwänden gegen die Tagesordnung. [3]Ferner lässt sie oder er über die Genehmigung der Niederschrift über die vorangegangene öffentliche Sitzung, falls sie mit der Einladung verschickt wurde, abstimmen.

(2) [1]Die Niederschrift über die vorangegangene nichtöffentliche Sitzung liegt während der Dauer der Sitzung zur Einsicht für die Gemeinderatsmitglieder auf *(alternativ: wird bei den Gemeinderatsmitgliedern in Umlauf gesetzt)*. [2]Wenn bis zum Schluss der Sitzung keine Einwendungen erhoben werden, so gilt die Niederschrift als vom Gemeinderat gemäß Art. 54 Abs. 2 GO genehmigt.

§ 28 Eintritt in die Tagesordnung

J

(1) [1]Die einzelnen Tagesordnungspunkte werden in der in der Tagesordnung festgelegten Reihenfolge behandelt. [2]Die Reihenfolge kann durch Beschluss geändert werden.

(2) [1]Soll ein Tagesordnungspunkt in nichtöffentlicher Sitzung behandelt werden (§ 22), so wird darüber vorweg unter Ausschluss der Öffentlichkeit beraten und entschieden (Art. 52 Abs. 2 Satz 2 GO). [2]Wird von vornherein zu einer nichtöffentlichen Sitzung eingeladen, gilt die Behandlung in nichtöffentlicher Sitzung als gebilligt, wenn und soweit nicht der Gemeinderat anders entscheidet.

(3) [1]Die oder der Vorsitzende oder eine von ihr oder ihm mit der Berichterstattung beauftragte Person trägt den Sachverhalt der einzelnen Tagesordnungspunkte vor und erläutert ihn. [2]Anstelle des mündlichen Vortrags kann auf schriftliche Vorlagen verwiesen werden.

(4) Zu Tagesordnungspunkten, die in einem Ausschuss behandelt worden sind, ist der Beschluss des Ausschusses bekannt zu geben.

(5) [1]Soweit erforderlich, können auf Anordnung der oder des Vorsitzenden oder auf Beschluss des Gemeinderats Sachverständige zugezogen und gutachtlich gehört werden. [2]Entsprechendes gilt für sonstige sachkundige Personen.

§ 29 Beratung der Sitzungsgegenstände

(1) Nach der Berichterstattung, gegebenenfalls nach dem Vortrag der Sachverständigen, eröffnet die oder der Vorsitzende die Beratung.

(2) [1]Mitglieder des Gemeinderats, die nach den Umständen annehmen müssen, von der Beratung und Abstimmung zu einem bestimmten Punkt der Tagesordnung wegen persönlicher Beteiligung (Art. 49 Abs. 1 GO) ausgeschlossen zu sein, haben dies vor Beginn der Beratung der oder dem Vorsitzenden unaufgefordert mitzuteilen. [2]Entsprechendes gilt, wenn Anhaltspunkte dieser Art während der Beratung erkennbar werden. [3]Das wegen persönlicher Beteiligung ausgeschlossene Mitglied hat während der Beratung und Abstimmung seinen Platz am Beratungstisch zu verlassen; es kann bei öffentlicher Sitzung im Zuhörerraum Platz nehmen, bei nichtöffentlicher Sitzung verlässt es den Raum.

(3) [1]Sitzungsteilnehmende dürfen das Wort nur ergreifen, wenn es ihnen von der oder dem Vorsitzenden erteilt wird. [2]Die oder der Vorsitzende erteilt das Wort in der Reihenfolge der Wortmeldungen. [3]Bei gleichzeitiger Wortmeldung entscheidet die oder der Vorsitzende über die Reihenfolge. [4]Bei Wortmeldungen »zur Geschäftsordnung« ist das Wort außer der Reihe sofort zu erteilen. [5]Zuhörenden kann das Wort nicht erteilt werden.

(4) [1]Rednerinnen und Redner sprechen von ihrem Platz aus; sie richten ihre Rede an den Gemeinderat. [2]Die Redebeiträge müssen sich auf den jeweiligen Tagesordnungspunkt beziehen.

(5) [1]Während der Beratung über einen Antrag sind nur zulässig:

1. Anträge zur Geschäftsordnung,
2. Zusatz oder Änderungsanträge oder Anträge auf Zurückziehung des zu beratenden Antrags.

[2]Über Anträge zur Geschäftsordnung ist sofort abzustimmen; eine Beratung zur Sache selbst findet insoweit nicht statt.

(6) Wenn keine Wortmeldungen mehr vorliegen, wird die Beratung von der oder dem Vorsitzenden geschlossen.

(7) [1]Bei Verstoß gegen die vorstehenden Regeln zu Redebeiträgen ruft die oder der Vorsitzende zur Ordnung und macht die betreffende Person auf den Verstoß aufmerksam. [2]Bei weiteren Verstößen kann die oder der Vorsitzende ihr das Wort entziehen.

(8) Gegen Mitglieder des Gemeinderats, die die Ordnung erheblich stören, kann die oder der Vorsitzende mit Zustimmung des Gemeinderats ein Ordnungsgeld bis zu … (max. 500 €), im Wiederholungsfall bis zu … (max. 1.000 €), festsetzen. Ein Wiederholungsfall im Sinn von Satz 1 liegt vor, wenn gegenüber dem Mitglied innerhalb derselben Sitzung bereits ein Ordnungsgeld festgesetzt wurde (Art. 53 Abs. 3 GO).

(9) [1]Mitglieder des Gemeinderats, die die Ordnung fortgesetzt erheblich stören, sodass der Sitzungsfortgang unmöglich gemacht oder jedenfalls wesentlich erschwert wird, kann die oder der Vorsitzende mit Zustimmung des Gemeinderats von der Sitzung ausschließen. [2]Über den Ausschluss von weiteren Sitzungen entscheidet der Gemeinderat (Art. 53 Abs. 2 GO).

(10) [1]Die oder der Vorsitzende kann die Sitzung unterbrechen oder aufheben, falls Ruhe und Ordnung im Sitzungssaal auf andere Weise nicht wiederhergestellt werden können. [2]Eine unterbrochene Sitzung ist spätestens am nächsten Tag fortzuführen; einer neuerlichen Einladung hierzu bedarf es nicht. [3]Die Beratung ist an dem Punkt fortzusetzen, an dem die Sitzung unterbrochen wurde. [4]Die oder der Vorsitzende gibt Zeit und Ort der Fortsetzung bekannt.

§ 30 Abstimmung

(1) [1]Nach Durchführung der Beratung oder nach Annahme eines Antrags auf »Schluss der Beratung" schließt die oder der Vorsitzende die Beratung und lässt über den Beratungsgegenstand abstimmen. [2]Sie oder er vergewissert sich zuvor, ob die Beschlussfähigkeit (§ 20 Abs. 2 und 3) gegeben ist.

(2) Stehen mehrere Anträge zur Abstimmung, so wird über sie in der nachstehenden Reihenfolge abgestimmt:

1. Anträge zur Geschäftsordnung,
2. Anträge, die mit dem Beschluss eines Ausschusses übereinstimmen; über sie ist vor allen anderen Anträgen zum gleichen Beratungsgegenstand abzustimmen,
3. weitergehende Anträge; das sind die Anträge, die voraussichtlich einen größeren Aufwand erfordern oder einschneidendere Maßnahmen zum Gegenstand haben,
4. früher gestellte Anträge vor später gestellten, sofern der spätere Antrag nicht unter die Nrn. 1 bis 3 fällt.

(3) [1]Grundsätzlich wird über jeden Antrag insgesamt abgestimmt. [2]Über einzelne Teile eines Antrags wird getrennt abgestimmt, wenn dies beschlossen wird oder die oder der Vorsitzende eine Teilung vornimmt.

(4) [1]Vor der Abstimmung soll der Antrag verlesen werden. [2]Die oder der Vorsitzende formuliert die zur Abstimmung anstehende Frage so, dass sie mit »ja« oder »nein« beantwortet werden kann. [3]Grundsätzlich wird in der Reihenfolge »ja»– »nein« abgestimmt.

(5) [1]Beschlüsse werden in offener Abstimmung durch Handaufheben oder auf Beschluss des Gemeinderats durch namentliche Abstimmung mit einfacher Mehrheit der Abstimmenden gefasst, soweit nicht im Gesetz eine besondere Mehrheit vorgeschrieben ist. [2]Bei Stimmengleichheit ist der Antrag abgelehnt (Art. 51 Abs. 1 GO); wird dadurch ein ausnahmsweise negativ formulierter Antrag abgelehnt, bedeutet dies nicht die Beschlussfassung über das Gegenteil. [3]Kein Mitglied des Gemeinderats darf sich der Stimme enthalten (Art. 48 Abs. 1 Satz 2 GO).

(6) [1]Die Stimmen sind, soweit erforderlich, durch die Vorsitzende oder den Vorsitzenden zu zählen. [2]Das Abstimmungsergebnis ist unmittelbar nach der Abstimmung bekannt zu geben; dabei ist festzustellen, ob der Antrag angenommen oder abgelehnt ist.

(7) [1]Über einen bereits zur Abstimmung gebrachten Antrag kann in derselben Sitzung die Beratung und Abstimmung nicht nochmals aufgenommen werden, wenn nicht alle Mitglieder, die an der Abstimmung teilgenommen haben, mit der Wiederholung einverstanden sind. [2]In einer späteren Sitzung kann, soweit gesetzlich nichts anderes vorgesehen, ein bereits zur Abstimmung gebrachter Beratungsgegenstand insbesondere dann erneut behandelt werden, wenn neue Tatsachen oder neue gewichtige Gesichtspunkte vorliegen und der Beratungsgegenstand ordnungsgemäß auf die Tagesordnung gesetzt wurde.

§ 31 Wahlen

J

(1) Für Entscheidungen des Gemeinderats, die in der Gemeindeordnung oder in anderen Rechtsvorschriften als Wahlen bezeichnet werden, gilt Art. 51 Abs. 3 GO, soweit in anderen Rechtsvorschriften nichts Abweichendes bestimmt ist.

(2) [1]Wahlen werden in geheimer Abstimmung mit Stimmzetteln vorgenommen. [2]Ungültig sind insbesondere Neinstimmen, leere Stimmzettel und solche Stimmzettel, die den Namen des oder der Gewählten nicht eindeutig ersehen lassen oder aufgrund von Kennzeichen oder ähnlichem das Wahlgeheimnis verletzen können.

(3) [1]Gewählt ist, wer mehr als die Hälfte der abgegebenen gültigen Stimmen erhält. [2]Ist mindestens die Hälfte der abgegebenen Stimmen ungültig, ist die Wahl zu wiederholen. [3]Ist die Mehrheit der abgegebenen Stimmen gültig und erhält niemand mehr als die Hälfte der abgegebenen gültigen Stimmen, findet Stichwahl unter den beiden sich bewerbenden Personen mit den höchsten Stimmenzahlen statt. [4]Haben im ersten Wahlgang mehr als zwei Personen die gleiche höchste Stimmenzahl,

wird die Wahl wiederholt. [5]Haben mehrere Personen die gleiche zweithöchste Stimmenzahl, entscheidet das Los darüber, wer von ihnen in die Stichwahl kommt. [6]Bei Stimmengleichheit in der Stichwahl entscheidet gleichfalls das Los.

§ 32 Anfragen

[1]Die Gemeinderatsmitglieder können in jeder Sitzung nach Erledigung der Tagesordnung an die Vorsitzende oder den Vorsitzenden Anfragen über solche Gegenstände richten, die in die Zuständigkeit des Gemeinderats fallen und nicht auf der Tagesordnung stehen. [2]Nach Möglichkeit sollen die oder der Vorsitzende oder anwesende Gemeindebedienstete solche Anfragen sofort beantworten. [3]Ist das nicht möglich, so werden sie in der nächsten Sitzung oder schriftlich beantwortet. [4]Eine Aussprache über Anfragen findet in der Sitzung grundsätzlich nicht statt.

§ 33 Beendigung der Sitzung

Nach Behandlung der Tagesordnung und etwaiger Anfragen schließt die oder der Vorsitzende die Sitzung.

IV. Sitzungsniederschrift

§ 34 Form und Inhalt

(1) [1]Über die Sitzungen des Gemeinderats werden Niederschriften gefertigt, deren Inhalt sich nach Art. 54 Abs. 1 GO richtet. [2]Die Niederschriften werden getrennt nach öffentlichen und nichtöffentlichen Tagesordnungspunkten geführt. [3]Niederschriften sind jahrgangsweise zu binden.

(2) [1]Als Hilfsmittel für das Anfertigen der Niederschrift können Tonaufnahmen gefertigt werden. [2]Der Tonträger ist unverzüglich nach Genehmigung der Niederschrift zu löschen und darf Außenstehenden nicht zugänglich gemacht werden.

(3) [1]Ist ein Mitglied des Gemeinderats bei einer Beschlussfassung abwesend, so ist dies in der Niederschrift besonders zu

vermerken. [2]Jedes Mitglied kann verlangen, dass in der Niederschrift festgehalten wird, wie es abgestimmt hat (Art. 54 Abs. 1 Satz 3 GO).

(4) Die Niederschrift ist von der oder dem Vorsitzenden und von der Schriftführerin oder dem Schriftführer zu unterzeichnen und vom Gemeinderat zu genehmigen (Art. 54 Abs. 2 GO).

(5) Neben der Niederschrift werden Anwesenheitslisten geführt.

§ 35 Einsichtnahme und Abschrifterteilung[29]

(1) In die Niederschriften über öffentliche Sitzungen können alle Gemeindebürgerinnen und Gemeindebürger Einsicht nehmen und sich gegen Kostenerstattung[30] Kopien für den Eigengebrauch erteilen lassen; dasselbe gilt für auswärts wohnende Personen hinsichtlich ihres Grundbesitzes oder ihrer gewerblichen Niederlassungen im Gemeindegebiet (Art. 54 Abs. 3 Sätze 2 bis 4 GO).

(2) [1]Gemeinderatsmitglieder können jederzeit die Niederschriften über öffentliche und nichtöffentliche Sitzungen einsehen und sich Kopien der Niederschriften der öffentlichen Sitzungen für den Eigengebrauch erteilen lassen (Art. 54 Abs. 3 Satz 1 GO). [2]Abschriften von Beschlüssen, die in nichtöffentlicher Sitzung gefasst wurden, können sie verlangen, wenn die Gründe für die Geheimhaltung weggefallen sind (Art. 52 Abs. 3 i.V.m. Art. 54 Abs. 3 Satz 1 GO).

(3) [1]Niederschriften über öffentliche Sitzungen können den Gemeinderatsmitgliedern im Ratsinformationssystem zur Verfügung gestellt werden. [2]Gleiches gilt für Beschlüsse, die in

J

29 Absatz 3 ist auf § 25 abzustimmen.

30 Rechtsgrundlage für den Kostenerstattungsbescheid bildet das Bayerische Kostengesetz i.V.m. der Kostensatzung mit kommunalem Kostenverzeichnis (Tarif-Nr. 060 im amtlichen Muster des StMI, BayMBl. 2025 Nr. 118) der Gemeinde.

nichtöffentlicher Sitzung gefasst wurden, wenn die Gründe für die Geheimhaltung weggefallen sind.

Alternative für Gemeinden ohne Ratsinformationssystem:

(3) [1]Niederschriften über öffentliche Sitzungen können den Gemeinderatsmitgliedern elektronisch zur Verfügung gestellt werden. [2]In diesem Fall werden die Niederschriften als nicht veränderbare Dokumente durch E-Mail oder, wenn schutzwürdige Daten enthalten sind, in verschlüsselter Form übermittelt. [3]Beschlüsse, die in nichtöffentlicher Sitzung gefasst wurden, können elektronisch übermittelt werden, wenn die Gründe für die Geheimhaltung weggefallen sind.

(4) Die Absätze 1 und 2 gelten auch für Niederschriften früherer Wahlzeiten.

(5) In Rechnungsprüfungsangelegenheiten können die Gemeinderatsmitglieder jederzeit die Berichte über die Prüfungen einsehen (Art. 102 Abs. 4 GO); Abschriften werden nicht erteilt.

V. Geschäftsgang der Ausschüsse

§ 36 Anwendbare Bestimmungen

(1) [1]Für den Geschäftsgang der Ausschüsse gelten die §§ 19 bis 35 sinngemäß. [2]Gemeinderatsmitglieder, die einem Ausschuss nicht angehören, erhalten die Ladungen zu den Sitzungen nebst Tagesordnung nachrichtlich.

(2) [1]Mitglieder des Gemeinderats können in der Sitzung eines Ausschusses, dem sie nicht angehören, nur als Zuhörende anwesend sein. [2]Berät ein Ausschuss über den Antrag eines Gemeinderatsmitglieds, das diesem Ausschuss nicht angehört, so gibt der Ausschuss ihm Gelegenheit, seinen Antrag mündlich zu begründen. [3]Satz 1 und 2 gelten für öffentliche und nichtöffentliche Sitzungen.

VI. Bekanntmachung von Satzungen und Verordnungen

§ 37 Art der Bekanntmachung

Variante 1a (analoges Amtsblatt):

Satzungen und Verordnungen werden durch Veröffentlichung im Amtsblatt der Gemeinde amtlich bekannt gemacht.

Variante 1b (ausschließlich digitales Amtsblatt):[31]

[1]Satzungen und Verordnungen werden im ausschließlich digital veröffentlichten Amtsblatt der Gemeinde über das Internet unter .... (URL der öffentlich zugänglichen Internetseite der Gemeinde[32]) amtlich bekannt gemacht. [2]Soweit eine zusätzliche analoge Form der Bekanntmachung gesetzlich zwingend erforderlich ist,[33] erfolgen Bekanntmachungen im ausschließlich digital veröffentlichten Amtsblatt nach Satz 1 und

Alternative Niederlegung und Bekanntgabe an der Gemeindetafel:

zusätzlich durch Niederlegung zur Einsichtnahme in der Verwaltung der Gemeinde und Bekanntgabe der Niederlegung *(alternativ zu ergänzen: durch Anzeige)* an der Gemeindetafel. Die Gemeindetafel *(alternativ zu ergänzen: in Form eines digitalen Bildschirms)* befindet sich am .... in ..... Der Anschlag *(alternativ: Die Anzeige)* an der Gemeindetafel erfolgt erst, wenn der bekannt zu machende Text in der Verwaltung niedergelegt ist, und wird frühestens nach 14 Tagen wieder abgenommen *(alternativ: gelöscht)*. Es wird schriftlich oder elektronisch

J

31 Rechtsgrundlagen: Art. 17 Abs. 3 Satz 2 BayDiG, Art. 26 Abs. 2 Satz 1 Halbsatz 1 GO; § 1 Abs. 1, § 2 Nr. 1 BayKommV.

32 Zum Beispiel »www.gemeindename.de/amtlicheBekanntmachungen«.

33 Dies ist aktuell bei Bekanntmachungen im Rahmen der Öffentlichkeitsbeteiligung nach § 3 Abs. 2 BauGB der Fall, vgl. Nr. 5.2.9 Rn. 3 der auf der Homepage des Bayerischen Staatsministeriums für Wohnen, Bau und Verkehr veröffentlichten Planungshilfen für die Bauleitplanung, Stand 30.04.2025.

festgehalten, wann der Anschlag angebracht *(alternativ: die Anzeige erfolgt ist)* und wann er wieder abgenommen wurde *(alternativ: wann sie wieder gelöscht wurde)*; dieser Vermerk wird zu den Akten genommen.

Alternative Tageszeitung:

zusätzlich durch Veröffentlichung in dem für amtliche Bekanntmachungen bestimmten Teil des … (Name des regelmäßig erscheinenden Druckwerks bzw. der nicht nur digital erscheinenden Tageszeitung).

Variante 2a (Amtsblatt des Landkreises/des Landratsamtes):

(1) Satzungen und Verordnungen werden durch Veröffentlichung im Amtsblatt des Landkreises/des Landratsamtes amtlich bekannt gemacht.

(2) Wird eine Satzung oder Verordnung ausnahmsweise aus wichtigem Grund auf eine andere in Art. 26 Abs. 2 GO bezeichnete Art amtlich bekannt gemacht, so wird hierauf im Amtsblatt des Landkreises/des Landratsamtes hingewiesen.

Variante 2b (ausschließlich digitales Amtsblatt des Landkreises/des Landratsamtes):[34]

(1) [1]Satzungen und Verordnungen werden durch Veröffentlichung im ausschließlich digital veröffentlichten Amtsblatt *des Landkreises/des Landratsamtes* amtlich bekannt gemacht. Auf die einschlägige öffentlich zugängliche Internetseite *des Landkreises/des Landratsamtes* wird verwiesen. [2]Soweit eine zusätzliche analoge Form der Bekanntmachung gesetzlich zwingend erforderlich ist,[35] erfolgen Bekanntmachungen im ausschließlich digital veröffentlichten Amtsblatt nach Satz 1 und

---

34 Rechtsgrundlagen: Art. 17 Abs. 3 Satz 2 BayDiG, Art. 26 Abs. 2 Satz 2 Halbsatz 1 GO; § 1 Abs. 2 Satz 1 Nr. 1, Satz 2, § 2 Nr. 1 BayKommV.

35 Dies ist aktuell bei Bekanntmachungen im Rahmen der Öffentlichkeitsbeteiligung nach § 3 Abs. 2 BauGB der Fall, vgl. Nr. 5.2.9 Rn. 3 der auf der Homepage des Bayerischen Staatsministeriums für Wohnen, Bau und Verkehr veröffentlichten Planungshilfen für die Bauleitplanung, Stand 30.04.2025.

Alternative Niederlegung und Bekanntgabe an der Gemeindetafel:

zusätzlich durch Niederlegung zur Einsichtnahme in der Verwaltung der Gemeinde und Bekanntgabe der Niederlegung *(alternativ zu ergänzen: durch Anzeige)* an der Gemeindetafel. Die Gemeindetafel *(alternativ zu ergänzen: in Form eines digitalen Bildschirms)* befindet sich am .... in ..... Der Anschlag *(alternativ: Die Anzeige)* an der Gemeindetafel erfolgt erst, wenn der bekannt zu machende Text in der Verwaltung niedergelegt ist, und wird frühestens nach 14 Tagen wieder abgenommen *(alternativ: gelöscht)*. Es wird schriftlich oder elektronisch festgehalten, wann der Anschlag angebracht *(alternativ: die Anzeige erfolgt ist)* und wann er wieder abgenommen wurde *(alternativ: wann sie wieder gelöscht wurde)*; dieser Vermerk wird zu den Akten genommen.

Alternative Tageszeitung:

zusätzlich durch Veröffentlichung in dem für amtliche Bekanntmachungen bestimmten Teil des ... (Name des regelmäßig erscheinenden Druckwerks bzw. der nicht nur digital erscheinenden Tageszeitung).

J

(2) Wird eine Satzung oder Verordnung ausnahmsweise aus wichtigem Grund auf eine andere in Art. 26 Abs. 2 GO bezeichnete Art amtlich bekannt gemacht, so wird hierauf im Amtsblatt *des Landkreises/des Landratsamtes* nach Absatz 1 hingewiesen.

Variante 3 (regelmäßig erscheinendes Druckwerk):

(1) Satzungen und Verordnungen werden durch Veröffentlichung in dem für amtliche Bekanntmachungen bestimmten Teil des (Name des regelmäßig erscheinenden Druckwerks, z.B. der Tageszeitung)

....

amtlich bekannt gemacht.

(2) Wird eine Satzung oder Verordnung ausnahmsweise aus wichtigem Grund auf eine andere in Art. 26 Abs. 2 GO bezeichnete Art amtlich bekannt gemacht, so wird hierauf in dem in Abs. 1 bezeichneten Druckwerk hingewiesen.

Variante 4a (Niederlegung, Anschlag an einer oder mehreren Gemeindetafeln):

(1) [1]Satzungen und Verordnungen werden dadurch amtlich bekannt gemacht, dass sie in der Verwaltung der Gemeinde zur Einsichtnahme niedergelegt werden und die Niederlegung durch Anschlag an *der Gemeindetafel/den Gemeindetafeln* bekanntgegeben wird. [2]Der Anschlag wird an *der Gemeindetafel/den Gemeindetafeln* erst angebracht, wenn die Satzung oder Verordnung in der Verwaltung niedergelegt ist. [3]Er wird *an allen Gemeindetafeln angebracht und* frühestens nach 14 Tagen wieder abgenommen. [4]Es wird schriftlich festgehalten, wann der Anschlag angebracht und wann er wieder abgenommen wurde; dieser Vermerk wird zu den Akten genommen.

(2) Wird eine Satzung oder Verordnung ausnahmsweise aus wichtigem Grund auf eine andere in Art. 26 Abs. 2 GO bezeichnete Art amtlich bekannt gemacht, so wird hierauf durch Anschlag an *der Gemeindetafel/allen Gemeindetafeln* hingewiesen.

(3) Die Gemeindetafel befindet sich am … in ….

Variante mehrere Gemeindetafeln:

(3) Die Gemeinde unterhält folgende Gemeindetafeln:

1.	2. ....
3.	4. ....
5.	6. ....
7.	8. ....
9.	10. ....

J

Optional: Weitere Gemeindetafeln zu Informationszwecken[36]*:*

(4) [1]Die Gemeinde unterhält zu Informationszwecken folgende weitere Gemeindetafeln:

1.	2. ....
3.	4. ....
5.	6. ....
7.	8. ....
9.	10. ....

[2]Rechtlich erheblich im Sinne von Art. 26 Abs. 2. Satz 2 GO ist allein der Anschlag an der Gemeindetafel nach Absatz 3.

Variante 4b (Niederlegung, Anzeige an einer oder mehreren digitalen Gemeindetafeln):[37]

J

(1) [1]Satzungen und Verordnungen werden dadurch amtlich bekannt gemacht, dass sie in der Verwaltung der Gemeinde zur Einsichtnahme niedergelegt werden und die Niederlegung durch Anzeige an *der Gemeindetafel/den Gemeindetafeln* bekanntgegeben wird. [2]Die Anzeige an *der Gemeindetafel/den Gemeindetafeln* erfolgt erst, wenn die Satzung oder Verordnung in der Verwaltung niedergelegt ist. [3]Die Anzeige *erfolgt an allen Gemeindetafeln und* wird

36 Diese Regelung ist nicht zwingend und abzustimmen mit Absatz 3.

37 Rechtsgrundlagen: Art. 26 Abs. 2 Satz 2 Halbsatz 2 GO; § 1 Abs. 2 Satz 1 Nr. 4, Abs. 3 Satz 1 Nr. 3 und Satz 2, § 1 Abs. 4 und 5, § 2 Nr. 3 Buchst. c, § 3 Satz 1 BayKommV. Ebenfalls möglich ist es, Variante 4a und 4b zu kombinieren und sowohl analoge als auch digitale Gemeindetafeln zu verwenden.

frühestens nach 14 Tagen wieder gelöscht. [4]Es wird schriftlich oder elektronisch festgehalten, wann die Anzeige erfolgt ist und wann sie wieder gelöscht wurde; dieser Vermerk wird zu den Akten genommen.

(2) Wird eine Satzung oder Verordnung ausnahmsweise aus wichtigem Grund auf eine andere in Art. 26 Abs. 2 GO bezeichnete Art amtlich bekannt gemacht, so wird hierauf durch Anzeige an *der Gemeindetafel/allen Gemeindetafeln* hingewiesen.

(3) Die Gemeindetafel in Form eines digitalen Bildschirms befindet sich am … in ….

Variante mehrere Gemeindetafeln:

Die Gemeinde unterhält folgende Gemeindetafeln in Form eines digitalen Bildschirms:

1.	2. ....
3.	4. ....
5.	6. ....

Optional: Weitere Gemeindetafeln zu Informationszwecken[38]*:*

(4) [1]Die Gemeinde unterhält zu Informationszwecken folgende weitere Gemeindetafeln:

1.	2. ....
3.	4. ....
5.	6. ....

38 Vgl. § 1 Abs. 4 Satz 2 BayKommV und IMS vom 29.12.2023, Ziff. 2. Die Regelung ist nicht zwingend und gegebenenfalls abzustimmen mit Absatz 3.

[2]Rechtlich erheblich im Sinne von Art. 26 Abs. 2 Satz 2 GO ist allein die Anzeige an der Gemeindetafel nach Absatz 3.

Variante 5 (Niederlegung, digitale Bekanntmachung):

(1) [1]Satzungen und Verordnungen werden dadurch amtlich bekannt gemacht, dass sie in der Verwaltung der Gemeinde zur Einsichtnahme niedergelegt werden und die Niederlegung digital über das Internet unter ………………. (URL der öffentlich zugänglichen Internetseite der Gemeinde[39]) bekanntgegeben wird. [2]Die Bekanntgabe auf dieser Internetseite erfolgt erst, wenn die Satzung oder Verordnung in der Verwaltung niedergelegt ist. [3]Sie wird frühestens nach 14 Tagen wieder gelöscht. [4]Es wird schriftlich oder elektronisch festgehalten, wann die digitale Bekanntgabe auf der Internetseite öffentlich verfügbar war und wann sie wieder gelöscht wurde; dieser Vermerk wird zu den Akten genommen.

(2) [1]Soweit eine zusätzliche analoge Form der Bekanntmachung gesetzlich zwingend erforderlich ist,[40] erfolgen Bekanntgaben der Niederlegung unter der in Absatz 1 Satz 1 genannten Internetadresse und zusätzlich durch Anschlag *(alternativ: Anzeige)* an der Gemeindetafel. [2]Die Gemeindetafel *(alternativ: in Form eines digitalen Bildschirms)* befindet sich am … in ….

(3) Wird eine Satzung oder Verordnung ausnahmsweise aus wichtigem Grund auf eine andere in Art. 26 Abs. 2 GO bezeichnete Art amtlich bekannt gemacht, so wird hierauf über das Internet unter der öffentlich zugänglichen Internetseite nach Absatz 1 Satz 1 hingewiesen.

39 Diese Regelung ist nicht zwingend und abzustimmen mit Absatz 3.

40 Dies ist aktuell bei Bekanntmachungen im Rahmen der Öffentlichkeitsbeteiligung nach § 3 Abs. 2 BauGB der Fall, vgl. Nr. 5.2.9 Rn. 3 der auf der Homepage des Bayerischen Staatsministeriums für Wohnen, Bau und Verkehr veröffentlichten Planungshilfen für die Bauleitplanung, Stand 30.04.2025.

Variante 6a (Niederlegung, Tageszeitung):

(1) [1]Satzungen und Verordnungen werden dadurch amtlich bekannt gemacht, dass sie in der Verwaltung der Gemeinde zur Einsicht niedergelegt werden und die Niederlegung durch Mitteilung in dem für amtliche Bekanntmachungen bestimmten Teil des (Name der Tageszeitung)

....

bekanntgegeben wird. [2]Die Mitteilung wird erst veröffentlicht, wenn die Satzung oder Verordnung in der Verwaltung der Gemeinde niedergelegt ist.

(2) Wird eine Satzung oder Verordnung ausnahmsweise aus wichtigem Grund auf eine andere in Art. 26 Abs. 2 GO bezeichnete Art amtlich bekannt gemacht, so wird hierauf in dem in Abs. 1 bezeichneten Druckwerk hingewiesen.

Variante 6b (Niederlegung, ausschließlich digitale Tageszeitung):[41]

(1) [1]Satzungen und Verordnungen werden dadurch amtlich bekannt gemacht, dass sie in der Verwaltung der Gemeinde zur Einsicht niedergelegt werden und die Niederlegung durch Mitteilung in dem für amtliche Bekanntmachungen bestimmten Teil der ausschließlich digital auf der Internetseite .... (Angabe ohne Pfad[42]) erscheinenden .... (Name der Tageszeitung) bekanntgegeben wird. [2]Die Mitteilung wird erst veröffentlicht, wenn die Satzung oder Verordnung in der Verwaltung der Gemeinde niedergelegt ist.

J

---

41 Rechtsgrundlagen: Art. 26 Abs. 2 Satz 2 Halbsatz 2 GO; § 1 Abs. 2 Satz 1 Nr. 3, Abs. 3 Satz 1 Nr. 2 und Satz 2, Abs. 5, § 2 Nr. 3 Buchst. a, § 3 Satz 1 BayKommV. Der Anwendungsbereich dieser Variante dürfte derzeit gering sein, da die überwiegende Zahl der Tageszeitungen als Druckwerk und zusätzlich als digitale Ausgabe verfügbar ist.

42 Zum Beispiel »www.namedertageszeitung.de«.

(2) [1]Soweit eine zusätzliche analoge Form der Bekanntmachung gesetzlich zwingend erforderlich ist,[43] erfolgen Bekanntgaben der Niederlegung über die ausschließlich digital erscheinende Tageszeitung und zusätzlich durch Anschlag *(alternativ: Anzeige)* an der Gemeindetafel. [2]Die Gemeindetafel *(alternativ: in Form eines digitalen Bildschirm)* befindet sich am … in ….. Der Anschlag *(alternativ: Die Anzeige)* an der Gemeindetafel erfolgt erst, wenn der bekannt zu machende Text in der Verwaltung niedergelegt ist, und wird frühestens nach 14 Tagen wieder abgenommen *(alternativ: gelöscht)*. [4]Es wird schriftlich oder elektronisch festgehalten, wann der Anschlag angebracht *(alternativ: die Anzeige erfolgt ist)* und wann er wieder abgenommen wurde *(alternativ: wann sie wieder gelöscht wurde)*; dieser Vermerk wird zu den Akten genommen.

(3) Wird eine Satzung oder Verordnung ausnahmsweise aus wichtigem Grund auf eine andere in Art. 26 Abs. 2 GO bezeichnete Art amtlich bekannt gemacht, so wird hierauf in der in Abs. 1 bezeichneten Tageszeitung hingewiesen.

C. Schlussbestimmungen

§ 38 Änderung der Geschäftsordnung

Vorstehende Geschäftsordnung kann durch Beschluss des Gemeinderats geändert werden.

§ 39 Verteilung der Geschäftsordnung

[1]Jedem Mitglied des Gemeinderats ist ein Exemplar der Geschäftsordnung auszuhändigen. [2]Im Übrigen liegt die

43 Dies ist aktuell bei Bekanntmachungen im Rahmen der Öffentlichkeitsbeteiligung nach § 3 Abs. 2 BauGB der Fall, vgl. Nr. 5.2.9 Rn. 3 der auf der Homepage des Bayerischen Staatsministeriums für Wohnen, Bau und Verkehr veröffentlichten Planungshilfen für die Bauleitplanung, Stand 30.04.2025.

Geschäftsordnung zur allgemeinen Einsicht in der Verwaltung der Gemeinde auf.

§ 40 Inkrafttreten

[1]Diese Geschäftsordnung tritt mit Wirkung vom .... in Kraft. [2]Gleichzeitig tritt die Geschäftsordnung vom .... außer Kraft.

....

(Ort, Datum)

....

(….., Erste Bürgermeisterin oder Erster Bürgermeister)

Anlagen zu den Geschäftsordnungsmustern

Muster

Zugangseröffnung

für die elektronische Kommunikation

Gemeinderatsmitglied/Stadtratsmitglied

Name:
Vorname:
Straße/Hausnummer:
PLZ/Ort:
Persönliche E-Mail-Adresse:

nachfolgend Ratsmitglied genannt

eröffnet hiermit den Zugang für die elektronische Kommunikation mit der

Gemeinde/Stadt/Markt

Name:
Straße/Hausnummer:
PLZ/Ort:
E-Mail-Adresse:

nachfolgend Verwaltung genannt

Mit Unterzeichnung dieser Erklärung wird die Verwaltung ermächtigt, Einladungen und ggf. damit verbundene Dokumente,

K

soweit sie nicht in ein Ratsinformationssystem zum Abruf eingestellt werden, gemäß den Bestimmungen der Geschäftsordnung für den Gemeinderat/Marktgemeinderat/Stadtrat elektronisch an die oben genannte Adresse zu versenden.

Die Zugangseröffnung erstreckt sich ausschließlich auf Einladungen, Dokumente und Mitteilungen, die das Ehrenamt als .... betreffen.

Die Zugangseröffnung erlischt, wenn sie widerrufen wird bzw. das Ehrenamt endet.

Das Ratsmitglied ruft in regelmäßigen Abständen (täglich) die unter der oben angegebenen Adresse eingegangene elektronische Post ab. Die Versendung von Einladungen zu Sitzungen erfolgt in der Regel bis … Uhr[1]. Bei technischen Schwierigkeiten, die dazu führen, dass Post nicht abgerufen werden kann, unterrichtet das Ratsmitglied unverzüglich die Verwaltung, ... (Ansprechpartner).

Die Verwaltung übermittelt Dokumente insbesondere im nachfolgenden Dateiformat:

- PDF-Dateien (.pdf)
- Microsoft Office-Dokument-Formate (.docx, .xlsx, .pptx) bzw. OpenDocument-Formate (.odt, .ods, .odp)
- Rich Text Format (.rtf) und Nur-Text (.txt)
- Tabellen- und Austauschformate (.csv)
- Bilddateien (.jpg, .png, .gif, .tif)
- Komprimierte Dateien (.zip; optional .7z)

K

1 Empfehlung: 18 Uhr. Eine E-Mail geht zu, wenn sie im elektronischen Briefkasten des Empfängers oder bei seinem Provider abrufbar eingegangen und üblicherweise mit der Kenntnisnahme zu rechnen ist. Der Zugang am gleichen Tag ist unter Berücksichtigung der Rechtsprechung (vgl. BayVerfGH vom 15.10.1992 – Vf. 117-VI-91; OLG Düsseldorf vom 19.07.2011 – I-24 U 186/10), der Kommentarliteratur (vgl. Grüneberg, BGB, 84. Aufl. 2025, § 130 BGB Rn. 6, 7a) und des Umstands, dass es sich um die Ausübung eines Ehrenamts handelt, jedenfalls bei Eingang bis ca. 18 Uhr gewährleistet.

Der Ausdruck der übermittelten Dokumente ist erlaubt.[2] Es ist darauf zu achten, dass unbefugte Dritte keinen Zugriff auf die ausgedruckten bzw. übermittelten Dokumente haben. Bei Verwendung von Privatgeräten sollen diese entweder ausschließlich selbst benutzt werden oder ist sicherzustellen, dass eine missbräuchliche Verwendung durch andere Nutzer mittels Einrichtung einer individuellen Benutzerkennung mit Passwort je Nutzer ausgeschlossen wird. Zudem sind folgende Schutzmaßnahmen zu treffen:

- Schutz des Zugangs zum Privatgerät mit einem individuellen und geheimen Passwort oder PIN, nach Möglichkeit mit einer zusätzlichen »Mehr-Faktor-Authentifizierung« (MFA);
- Verwendung einer Firewall und von Schutzprogrammen (Sicherheitssoftware mit regelmäßigem (möglichst täglichen) Update-Service; Anti-Spam; Anti-Phishing; Anti-Spyware);
- regelmäßige Durchführung von Sicherheitsupdates;
- soweit möglich Zugriff auf übermittelte Dokumente über das passwortgeschützte E-Mail-Konto;
- Abspeichern von in verschlüsselter Form übermittelten Dokumenten in verschlüsselter Form;
- regelmäßiges Löschen von Browser-Cache und Cookies;
- Löschung der übermittelten Daten und Vernichtung der Ausdrucke der übermittelten Dokumente, sobald diese für die Mandatsausübung nicht mehr erforderlich sind.

K

Die elektronische Übermittlung von Anträgen des Ratsmitglieds, die in einer Sitzung behandelt werden sollen, erfolgt ausschließlich unter seiner/ihrer oben angegebenen Adresse.

____

Ort und Datum Unterschrift Ratsmitglied

2 Es wird empfohlen, als zusätzliche Sicherheitsmaßnahme alle Ausdrucke aus dem Ratsinformationssystem mit dem Namen des Nutzers o.ä. als Wasserzeichen zu hinterlegen. Ein entsprechender Hinweis könnte an dieser Stelle eingefügt werden.

Muster

Datenschutzbelehrung Ratsinformationssystem (RIS)

(Stand …)

1. Regelungsgegenstand

Die Gemeinde/Stadt/Der Markt …. stellt ihren/seinen Gemeinderatsmitgliedern/Stadtratsmitgliedern über eine Webapplikation oder App (Ratsinformationssystem – »RIS«) einen gesicherten Zugriff auf Tagesordnungen der Sitzungen der gemeindlichen/städtischen Gremien, Sitzungsunterlagen, Sitzungsniederschriften (für den öffentlichen Teil der Sitzungen) sowie weitere Informationen wie z.B. Pläne etc. zur Verfügung.

Mit der vorliegenden Datenschutzbelehrung werden einheitliche Regelungen und Voraussetzungen für die Benutzung des Ratsinformationssystems geschaffen. Diese Regelungen sollen die Einhaltung datenschutzrechtlicher Vorschriften gewährleisten und verhindern, dass die gespeicherten Informationen in unbefugte Hände gelangen.

K

2. Geltungsbereich

Die Datenschutzbelehrung gilt für alle Benutzer des Ratsinformationssystems der Gemeinde/Stadt/des Marktes … und somit insbesondere für alle Mitglieder des Gemeinderats/Stadtrates, die diesen Service wahrnehmen möchten und sich mit den nachfolgenden Benutzungsbedingungen einverstanden erklären.

3. Verschwiegenheitspflicht

Die Gemeinderatsmitglieder/Stadtratsmitglieder haben als ehrenamtlich tätige Gemeindebürger über die ihnen bei ihrer ehrenamtlichen Tätigkeit bekanntgewordenen Angelegenheiten Verschwiegenheit zu bewahren (Art. 20 Bayer.

Gemeindeordnung – GO). Dies gilt selbstverständlich auch für alle im Ratsinformationssystem enthaltenen Informationen.

Da die dort hinterlegten Dokumente eine Vielzahl von verschiedenen personenbezogenen Daten enthalten, sind insbesondere auch die allgemeinen Datenschutzvorschriften einzuhalten.

4. Zugangsdaten (Benutzername und Passwort)[1]

Jeder Benutzer erhält für den Zugang zum Ratsinformationssystem eine persönliche Benutzerkennung. Hierzu legt sich jeder Benutzer ein eigenes Passwort fest, das nur ihm persönlich bekannt ist. Benutzername und Passwort müssen geheim gehalten werden und dürfen nicht an Dritte weitergegeben werden. Auch ein Speichern der Zugangsdaten auf dem PC oder im Browser ist nicht zulässig.

Das Ausprobieren, Ausforschen und die Benutzung fremder Benutzerkennungen und Passwörter sind nicht zulässig. Sollte ein Missbrauch von Benutzerkennungen festgestellt werden, werden diese Benutzerkonten gesperrt.

5. Passwortschutz

Für den korrekten Gebrauch von Kennwörtern gelten folgende Grundsätze:

- Das Passwort darf nicht leicht zu erraten sein (z.B. keine Namen, keine Geburtsdaten, keine Kfz-Kennzeichen).
- Das Passwort muss mindestens acht Zeichen lang sein. Innerhalb des Passwortes muss mindestens ein Groß- und Kleinbuchstabe, ein Sonderzeichen und eine Zahl verwendet werden.

K

1 Grundsätzlich sind auch andere Authentisierungsverfahren anstelle von Passwörtern bzw. zusätzliche Authentisierungsmerkmale, wie Zertifikate oder eine Mehr-Faktor-Authentisierung, denkbar.

- Initialpasswörter und voreingestellte Passwörter (z.B. bei der erstmaligen Anmeldung) müssen umgehend durch individuelle Passwörter ersetzt werden.
- Das Passwort muss geheim gehalten werden und darf nur dem Benutzer persönlich bekannt sein.
- Das Passwort sollte nicht schriftlich fixiert werden. Falls ein Passwort vergessen wird, kann ein neues Passwort über das RIS angefordert werden *(Alternativ: ... besteht die Möglichkeit, dies der Verwaltung mitzuteilen. Diese wird das Passwort wieder zurücksetzen).*
- Passwörter dürfen nicht auf programmierbaren Funktionstasten gespeichert werden.
- Ein Passwort ist unverzüglich zu wechseln, wenn es unautorisierten Personen bekannt geworden ist.
- Die Eingabe des Passwortes muss unbeobachtet stattfinden.
- Die Weitergabe des eigenen Passworts an andere, auch an andere Ratsmitglieder, ist nicht zulässig und untersagt.

6. Zugriff

Sitzungsvorlagen der Verwaltung sind interne Ausarbeitungen für die Ratsmitglieder. Eine Bereitstellung der Sitzungsvorlagen und weiterer Sitzungsunterlagen zum Abruf durch Ratsmitglieder setzt voraus, dass Dritte weder lesend noch schreibend auf die Unterlagen zugreifen können. Es ist daher darauf zu achten, dass unbefugte Dritte keinen Zugriff auf die Daten des Ratsinformationssystems erlangen. Zu beachten ist in diesem Zusammenhang, dass sich nach dem Aufrufen von Internetseiten auf dem Privatgerät (beispielsweise im Cache) noch Teile dieser Daten bzw. einzelne Dateien befinden können. Es ist deshalb empfehlenswert, vor dem Schließen des Browsers die temporären Internetdateien zu löschen.

Der Zugang zum verwendeten Privatgerät ist mit einem Kennwort zu schützen (über Betriebssystem, BIOS o.ä.).

Sofern mehrere Personen das Privatgerät benutzen, darf der Zugriff auf das Ratsinformationssystem nur unter einer eigenen, individuellen Benutzerkennung erfolgen, die mit einem Passwort, Fingerabdrucksensor oder einer Gesichtserkennung abgesichert ist. Der Zugriff anderer Benutzer muss dadurch ausgeschlossen sein.

7. Verarbeitung

Soweit Dokumente auf privaten Geräten gespeichert werden, sind sie gegen den unbefugten Zugriff Dritter zu schützen. In diesem Fall muss der Zugang zum Privatgerät mit einem individuellen und geheimen Passwort geschützt sein. Bei mehreren Nutzern sind verschiedene individuelle Benutzerkennungen mit Passwort je Nutzer und getrennten Dateizugriffsrechten einzurichten (vgl. dazu auch Ziffern 5. und 6.; Virenschutz entsprechend Ziffer 8.).

Die aus dem Ratsinformationssystem heruntergeladenen Dateien sind zu löschen, sobald sie für die Mandatsausübung nicht mehr benötigt werden.

Das Ausdrucken von Dokumenten aus dem Ratsinformationssystem ist erlaubt.[2] Die erstellten Ausdrucke sind gegen den unbefugten Zugriff Dritter zu schützen und, sobald sie für die Mandatsausübung nicht mehr benötigt werden, zu vernichten.

8. Schutz von Privatgeräten

Auf den privaten Geräten, über die der Zugriff auf das Ratsinformationssystem erfolgen soll, ist ein Virenscanner von einem

2 Es wird empfohlen, als zusätzliche Sicherheitsmaßnahme alle Ausdrucke aus dem Ratsinformationssystem mit dem Namen des Nutzers o.ä. als Wasserzeichen zu hinterlegen. Ein entsprechender Hinweis könnte an dieser Stelle eingefügt werden.

Anbieter zu installieren, der einen regelmäßigen (möglichst täglichen) Update-Service gewährleistet.

Weiterhin ist die Verwendung einer (Personal) Firewall oder einer Security Suite (Programm, das mehrere Schutzprogramme vereinigt, und mindestens ein Antivirenprogramm und eine Firewall enthält, ggf. ergänzt durch Funktionen wie Anti-Spam, Anti-Phishing, Anti-Spyware oder eine Kindersicherung) oder vergleichbarer Programme erforderlich und sind regelmäßig Sicherheitsupdates auf dem Privatgerät durchzuführen.

9. Verbindlichkeit

Durch die Unterzeichnung der Empfangsbestätigung und des Kenntnisnahmevermerkes wird diese Datenschutzbelehrung als verbindlich anerkannt.

10. Folgen der Nichtbeachtung

Für die Gewährleistung der Erfordernisse des Datenschutzes ist das Beachten und Einhalten der o.g. Regelungen unbedingt erforderlich. Für Schäden, die aus der Nichtbeachtung entstehen, können die Benutzer ggf. in Haftung genommen werden bzw. es können sich strafrechtliche Konsequenzen (z.B. § 203 Abs. 2 des Strafgesetzbuchs – StGB; Art. 23 Abs. 2 des Bayer. Datenschutzgesetzes – BayDSG) bzw. solche des Ordnungswidrigkeitenrechts (z.B. Art. 23 Abs. 1 Nr. 1 BayDSG) ergeben. Auf die Möglichkeit der Verhängung von Ordnungsgeldern bei Verletzung der Verschwiegenheitspflichten wird hingewiesen (Art. 20 Abs. 4 GO).

K

Datenschutzbelehrung Ratsinformationssystem (RIS)

____

Name, Vorname

Empfangsbestätigung und Kenntnisnahmevermerk

Hiermit bestätige ich, dass ich die Datenschutzbelehrung gelesen und in schriftlicher Form erhalten habe. Die Inhalte der Datenschutzbelehrung (Stand: …) erkenne ich für mich als verbindlich an.

Auf die rechtlichen Folgen einer Nichtbeachtung wurde ich hingewiesen.

Ort und Datum	Unterschrift Ratsmitglied

K

Muster
Belehrung über die Teilnahme an Hybridsitzungen
(Stand …)*

Der Gemeinderat/Stadtrat/Marktgemeinderat der Gemeinde/Stadt/des Marktes …. hat die Möglichkeit der Sitzungsteilnahme durch Ton-Bild-Übertragung auch für nichtöffentliche Sitzungen eröffnet. Den auf diesem Wege zugeschalteten Ratsmitgliedern kommt dabei eine besondere Verantwortung im Hinblick auf die Vertraulichkeit des gesprochenen Wortes sowie den Datenschutz und die Datensicherheit zu. Vor Nutzung der Zuschaltmöglichkeit ist daher die Erklärung des Einverständnisses mit den nachfolgenden Hinweisen erforderlich.

Die Teilnahme an der Sitzung erfolgt über einen von der Gemeinde/Stadt/vom Markt im Vorfeld der Sitzung per E-Mail an die vom Gremienmitglied zur Verfügung gestellte Mailadresse[1] versandten Link.[2]

Art. 47a Abs. 5 Satz 1 GO sieht vor, dass die zugeschalteten Gremienmitglieder **bei nichtöffentlichen Sitzungen** dafür Sorge zu tragen haben, dass die **Übertragung** in ihrem Verantwortungsbereich **nur von ihnen wahrgenommen werden kann**. Das bedeutet, dass

K

– das hierfür verwendete Endgerät gegen Einsicht und Zugriff durch Dritte (z.B. Familienangehörige, Gäste, Mitglieder der Partei oder Wählergruppe, die nicht Mitglied

---

* Für Landkreise, Bezirke und Zweckverbände sind die Formulierungen entsprechend anzupassen.

1 Vgl. dazu das Muster des Bayerischen Gemeindetags zur »Zugangseröffnung für die elektronische Kommunikation«.

2 Hier sind ggf. weitere Ausführungen zur Unzulässigkeit der Weitergabe des Links möglich, falls dieser nicht passwortgeschützt oder personalisiert ist.

des Gemeinderats/Stadtrats/Marktgemeinderats sind) zu schützen ist,

- der Teilnahmeplatz – auch bei kurzzeitiger Abwesenheit – so zu wählen ist, dass niemand einen Blick auf den Bildschirm werfen und die Beratung nicht von unbefugten Dritten mitgehört[3] werden kann,
- keine Möglichkeit für einen evtl. auch unbeabsichtigten Abfluss von Sprache, Video oder anderen Daten bestehen kann (z.B. durch im gleichen Raum befindliche Sprachassistenzsysteme).

Bei einem Verstoß gegen diese Pflichten greifen die Sanktionsmöglichkeiten des Art. 20 Abs. 4 Satz 1 GO wie bei einem Verstoß gegen die Verschwiegenheitspflicht (Belegung mit einem Ordnungsgeld), vgl. Art. 47a Abs. 5 Satz 2 GO. Auf mögliche strafrechtliche Konsequenzen (z.B. Art. 23 Abs. 2 des Bayer. Datenschutzgesetzes – BayDSG) bzw. solche des Ordnungswidrigkeitenrechts (z.B. Art. 23 Abs. 1 Nr. 1 BayDSG) wird hingewiesen.

Generell gilt für die Zuschaltung zu (**öffentlichen und nichtöffentlichen**) Sitzungen:

Der **Teilnahmeplatz** ist – auch bei kurzzeitiger Abwesenheit – so zu wählen, dass niemand einen Blick auf den Bildschirm werfen und die Beratung nicht von unbefugten Dritten mitgehört werden kann.[4]

Auf den **privaten Geräten**, über die der Zugriff auf die Sitzung erfolgen soll, ist ein **Virenscanner** von einem Anbieter zu installieren, der einen regelmäßigen (möglichst täglichen) Update-Service gewährleistet. Weiterhin ist die **Verwendung**

---

3 Z.B. in einem Arbeitszimmer mit geschlossener Tür. Die zusätzliche Verwendung eines Headsets ist empfehlenswert.

4 Eine Ausnahme besteht für öffentliche Sitzungen, falls die Gemeinde unter Beachtung der datenschutzrechtlichen Vorgaben einen Live-Stream zugelassen oder eine Einwilligung der Gremienmitglieder und sonstigen teilnehmenden Personen zur Ton-Bild-Übertragung an Dritte eingeholt hat. In diesem Fall kann dieser Satz gestrichen werden.

einer (Personal) Firewall, einer Security Suite (Programm, das mehrere Schutzprogramme vereinigt, und mindestens ein Antivirenprogramm und eine Firewall enthält, ggf. ergänzt durch Funktionen wie Anti-Spam, Anti-Phishing, Anti-Spyware oder eine Kindersicherung) oder vergleichbarer Programme erforderlich und sind regelmäßig Sicherheitsupdates auf dem Privatgerät durchzuführen.[5]

Die **Fertigung von Tonmitschnitten und Bildaufnahmen** (Screenshots) der Sitzung durch Gremienmitglieder ist bereits nach den Regelungen der Geschäftsordnung (§§ ...[6]) nur mit Zustimmung der oder des Vorsitzenden und des Gemeinderats/Stadtrats/Marktgemeinderats unter Berücksichtigung des Datenschutzes zulässig; bei Ton- und Bildaufnahmen Bediensteter und sonstiger Sitzungsteilnehmender ist zusätzlich deren Einwilligung erforderlich.

Die Datenschutzbelehrung Ratsinformationssystem (RIS) bleibt hiervon unberührt.[7]

Verbindlichkeit

Durch die Unterzeichnung der Empfangsbestätigung und des Kenntnisnahmevermerks wird diese Belehrung als verbindlich anerkannt.

Belehrung über die Teilnahme an Hybridsitzungen

Name, Vorname

5 Empfehlungen zur Absicherung der privaten Endgeräte entfallen gegebenenfalls, wenn die Bereitstellung der Endgeräte und die Systembetreuung durch die Gemeinde/Stadt/den Markt erfolgt.

6 Vgl. § 4 Abs. 4 Satz 2 i.V.m. § 16 Abs. 2 Sätze 3 und 4 bzw. § 21 Abs. 2 Sätze 3 und 4 des Geschäftsordnungsmusters des Bayerischen Gemeindetags.

7 Vgl. dazu das Muster des Bayerischen Gemeindetags.

Empfangsbestätigung und Kenntnisnahmevermerk

Hiermit bestätige ich, dass ich die Belehrung gelesen und in schriftlicher Form erhalten habe. Die Inhalte (Stand: ...) erkenne ich für mich als verbindlich an.

Auf die rechtlichen Folgen einer Nichtbeachtung wurde ich hingewiesen.

Ort und Datum Unterschrift Ratsmitglied

Stichwortverzeichnis

Zur besseren Übersichtlichkeit wurde im Inhaltsverzeichnis auf geschlechtsspezifische Personenbezeichnungen verzichtet. Die verwendeten Begriffe schließen alle Geschlechter gleichermaßen ein.